Straßen in Dinslaken

Band 27 der „Veröffentlichungen zur Geschichte und Heimatkunde“
herausgegeben vom Verein für Heimatpflege Land Dinslaken e.V.

Impressum:

Band 27 der „Veröffentlichungen zur Geschichte und Heimatkunde“
hrsg. vom Verein für Heimatpflege Land Dinslaken, 2008

Satz: Merlin Digital GmbH, Essen
Druck und Verlag: Peter Pomp GmbH, Bottrop

ISBN 978-3-89355-259-7

Inhaltsverzeichnis

Grußwort der Bürgermeisterin

Jede Straße hat ihre eigene Geschichte. Nur selten sind wir uns dessen bewusst, wenn wir sie im normalen Alltag benutzen, mit dem Fahrrad und dem Auto auf ihr entlang fahren, einen kleinen Abendspaziergang einlegen oder einfach nur das Geschehen draußen vom Fenster aus betrachten.

Oftmals erzählt der Name etwas über die Geschichte der Straße. Heerstraße, Bahnstraße, Hiesfelder Straße, da kann man den Ursprung schnell nachvollziehen. Aber dass die Philipinenkath nichts mit Südostasien zu tun hat oder warum es ausgerechnet in Dinslaken einen Adelgardweg gibt, das wissen bislang nur wenige.

Höchste Zeit also, dass sich ein Buch mit der Geschichte der Dinslakener Straßen beschäftigt.

Doch dieses Buch will mehr als nur die Bedeutung der Straßennamen erklären. Es will ein Stück Stadtgeschichte lebendig machen. Und zwar nicht am historischen Zeitstrahl entlang, sondern anhand der Straßen unserer Stadt. Die Straße ist immer der Lebensraum von Menschen gewesen. Sie verbindet Orte, Gebäude, Wohnraum und Arbeitsplatz. Sie ist Heimat für Generationen von Menschen, sie hat eine ganz eigene Atmosphäre, sie prägt das Bild von Stadt und Siedlung durch Jahrzehnte und Jahrhunderte hindurch.

Dem Verein für Heimatpflege Land Dinslaken mit seinen engagierten Autorinnen und Autoren gebührt größte Anerkennung und Dank für dieses ebenso interessante wie kurzweilige Buch. Es schließt eine längst überfällige Lücke im heimatlichen Schriftgut, ist dabei aber alles andere als trockene Archivarbeit. Ich bin sicher, dass es viele Leserinnen und Leser finden und begeistern wird.

Sabine Weiss
Bürgermeisterin

Grußwort des Vorsitzenden des Vereins für Heimatpflege Land Dinslaken

Mit diesem Buch „Straßen in Dinslaken“ wird der Buchreihe „Veröffentlichungen zur Geschichte und Heimatkunde“, ehemals „Dinslakener Beiträge“, des Vereins für Heimatpflege Land Dinslaken ein weiterer wichtiger Band hinzugefügt. Mich als neu gewählten Vorsitzenden des Vereins erfreut es besonders, zu diesem Dokument Dinslakener Stadtgeschichte ein Vorwort schreiben zu dürfen.

Sie halten hier keinen Roman, aber auch kein Lexikon in der Hand, sondern ein Lesebuch, voll mit vielen interessanten Details zu unserem unmittelbaren Lebensraum, den Straßen, die wir Bürger unserer Heimat täglich nutzen. Straßennamen sind Teil des Geschichtsbuches einer Stadt. Sie dokumentieren die historische und städtebauliche Entwicklung und erinnern an bedeutende Persönlichkeiten, die sich für ihre Stadt eingesetzt und damit Stadtgeschichte geschrieben haben.

In mühevoller Kleinarbeit sowie durch ein intensives Quellen- und Aktenstudium ist dem Autorenteam ein Werk gelungen, das weit mehr als eine bloße Erklärung Dinslakener Straßennamen bietet. Der Leser erhält vielmehr einen tiefen Einblick in die Dinslakener Stadtgeschichte bis in unsere heutige Zeit. Damit haben die Autoren Wurzeln unseres Zusammenlebens freigelegt und vor dem Vergessen bewahrt.

Dem gesamten Autorenteam gehört unsere uneingeschränkte Anerkennung für das große ehrenamtliche Engagement, für die unzähligen Arbeitsstunden, für die Geduld mit den Teammitgliedern und nicht zuletzt für die hohe fachliche Kompetenz, ohne die ein Werk dieser Qualität nie hätte entstehen können.

Unser Dank gilt ferner den Sponsoren, insbesondere der Bürgerstiftung der Sparkasse Dinslaken-Voerde-Hünxe, die mit ihrer Unterstützung das finanzielle Risiko dieses großen Projektes für unseren Verein überschaubar hält.

Unser Dank gilt aber auch dem Stadtarchiv, den Stadtwerken Dinslaken und dem Vermessungsamt der Stadt Dinslaken, mit deren Aktenbestand und Bildarchiven die Arbeit an diesem Buch erst möglich wurde.

Ein besonderer Dank geht schließlich an die Kirchengemeinden, die Vereine, an alle Bürgerinnen und Bürger, die bereitwillig Auskunft gegeben und Fotos zur Verfügung gestellt haben.

Mit diesem Buch verbinde ich die Hoffnung, dass es nicht nur bei historisch interessierten Bürgern Anerkennung findet, sondern darüber hinaus auch bei vielen heimischen und zugezogenen Mitbewohnern unserer Region, die mit diesem Buch einen Zugang zur Geschichte Ihrer Heimat finden können. Der Verein für Heimatpflege Land Dinslaken würde es sehr begrüßen, wenn ein Erfolg dieses Buches zu ähnlichen Projekten anregen würde. Während für Voerde bereits ein Straßenbuch existiert, bieten im Gebiet unseres Vereins die Regionen Hünxe und Walsum noch reichlich Potenzial für interessierte „Straßenforscher“.

Ich wünsche Ihnen nun viel Vergnügen beim Lesen und Studieren dieses Buches.

Dr. Thomas Becker
Vorsitzender des Vereins
für Heimatpflege Land Dinslaken

Dinslaken und seine Straßen im Spiegel der Zeiten

Die Stadt Dinslaken entstand, wie der Name besagt, in einer *Lake,* einer Bruchlandschaft am Rotbach in der Nähe des Rheins, in den dieser mündet. Während über den zweiten Namensbestandteil kein Zweifel besteht, ist man sich über die Bedeutung der Silbe „Dins" nicht immer einig. Plausibel scheint die Deutung von Berthold Schön im Heimatkalender Kreis Dinslaken des Jahres 1964. Er führt diesen Bestandteil des Namens auf ein verlorenes, aber belegtes Wort „dinsen" zurück, das ein Auf- und wieder Abschwellen bezeichnet. Der Name Dinslaken bezeichnet also nach dieser Deutung einen Ort an einer „zu bestimmten Zeiten aufquellenden Lache" (Schön 1964, 36).

Wenn für die steinzeitlichen Siedler die Entfernung zum Fluss noch einen gewissen Schutz vor dessen Bedrohungen darstellt, wenn die Unzugänglichkeit der Bruchlandschaft sicher auch ein Grund ist, dort die Burg auf einer Motte, also einer Geländeerhebung, zu errichten, so ist die Ferne zum Rhein-Fluss – seit der Antike ein wichtiger Verkehrs- und Handelsweg von Süden nach Norden – ein entscheidendes Hemmnis für die Entwicklung der Stadt im Mittelalter. Dinslaken hatte am Rhein nie einen Hafen oder eine Schiffsanlegestelle. Trotz des fehlenden Rheinhafens wurde Dinslaken zusammen mit Wesel Mitglied der Hanse, dieser ersten mittel- und nordeuropäischen Vereinigung von – heute würde man sagen – *global players.* Aber die Bedeutung Dinslakens in der Hanse war eher gering und fand auch keinen Niederschlag in den Stadtdokumenten der Zeit.

Diese Rheinferne mag auch der Grund sein, dass in der mittelalterlichen Stadt im Gegensatz zu vielen anderen Städten keine Kaufmannsgemeinde als städtische Oberschicht entsteht. Dinslaken hat vielmehr bis zur Industrialisierung ausgangs des 19. Jahrhunderts die gesellschaftliche Struktur einer Ackerbürgerschaft. Die Einwohner sind bis ins 19. Jahrhundert hinein Selbstversorger. Ein Hinweis darauf ist wohl auch auf der ältesten Darstellung der Stadt aus der Mitte des 17. Jahrhunderts zu erkennen. Dort sind vor Burg und Stadt Äcker und eine Schweineherde mit einem Hirten dargestellt.

Schon bei der Stadtgründung 1273 versieht der Landesherr die Dinslakener mit großzügigen Schenkungen, unter anderem den stadtnahen Wasserläufen und Weiden sowie dem Averbruch, unter Vorbehalt des Wildbanns, mithin des Verbots der Jagd und des Fischfangs. Diese Privilegien wurden 1342 noch einmal ausdrücklich bestätigt. Dazu kamen im 14. und 15. Jahrhundert weitere als Allmende zu nutzende Flächen, unter anderem das Hegebruch.

Abb. 1 Die älteste Darstellung der Stadt Dinslaken um 1650

Zollfreiheit

Weil die Stadt auch nicht an die Nord-Süd-Verbindungen, die wegen der Feuchtgebiete östlich und westlich der Stadt verliefen, angebunden ist, leben die Bürger Dinslakens lange Zeit in friedlicher Abgeschiedenheit von der Außenwelt.

Aber trotz der ungünstigen Lage der Stadt wird Dinslaken wegen der Privilegien des Landesherrn zu einem begehrten Wohn- und Arbeitsplatz. Zu den wesentlichen Privilegien von 1273, die 1342 urkundlich bestätigt werden, gehört die Befreiung von Zöllen für alle Waren, die im Bereich der Herrschaft Kleve zu Lande oder auf dem Wasser transportiert oder verbraucht werden. Ebenso sind die Dinslakener von allen Marktzöllen und vom „kleinen Zehnten" befreit (*„vrig van allen smaelen thienden",* Triller 1959, 5).

Das Privileg erleichtert auch den Zuzug von Neubürgern. Sogar Unfreie können von der Stadt aufgenommen werden. Die Fremden müssen, um Bleiberecht zu erwirken, 18 Tage lang geprüft und erprobt werden. In der rechtsverbindlichen lateinischen Fassung heißt es sogar, dass sie „ad octo dies probatum" aufgenommen werden sollen, um acht Tage zu prüfen, ob sie wegen einer Straftat gesucht oder angeklagt sind. Die Kürze der Frist ist also ein gewaltiger Anreiz für einen Dinslakener Neubürger. Mit der Aufnahme war er dann *auf ewig frei.* Im übrigen Reich belief sich diese Frist auf 1 Jahr und einen Tag.

Wasser in der Stadt

Um und durch die Stadt führen zahlreiche Kanäle des Rotbaches. **(s. Farbbildseite 4; S. 132).**

Sie werden auch als *Waterleye, Waterleyde* bzw. *Dinslakener Mühlenbach* bezeichnet. Diese Kanäle sollen im Stadtbereich mit Kähnen befahrbar gewesen sein. Das landesherrliche Privileg, Wasser aus dem Rotbach zu nutzen, ist die Grundlage eines sich rasch entwickelnden Tuchhandwerks in der Stadt. Aber einen Gerber wollte der Rat zunächst nicht in der Stadt zulassen, da dessen Gewerbe mit einer starken Verunreinigung des Wassers und einer nicht unerheblichen Geruchsbelästigung verbunden ist; erst nach 1746 sind Lohgerber in der Stadt aufgeführt. Fast bei jedem stärkern Regen tritt der Bach aus dem Bett und überflutet weite Gebiete. Eine solche Überflutung ist für die Neustadt urkundlich im Februar 1651 belegt. Zu diesen Überschwemmungen kam es u. a. dadurch, dass die Bürger sehr zum Ärger des Stadtmüllers die Gräben nicht mehr säuberten und aushoben, teilweise sogar überbauten, was andererseits in Trockenzeiten Wassermangel zur Folge hatte.

Erster wirtschaftlicher Aufschwung der Stadt

Den eigentlichen wirtschaftlichen Aufschwung nimmt die Stadt mit dem Privileg des Grafen Dietrich von der Mark vom 7. Januar 1397. In einer von Zeugen gezeichneten Urkunde beschenkt er *unse stat van Dinslaken* als Ausgleich für eine von *unsen lieven borgern* geliehene Geldsumme mit einer reichlich fließenden Quelle gesicherter Einnahmen und schafft damit die Grundlage für einen gewissen Reichtum der Stadt. Der Landesherr ordnet an, *dat van desen daghe datum des brieffs voertan to ewighen daghen die gemeyne strate yn unsen lande van Dynslaken vurscreven tuschen Lippe ende Rure gaen sal dor unse stat van Dynslaken.* Damit verbietet er allen Händlern und Kaufleuten, im Gebiet zwischen Ruhr und Lippe *ummewege* an der Stadt vorbei zu nehmen, wie es vorher üblich war. Zweck dieser geänderten Straßenführung und dieser Anordnung ist es, der Stadt das volle Zollrecht für alle durch die Stadt gehenden *koipmanshave ende guede* zu verleihen. Die Stadt konnte z.B. folgende Gebühren für Vieh, das man durch die Stadt trieb, erheben: *Dat peert sal gheven vier pennynghe, dat ryrt twe pennynghe, dat vercken eynen pennynck, dat schaep eynen pennynck* (Lange 2008).

Im Mittelalter siedeln an die 800 Einwohner in ungefähr 200 Häusern. Das Stadtgebiet wird zu der Zeit von sechs riesigen Findlingen, die als Grenzmarken dienen, eingegrenzt. Die

Findlinge beschützen gleichsam in einem magischen Zirkel die Grenzen der Stadtfreiheit. Sie sind die Vorläufer der heutigen Grenzsteine. Die Freiheit reicht vom ersten Stein an der *Heghehecke* (= Krusenstraße) über den Stein *im Tal* (= an der Karl-Heinz-Klingen-Straße), den dritten *im Overbruch* (= Kreuzung Süd-/ Oststraße), den vierten *am Scheideweg an der Straße von Holten,* den fünften am *Hagdorn [...] an der gemeinen Straße im Eppinghovener Feld* bis zum sechsten und letzten auf dem *Weidkamp* (= Weseler Straße).

Die Burg

(Burg und Stadt Dinslaken im 18. Jahrhundert, **s. Farbbildseite 2; S. 130)**

Auf der Karte ist eine deutliche Dreiteilung zu erkennen: Burg, Alt- und Neustadt. Die Dinslakener bezeichnen ihre Burg meist als *Kastell,* die alten Dinslakener Familien sprachen den Namen *Casteel* aus, mit der Betonung auf der langen Schlusssilbe. So erklärt sich auch die Schreibweise auf dem obigen Plan aus dem 18. Jahrhundert.

Die genaue Entstehungszeit der Dinslakener Burg ist nicht bekannt. Die älteste Burg ist wahrscheinlich auf einer „Motte“ errichtet worden, einem künstlich aufgeschütteten Erdhügel im Sumpfgelände der von mehreren Armen des Rotbachs durchflossenen Bruchzone. Zur Sicherung war die Burg von Wall und Graben umschlossen, sie besaß einen Turm und Wohngebäude. Der Bau wird in der niederrheinischen steinarmen, aber waldreichen Gegend zunächst wohl im Fachwerk errichtet und später dann in Stein aufgemauert worden sein. Eine solche Befestigung bot Schutz in Kriegszeiten und war bei der damaligen Waffentechnik gut zu verteidigen.

Graf Adolph II., seit 1417 Herzog Adolph I. von Kleve, ließ die Burg weiter ausbauen und den berühmten runden Turm errichten, von dem Gert van der Schüren, der klevische Hofchronist, begeistert berichtet: *Dat treflichste van verntliker* tymmeringen (= weltlicher Gebäude) *disselven hertoghen Adolph ist gewest den herliken toerm* (= Turm) *to Dynslaken.* Auf dem Kupferstich nach Henrik Feltmann aus der Zeit um 1650 überragt er beeindruckend das Stadtbild.

Abb. 2 Die Dinslakener Burg mit dem großen runden Turm

Die Burg diente der landesherrlichen Familie vor allem als Witwensitz klevischer Gräfinnen. Erste Bewohnerin des gräflichen Witwensitzes ist Mechtild von Virneburg, die Witwe des Grafen Otto von Kleve, die von 1310 bis 1338 *Frau* oder *Herrin* von Dinslaken ist, wie sie sich selbst nennt. Sie kommt mit einem persönlichen Hofstaat, bestehend aus adeligen Begleitern und deren Damen sowie einem eigenen Beichtvater, nach Dinslaken. Für die Verwaltung ihres Gebietes setzt sie einen Amtmann (= Drosten) ein. Die Burg ist auch später zeitweise Amtssitz des klevischen Drosten, der als Statthalter des Landesherrn mit Amtleuten, Rentmeistern und Richtern das *Land Dinslaken* verwaltet. Die Bezeichnung *lant van Dinslaken* bürgert sich während Mechtilds Anwesenheit in Dinslaken ein und ist auch urkundlich belegt.

Von 1368–1406 residiert 38 Jahre lang Graf Dietrich von der Mark, der jüngere Bruder Graf Adolphs von Kleve, als *Herr zu Dinslaken* auf der Burg. Obwohl er nicht der Landesherr ist, unterhält er eine Münzprägestätte im *Casteel* und lässt Dinslakener Geld prägen. In den Kellern der Burg lagerten die für die Landesherrschaft bestimmten Naturalabgaben der Bürger. Auch Pferde, Hunde, Jagdgerätschaften etc. waren im *Casteel* untergebracht. Die geräumige Burg bot ebenso Platz für landständische, später auch kirchliche Versammlungen. So dient der große Saal auf der Burg seit 1610 einige Jahre lang der reformierten Gemeinde als Raum für ihren Gottesdienst. Und der mächtige Burgturm eignet sich wegen seiner Stärke als besonders sicheres Gefängnis, das schon im 15. Jh. Straftäter auch aus anderen Orten aufnimmt.

Im Jahre 1516 wird die als „Hexe“ angeklagte Ulanth (= Jolanthe) Dammartz, eine aus Emmerich stammende Novizin des Birgittenklosters Marienbaum bei Xanten, als angebliche „Teufelsgespielin“ einige Jahre dort inhaftiert. Von 1574 bis 1580 sitzen zwei Münsteraner Wiedertäufer im Turm, Johann Kremer aus Castrop und der Holländer Johann Willemsen, der sich „Wiedertäuferkönig“ nannte.

Im Dreißigjährigen Krieg wird die Burg 1627 zerstört, aber in der zweiten Hälfte des 17. Jahrhunderts wieder aufgebaut. Der Hauptturm, 1770 vom Blitz stark beschädigt, muss 1820 größtenteils abgebrochen werden.

Nach den Befreiungskriegen erwirbt 1815 die landrätliche Familie von Buggenhagen das Kastell. Dort wird 1839 Dinslakens größter Sohn geboren, Friedrich Althoff, der als „schöpferischer Organisator von Bildung und Wissenschaft in Preußen“ große Verdienste erwirbt. In seinen Kindheitserinnerungen beschreibt er das Kastell mit Dienst- und Wohnräumen, mit Stallungen, Scheune und der teilweise erhaltenen Burgkapelle im Hauptbau, die als Küche eingerichtet ist.

1909 wird die Burg Sitz der Kreisverwaltung, brennt allerdings im selben Jahr noch ab und wird umgehend wieder aufgebaut. Das am 23. März 1945 bei der Bombardierung Dinslakens nahezu vollständig zerstörte Gebäude wird nach Kriegsende neu aufgebaut und dient 1950–1975 wieder als Kreishaus. Heute ist es das Dinslakener Rathaus und beherbergt den Ratssaal, zahlreiche Ämter und das Stadtarchiv.

Von der historischen Innen-Ausstattung der Burg ist nur eine Kaminplatte aus Eisenguss, vermutlich aus der Mitte des 17. Jahrhunderts, erhalten. Sie zeigt im Bildteil die Geschichte des Aktaion aus der griechischen Mythologie. Er wird von der Jagdgöttin Artemis in einen Hirsch verwandelt, weil er auf der Jagd die Göttin und ihre Nymphen beim Bade beobachtet hat. Die eigenen Hunde, die ihn nicht erkennen, zerreißen den jungen Jäger.

Die Platte ist 2006 nach Umwegen wieder nach Dinslaken zurückgekehrt und ist dort im Eingangsbereich des Rathauses – fast an alter Stelle – zu besichtigen. Ein zweiter Guss dieser Platte ziert den Kamin der historischen Küche des Stadthistorischen Museums Voswinckelshof.

Die Eisenbahn

Ein wesentlicher Impuls für die wirtschaftliche Entwicklung im 19. Jahrhundert ging von der Eisenbahn aus. Die Eisenbahnaktien wurden zu den wichtigsten Papieren an der Börse.

Dinslaken hatte die historische Bedeutung der Eisenbahn zunächst nicht erkannt und ist mehr oder weniger unfreiwillig an das entstehende Bahnnetz angeschlossen worden. Die Stadtväter haben in dem doch recht langen Entstehungsprozess der Streckenführung von Oberhausen nach Arnheim nie versucht, auf die Trassenführung der Bahn durch die Stadt oder die Lage des Bahnhofs in der Stadt – was ihr ureigenstes Interesse hätte sein müssen – Einfluss zu nehmen. Immer noch sah man in den Viehmärkten die Grundlage für den städtischen Wohlstand.

Die Bahnlinie Oberhausen-Arnheim hat eine lange Vorgeschichte. Der Plan zum Bau dieser

Strecke geht eigentlich von Amsterdamer Kaufleuten aus, die die Vorteile des neuen Verkehrsmittels erkannt hatten und diese auf der traditionellen Verbindung entlang des Rheins nach Duisburg und weiter nach Köln auch nutzen wollten.

Da die Streckenführung der Köln-Mindener-Eisenbahn, für die am 18. Dezember 1843 die Konzession zum Bau der Strecke von Deutz nach Minden erteilt wird, schon vorher bekannt ist, beantragt ein Weseler Eisenbahnkomitee am 1. November 1843 den Abzweig von Oberhausen nach Arnheim.

1845, in dem Jahr, in dem die Niederländer die Strecke Amsterdam–Arnheim bereits vollenden, erfolgt schließlich durch *allerhöchste Cabinetts-Ordre* die vorläufige Genehmigung zur Fortführung der Strecke nach Oberhausen.

Nach dem Staatsvertrag von 1851 zwischen Preußen und den Niederlanden wird am 30. Dezember 1852 die Konzession zum Bau der Eisenbahn von Oberhausen nach Arnheim erteilt. Am 1. Juli 1856 wird auf der Teilstrecke Oberhausen-Dinslaken der Verkehr aufgenommen. In der Rhein- und Ruhrzeitung vom 1. Juli 1856 erscheint per Inserat die Ankündigung der Beförderungsbedingungen für Personen, Tiere, Fahrzeuge und Waren.

Die zeitliche Verzögerung der Fertigstellung der Gesamtstrecke steht im Zusammenhang mit strategischen Überlegungen des preußischen Militärs (Festung Wesel). Die Militärs stimmten dem Bau der Bahn schließlich aber zu, da sie durch sie bessere Möglichkeiten für Truppenverlegungen, z. B. zwischen den Festungen Wesel und Minden sahen.

Am 18. Oktober 1856, dem Gedenk-Tag der Völkerschlacht bei Leipzig, wird die Gesamtstrecke feierlich eröffnet. Der Zug fährt mit preußischen Regierungsvertretern und Vertretern der beiden Eisenbahndirektionen von Arnheim durch eine „Ehrenpforte“ an der Landesgrenze an den geschmückten Bahnhöfen vorbei, überall begrüßt von jubelnden Menschen und Musikkapellen.

In Dinslaken hält der Zug für kurze Zeit. Bürgermeister Kurgaß hat die Möglichkeit, den preußischen Minister für Handel, Gewerbe und öffentliche Arbeiten von der Heydt zu begrüßen. Er bringt ein Hoch auf den König und auf den nicht mehr aufzuhaltenden Fortschritt aus.

Mit dem Tag der Eröffnung der Strecke Oberhausen-Arnheim werden die täglichen Postlinien und die Poststation in Dinslaken eingestellt. Damit ist auch für Dinslaken, was den Verkehr betrifft, das Mittelalter beendet. Mit dem 20. Oktober tritt der erste Fahrplan in Kraft. Auf

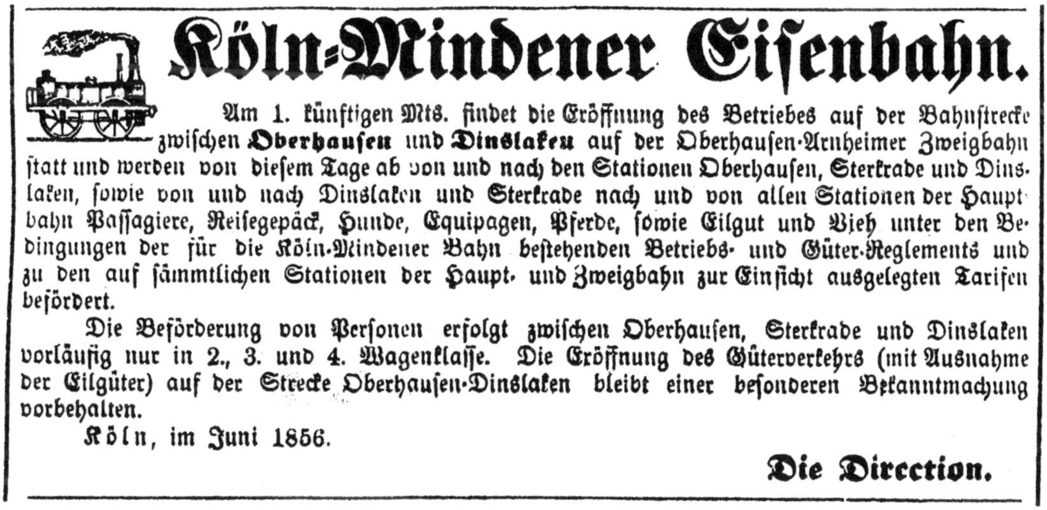

Köln-Mindener Eisenbahn.

Am 1. künftigen Mts. findet die Eröffnung des Betriebes auf der Bahnstrecke zwischen **Oberhausen** und **Dinslaken** auf der Oberhausen-Arnheimer Zweigbahn statt und werden von diesem Tage ab von und nach den Stationen Oberhausen, Sterkrade und Dinslaken, sowie von und nach Dinslaken und Sterkrade nach und von allen Stationen der Hauptbahn Passagiere, Reisegepäck, Hunde, Equipagen, Pferde, sowie Eilgut und Vieh unter den Bedingungen der für die Köln-Mindener Bahn bestehenden Betriebs- und Güter-Reglements und zu den auf sämmtlichen Stationen der Haupt- und Zweigbahn zur Einsicht ausgelegten Tarifen befördert.

Die Beförderung von Personen erfolgt zwischen Oberhausen, Sterkrade und Dinslaken vorläufig nur in 2., 3. und 4. Wagenklasse. Die Eröffnung des Güterverkehrs (mit Ausnahme der Eilgüter) auf der Strecke Oberhausen-Dinslaken bleibt einer besonderen Bekanntmachung vorbehalten.

Köln, im Juni 1856.

Die Direction.

Abb. 3 Anzeige der Rhein- und Ruhrzeitung vom 1. Juli 1856

der Strecke verkehren jetzt täglich vier Personenzüge und ein Güterzug. Heute fährt hier der ICE nach Arnheim, der Güterverkehr auf der „Betuwe-Linie" ist im Ausbau begriffen.

Als 1905 wegen des gewachsenen Güterverkehrs über den Ausbau des Bahnhofs nachgedacht wird, entsteht die Idee der Höherlegung des Bahnkörpers auf einen Damm. Diese Höherlegung sei nicht teurer als eine kreuzungsfreie Querung über Straßenrampen; durch die Anhebung der Bahngleise werde zudem eine Schädigung vieler Interessen vermieden. 1916 ist diese Höherlegung auf den noch heute bestehenden Damm vollendet. Der neue Bahnhof wird am 5. Juni des Jahres eingeweiht, wegen des Krieges nur mit einer kleinen Feier.

Die Industrialisierung

Mit der Industriellen Revolution entwickelt sich auch Dinslaken von einer beschaulichen Kleinstadt zu einer aufstrebenden Industriestadt. Kohle und Metallverarbeitung sind auch in Dinslaken die Triebfedern der Entwicklung.

Eines der ersten bedeutenderen Unternehmen der Stadt entwickelt sich aus der 1761 gegründeten Kupferschmiede Meyer auf der Neustraße, die wie alle Handwerksbetriebe des Mittelalters in den Wohnstraßen der Stadt angesiedelt war (dazu **Hünxer Straße**, S. 126).

Die Bedeutung der Industrie für die Stadt ist den Stadtvätern lange nicht klar. Noch in der Ratssitzung vom 19. Januar 1892 heißt es, dass „der Viehmarkt für Dinslaken die Haupterwerbsquelle sei".

Diese durch die Tradition der ackerbürgerlichen Kleinstadt verstellte Sicht ändert sich erst mit dem Auftreten August Thyssens (s. hier **Thyssenstraße**) und seiner *Gewerkschaft Deutscher Kaiser*. Thyssen lenkte sein Interesse u. a. deswegen auf Dinslaken, weil eben diese ackerbürgerliche Sozialstruktur ihm eine große Zahl von Arbeitern bieten würde. Thyssens unternehmerische Energie ist außergewöhnlich. Die vorgesehene Verflechtung der einzelnen zu seinem Imperium gehörenden Werke machte von vornherein betriebseigene Bahnen erforderlich.

Nachdem schon 1897 das in Dinslaken entstandene Bandeisenwalzwerk mit dem Thyssenschen Werksbahnnetz im Raum Hamborn verbunden worden war, erfolgte der Weiterbau dieser Bahntrasse nach Lohberg zeitgleich mit dem Abteufen der dortigen Schachtanlage.

Nach Gründung der Gewerkschaft Lohberg durch August Thyssen im Jahre 1905 wird ab 1907 mit den Gefrierarbeiten, ab 1909 mit dem Abteufen der Schächte I und II, ab 1907 mit dem Bau der Siedlung Lohberg begonnen.

Die Kohleförderung entwickelt sich von 1913 mit 9.309 Tonnen und einer Belegschaft von 498 Mann bis zum Jahr 1929 auf 912.570 Tonnen und eine Belegschaft von 2.216 Mann. In Folge der Weltwirtschaftkrise sinken Produktion und Belegschaft, um dann im Kriegsjahr 1940 auf 1.291.570 Tonnen und eine Belegschaft von 2.375 Mann zu steigen. Seit dem 31. 12. 2005 wird keine Kohle mehr gefördert.

Die neue Siedlung Lohberg brauchte nach der Eingemeindung Hiesfelds nach Dinslaken am 1. Juli 1917 neue Straßennamen, um Doppelbezeichnungen zu vermeiden (s. hier **Lohbergstraße**). Was lag näher, als die neuen Namen aus dem Bereich des Bergbaus zu entlehnen? So finden wir jetzt in Lohberg die Kohlenstraße, Koksstraße, Stollenstraße, Sohlenstraße, Bergmannstraße, Steigerstraße, Knappenstraße, Hauerstraße, Schlepperstraße und andere mehr.

Dass die Dinslakener Stadtväter August Thyssen und seinem Dinslakener Statthalter Julius Kalle für ihren Einsatz in Dinslaken dankbar sind, zeigt die Tatsache, dass sie öffentliche Orte nach ihnen benannten; es gibt hier einen Thyssenplatz, eine Thyssen- und eine Julius-Kalle-Straße. 1917 erhält August Thyssen die Dinslakener Ehrenbürgerschaft.

Die von Wilhelm Gründelbach 1908 gegründete Gussstahlwalzenfabrik wird 1914 von Fritz Steinhoff übernommen, so dass die Firma

Abb. 4 Bescheidene Anfänge des Walzwerkes um 1897

Steinhoff 2008 das 100-jährige Jubiläum feiern kann. Anlässlich des Jubiläums lässt die Firma eine Stahlplastik von dem Künstler Alfred Grimm entwerfen, die ein Stück Stahl zeigt, das aus der Walze kommt (s. auch: **Gerhard-Malina-Straße**).

Die Straßenbahn

Eng mit der Industrieansiedlung sind auch Planung und Bau der Straßenbahn in Dinslaken verbunden. Am 23. Mai 1900 wird die Linie von Neumühl über Hamborn bis zum Walsumer Tor in Betrieb genommen. Die Endhaltestelle liegt an der Duisburger Straße gegenüber dem evangelischen Pfarrhaus. Vorher mussten Dinslakener Arbeiter oft lange Fußmärsche auf sich nehmen, um zu ihrer Arbeit im Hamborner Raum zu kommen.

Pläne zur Erweiterung der Strecke vom Walsumer Tor zum Bahnhof werden zwar schon 1901 erstellt, aber es dauert noch Jahre bis zu deren Verwirklichung. Im Protokoll der Rats-Sitzung vom 6. April 1905 heißt es, dass die Strecke durch die Duisburger und Neustraße zum Bahnhof geführt werden soll.

In einem *Erläuterungsbericht für die Fortsetzung der Straßenbahn Meiderich-Dinslaken bis zum Staatsbahnhof Dinslaken* unter dem Datum 25. Juli 1908, aufgestellt durch die *Continentale Eisenbahn-Bau und Betriebs-Gesellschaft,* wird dargestellt, dass die Stadt mehrere Planungsvorschläge ablehnt, darunter einen, der bereits die Genehmigung der *Königlichen Regierung* gefunden hatte. *Nach langen Verhandlungen einigte man sich mit der Gemeinde Dinslaken dahin, die königliche Regierung zu bitten, die beiliegende Linienführung zur Ausführung genehmigen zu wollen. Unter Vermeidung der engsten Teile der städtischen Straßen schwenkt die Linie vom gegenwärtigen Endpunkt am Walsumer Tor in die Markgrafenstr. ein, überschneidet hier die bestehende Rotbachbrücke und erreicht nach einer schlanken Kurve die Kaiserstr. An der Kreuzung der Kaiser- und der Neustr. zwängt sich die Bahn zwischen dem Rathaus und dem östlich daneben stehenden Hause hindurch und erreicht den Rathausplatz, wo selbst eine Ausweiche vorgesehen ist. Mit einer Rechtskurve biegt die Linie wieder in die Kaiserstrasse ein und verfolgt dieselbe bis zu ihrem Endpunkt an der Bahnhofstrasse, wo selbst eine Endweiche eingebaut wird.* Aber erst im

November 1908 wird der Weiterbau der Bahn vereinbart.

Im August 1911 kommt der endgültige Vertrag zu Stande. In diesem Vertrag verpflichtet sich die *Kreis-Ruhrorter Straßenbahn Aktiengesellschaft* in § 1, für eigene Rechnung die bereits bestehende und ihr gehörige Straßenbahn Neumühl–Dinslaken nach dem Staatsbahnhof Dinslaken zu verlängern und spätestens bis zum 8. Oktober 1911 in Betrieb zu nehmen. Ferner verpflichtet sich die Straßenbahn, eine Abzweigung dieser Straßenbahnlinie vom Mittelpunkt der Stadt durch die Neustraße und Hünxer Straße bis zum Schacht Lohberg zu führen. Die im Vertrag genannten Fristen sind für viele Jahre Streitobjekt zwischen den Parteien.

Die Lohberger Strecke wird am 1. Mai 1914 eröffnet (s. hier **Hünxer Straße**). Nach Eröffnung der stark besuchten Badeanstalt und des Stadions in Hiesfeld wird am 14. Mai 1929 zusätzlich die Strecke nach Hiesfeld in Betrieb genommen. (s. **Farbbildseite 6; S. 134**)

Zahlen zur Stadtentwicklung

An der Zahl der Einwohner und der bebauten Fläche lässt sich die Entwicklung Dinslakens ablesen. Im Jahr 1871, also noch Ende des 19. Jahrhunderts, hat die Stadt Dinslaken 3.864 Einwohner, 1939 bereits 26.734. Die Zahl wächst 1950 auf 31.949, 1961 bereits auf 43.776 und 1968 auf 53.223 Einwohner. Von 1946 bis 1961 führt der Zustrom von Flüchtlingen, Vertriebenen und so genannten Gastarbeitern zu einem schnelleren Bevölkerungswachstum.

1969 leben auf einer Fläche von 45.52 qkm 54.467 Einwohner. In Dinslaken befinden sich 58 % der Wohnungen in Mehrfamilienhäusern, der Mietwohnungsanteil ist mit 75 % relativ hoch.

Ende 2005 hat Dinslaken nach Berechnungen der Stadt, die Ende 2007 im Internet veröffentlicht werden, auf einer Fläche von 47,67 qkm 72.347 Einwohner (37.109 davon weiblich, 35.238 männlich). Sie leben in insgesamt 33.423 Haushalten. In der Innenstadt gibt es nach Angaben der Dinslakener Internet-Homepage 4.577 Haushalte, in Hiesfeld 7.410.

Die Straßen

Das deutsche Wort *Straße* ist eine alte Entlehnung aus lateinisch *strata* und meint ursprünglich die künstlich angelegte und gepflasterte Landstraße. Innerhalb eines Ortes bezeichnet es zunächst nur die durch den Ort führende Landstraße. Später hat es dann, ausgehend von Norddeutschland, das Wort *Gasse* als Bezeichnung der innerörtlichen Straße verdrängt.

Es gibt Städte, deren Straßennetz nach bestimmten alphanumerischen Gesichtspunkten geordnet und benannt ist; Mannheim in Deutschland und New York in den USA sind die bekanntesten Beispiele. Ansätze einer Ordnungsfunktion gibt es auch da, wo in bestimmten Stadtvierteln alle Straßen konsequent nach Vögeln, jagdbaren Tieren, Bäumen, Blumen oder auch nach Dichtern, Musikern, bildenden Künstlern etc. benannt sind, was nicht nur dem Ortsunkundigen, sondern auch dem Briefträger, Polizisten und Notarzt das Auffinden einer Adresse wesentlich erleichtert. Aber eine solche Konsequenz wird selten durchgehalten. Straßennamen erinnern oft an historische Personen (**Bismarckstraße**) und Ereignisse (**Düppelstraße**), handwerkliche Berufe (**Hauerstraße**), Flurbezeichnungen (**Averbruch**), historische oder aktuelle Einrichtungen an der Straße (**Klosterstraße, Poststraße**); nicht selten geben sie eine Richtung an (**Oststraße**) oder ein Ziel, das auf dieser Straße erreichbar ist (**Duisburger Straße**).

Erste Straßenbezeichnungen im Mittelalter

Fünf Stadttore gaben in Dinslaken die Richtung der betreffenden Straße an: die *Eppinghovener Porte* (nach Westen), früher *Schröder-*

porte genannt, die *Walsumer Porte* (nach Süden), vor der sich auch die *Perdebeek,* die Pferdeschwemme im Rotbach befand, die *Middelporte* zwischen der Alt- und Neustadt, die *Ritterporte* zur Burg. Durch sie führt bis heute der Weg aus der Stadt zur Burg.

Das fünfte Tor ist das *Neutor* oder die *Hiesfelder Porte,* die erstmals 1420 erwähnt ist; auch aus solchen Zielbezeichnungen werden schließlich Straßennamen.

In der mittelalterlichen Stadt lassen sich bereits erste Straßenbezeichnungen, die es heute nicht mehr gibt, finden: *Blaaten Steeg, Melatensteg, Scroderstraten* (= Schröderstraße), *Borchstraße* (= Burgstraße), *Holzmarkt.* Der Holzmarkt war der Platz in der Altstadt, auf dem das Holz, vor allem Brandholz, im Herbst aufgefahren und öffentlich verkauft wurde. Daraus entstand später der Name für diesen Markt. Er lag hinter der Kirche und hatte damit einen guten Anschluss zum Walsumer Tor, so dass die Anfahrt des Holzes nicht durch die ganze Stadt geführt werden musste. An den Holzmarkt erinnert eine der noch bestehenden Pumpennachbarschaften der Stadt, die Holzmarkt- oder Holznachbarschaft.

Ein weiterer Name ist *Die Dunck* (1659) oder *Die Donksche Wegh* (1736). Mndt. *dunk* oder *donk* bedeutet eine kleine Bodenerhebung im Sumpfland oder eine zwischen Wassergräben liegende Sandbank (Lange 2002) Das Element finden wir am Niederrhein oft in Orts- und Familiennamen wie Wachtendonk, Kervendonk, Wesendonk etc. Auf dem Plan „Dinslaken vor dem Walsumer Tor im Jahr 1659“ (Abb. 7) wird die Straße *Die Dunck* genannt, und auf der Katasterkarte der Stadt Dinslaken von 1736 heißt sie *Die Donckscke Wegh.* Sie führt durch das Walsumer Tor in westlicher Richtung aus der Stadt heraus. Die *Holländische Straße,* in Dinslaken auch *Dinxlackersche Damm* genannt, war die Hauptstraße, die den wichtigen Durchgangsverkehr von Duisburg nach Wesel aufnahm. Weil es wegen des umgebenden Bruchlands keine festen Straßen außerhalb der Stadt gab, musste sie so befestigt werden, dass sie auch bei schlechtem Wetter einigermaßen gut zu befahren war. Deshalb wurde die Landstraße nach Wesel, nachdem sie das Neutor passiert hatte und in Richtung Norden abgebogen war, durch einen Teil des Bruchs auf einem Damm geführt. Jetzt konnte sie zu allen Jahreszeiten benutzt werden (s. **Weseler Straße**).

Noch auf einem Stadtplan des 18. Jahrhunderts werden rund um den Markt parallel zur Mauer in der Altstadt die Straßenzüge *Der Hundspoot* und die *Brück-Straße* dargestellt. Die Brückstraße wird in älteren Quellen auch *Brughstraße* (1671) und *Brugstraße* (1674) geschrieben.

Der Name *Hundspoot* (= Hundepfote) erinnert an die Art der Ausübung der Jagd durch den Landesherrn. Der Herbst und Winter war die Zeit, da der Landesherr, zumeist mit dem Drosten, nach Dinslaken kam, um in den dichten Waldungen und den ausgedehnten Heidegebieten des Umlandes zu jagen. Zu diesem Zweck wurden in besonderen Ställen „Honden ind Winden“ gehalten und die mitgebrachte Jagdmeute beherbergt. Je nach Jagdumfang war es geboten, verschiedene Ställe bereitzuhalten: einen für die Jagdhunde, den anderen für die Leithunde, den dritten *vor die Windt,* also die Windhunde. Diese Hundezwinger lagen nicht innerhalb der Burg, sondern unterhalb im *Hundspoot.* Dazu gehörte ein Auslauf, der für die Windhunde auf Grund ihres Bewegungsdranges notwendig ist. Wegen ihrer Schnelligkeit werden sie für die Hetzjagd gezüchtet. Im Unterschied zu anderen Jagdhunden, die mit der Nase der Fährte nachspüren, verfolgen die Windhunde das Wild mit den Augen (Lange 2008).

Auf demselben Stadtplan findet sich in der Neustadt die Straßenbezeichnung *auf dem Wall* und außerhalb der Altstadtmauer die *Wiesen-Straße.*

In der im Staatsarchiv Düsseldorf befindlichen Akte *Kleve, Kammer Nr. 1370* werden in der *Aufnahme derer unter der Dinslakenschen Stadts Feldmark gelegenen Garten, Bau und Weide Ländereyen* die Nummern der Häuser, Namen und Berufe der Besitzer und die Lage der Häuser aufgeführt. Hier ist die Quelle für viele spätere Straßenbezeichnungen: *Vorm*

Eppingh. Thor, Vorm Neuen Thor, Im Eppinghover Feld, An die Mühlenstraße, Am Brunen Camp, Klebeskamp, Vorm Walsumer Thor, Beym Berenkamp.

Aber auch noch im 17. Jahrhundert bleibt Dinslaken mit der *Holländischen Straße* nur **ein** Durchgang von Nord nach Süd oder, wie der klevische Chronist Egbert Hopp es schreibt, *ein berühmter Pass, nach Deutschland zu reisen.* Dies belegt auch das kaum vorhandene Beherbergungsgewerbe. Anfang des 17. Jahrhunderts ist als einzige Herberge *Der dolle Hont* belegt. Auch Napoleon passierte Dinslaken auf dem Weg nach Düsseldorf ohne Aufenthalt.

Die Stadt Dinslaken war auch lange Zeit nicht an die Postkutschenrouten angebunden. Zwei Routen führen, wie einst die Straßen vor dem Landesherrenprivileg, zunächst westlich und östlich an Dinslaken vorbei, westlich über Rheinberg und östlich über Essen und Münster. Erst 1668 erhält ein Düsseldorfer Fuhrunternehmer die Erlaubnis, einmal wöchentlich über Duisburg durch Dinslaken nach Wesel und weiter bis Nymwegen zu fahren.

Amtliche Regelungen

In der Mitte des Jahres 1822 beginnt die preußische Verwaltung in der Rheinprovinz eine Systematisierung der Ortsbezeichnungen und deren Beschilderung. Am 29. Juni 1822 ergeht folgende Anweisung der *Königl. Preuß. Regierung I Abth* in Düsseldorf an den *Herrn Landrath zu Dinslacken: Gemäß einer Verfügung des Kgl. Oberpräsidiums vom 6ten d. M. [dieses Monats] ist es die Intention Sr. Majestät, dass alle Flecken und Dörfer, wo eine Straße durch und vorbeiführt ohne Unterschied der Eigenschaft der Straße, ob sie nämlich Landstraße oder Communalstraße sey, nach und nach mit Umschlags-Tafeln, welche den Ortsnamen in größerer Schrift, den Namen des Kreises und die Nummer des Landwehr-Regiments, aber in verkleinerter Schrift enthalten, bezeichnet werden sollen.*
Auf eine vollkommene Gleichförmigkeit in der Form und Art der Aufstellung der Tafeln kommt es dabey aber nicht an, und die schon errichteten können unverändert stehen bleiben: bey den noch zu errichteten [errichtenden] ist aber darauf zu sehen, daß sie auf Weiß gestrichenem Grund schwarze Schrift erhalten und jedenfalls so aufgestellt werden, dass sie den Vorübergehenden leicht ins Auge fallen.
Hiernach wollen Sie das Weitere veranlassen.
In den Akten findet sich unter dem Datum 27. 11. 1824 eine Notiz des Bürgermeisters mit einem Entwurf eines Ortschildes für Hiesfeld.

Daneben befinden sich zwei weitere Notizen, nämlich dass diese Vorgabe auch nach Dinslaken und „G W Hamm“ [Götterswickerhamm] gesendet sei und dass die *Tafeln nach dem obenstehenden Muster unterm 12ten December abgeändert* seien.

Mit dem Datum 6. März 1825 macht der Bürgermeister eine Aufstellung in Tabellenform *aller in der Bürgermeisterei Dinslacken befindlichen Ortstafeln jeder Art, z. B. über Bezirke, Polizei, Gebote und Verbote, Wege Brücken, Zoll-Gebühr und andere Geld-Tarife.* Er führt für Dinslaken und Hiesfeld jeweils ein Schild an, für Walsum drei. In die Spalte *Orte und Wegepunkte, wo diese aufgestellt sind* schreibt er für Dinslaken *Bei dem Barrier/Empf. A D Maas, Wegegeldtarif,* in die Spalte *Ob selbige einer und welcher Art Reparatur bedürfend* berichtet er *Die Reparaturen werden aus der Chaussee-Casse bestritten.* In Hiesfeld befindet sich das Schild *bei dem Wirth Mook.* Die Barriere ist ein Wegezoll, der durch einen ‚Empfänger' (s. o. *Empf A D Maas*) erhoben wird. Die Höhe des Wegegeldes ist auf dem Schild angegeben.

Zu Beginn der 1870er Jahre regelt die preußische Regierung die Grund- und Gebäudesteuer neu. Jetzt ergehen genaue Vorschriften für die Bezeichnung von Straßen und die Nummerierung der Gebäude dieser Straßen. In der Anweisung an den Bürgermeister in Dinslaken vom 17. April 1872 heißt es aus Düsseldorf:
Mit Bezug auf die in diesem Jahre vorzunehmende Erneuerung der Grund- und Gebäudesteuer-Heberollen veranlassen wir Sie Herren Bürgermeister die Nummerierung der Gebäude in der bzw. dem zu ihrem Verwaltungsbezir-

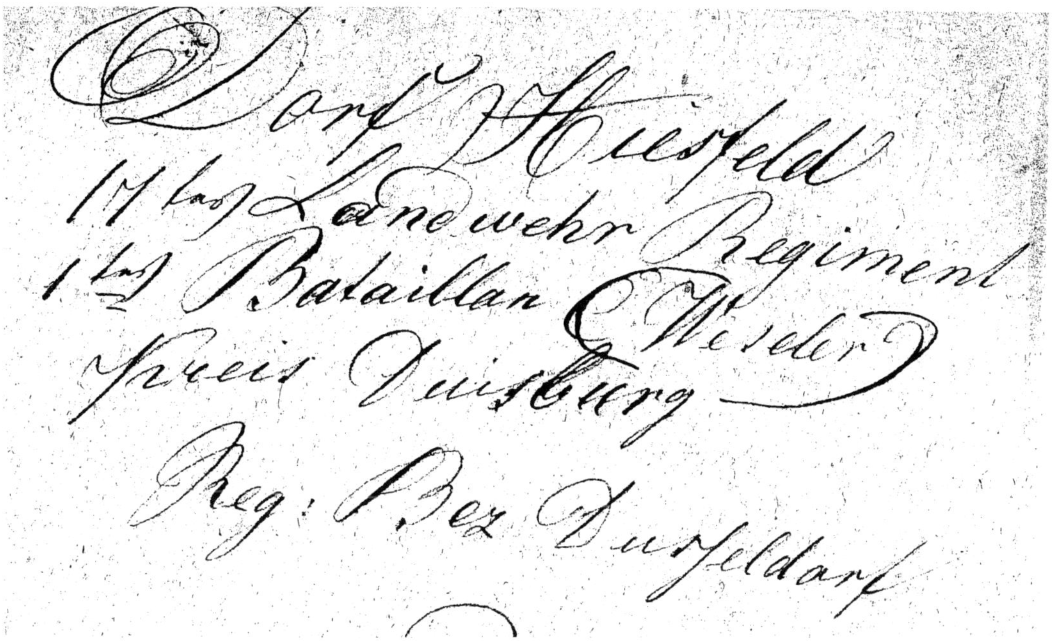

Dorf Hiesfeld
17tes Landwehr Regiment
1tes Bataillon (Wesel)
Kreis Duisburg
Reg: Bez Dusseldorf

Abb. 5 Handschriftlicher Entwurf eines Ortschildes für Hiesfeld

ke gehörigen Ortschaften einer genauen Revision zu unterziehen und, falls dies nicht bereits geschehen sein sollte, die Gebäude nach folgenden Grundsätzen zu nummerieren.

§1

In den Märkten und stadtartig gebauten Ortschaften hat jede Straße eine besondere Nummernfolge und zwar in der Weise, daß die Häuser an der einen Straßenseite die graden und die in der gegenüberliegenden die ungraden Nummern führen.

§ 2

In den übrigen Ortschaften sind einer den örtlichen Verhältnissen entsprechenden Reihenfolge die sämmtlichen Gebäude mit fortlaufenden Nummern zu versehen.
Zählt eine Ortschaft aber mehr als 300 Feuerstellen, so ist dieselbe in mehrere Quartiere, deren jedes aber mindestens 100 Häuser umfassen muß, zu theilen und sind die Gebäude in jedem dieser Quartiere von Nr. 1 an zu nummerieren und sind die einzelnen Ortschafts-Quartiere mit Litt. A. B. C. u. s. w., zu bezeichnen, auf jeder Hausnummer in derselben der demnach entsprechende Buchstabe vorzusetzen.

§ 3

Mit fortlaufenden Nummern sind zu versehen:
a) Jedes Haupt- und Wohngebäude;
b) Die Öffentlichen Gebäude des Staats und der Gemeinden, Karzerationen und Institute;
c) Die Kirchen und sonstigen gottesdienstlichen Zwecken gewidmeten Gebäude;
d) Die nicht in Zusammenhänge mit den zu a bezeichneten Gebäuden stehenden Nebengebäude, wenn sie auf einem besonderen Grundstücke erbaut sind.
Sonstige Nebengebäude erhalten die Nummer des betreffenden Hauptgebäudes mit dem Zusatze der litt: a, b, c u. s. w.

§ 4

Für die in einer Straßenlinie liegenden, noch unbebauten Bauplätze und sonstigen Grundstücke sind die entsprechenden Hausnummern auszusetzen. Ist ein solches Grundstück größer als sein Bauplatz nach der ortsüblichen Bauart zu sein pflegt, so sind für dasselbe so viel Nummern auszusetzen, als es nach sachverständigem Ermessen Bauplätze enthält.

§ 5

Die Hausnummer ist in leicht kenntlicher Weise in der Regel in der vorderen Seite des

Haupteinganges des zu numerierenden Gebäudes anzubringen und stets kenntlich zu erhalten. In ein und derselben Ortschaft müssen die Nummerschilder von derselben Form und Farbe sein.

§ 6
Eine vergleichende Uebersicht der bisherigen und der gemäß vorstehenden Bestimmungen ausgeführten bzw. berichtigten oder ergänzten Numerierung der Gebäude innerhalb der betreffenden Ortschaft ist bis zum 1ten Deztember [Dezember] d. Js. dem zuständigen Königlichen Hypotheken-Gerichte, sowie den Katasterbeamten des betreffenden Kontrole-Bezirks abschriftlich zuzustellen.
Darüber, daß dies geschehen, ist uns bis zum 15. Deztember d. Js. durch Vermittelung des Königlichen Landraths Anzeige zu machen.
Königliche Regierungs-Abtheilung des Inneren (Unterschrift).

Das Schreiben trägt den Vermerk *Ges.21.4.72, No: 1050.* Bereits unter dem 15. Juli 1872 nimmt der Bürgermeister Stellung und schreibt an den
Königlichen Landrath Herrn von Rosenberg Gruszczynski hochwohlgeboren zu Duisburg
Euer Hochwohlgeboren verfaßte ich mit Bezugnahme auf nebenbezeichnete Verfügung hoher Königlicher Regierung gehorsamst zu berichten daß bereits im Jahre 1868/69 eine neue Nummerierung der Gebäude und Eintheilung nach Quartieren stattgefunden hat. Es ist dabei nicht genau nach den Bestimmungen der angezogenen Verfügung verfahren, namentlich sind die Nebengebäude, wie es der § 3 d der gedachten Verfügung vorschreibt überhaupt nicht nummeriert. Auch sind die einzelnen Quartiere nicht mit A. B. C. u. s. w. sondern mit Lit. I, 2. 3. u. s. f. [und so fort] bezeichnet. Im Uebrigen aber sind die Vorschriften der Regierungs-Verfügung ziemlich übereinstimmend zur Anwendung gekommen.
Euer Hochwohlgeboren erlaube ich mir daher gehorsamst anzufragen, ob es nicht gestattet ist, wegen Vermeidung der Kosten die jetzige Nummerierung beizubehalten und dieselbe in Bezug auf Numerierung der Nebengebäude zu ergänzen, und in Bezug auf § 4 bei etwa vorkommenden Bauten zwischen nummerierten Häusern, den neuen Gebäuden eine Theilnummer zu geben.
Ihr Bürgermeister Berns

Dinslaken hat also nicht nur 14 Jahre vor der preußischen Verordnung eine sinnvolle Nummerierung der Quartiere und Häuser vorgenommen, der Bürgermeister ist zudem von der Dinslakener Lösung, die sich bewährt hat, überzeugt und weist – zwar „gehorsamst" – darauf hin, dass eine Umsetzung der Richtlinie nur mit Kosten verbunden sei, eine für preußische Beamte nicht unverständliche Argumentation.

Die *Königliche Regierung Abtheilung des Inneren* akzeptiert die Bitte des Bürgermeisters um Beibehaltung der Dinslakener Verfahrensweise und schreibt dem *Königlichen Landrath* von Rosenberg Gruszczynski am 10. August 1872:
Auf den Rundbericht vom 17. v. M. [vorigen Monats] erwidern wir, daß gegen die Beibehaltung des s. Zt. [seiner Zeit] in der Stadt Dinslaken bestehenden Systems der Numerierung der Gebäude unter der Voraussetzung Nichts zu erinnern ist, daß die Nebengebäude noch vorschriftsmäßig numriert werden. Bei Neubauten zwischen bereits nummerierten Häusern kann eine Theilnummer angewendet werden, nur ist diese nach einem bestimmten Prinzipe gleichmäßig zu bestimmen.
Am 15. August geht das Schreiben als *Abschrift dem Herrn Bürgermeister Berns zu Dinslaken zur Kenntniß und weiteren Veranlassung* zu; ein beachtenswerter Erfolg der Stadt.

In der Sitzung vom 18. November 1882 beschließt der Rat, am Neutor eine Tafel mit den Richtungsangaben ‚Zum Bahnhofe' und bei der Abzweigung des Bruckhauser Weges mit den Richtungsangaben ‚Bruckhausen' und ‚Hiesfeld' anbringen zu lassen.

Im Ortsstatut vom 10. August 1893 werden in Dinslaken erstmals folgende Straßennamen amtlich festgelegt: Duisburger, Eppinghovener, Weseler Straße, Neu-, Bahn-, Brück-, Garten- Kloster-, Markt-, Wall-, Wiesenstraße, Rittergasse, Kirchplatz.

Dinslakens Situation im 19. Jahrhundert

Bis zur Industrialisierung bleibt Dinslaken, wie oben bereits ausgeführt, ein Ackerbürger- und Handwerkerstädtchen, das um 1800 noch nicht tausend Einwohner zählt; im Jahr 1722 sind es 1063 Einwohner, 1740: 907, 1756: 925, 1763: 737, 1777: 833 und 1787: 859 Personen.

Noch am 13. Mai 1885 stellen Rat und Verwaltung fest, dass der hiesige Stadtbezirk keine Industrie habe.

Es bestand über Jahrhunderte hinweg keine Notwendigkeit, das Stadtgebiet für Neubürger zu erweitern, neue Straßen anzulegen und zu benennen. 1721 gab es 201 Häuser, von denen 16 halb mit Steinen, halb mit Stroh gedeckt waren. 1807 sind von ca. 200 Häusern 50 gut, 150 schlecht. Die Straßen der Stadt weisen zwar Steinpflaster auf, sind aber holprig und ausgefahren, besonders die Duisburger Straße, die von schweren und schwer beladenen Fuhrwerken stark befahren ist. Da die Stadt verschuldet ist, sollen die Bürger vor ihrem Erbe das Pflaster in Stand halten, wenn nötig reparieren. Aber niemand habe die Verordnung befolgt, da die Kämmerei doch Zoll und Wegegeld erhebe, das für solche Reparaturen genügen müsse.

Für Hiesfeld werden zu Beginn des 19. Jahrhunderts 26 gute und 152 schlechte Häuser genannt. Durch Hiesfeld führt 1807 *die alte Chaussee von Wesel nach Bochum.*

In einer topographischen Beschreibung Dinslakens sind 1818 vier Straßen aufgeführt: die *Landstraße* von Duisburg nach Wesel und drei *Communalwege:* der Weg von Dinslaken nach Walsum (= die Mühlenstraße), der Weg nach Bruckhausen und der Weg nach Hiesfeld. Da diese Kommunalwege viel gebraucht und befahren werden, sind sie im Herbst und Winter, wo gewöhnlich nasse Witterung einfällt, nicht gut mit gewöhnlichen Fuhrwerken zu passieren. In derselben Beschreibung werden 1818 für die Stadt 202 Wohnhäuser mit 1.237 Einwohnern gezählt. Es leben also statistisch in jedem Haus sechs Personen. Im Jahr 1858 gibt es etwa 350 Familien, die in etwa 290 Häusern leben. Es bewohnt also beinahe jede Familie ein eigenes Haus.

Straßen der Kaiserzeit

In ganz Deutschland erhebt sich nach dem deutsch-französischen Krieg von 1870/1871 in der so genannten „Gründerzeit" ein Gefühl von Stärke und Größe, das man lange entbehren musste. Dieser Stolz lässt ein starkes Nationalbewusstsein entstehen, das nach Ausdruck verlangt. An der Spitze der Verehrung steht der Deutsche Kaiser, nach dem ja schon die von Thyssen übernommene Gewerkschaft benannt ist.

Auch Dinslaken erliegt dem Zeitgeist und nimmt an der nationalen Euphorie teil. Die Kaiserverehrung ist in Dinslaken, wie überall im Reich, Ausdruck dieser Euphorie. Man ist dankbar für die Entwicklung der Stadt und deren wirtschaftlichen Aufschwung.

Vor der Kirche St. Vincentius stellt die Stadt ein Denkmal für Kaiser Wilhelm auf. Man ist so stolz auf Walzwerk und Kaiserdenkmal, dass man davon Ansichtskarten verschickt (s. **Farbbildseite 1; S. 129**).

Mit der zunehmenden Industrialisierung Dinslakens wächst auch die Zahl der Beschäftigten, für die nun Wohnraum geschaffen werden muss. Es entstehen neue Quartiere, für die die alte Einteilung mit der Nummerierung der Häuser in den Quartieren oder Sektionen nicht mehr ausreicht. Als neues Ordnungsprinzip werden ab Ende des 19., Anfang des 20. Jahrhunderts die Straßen mit ihren vorhandenen oder neu zu erteilenden Bezeichnungen genutzt, die Häuser in den Straßen nummeriert. Die Beschaffung der Straßenschilder erfolgt auf Kosten der Kommunen, die Beschaffung der Schilder der Hausnummern geht zu Lasten der Hauseigentümer. In den neuen Wohnquartieren werden neue Straßen angelegt, die benannt werden müssen, um das neue Ordnungsverfahren anwenden zu können. Da es dabei um die öffentliche Ordnung in der Stadt geht, muss auch die Polizeibehörde der Benennung von Straßen ihr Plazet geben.

Staatliche Anordnungen zur Benennung von Straßen finden sich wahrscheinlich zum ersten Mal in einer *Allerhöchsten Ordre* vom 20. 12. 1813, wonach es für die Städte Berlin, Potsdam und Charlottenburg der Zustimmung des Königs bei der Benennung von Straßen, Brükken und Plätzen bedurfte. In einem Erlass vom 13. April 1837 hatte der preußische Minister des Inneren und der Polizei bezüglich der Straßenbenennungen angeordnet, dass diese der Zustimmung des Regierungspräsidenten bedürften. Sollte es sich gar um die Wahl eines Namens handeln, der sich auf den König oder Mitglieder des Königlichen Hauses beziehe (Wilhelmstraße, Friedrichstraße), so sei dem Innenminister zwecks Einholung der Allerhöchsten Genehmigung zu berichten.

In der nationalen Begeisterung der Gründerzeit werden auch in Dinslaken Straßen nach Mitgliedern der königlichen Familie benannt. Auf dem Effmann-Plan der Stadt von 1913 sind bereits 102 Straßen aufgeführt. Darunter finden sich die zum Bahnhof führende *Kaiserstraße (heute Friedrich-Ebert-Straße), die *Kaiser-Friedrich-Straße (heute Wilhelm-Lantermann-Straße), die Friedrichstraße, die Amalien-, Augusta-, *Louisen-, *Viktoriastraße (beide heute Luisenstraße) und andere mehr.

Neben so allgemeinen Bezeichnungen wie *Markgrafen- oder *Prinzenstraße (= westlicher Teil der Wallstraße) ist die Zahl der Straßen, die nach den Militärs seit der Zeit Napoleons benannt sind, recht zahlreich. Im Jahre 1917, also noch vor Beendigung des Krieges, wird Generalfeldmarschall von Hindenburg zum Ehrenbürger der Stadt ernannt.

Weitet das Stadtbild sich aus und reichen die historischen Bezeichnungen, die Zielortbezeichnungen, die lokalen Bezeichnungen wie *Markt* und *Kirche* oder die Benennungen der Kaiserzeit nicht mehr aus, wird, wie schon weiter oben gesagt, gern auf Tiere und Pflanzen, männliche und weibliche Vornamen, Dichter, Musiker, bildende Künstler, Philosophen etc. zurückgegriffen; so auch in Dinslaken.

Das *Adreß-Buch für die Bürgermeistereien Dinslaken, Hiesfeld und Walsum* von 1909 nennt für Dinslaken 91 Straßen, für Hiesfeld 142. Das Buch notiert für Dinslaken folgende *Bevölkerungs-Verhältnisse:* 1905 – 6.031; 1906 – 6.131; 1907 – 6.908 Einwohner. Für Hiesfeld beträgt die Zahl im selben Zeitraum 6.765, 7.561 und 8.191 Einwohner; Hiesfeld zählt also zu dieser Zeit mehr Einwohner als die Stadt Dinslaken. Das ändert sich auch nicht 1913. Das Adressbuch von 1914 weist für Dinslaken eine Bevölkerungszahl von 10.055 (5.413 männliche, 4.642 weibliche) Einwohner aus, für Hiesfeld 11.881 (6.667 männliche, 5.214 weibliche) Einwohner. Nach der Eingemeindung Hiesfelds im Jahr 1917 sind im *Straßen=Verzeichnis* vom 19. März 1918, das der Bauamtsleiter Nottebaum veranlasst, 222 Straßen benannt, einige davon unbewohnt. Die Zahl der Straßen bleibt bis 1935 fast unverändert. Das Adressbuch dieses Jahres zählt 223 Straßennamen.

Dinslaken hat, wie viele andere Städte auch, Straßen nach verdienten Bürgern der Ortsgeschichte benannt: Althoffstraße, Karl-Heinz-Klingen-Straße, bis 1994 *Hiesfelder Straße, Wilhelm-Lantermann-Straße (bis 1973 *Breite Straße), Heinrich-Nottebaum-Straße oder Gerhard-Malina-Straße seien hier als Beispiel genannt. Die Stadt hat auch eine Straße nach Heinrich Douvermann benannt, dem berühmten Bildschnitzer der Kalkarer Altäre, dessen Herkunft aus Dinslaken freilich nicht gänzlich gesichert ist (s. hier **Douvermannstraße**).

Auch Personen der Zeitgeschichte, vor allem nach 1945, sind als Namensgeber für Straßen beliebt. So ehrte die Stadt Dinslaken Ferdinand Lassalle, den Begründer des Allgemeinen deutschen Arbeitervereins, Friedrich Ebert, den ersten Kanzler und Reichspräsidenten der Weimarer Republik, den Gewerkschafter Hans Böckler, Kurt Schumacher (SPD-Vorsitzender 1946-1952) und die beiden Bundeskanzler Konrad Adenauer und Willy Brandt.

Rechtliche Bestimmungen bei der Benennung von Straßen

In der Sitzung des Bauausschusses der Stadt Dinslaken vom 12. 5. 1964 entschließt sich der

Bauausschuss, nach dem Vorbild anderer Städte „einheitliche Straßenbenennungsschilder“ aufzustellen. Diese Schilder können zusätzliche Bezeichnungen, z.B. die Angabe der Hausnummern eines bestimmten Straßenabschnittes „oder Benennungen, aufnehmen“ (Sitzungsbericht Stadtarchiv). Mit Benennungen sind Angaben über den Namensgeber gemeint. Weiter heißt es, dass die „Anschaffung von Kunststoffschildern, die keine Unterhaltung mehr erforderlich machen“, empfohlen wird. Die Kosten für diese Neuanschaffung belaufen sich 1964 pro Schild auf DM 15,20, für die Montageteile auf DM 5,20. Diese Schilder sollen in neuen Straßen aufgestellt werden, aber auch dann, wenn alte Schilder beschädigt sind. Eine wesentliche Neuerung ist, die neuen Schilder nicht mehr an Häusern zu befestigen.

Bei der Umbenennung von Straßen müssen auch die Belange der Anwohner berücksichtigt werden. Eine Umbenennung bedeutet eine Änderung von Adressen, ist mit Kosten für die Anlieger, möglicherweise mit Schwierigkeiten für Verwaltung und Post verbunden.

Am 1. April 1939 erließ der NS-Staat eine *Verordnung über die Benennung von Straßen, Plätzen und Brücken.* Sie trat mit dem Tage der Veröffentlichung im Reichsgesetzblatt 1939, Teil I, S. 705 in Kraft. Dem Geist der neuen Zeit entsprechend heißt es lapidar in §1, Abs. 2: *Die Benennung von Straßen, Plätzen und Brücken nach Abs. 1 bedarf der Zustimmung des Beauftragten der NSDAP [...] Vor der Benennung ist der Ortspolizeibehörde Gelegenheit zur Stellungnahme zu geben, soweit der Bürgermeister nicht selbst die Geschicke der Ortspolizeibehörde wahrnimmt.* In der Regel ist der Bürgermeister Mitglied der NSDAP. Die Auswirkungen dieser Verordnung liegen auf der Hand. In den Ausführungsbestimmungen zu dieser Verordnung, die in einem Runderlass des RMdI (Reichsminister des Inneren) vom 15.7.1939 veröffentlicht wurden, heißt es zwar unter 2, b, 1 *Bestehende Straßennamen sollen grundsätzlich nicht geändert werden. Dies gilt vor allem für alte und historische Namen.* Aus diesem Grund haben die Nationalsozialisten keine Probleme mit Namensgebungen der Kaiserzeit. ‚Helden’ wie Blücher, Gneisenau, Moltke, Roon, Scharnhorst und Wrangel dürfen auch in Dinslaken ihre Straßen behalten. Erst recht gilt dies für die Sedanstraße, die an den Ort der Kapitulation der französischen Armee und der Gefangennahme des französischen Kaisers Napoleon III. im September 1870 erinnern soll. Auch der „Eiserne Kanzler“ Bismarck behält zwischen *Breite- und Voerder Straße sein Straßenstück.

In Abs. 2 heißt es aber: *Eine Umbenennung ist deshalb nur in bestimmten Ausnahmefällen am Platze. Sie ist dann gerechtfertigt und auch erforderlich, wenn die Bezeichnung einer Straße usw. dem nationalsozialistischen Staatsgedanken entgegensteht ...* Hier ist viel Platz gegeben für einfallsreiche Verwaltungsleute.

In Abs. 3 geht es endlich um *Persönlichkeiten der neuesten Geschichte,* also um ‚verdiente Nazi-Größen’: Wenn eine Gemeinde den Wunsch hat, eine solche Person zu ehren, *so bietet sich hierzu bei der großen Zahl der neuen Straßen ... ausreichend Gelegenheit, ohne daß es nötig ist, alte Straßennamen zu beseitigen.* In Dinslaken aber hält man sich nicht an diese Vorschrift. Die zwei wichtigsten Straßen der Stadt werden umbenannt: die *Hauptstraße (hier gilt wohl auch das Prinzip „nomen est omen“, d. h. die „Haupt“-Straße kommt dem „Führer“ zu), breit genug für gewaltige Aufmärsche, wird zur *Adolf-Hitler-Straße, die Neustraße zur *Schlageterstraße (s. hier **Neustraße**). Die *Hauptstraße erhält diesen Namen, obwohl es in Abs. 5 ausdrücklich heißt: *Nach Lebenden dürfen öffentliche Straßen grundsätzlich nicht benannt werden. Aber in besonderen Ausnahmefällen,* wie z. B. im Falle des ‚Führers’ *ist zuvor dem RMdI* (s. o.) *zu berichten.* Die Bahnstraße wird nach dem Geburtsort Hitlers in *Braunaustraße umbenannt. Damit wird der „Führer“ gleich mit zwei Straßen „beehrt“.

Es folgen allgemeine Hinweise: Jeder Straßenname soll nur einmal vorkommen, Straßenbezeichnungen, die sich nur in der Zweitsilbe *Straße, Allee, Platz* unterscheiden, gelten als Wiederholung, in einen Platz einmündende Straßen sollen nicht über den Platz hinaus geführt werden. Unter h) 2 heißt es: *Namen, die zu Verwechslungen, zu Missdeutungen oder Verspottung Anlaß geben oder die Anwohner verächtlich machen, dürfen nicht verwendet werden.* Diese und weitere Bestimmungen der Verordnung von 1939 gelten, wie viele Gesetze und Verordnungen, auch nach 1945 weiter.

Allerdings verschwinden die NS-spezifischen Umbenennungen nach dem Krieg sehr schnell aus dem Stadtbild. Die den Nationalsozialismus und seine führenden Persönlichkeiten verherrlichenden Straßenbezeichnungen werden durch die Kontrollratsdirektive Nr. 30 vom 13. Mai 1946 verboten. Die Wiederherstellung des früheren Zustands geschieht in Dinslaken augenscheinlich ganz pragmatisch und ohne besonderen Verwaltungsaufwand: Die Neustraße heißt wieder Neustraße, die *Hauptstraße bis auf weiteres wieder *Hauptstraße, der *Hindenburgpark heißt nunmehr Stadtpark und die *Tannenbergstraße heißt heute Parkstraße.

Neue Empfehlungen in NRW

Im März 1957 erlässt der Innenminister des Landes NRW *Gesichtspunkte und Hinweise für die Benennung von Straßen.* Darin heißt es, dass die Benennung von Straßen eine Sache der Gemeinde bleibt. Die Richtlinie solle für die Mitglieder des Rates eine Entscheidungshilfe sein.

In der Verordnung, die sich im Wesentlichen auf den Runderlass des Reichsministeriums des Inneren vom 15. 7. 1939 stützt, heißt es unter anderem, dass Straßen nicht nach lebenden Personen benannt werden sollen, Straßen *als Erinnerung an nach dem Zweiten Weltkrieg verlorene Gebiete oder Orte* oder *nach Patenschaften oder befreundeten, benachbarten Orten* benannt werden können, dass Straßen erst dann benannt werden sollen, *wenn sie tatsächlich vorhanden sind und nicht schon, wenn sie auf dem Planpapier stehen.* Bei unvermeidlichen Umbenennungen, z.B. bei Eingemeindungen, sei *eine enge Zusammenarbeit mit Vertretern der eingemeindeten Ortsteile wünschenswert und notwendig.*

In einer Verlautbarung des Deutschen Städtetags vom 22. 12. 1981 heißt es, ein Arbeitskreis des Städtetages NW habe Muster erarbeitet für

- eine Satzung über die Benennung von Straßen und das Anbringen von Straßennamenschildern sowie
- eine Satzung über die Festsetzung, Gestaltung, Anbringung und Instandhaltung von Hausnummern.

Ferner seien Muster entworfen für

- Verwaltungsvorschriften für die Straßenbenennung und
- Richtlinien für die Nummerierung von Gebäuden oder bebauten Grundstücken.

Diese Muster basieren auf genannten NRW-Richtlinien, seien aber *lediglich eine Arbeitshilfe und keine strikte Empfehlung.*
In einer solchen Mustersatzung heißt es z.B.: *Die Benennung der Straßen ... ist Aufgabe der Stadt. ... Alle benannten Verkehrsflächen werden durch weiße (alternativ: blaue) Namensschilder mit schwarzer (alternativ: weißer) Beschriftung gekennzeichnet. Die Schilder werden von der Stadt beschafft, angebracht und unterhalten. ... Die Betroffenen (Eigentümer) ... haben das Anbringen von Straßennamenschildern zu dulden ...*
Andere Vorschläge regeln z.B. die Größe der Schrift, die Schreibweise, den Beginn der Nummerierung neuer Straßen in Relation zur Stadtmitte etc.

Dinslaken lebt mit seiner Geschichte

Geschickt präsentiert Dinslaken sich heute für Einheimische und Besucher. Der Geist der „Hexe“ Ulanth (Jolanthe) Dammartz geistert in Gestalt der Grundschullehrerin Beate Hettmer wieder durch die Straßen der Stadt, Dinslakens letzter Nachtwächter Heinrich Denkhaus, verkörpert durch Eduard Sachtje, führt die Menschen des Nachts mit Laterne, Hellebarde und Umhang durch die Stadt und erklärt auch die Bedeutung des Wassers für Dinslaken. Auch den Herrn von Buggenhagen erweckt er wieder eindrucksvoll zum Leben.

Pfarrer i. R. Sepp Aschenbach zeigt den jüdischen Friedhof, Pfarrer Ronny Schneider geht Stationen jüdischen Lebens in Dinslaken nach, gibt Einblicke in die Armen- und Krankenpflege, geht mit Besuchern zu Fuß durch die Vergangenheit und lädt zu einem Stadtrundgang zu Weihnachtsbräuchen ein.

Die Suche nach dem „Vermächtnis der Marie", eine Schatzsuche für Jung und Alt, wird von Birgit Gargitter in Zusammenarbeit mit dem Archiv der Stadt veranstaltet. Der Frauengeschichtskreis bringt das Leben und Wirken Dinslakener Frauen vergangener Tage in Erinnerung. Auch Friedhöfe geben Auskunft über Vergangenes. Spaziergänge durch Lohberg, Eppinghoven und Hiesfeld werden angeboten. Kurt Altena als Vorsitzender des rührigen Hiesfelder Mühlenvereins öffnet bereitwillig die Türen des Mühlenmuseums und hat viel über die Wasser- und die Windmühle in Hiesfeld zu erzählen. Die Stadt Dinslaken lebt in letzter Zeit wieder mehr mit ihrer Geschichte und möchte sie in ihren Straßen für Heimische und Besucher erlebbar werden lassen.

Straßen in Dinslaken von A-Z

Adelenweg

Der Adelenweg, benannt am 16.12.1960, ist eine der zahlreichen Straßen mit Frauenvornamen im Stadtteil Bruch bzw. Feldmark. Er zweigt von der Agathenstraße ab und führt nach Norden. In der Nähe liegen die Marien- und Paulastraße.

Wann und warum man bei der Erschließung dieses Wohngebiets eine Straßengruppe „Frauennamen“ gebildet hat, ist unbekannt. Jedenfalls tauchen im Übersichtsplan der Stadt Dinslaken von 1908 bereits 20 entsprechend benannte Straßen auf (Augusta-, Amalien-, Anna-, Bertha-, Charlotten-, Dorotheen-, Eliesen-, Emma-, Gertruden-, Hedwig-, Helenen-, Johanna-, Katharinen-, Klara-, Luisen-, Maria-, Martha-, Paula-, Viktoria- und Wilhelminenstraße). Einige davon sind sicher zu Ehren gekrönter Häupter bzw. ihrer Frauen gewählt worden, die meisten aber haben wahrscheinlich eher zufällig ihren Weg in diese Liste gefunden.

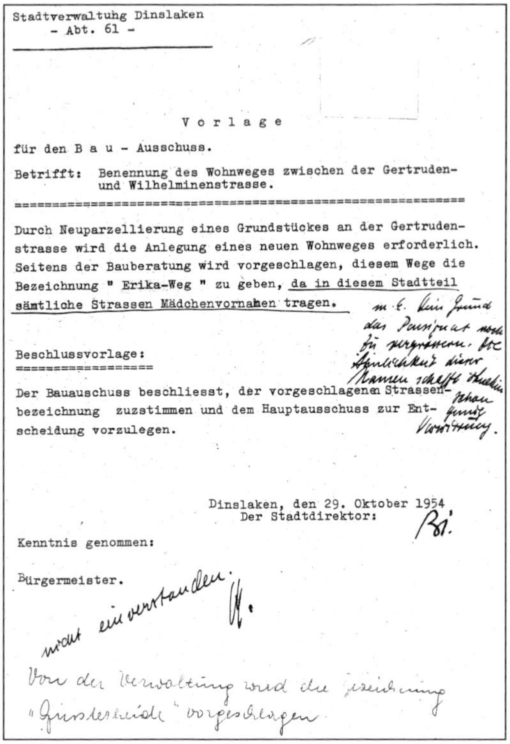

Stadtverwaltung Dinslaken
- Abt. 61 -

Vorlage

für den Bau - Ausschuss.

Betrifft: Benennung des Wohnweges zwischen der Gertruden- und Wilhelminenstrasse.

Durch Neuparzellierung eines Grundstückes an der Gertrudenstrasse wird die Anlegung eines neuen Wohnweges erforderlich. Seitens der Bauberatung wird vorgeschlagen, diesem Wege die Bezeichnung " Erika-Weg " zu geben, da in diesem Stadtteil sämtliche Strassen Mädchenvornamen tragen.

m. E. kein Grund das Pensionat noch zu vergrößern. Die Ähnlichkeit dieser Namen schafft ohnehin schon genug Verwirrung.

Beschlussvorlage:

Der Bauauschuss beschliesst, der vorgeschlagenen Strassenbezeichnung zuzstimmen und dem Hauptausschuss zur Entscheidung vorzulegen.

Dinslaken, den 29. Oktober 1954
Der Stadtdirektor:

Kenntnis genommen:

Bürgermeister.

nicht einverstanden.

Von der Verwaltung wird die Bezeichnung „Ginsterheide“ vorgeschlagen.

Abb. 6 Protest von Bürgermeister Lantermann gegen die verwirrend vielen Straßen mit Mädchenvornamen

Immer wieder findet sich in den Protokollen der zuständigen Ämter die Begründung, man gebe diese Namen, „weil in dem Viertel alle Strassen nach Mädchennamen benannt sind“ (so z.B. der Bauausschuss am 17.05.1951) oder „da in diesem Stadtteil sämtliche Strassen Mädchenvornamen tragen“ (BA am 29.10.1954). 1951, als es um den Namen der Elisabethstraße ging, diskutierte man auch die Bitte des Heimatvereins Dinslaken, bei Straßenbenennungen möglichst solche Namen zu wählen, „die hier bodenständig sind“, z. B. Douvermann- oder Kallestraße. Der Bauausschuss blieb aber einstimmig bei dem Mädchennamen (BA am 17.05.1951). 1954 versuchte der langjährige Bürgermeister von Dinslaken, Wilhelm Lantermann, der Serie ein Ende zu machen. Er erklärte sich mit der vorgeschlagenen Bezeichnung „Erikaweg“ „nicht einverstanden“ und kommentierte den Vorschlag der Verwaltung in einer handschriftlichen Aktennotiz folgendermaßen: „m. E. kein Grund das Pensionat noch zu vergrößern. Die Ähnlichkeit dieser Namen schafft ohnehin schon genug Verwirrung.“ Sein Protest war allerdings erfolglos. Der Ersatzname „Ginsterheide“ wurde vom Bauausschuss abgelehnt und die Benennung „Erikaweg“ durchgesetzt, „da in diesem Raume lediglich Straßen mit Mädchennamen bezeichnet sind“! (BA am 22.02.1955) Ein Jahr später kam der Hauptausschuss in dieser Frage zu einem generellen Beschluss und empfahl, „dass man zur leichteren Orientierung für Einheimische und Auswärtige ein gewisses System – artverwandte Namen für bestimmte Wohnbezirke – bei der Benennung von Straßen einhalten sollte.“ (HA am 19.06.1956)

Es gibt im Stadtteil Bruch/Feldmark auch andere Namensgruppen, z. B. mit Sträuchernamen und Namen aus der Nibelungensage; sie wuchsen allerdings nicht annähernd so stark wie die „Frauenstraßen-Gruppe“. Hier kamen im Laufe der Jahre immer mehr dazu. In den 50er und 60er Jahren wächst die Zahl um 26, und bis 2005 noch einmal um weitere 20. Insgesamt gibt es derzeit 69 Straßen mit Frauennamen, 14,5 % aller 475 Dinslakener Straßen; nicht mitgerechnet die inzwischen untergangenen *Alma-, *Doris-, *Ute-, *Victoriastraße und *Sabinenweg. Ob das wirklich der leichteren Orientierung dient, ist fraglich. Bürgermeister Lantermann jedenfalls würde sich im Grabe umdrehen. Amüsieren würde er sich vielleicht über die Anekdoten, die in der Verwaltung der Stadt über manche Namensfindung kursieren. Die *Metastraße* z. B. soll benannt worden sein nach Meta Dümmen, langjährige SPD-Ratsfrau und Vorsitzende der AWO, die verspätet in eine Sitzung kam, als die Anwesenden gerade verzweifelt nach einem Frauennamen suchten. Sie kam der Versammlung mit ihrem seltenen Vornamen gerade recht. „Ach, nennen wir sie doch Metastraße“, hieß es – angeblich.

Auch bei der Adelgard-, Andrea-, Hildegard-, Gudrun- oder Corinnastraße kennen die Eingeweihten die Namensgeberinnen, und das sind sicher nicht die einzigen Fälle.

Adelgardweg

Der Adelgardweg im Stadtteil Bruch ist eine von der Augustastraße nach Süden abzweigende Stichstraße. Die Namensgebung erfolgte am 27.4.1982.

Zu den „Frauenstraßen“ allgemein s. hier **Adelenweg**.

Adlerstraße

Die Adlerstraße zeichnet sich bereits auf einer Karte von 1892 ab und erscheint 1908 wie die anderen Erschließungsstraßen des Averbruches auf der Karte wie im Straßenverzeichnis. 1913 bildet sie, noch völlig unbebaut, die westliche Begrenzung eines Tannenwäldchens, das auf der östlichen Seite von der Rosenstraße begrenzt wird. Die Bebauung der Adlerstraße setzte in den 1930er Jahren mit Kleinsiedlungsbau ein. Das von den Straßen Hoher Berg, Adler-, Hasen- und Rosenstraße gebildete Geviert hatte bis 1937 die größte Besiedlungsdichte innerhalb des Averbruchs erreicht. Das heutige Erscheinungsbild der Adlerstraße ist von recht unterschiedlichen Haustypen geprägt.

Agathenstraße

Die Agathenstraße verbindet die Paula- mit der Antonienstraße im Stadtteil Bruch (Feldmark). Benannt wurde sie vom Rat am 16.12.1960.

Zu den „Frauenstraßen“ allgemein s. hier **Adelenweg**.

Agnesstraße

Anfang der 50er Jahre meldete der Verband der Vertriebenensiedler e.V. ein Bauvorhaben an der Helenenstraße im Stadtteil Bruch (Feldmark) an. Dafür mussten einige Straßen neu benannt werden. Eine von ihnen war der Wohnweg *Agnesstraße,* der von der Helenenstraße abgeht und zur Antonienstraße führt. Zu den „Frauenstraßen“ allgemein s. hier **Adelenweg**.

Der Stadtverordnete Kahlert schlug vor, den Wohnweg nach der ostpreußischen Schriftstellerin *Agnes Miegel* zu benennen; der entsprechende Beschluss wurde im Bauausschuss am 1. 6. 1953 gefasst.

Agnes Miegel (Königsberg 9.3.1879 – Bad Salzuflen 26.10.1964) schrieb Balladen und Erzählungen über ihre ostpreußische Heimat.

Ahornweg

Straße in der Bergarbeiter-Selbsthilfesiedlung Berggeist (vgl. Am Heeremkamp) benannt vom Bauausschuss am 23.07.1953.

Der Ahorn kommt in Mitteleuropa in drei Arten vor: Spitzahorn, Bergahorn, Feldahorn. Alle haben die bekannten doppeltgeflügelten Spaltfrüchte. Das Holz dient zum Möbelbau und für Furniere.

Akazienstraße

Straße in der Siedlung Gärtnerstraße und der Kleinsiedlung Oberlohberg (s. Eschenweg)

Mit *Akazie* bezeichnet der Volksmund fälschlicherweise die Scheinakazie oder Robinie, einen Schmetterlingsblütler aus dem östlichen und mittleren Nordamerika. Die echten Akazien sind Mimosengewächse und kommen in rund 800 Arten in den Tropen und Subtropen, vor allem in Australien und Südafrika vor.

Albrecht-Dürer-Straße

Mitte der fünfziger Jahre des letzten Jhs. wurden östlich der Sterkrader Straße ab der Friedenstraße und bis zur vorgesehenen Trasse der wenig später errichteten Oberhausener Straße neue Baugebiete erschlossen und die erforderlichen Straßen angelegt. Auf die am 11.10.1956 gewidmete Albrecht-Dürer-Straße folgten 1961 die Käthe-Kollwitz-Straße, die Lehmbruckstraße, die Ludwig-Richter-Straße, die Riemenschneiderstraße und die Spitzwegstraße, 1963 die Holbeinstraße, 1973 Rembrandtweg und Rubensweg, schließlich 1985 Cranachstraße und Menzelstraße. Warum die dieses Gebiet nach Süden abschließende Straße 1979 nach einem Politiker benannt wurde (Ferdinand-Lassalle-Straße), ist nicht bekannt.

Der Maler, Zeichner und Kupferstecher *Albrecht Dürer* (1471–1528) unternahm die damals üblichen Bildungsreisen nach Italien und in die Niederlande, lebte und arbeitete aber in seiner Geburtsstadt Nürnberg und stand seit 1512 im Dienste des Kaisers Maximilian. Er hinterließ ein vielseitiges Lebenswerk an Ölgemälden, Landschaftsaquarellen, Zeichnungen, Holzschnitten und Kupferstichen, beschäftigte sich aber auch mit den mathematischen und optischen Grundlagen der Perspektive und veröffentlichte dazu mehrere theoretische Schriften.

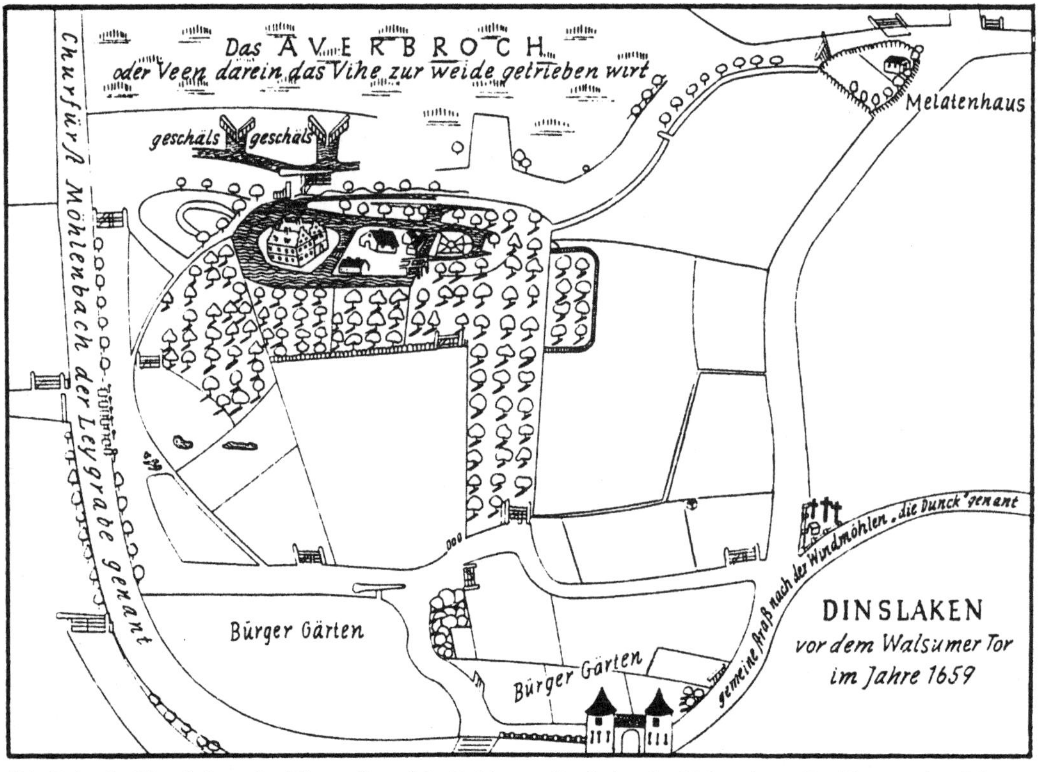

Abb. 7 An der Einmündung der Alleestraße auf die Duisburger Straße lag das Melatenhaus. Der Plan aus dem Jahr 1659 zeigt das Walsumer Tor, die drei Kreuze und die Lage von Haus Bärenkamp.

Alleestraße

Die Alleestraße gehört nicht zu den wichtigsten und bekanntesten, wohl aber zu den ältesten und historisch interessantesten Straßen unserer Stadt. Sie beginnt in der Gabelung von Duisburger und Willy-Brandt-Straße, verläuft in östlicher Richtung und mündet in die Hans-Böckler-Straße kurz vor deren Ampelkreuzung mit der Schloßstraße. Ihr westlicher Teil erscheint bereits in einem Plan von 1659 (**Abb. 7**) als baumbestandene Allee. Sie wirkt in diesem Plan auch deutlich als präzise Grenze zum Averbruch, das unmittelbar südlich der Alleestraße beginnt. In der Preußischen Uraufnahme von 1843 erscheint die Alleestraße bereits exakt in ihrem heutigen Verlauf und Charakter. Wann die Benennung erfolgte, ist nicht bekannt. Sie erscheint unter ihrem Namen aber bereits im Straßenverzeichnis von 1908.

Die Straße bzw. der ursprüngliche Weg muss in historischem Zusammenhang mit dem Haus Bärenkamp gesehen werden; für dieses war sie immer schon der Zugang zur heutigen Duisburger Straße. Um das Benutzungsrecht kam es wiederholt zu Streitigkeiten zwischen den Besitzern des Bärenkamps und Dinslakener Bürgern. So musste sich der Rat der Stadt 1678 mit der Klage eines Bürgers befassen, dem der Bärenkampbesitzer die Durchfahrt mit dem Pferdefuhrwerk über die Alleestraße ins angrenzende Averbruch versperrt hatte. Der Rat entschied für den Bürger.

Die Nordseite der Alleestraße war im ganzen Verlauf Gelände des Hauses Bärenkamp. Der Alleencharakter der Straße hat sich, wenn auch mit Einschränkungen, durch die vielen alten Eichen bis heute erhalten. In dem spitzen Winkel zwischen Allee- und Duisburger Straße, der in den 1950er Jahren mit einer Nebenstelle der Milchversorgung bebaut wurde und heute anderweitig genutzt wird, befand sich einst eine für Dinslakens Gesundheitswesen wichtige Einrichtung, das *Melatenhaus* (s. hier **Duisburger Straße**).

Zur Geschichte der Alleestraße gehört auch, dass sie im 19. Jahrhundert der Beerdigungsweg der Bärenkampbesitzer, der Familie von Buggenhagen, war. Diese hatte sich nach Aufhebung des Beerdigungsrechtes für den Adel in den Kirchen um 1815 in dem Wäldchen zwischen heutiger Straßenbahnlinie und dem Haus Willy-Brandt-Straße 189 ein Familienmausoleum errichtet. In diesem Mausoleum, *„in dem Gewölbe in Dinslaken“,* wurde 1864 auch die Mutter des großen Dinslakeners Friedrich Althoff, eine geborene von Buggenhagen, beigesetzt. Die letzte Beisetzung war wahrscheinlich die des Rittergutsbesitzers Julius Melchior von Buggenhagen im Jahre 1890; er war 1848-1851 und 1863-1866 Bürgermeister von Dinslaken. Nach dem Aussterben der Dinslakener Linie der Buggenhagen im Jahre 1911 wurde das Mausoleum aufgegeben. Im 2. Weltkrieg wurde es beschädigt und in den 1950er Jahren abgebrochen. Reste des *Gewölbes* sind wahrscheinlich noch im Erdreich zu finden.

Die heutige Alleestraße dient vor allem als Zufahrt zur Trabrennbahn, zur Schützenwiese des Bürgerschützenvereins von 1461, des ältesten Dinslakener Vereins, sowie zur Anlage des Tennisclubs Blau-Weiß, einem Zentrum des Tennissports in Dinslaken. Die Schützenwiese wurde im Jahre 1888 auf einer Parzelle errichtet, die durch die Aufteilung des Averbruchs entstanden war und damals von der Eigentümerfamilie an den Schützenverein verkauft

Todes-Anzeige.

Heute gegen 5 Uhr morgens entschlief sanft an Lungenlähmung in Folge der Grippe unser lieber Vater, Schwiegervater und Großvater

Rittergutsbesitzer

Julius Melchior v. Buggenhagen

auf **Baerenkamp,**

Ritter des Johanniter- und des rothen Adlerordens im fast vollendeten 79. Lebensjahre.

Dinslaken und Dresden, 21. März 1890.

Die trauernden Hinterbliebenen.

Die Beerdigung findet am 24. März, abends 5 1/2 Uhr, statt.

Abb. 8 Tod und Beerdigung des letzten „Herrn auf Baerenkamp“,1890 (Rhein- und Ruhrzeitung vom 22.03.1890) wurde. Da die Schießanlage im Dreikaiserjahr 1888 entstanden war, wurde sie damals *Drei-Kaiser-Stand* genannt.

Almutstraße

Zwischen der Hedwig- und der Bertastraße liegt die Almutstraße mit ihrer sehr verwinkelten Führung.

Die Straße war im Mai 1973 zunächst **Almut**weg*** getauft worden. Da aber durch einen Schreibfehler der Name *Almut**straße*** veröffentlicht und in der Folge auch benutzt wurde, bestätigte der Bauausschuss am 09.09.1976 diese Namensform. Zu den „Frauenstraßen" allgemein s. hier **Adelenweg**.

Althoffstraße

Die Althoffstraße erhielt ihren Namen im Jahr 1906; im Übersichtsplan von 1908 ist sie eingezeichnet und benannt. Sie umspannt in einem kleinen Bogen die Nordseite der Dinslakener Altstadt. Wer auf ihr von der Voerder zur Friedrich-Ebert-Straße schlendert, passiert einige der herausragendsten Bauwerke und Kultureinrichtungen.

Abb. 9 Aufgang zur Burg

Beginnen wir mit der Burg als dem ältesten Gebäude am Wege; sie dient heute als Rathaus und beherbergt einen Teil der städtischen Ämter. Mit ihr beginnt die Geschichte der Stadt Dinslaken.

An ihre älteste Form erinnert heute nur noch die gegenüber dem Umfeld erhöhte Lage; man hatte – nach neueren Erkenntnissen bereits in der Stauferzeit - in dem sumpfigen, von mehreren Bächen durchflossenen Bruchgelände eine so genannte „Motte", einen von Wällen und Gräben umgebenen Hügel, errichtet und darauf Wohngebäude und wohl auch schon einen Wehrturm erbaut. In der Nähe dieser befestigten Anlage siedelten sich Menschen an, die entweder im Dienste des Burgherrn standen oder von seinem Schutz profitierten. Als Burg und Ansiedlung in Abhängigkeit von den aufkommenden Grafen von Kleve gerieten, wurden mit Hilfe niederländischer Wasserbaufachleute größere Flächen entwässert, mehr Menschen angesiedelt, der Ort 1273 zur Stadt erhoben und später mit Mauern befestigt. Nach der Devise „Stadtluft macht frei" wurden aus unfreien Sassen freie Bürger der Stadt Dinslaken, die als Entgelt für ihre Aufbau- und Unterhaltungsarbeiten von den Grafen von Kleve wirtschaftliche und steuerliche Privilegien erhielten.

Von dem einst mächtigen Turm an der Westflanke der Burg ist nur noch das Grundgeschoss als Ruine erhalten. Im Jahre 1934 wurde auf Anregung des damaligen Kreisbaurats Heinrich Nottebaum (s. hier **Heinrich-Nottebaum-Straße**) vor dem Burgstumpf ein Freilichttheater gebaut; wenige Monate später konnte das neue Burgtheater mit Carl Maria von Webers *Preciosa* eröffnet werden. Nachdem es bereits seit 1923 in der Burg in kleinerem Rahmen Theateraufführungen – so etwa *Wilhelm Tell* nach Abzug der belgischen Besatzungstruppen – gegeben hatte, nahmen die Dinslakener die neue Spielstätte erst recht mit Begeisterung an.

In den Sommermonaten wurde an jedem Sonntag gespielt. Auch während des Krieges gab es bis 1944 noch regelmäßige Aufführungen. Bei dem verheerenden Bombenangriff auf Dinslaken am 23. März 1945 wurde auch das Burgtheater schwer beschädigt, aber bereits 1946 wieder so weit in Stand gesetzt, dass im Sommer 12.000 Kinder und Erwachsene das Märchenspiel *Froschkönig* erleben konnten. War das Burgtheater nach dem Bau der Stadthalle im Jahre 1973 für einige Zeit in einen Dornröschenschlaf gefallen, aus dem es alljährlich nur einmal für die Abschlussveranstaltung des vom Heimatverein veranstalteten Martinsumzugs kurz erwachte, so kam es 1995 zu einem Wiederaufleben durch die von einer Bürgerinitiative gegründete Aktiengesellschaft Freilichtspiele und deren im Folgejahr gestartete Veranstaltungsreihe *Fantastival,* die sich seither lebhaften überregionalen Zuspruchs erfreut.

Wenn der Besucher das Burgtheater verlässt, fällt sein Blick auf das Rittertor, das im Mittelalter ein Durchlass durch die Stadtmauer war und heute mit zwei Pfeilern und einem Rundbogen den fußläufigen Eingang zur Altstadt bildet. Das rechter Hand daneben liegende halbgeschossige Pförtnerhaus mit Halbwalmdach und weißer Fassade stammt aus dem 18. Jh.

Abb. 10 Das Pförtnerhaus am Rittertor

Am östlichen Ende der Althoffstraße bildet seit 1973 die schon erwähnte Stadthalle den kulturellen Mittelpunkt der Stadt. Sie trägt den Namen *Kathrin-Türks-Halle* zu Ehren der 1951 nach Dinslaken gekommenen Schauspielerin, Regisseurin, Intendantin und Gründerin der *Burghofbühne,* woraus das heutige *Landestheater Burghofbühne hervorging.*

Friedrich Althoff (Dinslaken 19.2.1839 – Berlin 20.10.1908), der Namenspate unserer Straße, wurde auf dem Kastell, wie die Dins-

Abb. 11 Die Kathrin-Türks-Halle (Stadthalle)

lakener ihre Burg nannten, geboren, wo sein Vater Friedrich Theodor Althoff als königlicher Domänenrat residierte; seine Mutter Julie von Buggenhagen war die Tochter des damaligen Regierungspräsidenten in Kleve. Friedrich Althoff verlebte in Dinslaken eine glückliche Kindheit, bestand auf dem Weseler Gymnasium das Abitur, studierte in Bonn Rechtswissenschaften, war ab 1871 maßgeblich am Aufbau der Universität Straßburg beteiligt und wurde 1882 in das preußische Kultusministerium nach Berlin berufen.

Hier stand er über Jahrzehnte als Ministerialdirektor und „heimlicher Kulturminister" am Schalthebel der Bildungs- und Kulturpolitik. Zwischen Wilhelm von Humboldt, der das preußische Bildungswesen zu Beginn des 19. Jahrhunderts schuf, und Carl-Heinrich Becker, der es in der Weimarer Republik ausbaute und

Abb. 12 Die Büste von Friedrich Althoff im Dinslakener Rathaus

reformierte, steht Althoff als dritter großer schöpferischer Organisator von Bildung und Wissenschaft in Preußen.

Um die Erinnerung an diesen wohl bedeutendsten Sohn der Stadt wachzuhalten, wurde auf Anregung des Vereins für Heimatpflege Land Dinslaken e.V. im Februar 1996 im Rathaus eine Bronzebüste nach dem Original von Fritz Schaper (1841–1919) vor dem Eingang zum Ratssaal aufgestellt.

Altmarkt

Die im Dinslakener Straßenverzeichnis vom 19.3.1918 erstmals mit Namen verzeichnete Straße läuft an der Pfarrkirche St. Vincentius entlang und verbindet die Duisburger mit der Gartenstraße. Nach Norden grenzt sie an den gleichnamigen Marktplatz, auf dem seit der Verleihung der Markturkunde im Jahre 1478 der Wochenmarkt stattfindet. Ludwig Susen, ehrenamtlicher Schiedsmann und in der benachbarten Ritterstraße wohnhaft, stand in den 70er und 80er Jahren des vorigen Jahrhunderts stets zur Marktzeit auf dem Altmarkt, um mit den Leuten zu reden. Hut und qualmende Zigarre waren unübersehbar.

Die Stadtwaage hatte auf dem Altmarkt ebenso ihren Platz wie die an einem Gebäude zur Kontrolle angebrachten Norm-Maße. Ferner standen auf dem Marktplatz die Gerichtslinde, der Kak, ein unübersehbarer Pranger, sowie ein Zollhäuschen. Allgegenwärtig war stets der Rotbach, der als Lebensader über den Altmarkt floss und am Mühlenteich die Wassermühle speiste. Darum wurde der Rotbach auch Möllebeek genannt. Das Mühlrad und die Mühle, ein Fachwerkhaus mit Walmdach, waren zu Beginn des 20. Jahrhunderts noch erhalten. Bis Napoleon 1811 die entsprechenden Verordnungen aufhob, war die Dinslakener Mühle wie auch die meisten übrigen in der Region eine Bannmühle, soll heißen, jedem Bürger war bei Strafe verboten, sein Getreide andernorts mahlen zu lassen.

Zu Beginn des vorigen Jahrhunderts stand auf dem Altmarkt auch die Gießerhütte der später nach Gescher verzogenen und dort noch heute tätigen Glockengießer Gebrüder Petit und Edelbrock.

Der Nordausgang der Pfarrkirche bildete mit dem Eingang zur Traditionsgaststätte Holtbrügge und dem Eingang zur ehemaligen Stadtschänke ein „magisches Dreieck" mit nahezu programmierten Wegen. Im Zentrum des Dreiecks konnten die Dinslakener sich am Kaiser-Wilhelm-Denkmal erfreuen. (s. **Farbbildseite 1; S. 127**)

Heute schmückt ein von der Interessengemeinschaft Altstadt Dinslaken aufgestellter Maibaum in den Stadtfarben Rot-Weiß den Altmarkt; die angebrachten schmiedeeisernen Zunftzeichen erinnern an die verschiedenen Handwerke, die hier ihren Platz hatten.

Den benachbarten Brunnen verziert die Bronzefigur der Pumpenmarie (zu dieser s. **Elmar-Sierp-Platz**).

Die Altmarktbebauung lässt nach Süden den Blick frei auf die katholische Pfarrkirche St. Vincentius mit den „Drei Kreuzen" an der Nordseite der Kirche. Sie befinden sich seit 1980 dort unter einem schützenden Dach, stellen die letzte Station eines um 1500 in Wesel errichteten Kreuzweges dar, kamen um 1587 im Zuge der reformatorischen Unruhen nach Dinslaken und wurden zuerst stadtauswärts an der Duisburger Straße aufgestellt, wo sich heute am Kreisverkehr Kopien der drei Kruzifixe befinden.

Dinslaken ist zwar im Jahre 1273 Stadt geworden, besaß aber 163 Jahre lang keine eigene Pfarrkirche, sondern gehörte zu der bis ins frühe Mittelalter zurückgehenden Pfarre St. Cyriakus in Hiesfeld. Seit der Stadtgründung hat es an der Stelle der heutigen Pfarrkirche aber immer eine Kapelle gegeben; sie wird 1396 zum ersten Mal erwähnt. 1436 wurde das Dinslakener Stadtgebiet durch Erzbischof Theoderich von Köln zur selbstständigen Pfarrei erhoben. Zwischen 1420 und 1450 bauten die Dinslakener eine breite geräumige Hallenkirche mit Feldbrand-Ziegeln in der üblichen Ost-West-Achse. Sie wurde dem Heiligen

Abb. 13 Der Maibaum auf dem Marktplatz

Vincentius von Saragossa (gestorben 304) gewidmet. Im Westen war der Kirche ein Turm vorgestellt. Im Laufe der Jahrhunderte wechselte die Turmhaube mehrfach dem Zeitgeschmack entsprechend ihre Gestalt. Um 1600 hatte sie die Form einer Pyramide. Zwischen 1817 und 1819 erhielt der Turm eine hölzerne Haube, die im Jahre 1924 durch eine barocke Zwiebelform – ähnlich dem Turm der Stadtkirche – ersetzt wurde. Dieser Turm wurde 1945 durch Artilleriebeschuss so schwer beschädigt, dass er einstürzte und Teile des Kirchenschiffes mit sich riss.
(Die katholische Pfarrkirche St. Vincentius, s. **Farbbildseite 13; S. 141**)

Beim Wiederaufbau in den Jahren 1950 und 1951 wurde der Westteil erneuert und beträchtlich erweitert. Das neue weiträumige Querschiff wurde tiefergelegt. Der gotische Hochaltar – Altaraufsatz Brüsseler Schule um 1480 – der früher im Ostchor stand, wurde in der großen Westapsis aufgestellt. In der Ellipse der Westapsis hängt ein sehr bedeutender Kruzifixus , entstanden um 1400.

Am Böttgen

Bei dieser Straße handelt es sich im Grunde um einen unbefestigten Weg, eine alte Verbindung direkt vor dem Bahndamm zwischen der Aue- und Konrad-Adenauer-Straße. Hier gab es, wie das klevische Kataster von 1733 zeigt, östlich des Weges bis zur Heerstraße ein größeres Flurstück mit der Bezeichnung „Der Böttgen". Über das Datum der Benennung gibt es keinen Nachweis. Die Bezeichnung „Am Böttgen" stammt wohl von den Menschen, die hier in alter Zeit gelebt haben. Die Stadt Dinslaken hat die Bezeichnung nach der kommunalen Neuordnung von der Stadt Walsum übernommen.

Am Brüchsken

Die am 17.5.1951 benannte Straße beginnt an der Stelle, wo heute die Holtener Straße ihren Namen in Wehofer Straße ändert, zielt nach Südosten und führt ab einem Bogen nach Nordosten den Namen **Im Hartfeldt** (s. dort). Ihr südlicher Teil war früher zusammen mit dem Nordteil der Straße *Am Landwehrgraben* ein Teil der Holtener Straße.

Ihren Namen verdankt die Straße – wie auch die nahe gelegene *Brüchschenkath* – einem kleinen Bruchgelände, das etwa auf der Königlich Preußischen Kartenaufnahme Dinslaken (Blatt 2501) von 1892, herausgegeben 1893, deutlich eingezeichnet ist. Bereits im Protokoll der Hiesfelder Gemeindeverordnetenversammlung vom 28.4.1890 ist von einem „Weg auf dem Brüchschen" die Rede.

Am Freibad

Der am 09.02.1968 benannte Weg zweigt südlich des Freibads Hiesfeld rechts von der Kirchstraße ab, passiert die Wassermühle, umrundet den Sportplatz und endet an der Dorfstraße.
(Die Hiesfelder Wassermühle, s. **Farbbildseite 14; S. 142**)

Das Hiesfelder Freibad wurde zunächst als 30 x 50 m große Grube angelegt, die Ränder mit Grasplaggen und Rundhölzern befestigt; eröffnet wurde es am 7. Juni 1924; ein Jahr später, Pfingsten 1925, wurde das 100-m-Betonbecken eingeweiht. Das Fortbestehen des Bades ist trotz seiner ungebrochenen Beliebtheit bei der Bevölkerung derzeit nicht gesichert.

Am Hagelkreuz

Die Straße gehörte bis zur kommunalen Neuordnung am 1.1.1975 zu Voerde und trug die Bezeichnung *„Hagelkreuzstraße"*.

Da der Weg auf der Preußischen Uraufnahme von 1843 noch nicht eingetragen ist, dann aber im Plan von 1892 erscheint, muss er in der Zwischenzeit entstanden sein.

Benannt ist der Weg nach dem Hagelkreuz, das sich ursprünglich auf der Voerder Seite der Hagelstraße befand. Auf den Plänen von 1843 und 1892 ist das Kreuz dort eingetragen. Sicher ist es sehr viel älter. Es war eine Station der Hagelprozession, die hier ihren Weg nahm. Auch heute noch ist bei der Fronleichnamsprozession hier eine Station. Vor einigen Jahren wurde das Kreuz auf die südliche Straßenseite gesetzt.

Abb. 14 Das Hagelkreuz, ein altes Prozessionskreuz

1935 wurde das Hagelkreuz in der Nacht vor Fronleichnam von unbekannten der NSDAP nahestehenden Personen geschändet: Der Korpus wurde entfernt, mit roter Farbe bestrichen und ins Feld geworfen. So fand die Gemeinde das Kreuz bei der Prozession vor.
s. auch die Ausführungen zu Hagelstraße.

Am Heerenkamp

Die Straße liegt im Bereich der Krusenstraße, zwischen Hünxer Straße und Ziegelstraße. Benannt wurde sie am 23.07.1953 noch als „Querstraße parallel zur Hanielstraße", die ja heute ganz anders verläuft.

Am Heerenkamp ist eine alte Gewannbezeichnung, die sich schon auf einer alten Katasterkarte von 1825 findet. Auch auf der Karte *Gemarkung Dinslaken* aus dem Jahr 1946 ist sie verzeichnet. Das Gewann lag westlich der Hünxer Straße, in der Höhe des heutigen Baumarktes Stewes.

Die Straße liegt in der Siedlung *Bergmannsglück*. Diese war eine der Bergarbeiter-Selbsthilfesiedlungen, die Anfang der fünfziger Jahre entstanden. Den Bergarbeitern wurde die Möglichkeit zum Bau und Erwerb eines Eigenheimes gegeben.

Die Werksleitung stellte Baugelände zu einem günstigen Preis zur Verfügung, betraute einen Polier ihrer Bauabteilung mit der Anleitung der Siedler und der Aufsicht über die Baumaßnahmen. Für den Erwerb des Eigenheims musste jeder Bauwillige ungefähr zwei Jahre lang vor oder nach der Schicht an jedem Werktag vier und sonntags fünf Stunden auf der Baustelle arbeiten. Erst nach Fertigstellung des Rohbaus und Eindecken des Dachs wurden Handwerker hinzugezogen (vgl. Inge Litschke, *Im Schatten der Fördertürme*).

Über die Bedeutung des Namens *Heerenkamp* spekuliert Wilhelm Aretz, HKD 1941, 63: „Ist es ein Herrenkamp? Gehörte er den Johannitern von Walsum oder den Weseler Fraterherren, die in Dinslaken Liegenschaften besaßen? Oder dem Geistlichen einer Vikarie?"

Am Heimchen

Bei diesem nur zu einem geringen Teil (im Bereich der Kleingartenanlage „Im Heimchen") ausgebauten Weg handelt es sich um einen alten Weg, der vor dem Ausbau der Rotbachstraße in der zweiten Hälfte des 19. Jahrhunderts die kürzeste Verbindung von Dinslaken nach Eppinghoven darstellte. Der Weg führte (vor dem Bau der B8 im Jahre 1927) von der heutigen Marktstraße aus vorbei am Bremerhof, dem Thomashof (hier liegt heute die Kleingartenanlage), am Vossenhof (Lantermann) und mündete auf die heutige Flur- und Rotbachstraße. Der Weg vom Bremerkamp bis zur B8 und weiter zwischen Friedhof und Tennishalle, an der Kleingartenanlage vorbei, bis zur Flurstraße wird heute gern von Radfahrern und Spaziergängern genutzt.

Am Kirchberg

Der am 13.11.1984 benannte Weg geht östlich von der Oberlohberger Kirchstraße kurz vor der katholischen Kirche *Herz Jesu* (geweiht am 4. Oktober 1896) ab und flankiert Kapelle und Friedhof.

Abb. 15 Katholische Herz Jesu Kirche in Oberlohberg

Am Laakmannshof

Vom westlichsten Abschnitt der Küpperstraße gehen drei kurze Stichstraßen ab, die die Anfang der fünfziger Jahre erbaute Bergarbeiter-Siedlung „Schlägel und Eisen“ (vgl. Am Heerenkamp) gliedern, kurz vor der Bahnlinie Oberhausen-Emmerich enden und mit ihren Namen auf Örtlichkeiten jenseits der Bahnlinie verweisen: **Feldwiese** (benannt am 5.10.1951), **Am Laakmannshof** und **Am Schürmannshof** (so definitiv benannt am 11.01.1952; am 5.10.1951 waren zunächst die Namensformen **Laakmannstraße* und **Schürmannstraße* beschlossen worden).

Eine Fußnote des 12. Jhs. erläutert ein im Urbar (ab 890 geführt) erwähntes „Lake“ als Gut im Kirchspiel Hiesfeld. Später wird Johan in gen Have behandigt mit Gut Laickhove im Kirchspiel Hiesfeld. „Der in jüngeren Urkunden genannte „Laickhove“ oder „Laakmannshof“ liegt etwa 1/2 km südlich der Dorfkirche. Er hatte im Jahre 1736 etwa 20 Morgen und 406 Ruten klevisch“ (B. Schön, *Nachlese* S. 36).

Ein Derick *ter Layche* wird bereits 1467 erwähnt. Ein „Herr Johan *ther Laick* hefft utgelacht voer 2 Klockensehlen 35 Albus“ (Kirchenabrechnung ca. 1550); er erscheint zur selben Zeit auch als *Laickmann.* 1607-1609 ist Heinrich *Lackman* Kirchmeister in Hiesfeld, Dietherich *ter Laeck* erscheint 1636 im Verzeichnis der lutherischen Gemeindemitglieder, Herman *ter Lacken* ist 1650 Schöffe des Gerichts zu Hiesfeld, am 3.12.1678 wird Luffert *Laeckman* in die Hiesfelder Musterungsrolle eingetragen.

Am Landwehrgraben

Die am 17.05.1951 benannte Straße beginnt an der Wehofer Straße gegenüber der Einmündung der Leitstraße, kreuzt die Straße *Am Brüchsken* und endet an der Neuen Emscher; zu Zeiten der selbstständigen Gemeinde Hiesfeld gehörte der südliche Teil bis zum namengebenden Landwehrgraben zur Wehofer-, der Nordteil zur Holtener Straße. S. auch hier **Landwehrstraße, Lanterstraße.**

Am Liesen

Wegschleife südöstlich der Straße *Hühnerheide,* versorgt eines der neuen Baugebiete. Der am 16.08.1994 vom Rat vergebene Name bezieht sich augenscheinlich auf einen Flurnamen, der seinerseits mit dem in Mundarten erhaltenen Neutrum *Lies, Liesch* „Riedgras“ zusammenhängt, zu dem auch feminine Ortsbezeichnungen wie mhd. *liesche,* mnl. *lies(c)* belegt sind. *Liesen* und einige Ableitungen, aus denen der botanische Zusammenhang deutlich hervorgeht, erscheinen in unserer Region nicht allzu selten als Personennamen *(Liesch, Liesfeld, Liesefeld, Liesenfeld, Liesbrock, Liesebach, Liesegang, Liesenhoff, Liesmann).*

Am Müllerstück

Im preußischen Kataster von 1843 sowie in der Karte von 1892 ist diese Straße schon als Verbindungsweg zwischen der heutigen Aue- und Konrad-Adenauer-Straße eingetragen. Er führte, wie eine alte Flurkarte aus dem Jahre 1826 zeigt, an einer Parzelle mit dem Namen *„Mühlenstück“* vorbei.

Der Name erinnert an eine Mühle (Bockwindmühle), die hier Jahrhunderte betrieben wurde. Sie stand auf dem Grundstück an der Einmündung der heutigen Konrad-Adenauer-Straße (früher *Mühlenstraße*) auf die Straße *„Rheinaue“.* In dem Katasterplan von 1733 ist diese Mühle eingezeichnet. Sie wurde um das Jahr 1830 abgerissen. An ihrer Stelle wurde ein Haus errichtet. 1839 wird berichtet: *Die Eheleute Lohmann sind vor einiger zeit in das Häuschen gezogen, wo die Windmühle stand, welches von ihnen gekauft wurde.* Auf der Gemeindekarte der Bürgermeisterei Dinslaken, zu der Walsum gehörte, von 1839 ist sie dann nicht mehr eingetragen.

Am Neutor

Das um 1400 als östliches Tor der Neustadt entstandene *Neutor* verkörpert einen Teil der Stadtgeschichte seit dem Mittelalter; an seinen historischen Ort mit der Benennung eines Plat-

Abb. 16 Der Viehmarkt am Neutor, 1906

zes zu erinnern, ist Achtung vor der Geschichte und den Nachgeborenen gegenüber eine Pflicht, der man in Dinslaken gleich in zweifacher Weise nachgekommen ist, nämlich durch den **Neutorplatz** (zu diesem s. dort) und durch den Platz *Am Neutor*.

Der Platz *Am Neutor* bildet ein Dreieck, dessen Spitze am Ende der Neustraße, mithin am historischen Ort des Tores liegt, sich mit einem Parkplatz in der Mitte gut 100 m nach Osten erstreckt und mit seiner Basis an die Hans-Böckler-Straße angrenzt; benannt wurde er erst am 1.6.1960, als die durch die Fertigstellung der Hans-Böckler-Straße abgetrennten Teile der Friedrich- und der Hünxer Straße neu zu bezeichnen waren.

Die für viele Dinslakener vielleicht wichtigste Adresse an diesem Platz ist mit der Hausnummer 1 (früher Hünxer Straße Nr. 1) *Wilhelm Maaß,* seit Generationen *das* Dinslakener Kult-Bierlokal, übrigens das einzige Haus in diesem Bereich, das den verheerenden Luftangriff vom 23.3.1945 überstand

Der Platz gehört aber nicht ausschließlich wegen der Gaststätte zu den belebtesten Stellen der Innenstadt. Hier münden die Hauptgeschäftsstraße, die Straße vom Bahnhof, die Zubringer von Lohberg, Hiesfeld und Duis-

Abb. 17 Das Dinslakener Kult-Bierlokal Wilhelm Maaß

burg-Walsum, hier liegt die wichtigste Haltestelle des Busverkehrs, hier finden sich Kaufhäuser, Geschäfte, Restaurants, Büros, Arztpraxen, eine Apotheke und schließlich mit dem *Lichtburg-Center* das einzige in Dinslaken noch existierende Filmtheater.

Die heutige Verwendung der Platzmitte als Parkplatz steht in scharfem Kontrast zu ihrer Nutzung im 19. Jahrhundert. Damals befand sich dort der 1818 eingeweihte Dinslakener Friedhof; seinen Haupteingang hatte er etwa da, wo heute die westliche Spitze des Parkplatzes liegt. Er umfasste auch die Grünfläche östlich der Hans-Böckler-Straße, von der das frühere Friedhofsgelände gleichsam mittig durchtrennt wird. Die Beerdigungen auf diesem Friedhof endeten 1900 mit Fertigstellung des neuen Parkfriedhofs an der Willy-Brandt-Straße (B 8).

Am Pfauenzehnt

Diese Straße zweigt von der Hünxer Straße ab und führt ins Gewerbegebiet Dinslaken-Mitte; sie geht später in die Kleiststraße über.

Am Pfauenzehnt ist, nach den Unterlagen des Vermessungsamtes, eine „alte, ortsübliche Gewannenbezeichnung“. Die Herkunft des Namens ist unbekannt. Wilhelm Aretz schreibt dazu in der Nationalzeitung vom 22.12.1934: „Der Pfauenzehnt (1547), Pauwenthiendt. Die Bezeichnung ist nicht klar. An einen Pfau als Zehntabgabe für dieses benutzte Land wird man sicherlich nicht zu denken haben, da der Pfau kein Nutztier ist. War dieses Land vielleicht an das Geschlecht zu Paumöhlen auf Haus Hiesfeld zinspflichtig? Oder hat dieses Land etwas mit dem Richter Pauwe zu tun, der 1458 in Dinslaken amtierte?“ (Aretz nennt auch die Bezeichnungen „Hinterm Pfauenzehnt“ und „Kleiner Pfauenzehnt“.) Was die Zeitangabe 1547 bedeutet, bleibt unklar. Stampfuß/Triller 1973, 99 belegen noch aus dem Rechnungbuch 1494–1495 des Rentmeisters Jacob van der Capellen einen Johan Pauwen, der „1 Malter Roggen von einem Stück Land im Neuenfelde bei Dinslaken“ zinspflichtig war.

Am 23.07.1953 benannte der Bauausschuss die neue „Straße für das Bauvorhaben des Herrn Herbert Pilch“, einen Gartenbaubetrieb. Dieses Bauvorhaben wird „an dem Interessentenweg errichtet, der von der Hünxer Straße abzweigt und zur Schuhfabrik Hoffmann (ehemals Elisabethschule) führt.“

Am Pollenkamp

Die Straße kreuzt von der Schlossstraße ausgehend die Hans-Böckler-Straße und führt zur Alleestraße. Sie erscheint erstmals in einem Nachtrag zum Plan der Stadt Dinslaken von 1953. Benannt ist sie nach einer gleichnamigen, an das Averbruch angrenzenden Flur, in deren – gelegentlich auch **Poelenkamp* geschrieben – Namen das niederdeutsche Element *poel,* verwandt mit nl. *poel,* engl. *pool,* nhdt. *Pfuhl* auf den morastigen Untergrund verweist.

Nicht weit vom Pollenkamp gab es vormals den Eiskeller der Stadt; die Fundamente sind noch vorhanden. Hier wohnte zu Beginn des letzten Jahrhunderts eins von den Dinslakener Originalen, Gottschalk mit bürgerlichem Namen; er handelte mit Schafen und Ziegen und wurde deshalb Hippen-Eli gerufen. Willi Dittgen erzählt in seinem Buch *Anno Tobak* (1973) von ihm folgendes Döneken:

„Eli war ein kleiner schmächtiger Mann, pfiffig und um keine Antwort verlegen. Er trank gerne einen Schnaps zuviel. Früher setzte der Bürgermeister Otto Leue allzu trinkfreudige Dinslakener auf die Säuferliste. Den Wirten war verboten, den Betreffenden alkoholische Getränke zu verkaufen. Eines Tages wurde Eli überrascht, als er sich in einer Kneipe einen Schnaps einschenken ließ. Als der Bürgermeister auf das Verbot hinwies, meinte Hippen-Eli: Du stehst ja selber auf der Säuferliste. Der Bürgermeister wurde bleich. Der Wirt erstarrte. Die Gäste hielten die Luft an. Da zeigte Eli auf die ausgehängte Liste: Erst kommt der und dann der und dann ich und unten steht Leue, Bürgermeister. Da haben sie alle gelacht, der Wirt, die Gäste, Hippen-Eli und sogar der Bürgermeister.“

Am Raymannshof

Die in der Bearbeitung von 1937 der *Übersichtskarte der Stadt Dinslaken und der näheren Umgebung* von 1921 erstmals namentlich belegte Straße verläuft westlich parallel zur Ziegelstraße und wurde auf der Ostseite 1939 mit Mietshäusern bebaut. Nach Westen verlaufen seit 1950 vier Stichstraßen der Siedlung St. Barbara, wovon die direkt zum Raymannshof führende, dann nach Süden bis zur heutigen Karl-Heinz-Klingen-Straße durchgezogene am 08.09.1987 den Namen **Rabenkamp** (s. dort) erhielt. Von diesem zweigt östlich ein Straßenstück ab, das im Bogen ebenfalls zur Karl-Heinz-Klingen-Straße führt und bereits am 30.11.1961 mit **Raymannsgrund** (s. dort) benannt wurde.

Der namengebende *Raymannshof* findet sich seit Enbers (1736) auf allen Plankarten bis heute; er ist zweifellos jünger als der in der Feldmark liegende Hof *Schult* bzw. *Scholt in gen Ray.* Dieser gehörte demnach schon vor 1917 politisch zu Dinslaken, obschon seine Aufsitzer wie auch die Nachbarhöfe in gen Heeg, Stallmann, Pillenkamp seit jeher in Hiesfeld taufen, trauen und beerdigen ließen. Adolph *Scholt in gen Ray* (1588 – 1.9.1673) erscheint als Adolpf (= sic) *in gen Ray* zusammen mit Henrich *Schult in gen Ray* sowie Johan und Henrich *op gen Ray* im *Catalogus aller des Kirspels Hießfeldt angehörigen Nachbaren an der* (= lutherischen) *Kirche daselbst* (6.4.1636), wogegen Anneken *in gen Ray* vom reformierten Pastor Henricus Mollius um 1656 seiner Gemeinde zugerechnet wird.

Die Namensform *Rayman(n)* begegnet erst später. Die Tochter von Walter und Enneken *in gen Ray* wird am 1.6.1677 in Hiesfeld als Gertrud *Rayman* getauft. Pastor Hencke berichtet im Hiesfelder Kirchenbuch, er habe am 15. November 1692 eine wegen Kindstötung Verurteilte auf ihrem Gang zum Richtplatz „vom Amtshause in Dinslaken *über Raimans wüstliegendes Land,* den Weg nächst Mühlmanns Feld und den Loberg hinaus“ begleitet. In der *Charte des allgemeinen Begräbniß Platzes zu Hiesfeld* (1825) erscheint das Grab *Raymann* mit der Nummer 3. Diedr(ich) *Raymann* ist 1896 und noch 1917 Hiesfelder Gemeindevorsteher und Mitglied des „Sammtgemeinderaths“ der Landbürgermeisterei Dinslaken (HKD 1961, 40). Vgl. noch *Die Raymanns und ihr Hütungsrecht,* HKD 1952,44.

Am Rutenwall/Rutenwallweg

Diese beiden Straßen sollen gemeinsam behandelt werden, obgleich es offiziell zwei gesonderte Straßen sind. Man könnte auch sagen, es handle sich hier um eine zweibahnige Straße mit einem breiten Mittelstreifen.

Während die Dinslakener Altstadt im Mittelalter durch eine Mauer geschützt wurde, bestand die Befestigung der Neustadt aus zwei Gräben und einem mit Strauchwerk bewehrten Wall. Den Verlauf dieser Befestigung zeigt auf der Nordseite die heutige Wallstraße, auf der Südseite unser Straßenpaar *Am Rutenwall/ Rutenwallweg* an; nach Ausweis alter Karten nahm hier an der Südseite die Befestigung einen breiteren Raum ein. Das Wasser für die doppelten Gräben wurde vom Rotbach aus hergeleitet, wobei die Wasserstände durch Schleusen reguliert wurden.

Die Befestigung der Neustadt wird erstmals 1420/23 erwähnt, wurde aber wie überall zur Neuzeit hin durch die Entwicklung der Artillerie zunehmend bedeutungslos. Im Klever Kataster von 1734/36 haben die Wälle kaum mehr ein wehrhaftes Aussehen. Fortan dürften die Wallanlagen mehr und mehr als Wege gedient haben. Eine erste amtliche Bezeichnung für die „Nachfolgelösung der südlichen Befestigungsanlage“ findet sich erst im Straßenverzeichnis von 1913 als **Rutenwallgraben* – eine durchaus geschichtsbewusste Namensfindung. Im Stadtplan 1929 liest man **Rutenwall;* er ist noch völlig unbebaut. Seine Bebauung auf dem südlichen Strang als gehobene Wohnstraße begann 1935; in der Bearbeitung von 1937 des Stadtplans von 1921 findet sich erstmals der Name *Rutenwallweg.* Der Nordstrang hatte bis 1945 nur die Funktion, die Grundstücke der Südseite der Neustraße von hinten her zu erschließen. Gesonderte Bezeichnungen für Süd- und Nordstrang wurden erst im Rahmen des Wiederaufbaus nach 1945 nötig, als auch der Nordstrang (Rückseite der Neustraßengrundstücke) zunehmend bebaut wurde. Im Plan der Stadt Dinslaken von 1953 finden sich dann erstmals die heute getrennten Bezeichnungen *Am Rutenwall* für den Süd- und *Rutenwallweg* für den Nordstrang.

Am Scholtenbusch

Die Straße, vom Rat am 15.03.1966 benannt, verbindet in einem leichten Bogen die Dorfstraße mit der Heistermannstraße und berührt dabei den östlich angrenzenden namengebenden *Scholtenbusch* (heute offiziell: Staatsforst Wesel), der seinen Namen wiederum dem benachbarten *Scholtenhof* verdankt; Näheres s. hier **Scholtenstraße.**

Am Schürmannshof

Vom westlichsten Abschnitt der Küpperstraße gehen drei kurze Stichstraßen ab, die die Anfang der fünfziger Jahre neu angelegte Bergarbeiter-Siedlung „Schlägel und Eisen“ gliedern, kurz vor der Bahnlinie Oberhausen-Emmerich enden und mit ihren Namen auf Örtlichkeiten jenseits der Bahnlinie verweisen: **Feldwiese** (benannt 1951), **Am Laakmannshof** und **Am Schürmannshof** (so definitiv benannt am 11.01.1952; am 5.10.1951 waren zunächst die Namensformen **Laakmannstraße* und **Schürmannstraße* beschlossen worden).

Enbers verzeichnet 1736 beide Höfe östlich der seinerzeit noch weitgehend erhaltenen Landwehr. Ein Johann *ter Schuren* ist 1503 urkundlich belegt, ein – eventuell identischer – Johann *Schürmann* vertritt am 13. Juli 1530 die Eheleute Hermann und Griette in gen Eickhoff vor dem Hiesfelder Schöffengericht, Heinrich *Schuirman* ist 1613–16 einer der drei Hiesfelder Kirchmeister, Euert *zur Schuren* 1636 Mitglied der Hiesfelder lutherischen Kirchengemeinde, Gordt *ter Schuiren* um 1665 Provisor der Armenkasse. Der “Hoff zu Schüren“ wird 1534 und 1614 als berechtigt zur hofeigenen Schweinezucht erwähnt.

Dem niederdeutschen Femininum *schür, schüre* entspricht das oberdeutsche *scheuer* ‚Scheune‘. Unser Personenname *Schürmann* erscheint südlich des Mains als *Scheuermann.*

Am Siepenbach

Die kleine, am 12.09.1978 benannte Stichstraße geht von der Sterkrader Straße nordöstlich ab und endet in einem Bogen kurz vor der Oberhausener Straße. Der namengebende Siepenbach entspringt am Bremenkampshof, verläuft annähernd westlich und mündet unweit der Fliehburg in den Leitgraben.

Da *Siepen* im Niederdeutschen bereits „Bach“ bedeutet, ist der Name eigentlich eine Tautologie.

Am Stadtbad

Die Straße *Am Stadtbad* liegt im Stadtteil Bruch (Feldmark). Sie ist die nach Westen erweiterte Weißenburgstraße. Auch diese Verlängerung sollte auf Vorschlag des Bauausschusses vom 24.5.1965 und nach Ratsbeschluss vom 16.7.1965 Weißenburgstraße heißen. Auf Vorschlag des Bauausschusses vom 7./8.3.1966 und mit Ratsbeschluss vom 20.5.1966 erhielt sie jedoch den Namen *Am Stadtbad,* weil der damalige Bebauungsplan die Abriegelung der Verlängerung der Weißenburgstraße für den Fahrverkehr und nur die Anlage eines Fußwegs vorsah. Aufgrund des Straßenbauprogramms für 1967 erfolgten der Ausbau für den Fahrverkehr und die Anlage von Bürgersteigen und einer Wendemöglichkeit.

An der Straße *Am Stadtbad* liegen die Volkspark-Hauptschule sowie zwei wichtige Sport- bzw. Freizeit- und Erholungsstätten der Stadt Dinslaken, nämlich der Eissporthalle und das Stadtbad, nach dem die Straße benannt wurde.

Am Stallmannsbusch

Diese Wohnstraße im Dinslakener Bruch verbindet die Wrangelstraße mit der Heegerbruchstraße.

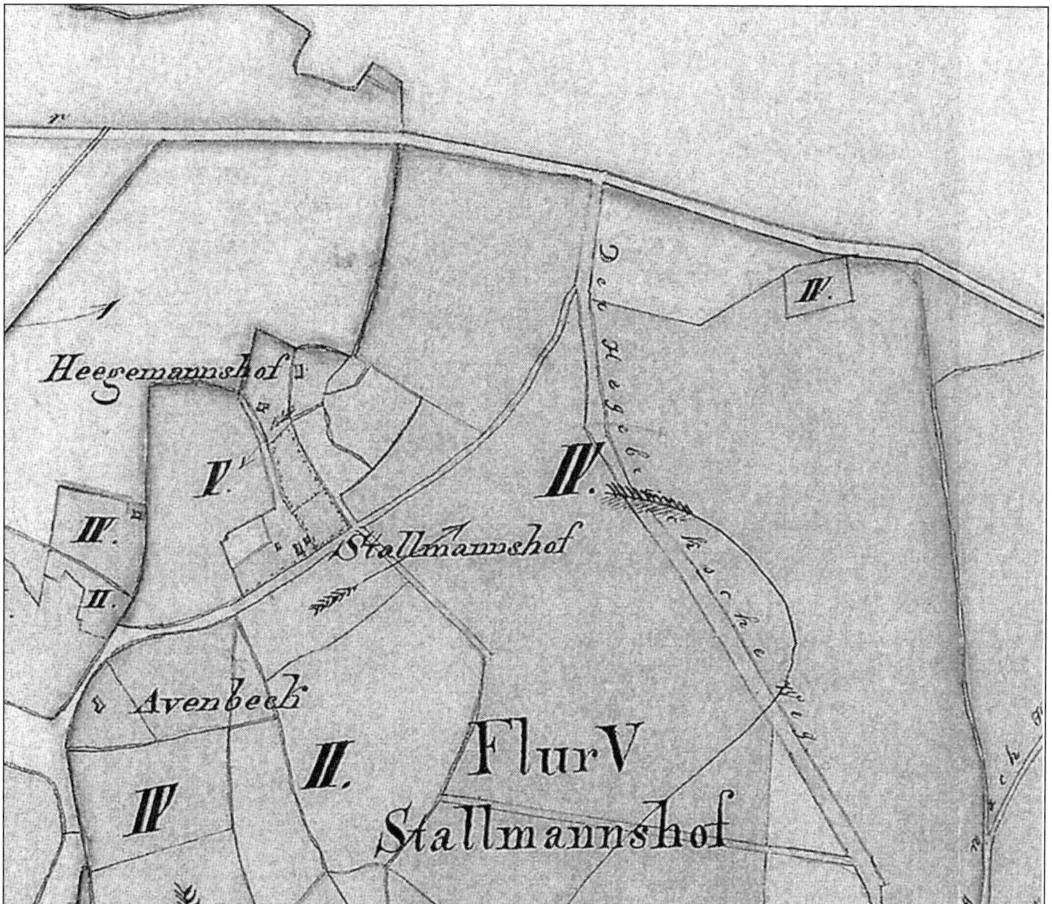

Abb. 18 Flur-Einteilung der Gemeinde Dinslaken, 1825, „Stallmanshof"

Willi Dittgen hält dazu in seinen handschriftlichen Notizen zur Geschichte der Dinslakener Straßennamen fest, die Straße sei benannt nach „einem kleinen Waldstück, das zum dort gelegenen Stallmannshof gehörte". Und er ergänzt, das Gelände zwischen Hünxer, Luisen- und Düppelstraße habe früher Stallmannsfeld geheißen.

Stallmannsbusch und *Stallmannshof* sind in der Gemeindekarte der Bürgermeisterei Dinslaken aus dem Jahr 1837 ausgewiesen. Benannt wurde die Straße vermutlich 1951, auf dem Stadtplan von 1952 ist sie verzeichnet.

Am Stallmannshof

Die Straße liegt im Dinslakener Bruch; sie zweigt von der Theresienstraße ab, führt zum Wohngebiet an der Weißenburgstraße und vorher im Winkel zur Luisenstraße.

Der Bauausschuss schlug am 11.02.1953 diesen Namen vor; die neue Stichstraße führe auf die ehemalige Besitzung *Am Stallmannshof.* Dieser Name taucht in der Gemeindekarte von 1837 als Flurbezeichnung auf (s. noch hier **Am Stallmannsbusch**).

Am Steppenkamp

Am 30.11.1961 offenbar – wie auch schon **Rabenkamp** und **Raymannsgrund** (s. dort) – nach einem Flurstück des *Raymannshofs* benannte Wohnstraße, die jenseits der Karl-Heinz-Klingen-Straße den *Rabenkamp* fortsetzt und mit einigen Ausläufern ein Stück parallel zum Rotbach nach Osten geht. – Der Flurname hat mutmaßlich nichts mit dem um 1750 aus dem Russischen entlehnten *Steppe*, weites baumloses Grasland' zu tun, zumal sich dieses nie auf heimische Geländeformationen bezieht; näher liegt die Anbindung an einen Personennamen, wie er etwa 1549–1550 in einer Appellationssache vor dem Kalkarer Obergericht auftaucht, wo der Dinslakener Bürger Heinrich Douvermann – vielleicht ein Verwandter des berühmten Bildschnitzers – in einer Erbschaftssache gegen einen Ewert *Stepper* klagt. (Stampfuß/Triller 1973, 51). Der Name erscheint auch 1655 (s. hier unter **Hohlstraße**) – und im Dinslakener Telefonbuch noch heute.

Am Talgraben

Eine kurze Abzweigung von der Holtener Straße, endet blind vor dem Bahndamm gegenüber dem jenseitigen Schürmannshof. Der am 13.02.1979 vergebene Straßenname weist auf den dortigen Abfall des Geländes, die Abbruchkante der Mittelterrasse hin.

Am Uhlensterz

„Bezeichnung des nach Hünxe führenden Weges und des anliegenden Hochwaldes von der Bergerstraße östlich der Grafschaft. Besonders in früheren Jahren häufiges Vorkommen und Siedlungsstätte von Ohreulen und Baumkauz." (K. Süsselbeck, HKD 1952, 65). – Süsselbeck notiert 1952 *Am Ulensterz;* ab 1958 schreibt sich das Südende der Hünxer *Wilhelmstraße* auf Dinslakener Gebiet *Am Uhlensterz.*

Am Weyer

Die am 25.10.1957 benannte Straße verläuft unweit der Hiesfelder Mühle zwischen Küpper- und Holtener Straße.

Die Straßennamen *Am Weyer* und **Weyerskamp** (s. dort) verweisen auf Flurstücke, die zu einem entsprechenden Anwesen gehört haben, dessen Bestehen etwa ein für 1730 bezeugter Berndt *in gen Weyer* bestätigt und das Enbers 1736 als Gerhard *in der Wyer* einträgt. Ein Diederich *Weyer* (*12.5.1786), Sohn des Gerhard Weyer und der Charlotte, desertiert am 3. Dezember 1806 aus der napoleonischen Armee; bei der Aufteilung des Hiesfelder Bruchs (5.4.1861) erhält ein Johann *Weiher* 4 Morgen und 48 Ruten.

Sollte sich der Flurname auf ein Gewässer beziehen, so muss sich dies ein Stück weiter südlich im Bruchgebiet der Niederterrasse befunden haben.

Am Wohnungsbusch

Die Straße wurde Anfang der 1960er Jahre als Verbindung von der Voerder- zur Helenenstraße angelegt und bildet an dieser Stelle heute die Grenze zwischen Dinslaken und Voerde.

Am 18.10.1962 erhielt sie durch Beschluss des Rates der Stadt Dinslaken den Namen *„Am Wohnungsbusch"*.

Sie wurde also nach den Wald (Busch) benannt, der zum alten Adelssitz „Haus Wohnung" gehört (ursprünglich *„Haus Wonning"* d.h. *„das große Haus"*). (Dazu näher: Walter Neuse: „Die Geschichte der Rittersitze Haus Wohnung und Haus Endt", Neustadt/ Aisch, 1956 / Beiträge zur Geschichte und Volkskunde des Kreises Dinslaken, Band 1)

Amalienstraße

Die Amalienstraße, eine Straße im Hagenbezirk, ist, wie der Katasterplan von 1825 und die Preußische Uraufnahme von 1843 zeigen, aus einem der drei Wege entstanden, die zu Beginn des 19. Jahrhunderts von der Hagenstraße ausgehend durch das sogenannte Kuhbruch führten. Kuhbruch wurde die ganze Fläche zwischen der Straße nach Wesel und der Voerder Straße genannt. Die anderen von der Hagenstraße ausgehenden Wege waren die Helenen- und die Hedwigstraße. Sie waren jeweils von Entwässerungsgräben begleitet. Die Karte von 1892 zeigt dann, dass das Kuhbruch von der Eisenbahnstrecke durchquert wird, die 1854 eröffnet wurde. Im hinteren Bereich der Straße stehen schon einige Gebäude. Auf dem Stadtplan von 1908 trägt sie bereits ihren jetzigen Namen. Das Jahr der Benennung ist ungewiss.

Die Straße scheint zu dieser Zeit in einem miserablen Zustand gewesen zu sein. Am 21. März 1921 druckt der Dinslakener Generalanzeiger unter der Überschrift „Schnüffelbas' lokalpolitische Wochenschau" eine wortreiche und witzige Klage über das, was einem auf Dinslakener Straßen passieren kann. Da heißt es u.a.: „Als mich meine Berufstätigkeit

Schnüffelbas' lokalpolitische Wochenschau

Dinslaken, den 21. März 1921.

Ein Interessent der Wochenplauderei schreibt mir mit der Bitte um Veröffentlichung folgendes:

Es ist an dieser Stelle ja bereits schon einige Male von der schlechten Beschaffenheit der Straßen die Rede gewesen und es hätte eigentlich keinen Zweck, noch weitere Worte darüber zu verlieren, aber wenn man doch des Abends in den entlegenen Straßen der Stadt einfach im Dreck stecken bleibt, hört jede Gemütlichkeit auf. So erging es mir z. B. am Samstagabend. Als mich meine Berufstätigkeit abends noch bis zum Ende der Amalienstraße führte, kam es mir auf einmal vor, als wenn ich mich in den masurischen Seen befände. Trotzdem ich ein ziemlich guter Radfahrer bin und gewissermaßen durch Kappus und Tabak fahre, sah ich mich doch genötigt, mein Stahlroß an der Hand zu führen. Nächstens werde ich mir ein Paar lange Stiefeln anziehen, denn mit gewöhnlichen Schuhen ist in solchen Straßen bei Regenwetter kein Durchkommen. Doch das so nebenbei. Der Stadtverwaltung möchte ich dringend ans Herz legen, den außerhalb der Stadt liegenden Straßen besondere Aufmerksamkeit zu widmen. Ferner möchte ich allen Landwirten sagen: „Fahrt in eurem eigenen Interesse einige Karren Asche auf die zerfahrenen Wege. Den Anwohnern der schlechten Straßen möchte ich empfehlen: „Schüttet eure Aschenkasten aus in die größten Löcher". Diese Selbsthilfe ist tatsächlich angebracht.

„Und es war eine Finsternis über dem ganzen Land", heißt es irgendwo. Dasselbe kann man auch sagen, wenn man morgens früh und abends auf der Ecke der Hiesfelder- und Ziegelstraße ist. Alles liegt in tiefster Finsternis, trotz der zwei feinen Lampen, die dort hängen. Kann diesem Uebel nicht ein Ende gemacht werden? Weshalb hängen die Lampen denn eigentlich da? Ich muß immer wieder der Stadtverwaltung Goethes letztes Wort zurufen: „Mehr Licht!"

An der Weselerstraße beobachtete ich seit einigen Wochen etwas, was wirklich nicht dazu beiträgt, den Reiz der Straße zu erhöhen. Es liegt nämlich ein schwerer Bretterzaun, vom Winde umgeweht, quer über den Straßengraben. Da es sich an besagter Stelle um die unmitetlbare Nähe des Bahnhofs handelt, fällt so ein umgewehter Zaun direkt in die Augen, was eher alles andere als schön ist.

Bis auf weiteres bin ich

Ihr H. Schl.

Abb. 19 Leserbrief an den Dinslakener Generalanzeiger, 21. März 1921

abends noch bis zum Ende der Amalienstraße führte, kam es mir auf einmal vor, als wenn ich mich in den masurischen Seen befände. Trotzdem ich ein ziemlich guter Radfahrer bin und gewissermaßen durch Kappus und Tabak fahre, sah ich mich doch genötigt, mein Stahlroß an der Hand zu führen. Nächstens werde ich mir ein Paar lange Stiefeln anziehen, denn mit gewöhnlichen Schuhen ist in solchen Straßen bei Regenwetter kein Durchkommen." Auch folgender Satz aus dem oben genannten Text (der sich allerdings auf die Ziegelstraße bezieht) trifft sicher die Situation in der Amalienstraße: „Ich muß immer wieder der Stadtverwaltung Goethes letztes Wort zurufen: ‚Mehr Licht!'". 1924 wird die Anlegung von elektrischem Licht in den städtischen Neubauten an der Amalienstraße von der Baukommission beschlossen.

Amselstraße

Die *Amsel* oder Schwarzdrossel war bis zur Mitte des 19. Jhs. ein scheuer Waldvogel. Inzwischen hat sie sich nicht nur in Friedhöfen, Parkanlagen und Gärten, sondern auch in unmittelbarer Nähe menschlicher Behausungen eingebürgert. Der Gesang, womit die tiefschwarzen, gelb geschnäbelten Amselmännchen ihre Reviere abgrenzen, gilt als besonders schön und melodisch.

Die *Amselstraße* wurde am 8.6.1917 von der Baukommission der Stadt Dinslaken benannt. Sie verläuft zwischen Industrie- und Marienstraße im Wohngebiet südwestlich der Bergarbeiterkolonie Lohberg, das heute allgemein als „Vogelkolonie" bezeichnet wird.

Die „Vogelkolonie" wurde bei Planung und Baubeginn zunächst als „Siedlung Lohberg Süd" oder „Neue Siedelung der Gewerkschaft Lohberg an der Augustastraße" bezeichnet. Da aber außer der Industriestraße alle Straßen Vogelnamen erhielten, sprach man in der Bevölkerung bald von der „Vogelkolonie". Heute verwendet auch die Verwaltung der Stadt Dinslaken diese Bezeichnung. Die Namen *Drosselstraße, Amselstraße, Finkenstraße, Finkenplatz, Lerchenplatz, *Zum Lerchenplatz* und *Industriestraße* wurden am 8.6.1917 von der Baukommission der Stadt Dinslaken vergeben. Ob die Bezeichnung **Zum Lerchenplatz* wirklich eingeführt wurde, ist fraglich; denn der *Übersichtsplan der Stadt Dinslaken und der näheren Umgebung* von Mai 1921 weist diese Straße nicht aus. Als Zugang zum Lerchenplatz zeigt dieser Plan die Wachtelstraße, die heute allerdings keine direkte Verbindung mit dem Lerchenplatz besitzt.

Die „Vogelkolonie" wurde im Ersten Weltkrieg gebaut. Am 20.10.1916 legte die Gewerkschaft Deutscher Kaiser der Stadt Dinslaken einen Bebauungsplan vor über ihre Absicht, zwischen Augusta- und Marienstraße Schnellbauten zur Unterbringung von Arbeitern zu errichten. Die Begründung lautete, dass wegen der Kriegslage die Vermehrung der Kohlenförderung erforderlich sei. Folglich mussten weitere Arbeiter angelegt und untergebracht werden. Die Baukommission der Stadt Dinslaken erklärte sich mit der Festsetzung von Fluchtlinien nach dem vorgelegten Plan einverstanden und vergab die oben genannten Straßennamen.

Im Gegensatz zu den massiv gebauten zweigeschossigen Häusern der Kolonie Lohberg wurden die Bauten der Vogelkolonie halbmassiv und eingeschossig mit Mansarden im Dachgeschoss ausgeführt. Um wegen der Kriegsverhältnisse an Materialien und Arbeitskräften zu sparen und gleichzeitig eine schnelle Fertigstellung zu gewährleisten, wurden die Außenwände aus Betondielen als Doppelwände mit dazwischen liegendem Hohlraum hergestellt, die Innenwände teils aus Betondielen, teils aus Ziegelmauerwerk. Die Häuser wurden nur teilunterkellert und erhielten kleinere Wohnungsgrundrisse als die in der Kolonie Lohberg. Wegen der einfacheren Ausführung hieß es früher im Volksmund, dass beim Einschlagen eines Nagels in eine Innenwand die Nagelspitze im angrenzenden Zimmer herauskomme. Alle Wohnungen bekamen Wasserleitungs- und Gasanschlüsse. Inzwischen sind die meisten Häuser in Privatbesitz übergegangen, innen aufwendig modernisiert und außen verklinkert worden.

Bis Mitte der 30er Jahre verursachte die Entwässerung der Vogelkolonie große Probleme. Die Fäkalien wurden wie in Lohberg in einer Grube gesammelt und in den verhältnismäßig großen Gärten als Düngemittel eingesetzt. Tages- und Spülwässer wurden über einen offenen Graben dem Lohberger Entwässerungskanal zugeführt. Dieser Graben verschlammte, verursachte Geruchsprobleme und wurde vom Kreisarzt für Typhuserkrankungen verantwortlich gemacht, die 1924 und vermehrt 1926 in der Vogelkolonie auftraten. Kreisarzt, Polizei und Bauamt der Stadt Dinslaken bedrängten zwischen 1925 und 1934 immer wieder die Nachfolgegesellschaften der Gewerkschaft Deutscher Kaiser (Vereinigte Stahlwerke AG und Gelsenkirchener Bergwerks AG), die unhygienischen Verhältnisse durch Verrohren des Grabens abzustellen. Dies wurde zunächst unter Hinweis auf die schwierigen wirtschaftlichen Verhältnisse der Unternehmen abgelehnt. Dann wurden Teile des Grabens gereinigt, gespült und mit einer Betonsohle versehen; aber eine wesentliche Verbesserung der Zustände trat nicht ein. Erst nachdem die Stadt Dinslaken und die GBAG sich 1934 darauf geeinigt hatten, dass werksseitig das Material kostenlos zur Verfügung gestellt sowie ein Zuschuss in Höhe von 1000 Mark zu den Arbeitskosten geleistet und stadtseitig die Arbeiten ausgeführt werden sollten, wurde die Verrohrung des stinkenden und unhygienischen Grabens in Angriff genommen und im August 1934 endlich fertiggestellt.

An den Höfen

Der Name dieser am 11.10.1956 benannten Verbindungsstraße zwischen Hügel- und Heistermannstraße verweist auf die Vielzahl der Höfe und Katen in der südöstlich anschließenden Feldflur bis zur Hühnerheide (Bolandshof, Bremenkampshof, Heistermannskath, Kookshof, Kuhgartshof, Lingelmannshof, Losenkath, Philipinenkath, Rauterskath, Rubbertskath, Scheeperskath, Schöttmannnshof, Steinackershof, Terhardtshof, van Laakshof), von denen einige straßennamengebend wurden.

An der Fliehburg

Diese Straße liegt in einem abgeschiedenen Winkel des Stadtgebietes, der noch etwas von der früher Dinslaken umgebenden Bruchlandschaft, hier dem Hiesfelder Bruch, vermittelt. Die Straße zweigt von der Otto-Brenner-Straße nach Osten ab und war bis zu ihrer am 10.10.1988 erfolgten Benennung der östliche Teil der Südstraße. Der Name soll an eine mittelalterliche Motte bzw. Fliehburg, die so genannte „Rollersburg“ erinnern; diese lag hier in der Nachbarschaft, war denkmalgeschützt, ist aber desungeachtet im Rahmen von Landschaftsumgestaltungen verschwunden (s. hier Rouleerstraße).

Die für die jüngere Geschichte wichtige Adresse an dieser Straße ist die im Volksmund so genannte „Fliehburg“. Es handelt sich um ein Ensemble von Notunterkünften, das seit seinem Entstehen in den Kriegsjahren 1943/44 – zur Unterbringung für im Bandeisenwalzwerk beschäftigte Zwangsarbeiter – eine höchst wechselvolle Nutzung erfuhr.

Nach Kriegsende diente die Anlage zunächst aus deutscher Kriegsgefangenschaft befreiten Italienern als vorläufiger Aufenthalt. 1947 wurde sie vom Bergbau nach Umbaumaßnahmen als Unterkunft für besondere Belegschaftsgruppen übernommen. Für die Fahrten zur Arbeitsstätte diente die günstig liegende Zechenbahn. Ende 1949 wohnten dort 460 aus entfernten Gegenden Deutschlands zugezogene Bergleute der Hamborner Schachtanlage 2/5, später auch der Schachtanlage Lohberg. Ausländische Migranten kamen erst später. Im

Abb. 20 Das Bergmannsheim Südstraße, 1958

August 1949 wurde die Einrichtung als „Bergmannsheim Hiesfelder Bruch“ neu eingeweiht. 1951 zogen Berglehrlinge ein, 1952 entstand ein Gemeinschaftshaus, „Haus Barbara“, für Kulturveranstaltungen, u.a. Aufführungen der Burghofbühne, aber auch für Gottesdienste.

Neben der Benennung als „Bergmannsheim“ sprach der Volksmund auch lange vom „Südlager“, da es ja bis 1988 an der Südstraße lag.

Seit 1955 wurden Teile des Bergmannsheimes zunehmend eine Einrichtung zur vorübergehenden Unterbringung von Flüchtlingen aus verschiedenen Ländern. Es entstand ein Kindergarten für alle Nationen. Ihre höchste Belegung hatte die Fliehburg in den 1990er Jahren als Folge der Kriege im ehemaligen Jugoslawien mit 900 Flüchtlingen. Inzwischen leben dort noch 140 Menschen aus 28 Ländern. Die Frage, ob diese Einrichtung, die immer noch eine Immobilie des Bergbaus ist und auch für verschiedene Zwecke der Stadt genutzt wird, irgendwann überflüssig wird, dürfte wohl noch lange offen bleiben.

Auf dem Gelände der Fliehburg findet man inzwischen selten gewordene Erinnerungen an die Bombardierungen des 2. Weltkriegs: Reste von Bauwerken, die den Zwangsarbeitern der Jahre 1943–45 einen gewissen Schutz vor Fliegerbomben geben sollten.

An der Rauterskath

Geht nördlich der Bahnlinie von der Hügelstraße ab und führt zur Kniestraße.

Benannt am 06.12.1960 nach einem von Enbers 1736 in diesem Bereich eingezeichneten Routers Hof, der im Lageverzeichnis als Ruterts Hof erscheint. Im Rentbuch von 1555 findet sich in der Aufzeichnung der dem Hof ter Hardt zinspflichtigen Güter der Eintrag „Beirndt thoir Hardt (modo Claus) van deyen seluen haus, dye Roitthordt“. Arndt und Dietherich in gen Rutert werden am 6.4.1636 im Catalogus aller des Kirspels Hießfeldt angehörigen Nachbaren an der Kirche daselbst genannt. Wolter in gen Rutert wird am 3.12.1678 in die Hiesfelder Musterungsrolle eingetragen. Die Familie Rutert gibt es in Hiesfeld noch heute.

Der Name erscheint auch in der Schreibung Rudert: ein Peter Rudert, geboren am 10.10.1785, Sohn des Gerhard Rudert und der Helena, tut 1806–1808 Dienst in der französischen Armee; cf. HKD 1963, 69.

Andreaweg

Der Andreaweg, benannt am 4.7.1995, ist eine von der Wilhelminenstraße abzweigende Stichstraße im Dinslakener Bruch (Feldmark). Zu den „Frauenstraßen“ allgemein s. hier **Adelenweg.**

Angelikastraße

Die *Angelikastraße,* sie bekam ihren Namen am 7.6.1988, liegt im Stadtteil Bruch und führt fast parallel zu den Bahngleisen von NW nach SO bis zur Bertastraße.

Sie war zunächst ein Stück der Amalienstraße. Nach Umplanung „wird im Bereich des Bahnübergangs die Amalienstraße unterbrochen. Der südliche Teil endet an der Dianastraße. Der nördliche Teil, beginnend an der Einmündung der Bertastraße, soll zur Aufrechterhaltung der öffentlichen Sicherheit und Ordnung einen neuen Straßennamen erhalten.“ Der Straßenteil zwischen Bertastraße und der nördlichen Stadtgrenze wird daher umbenannt in *Angelikastraße.* Zu den „Frauenstraßen“ allgemein s. hier **Adelenweg.**

Angerweg

Der kurze *Angerweg* verbindet im Bereich östlich der Katharinenstraße den *Ginsterweg* mit dem *Sandweg.* Die drei Wege wurden durch Ratsbeschluss am 14.2.1962 benannt. Am 24.10. 1969 kam südlich des Ginsterwegs der *Holunderweg,* am 11.10.1988 der *Brombeerweg* hinzu. Alle fünf Wege lassen sich dem Begriff „unbebautes Ödland“ zuordnen, wogegen die weiter westlich im Bereich der Emmastraße liegenden, am 12.6.1974 benannten Stichstraßen Fliederweg, Jasminweg und Ligusterweg eher zum Begriff „Ziersträucher" passen.

Anger bezeichnet i.a. einen freien Grasplatz im Dorf, auch den Platz für Kadaver, den Abdeckerplatz. Ein Zusammenhang mit der letzteren Bedeutung lässt sich hier nicht feststellen.

Annastraße

Die Annastraße liegt im Stadtteil Bruch (Feldmark) und führt von der Helenenstraße zur Amalienstraße. Zu den „Frauenstraßen" allgemein s. hier **Adelenweg.**

Das Jahr der Namensgebung ist unbekannt; auf dem Übersichtsplan der Stadt Dinslaken von 1908 und in einem Straßenverzeichnis von 1914 wird die Annastraße schon genannt.

Auf einer Bauausschusssitzung vom 12.3.1968 wird die Straße als „Ascheweg" bezeichnet, daher werden Fahrbahnausbau und -befestigung beschlossen.

Annettenweg

Der *Annettenweg* liegt im Stadtteil Bruch (Feldmark) und verläuft westlich der B8, südlich der Stadtgrenze zwischen Angelika- und Hedwigstraße.

Benannt wurde er vom Hauptausschuss am 15.12.1987; gleichzeitig erhielten die in unmittelbarer Nähe liegenden Verkehrswege Gudrunstraße, Brigittenweg und Petraweg ihre Namen. Zu den „Frauenstraßen" allgemein s. hier **Adelenweg.**

Anshövel

Der Anshövel ist eine Stichstraße, die von der Katharinenstraße (Stadtteil Bruch/Feldmark) in östlicher Richtung abzweigt.

Der *Anshövel* wird als ein zu Scholt in gen Roy gehöriges Gewann bereits in den preußischen Katasterkarten von 1736 ausgewiesen. Auch auf Katasterkarten der Bürgermeisterei Dinslaken von 1825 und 1828 findet sich der Anshövel.

Willi Dittgen schreibt, die Straße habe „ihren Namen nach einem gleich benannten Sandhügel, der sich zwischen Augustastrasse und dem Bruckhauser Leitgraben befand, heute aber weitgehend abgetragen ist" (unveröffentlichter Text, Stadtarchiv). Die Bewohner des Anshövels erklären in einer Chronik zum 70-jährigen Bestehen den Namen etwas anders. *Hövel* steht wie bei Dittgen für ‚Hügel, Kuppe'; *Ancel* sei eine Stelle auf dem Acker, an der der Pflug gewendet wird. „Rund um die Katharinenstraße bewirtschaftete der Bauer Gammerschlag seine Ländereien und längs des heutigen Anshövels gab es wohl eine Kuppe, an der er seinen Pflug wendete."

Die Planungen für die Siedlung am Anshövel fielen in das Jahr 1933 und standen im Zusammenhang mit den Arbeitsbeschaffungsprogrammen der Nationalsozialisten; die Arbeitslosigkeit in Dinslaken war sehr hoch. Die Bergmannssiedlung Hamborn GmbH warb im Auftrag der Treuhandstelle für Bergmannswohnstätten in Essen um Siedler zur Errichtung einer Erwerbslosensiedlung in Dinslaken an der Katharinenstraße. Geplant waren „24 vorstädtische Kleinsiedlerstellen", so heißt es in der Chronik; zu jeder Siedlerstelle gehörten rund 600 qm Grundstück. Die Siedlung war in dieser Zeit dem Reichswirtschaftsministerium unterstellt.

„Die Siedler sind zur unentgeltlichen Mitarbeit verpflichtet." Diese Mitarbeit (100 Arbeitswerktage in der Gemeinschaftshilfe beim Unternehmer und ca. 50 Arbeitstagewerke im Wege der Selbst- und Nachbarhilfe) war vertraglich geregelt und wurde streng kontrolliert. Die Anwartschaft auf eine Siedlerstelle wurde abhängig gemacht von der erfolgreichen Teilnahme an Kursen, die Kenntnisse vermittelten über Kleingartenwesen, Haltung von Klein- und Nutztieren usw. Es gab strenge Vorschriften, was die Sauberhaltung der Siedlung, Vermietung, Aufnahme von Kostgängern usw. anging. Nach etwa drei Jahren konnte die Siedlerstelle käuflich erworben werden.

1933/34 war der Anshövel eine noch nicht fertig ausgebaute Straße. 1956 bat die Siedlergemeinschaft die Stadt um eine Instandsetzung der Straße, wurde aber vertröstet, „bis die endgültige Kanalisation durchgeführt ist. Mit der Kanalisierung dieses Gebietes ist in absehbarer Zeit zu rechnen, da im Jahre 1961 das Pumpwerk an der Emmastraße gebaut wird." (Mitteilung an die Siedlergemeinschaft am 27.12.1960) – Geduld war gefragt!

Antonienstraße

Die Antonienstraße wurde vom Rat der Stadt am 16.12.1960 benannt und liegt im Bereich Paula- und Marienstraße im Stadtteil Bruch (Feldmark). Die Wohnstraße verläuft wie der Balken eines T über der Agathenstraße. Zu den „Frauenstraßen" allgemein s. hier **Adelenweg.**

Astridweg

Der Astridweg ist eine schmale Wohnstraße südlich der Annastraße im Stadtteil Bruch, die von der Amalienstraße nach Westen abzweigt. Sie wurde benannt vom Hauptausschuss der Stadt am 20.01.1981. Zu den „Frauenstraßen" allgemein s. hier **Adelenweg.**

Auestraße

Die Straße führt durch die Rheinaue und hat daher ihren Namen. Sie war schon vor 1843 ein Verbindungsweg von der heutigen Heerstraße zum Stapp. Sie gehörte bis 1975 mit der Bezeichnung *Auestraße* zum Walsumer Teil Eppinghovens.

Auf dem Gelände der heutigen Gärtnerei Hermanns war von 1903 bis 1923 das erste Wasserwerk der Stadt Dinslaken untergebracht. Die Inschrift am Wohnhaus *„Wasserwerk der Stadt Dinslaken"* weist noch darauf hin.

Neben der Gärtnerei auf dem Eckgrundstück Auestraße/Rheinaue befand sich früher die Ziegelei „Scholten und Claus". Auf dem Stadtplan von 1965 ist sie noch eingezeichnet.

Auf dem Krähenbrink

Der am 19.2.1906 erstmals vergebene Namen **Krähenbrinkstraße* bezog sich zunächst auf eine Verbindung der Mittelfeld- mit der *Feldstraße (später: Hügelstraße), die freilich bereits am 4.12.1906 in **Taubenstraße** umbenannt wurde. Gleichzeitig wurde der frei gewordene Name auf eine neu geschaffene Verbindung von der Mittelfeldstraße zur Kirchstraße übertragen, welcher Name am 11.3.1918 zu einfachem *Krähenbrink reduziert wurde; ab dem Dinslakener Übersichtsplan 1921[1937] tref-

Abb. 21
Ehemaliges Wasserwerk der Stadt Dinslaken, heute Gärtnerei Hermanns

fen wir auf die heutige Schreibung des Straßennamens mit der Präposition.

Die Straße ist nach einem Flurstück benannt: Die Pastoren Mollius und Hencke verpachten am 10.12.1675 dem Jakob Schmidt (Leyhuß) einen halben Morgen am *Kreyenbrinck* für 12 Jahre für 1/2 Scheffel Roggen und 1/2 Scheffel Hafer.

Krähenbrink kommt auch sonst in unserer näheren und weiteren Umgebung vor, sei es als Flurname (Gelsenkirchen, Schoneberg), Straßenname (Anröchte, Arnsberg, Bad Iburg, Hagen, Lügde, Marsberg), Personenname (auch in der Variante *Kreienbrink*); schließlich noch in der Formel *vom Krähenbrink* als Zwingername von Labrador-Hunden.

Auf dem Loh

Verlängert die Bussardstraße über die Kirchstraße hinweg, überquert den Rotbach mit einer ursprünglich 1934 in Beton ausgeführten, wegen Bergsenkungen 1968 in Holzbauweise erneuerten und um 40 cm angehobenen Brücke und geht bis zum Platanenweg. Ist auf Effmanns Übersichtsplan von 1913 und dem Dinslakener Stadtplan von 1929 schon teilweise vorhanden, aber nicht namentlich bezeichnet. Benannt am 23.07.1953 nach einem gleichnamigen Flurstück, das im Hiesfelder Gemeindebericht für 1907 als „Acker, 54 ar 64 m^2, Wert 2000,– Mark“ erscheint. Dem mndt. *loo, loe* und seinen Verwandten im Niederländischen, Englischen und den skandinavischen Sprachen liegt nach Kluge ([21]1975) ein germanisches **lauh-* ‚Gehölz mit lichten Stellen und Graswuchs als Viehweide und Versammlungsplatz‘ zugrunde. Das Wort erscheint heute überall nur noch als Bestandteil von Namen: Im Loh (bei Kirchhellen); Enningerloh, Marxloh, Helderloh, Osterloh, Otterloh; Dinxperlo, Hengelo, Groenlo, Ruurlo, Venlo (alle NL); Waterloo (B), Oslo (N); Buchloe, Hohenlohe; Iserlohn, Stadtlohn, Südlohn; Lohbusch, Lohausen, Loheide, Lohheide, Lohfeld; andere stellen auch den Mülheimer Löhberg in diesen Zusammenhang, der auch für unseren Lohberg eine andere Zuordnung als zu *lohe* ‚Eichenrinde zum Gerben‘ ermöglicht. – S. auch hier **Im Loosbusch.**

Auf der Brey

Die Straße ist seit alter Zeit eine Verbindung von Eppinghoven zum Haus Endt. Im Klevischen Kataster von 1733 ist sie als solche eingetragen. Später wurde der Weg, wie die preußische Uraufnahme von 1843 zeigt, bis zum Haus Wohnung weiter geführt.

Ursprünglich trug die Straße den Namen *Forststraße.* Am 16.5.1954 erhielt sie dann durch den Rat der Gemeinde Voerde die Bezeichnung *„Auf der Brey“.* Diese Bezeichnung übernahm

Abb. 22
Eröffnung der Kreisbahn Dinslaken durch die Brey

die Stadt Dinslaken nach der kommunalen Neuordnung am 1.1.1975.

„Die Brei“ (niederländisch Brij = Lehm) ist eine alte Flurbezeichnung. Dabei handelte es sich um die freie sehr lehmige Fläche zwischen Haus Endt und Haus Wohnung vor dem Wohnungswald bis zum Rhein.

1912 wurde diese Fläche durch den Bau der Eisenbahnstrecke Oberhausen–Walsum–Wesel durchschnitten. Wegen der Hochwassergefahr wurde sie auf einem Damm angelegt und deswegen auch Hochbahn genannt. Die Verbindung nach Wesel wurde im März 1945 durch die Zerstörung der Kanalbrücke in Friedrichsfeld unterbrochen. In den 1950er Jahren erhielt sie die Bezeichnung „Kreisbahn Dinslaken“. Heute heißt sie nur noch „Kreisbahn“. Bis 1962 wurde die Strecke von Oberhausen über Walsum bis Spellen für den Personenverkehr genutzt. Bis 1982 noch fuhren die Personenzüge bis Walsum. Heute dient die Strecke nur noch dem Güterverkehr zum Kraftwerk Voerde und zum Hafen Emmelsum.

Augustaplatz / Augustastraße

Augustaplatz und *Augustastraße* liegen im Stadtteil Bruch (Feldmark). Sie sind zwei der zahlreichen Verkehrswege im Bruch, die Frauenvornamen tragen. Während es bei den meisten dieser Straßen nicht möglich ist, auf eine bestimmte Namensgeberin zu schließen, kann im Fall der Augustastraße davon ausgegangen werden, dass die deutsche Kaiserin und Königin von Preußen *Augusta,* die Ehefrau Wilhelms I., Namensgeberin war. Geboren als Augusta Marie Luise Katharina von Sachsen-Weimar-Eisenach (Weimar 30.9.1811- Berlin 7.1.1890) hatte sie zeitweise großen Einfluss auf den König von Preußen und späteren deutschen Kaiser und war eine erbitterte Gegnerin Bismarcks. Aus tiefer religiöser Überzeugung und sozialer Verantwortung widmete sie sich Werken christlicher Nächstenliebe und der Humanität. Im deutsch-dänischen Krieg gründete sie den ersten „Vaterländischen Frauenverein“, der sich der Verwundeten, Witwen und Waisen annahm. Die Namen *Augustaplatz* und *Augustastraße* könnten außerdem auf Auguste Victoria Friederike Luise Feodora Jenny von Schleswig-Holstein-Sonderburg-Augustenburg (Dolzig 22.20.1858 – Huis Doorn/NL 11.4.1921) verweisen, die erste Ehefrau Kaiser Wilhelms II.

Das genaue Datum der Benennung der *Augustastraße* war nicht zu ermitteln. Im Protokollbuch der Baukommission der Stadt Dinslaken von 1907 bis 1913 wird sie erstmals erwähnt, als es in der Sitzung vom 5.3.1908 um die Begradigung eines Teils der Gemeindegrenze zwischen Dinslaken und Hiesfeld am Unterlohberg und die gleichzeitige Verlängerung der Augusta- und Dorotheenstraße geht. Ausgewiesen ist sie bereits auf einer alten Flurkarte der Gemeinde Dinslaken von (wahrscheinlich) 1895, ergänzt 1914. Die Einzeichnung in die Flurkarte muss zwischen 1895 und 1908 erfolgt sein, weil der Übersichtsplan der Stadt Dinslaken von 1908 die Augustastraße bereits ausweist. Die Festlegung der Fluchtlinien geschah am 26.6.1913 durch die Stadtverordneten der Stadt Dinslaken.

Die Augustastraße führt von der Weseler Straße (B 8) bis zur Hünxer Straße. Über die Ziegelstraße verbindet sie den Stadtteil Bruch mit dem Stadtteil Hiesfeld, über den nach Norden verlaufenden Teil der Hünxer Straße mit dem Stadtteil Lohberg. Im Verlauf der Industrialisierung und erneut nach dem Zweiten Weltkrieg setzte eine rege Bautätigkeit in den alten und den neu erschlossenen Wohngebieten beidseits der Augustastraße ein. Das hatte ein starkes Anwachsen der Bevölkerung des Stadtteils Bruch zur Folge und die Notwendigkeit einer Verbesserung der Infrastruktur. Nach und nach entstand an der Augustastraße zwischen den Einmündungen der Industrie- und der Katharinenstraße ein eigener kleiner infrastruktureller Ortskern mit Post- und Sparkassenfiliale, Bürgerbüro, SB-Markt und diversen Einzelhandelsgeschäften.

Der *Augustaplatz* ist eigentlich nur ein halbkreisförmiger Einhang, der von der Augustastraße gegenüber dem Fliederweg nach Süden abzweigt und etwa zwischen den Einmündungen von Emma- und Gertrudenstraße zu ihr zurückkehrt. Erstmals ausgewiesen wird der Platz auf dem *Übersichtsplan der Stadt Dinslaken und der näheren Umgebung* von 1921. Die offizielle Benennung erfolgte am 30.3.1922 durch die Baukommission der Stadt Dinslaken. Obwohl das Kaiserreich inzwischen von der Weimarer Republik abgelöst worden war, blieb es – wahrscheinlich der Einfachheit halber – beim bisherigen Namen. Ursprünglich sollte der Platz die Zugangsstraße zur projektierten Augustaschule sein, die jedoch nie gebaut wurde. Heute führen Fußwege vom Augustaplatz zu den Sportstätten des Sportvereins SC Wacker Dinslaken und zu dem unter Denkmalschutz stehenden Volkspark mit der gleichnamigen Schrebergartenanlage. Für die Einrichtung des Sportplatzes bewilligten Bau- und Finanzausschuss der Stadt Dinslaken am 9.4.1924 in einer gemeinsamen Sitzung 2000 Goldmark. Von der „Hilfeleistung der Mitglieder der den Sportplatz benutzenden Vereine“ wurde dabei „Kenntnis genommen“, heißt es im Protokollbuch.

Abb. 23 Die freiwillige Feuerwehr am alten Feuerwehrturm am Augustaplatz.

Über Jahrzehnte wurde das Bild des Augustaplatzes vom alten Feuerwehrturm am Rande des Sportplatzes geprägt. Am 10.4.1913 hatte die Stadtverordnetenversammlung der Stadt Dinslaken die Errichtung dieses Turmes beschlossen und dafür Kosten in Höhe von 4000 Mark bewilligt. Solche Feuerwehrtürme dienten den Feuerwehren zum Aufhängen, Trocknen und Prüfen der Schläuche nach Einsätzen und Übungen. Außerdem waren sie Übungstürme, an denen das Anleitern, Klettern, Abseilen und Einhängen von Notleitern trainiert wurde. Dazu waren Türen und Fenster – manchmal auch Brüstungen und Balkone – in bestimmten vertikalen und horizontalen Abständen voneinander eingebaut. Ende der 1970er Jahre wurde der Feuerwehrturm am Augustaplatz wegen Baufälligkeit abgerissen.

August-Schmidt-Straße

Bis zur kommunalen Neuordnung am 1.1.1975 war diese Straße Teil der Grünstraße, die durch Grün führte, und von der Heerstraße, am Pflipsenhof vorbei, die Duisburger Straße erreichte. Nach dem Bau der Emscher in den 40er Jahren wurde die Straße abgebunden und eine Verbindung zur Grenzstraße geschaffen.

Sie erhielt ihren Namen durch den Hauptausschuss der Stadt Dinslaken am 30.01.1990.

Benannt ist die Straße nach **August Schmidt,** geboren am 8. Mai 1878 in Dortmund.

Er arbeitete zunächst als Bergmann. 1902 Eintritt in die SPD. Seit 1903 Mitglied des Gemeinderats Dortmund-Oespel. Von 1909 bis 1933 übernahm er leitende Funktionen im Freien Deutschen Bergarbeiterverband. Daneben war er seit 1922 Mitglied des Reichswirtschaftsrats, von 1946 bis 1953 Vorsitzender der IG Bergbau und 1949 Mitbegründer des DGB. Er starb 1965 in Dortmund.

Nach ihm wurde 1962 die August Schmidt Stiftung in Bochum benannt, die die Hinterbliebenen des großen Grubenunglücks vom 7.2.1962 im Saarland (mit 299 Toten) unterstützte.

Avegunst

Die inzwischen beidseitig voll bebaute Wohnstraße wurde von der Julius-Kalle-Straße aus in südöstliche Richtung vorgetrieben und am 19.6.1956 benannt; sie hat zwar über den rechter Hand abgehenden Zedernweg Anschluss an die Buchenstraße, endet selbst aber vorläufig als Sackgasse. Ihr Name ist eine alte Flurbezeichnung, die üblicherweise wie folgt gedeutet wird. Dieses Randgebiet des früheren Averbruchs wurde von Anliegern dem Bruch abgerungen und kultiviert; dafür stand dem Landesherrn nach damaligem Recht eine Steuer zu, auf die er in diesem Fall aber verzichtete: er hat „abvergönnt“. Das Element -gunst erscheint in unserer Umgebung noch in einer zweiten Flurbezeichnung, der in einer Urkunde vom 19.5.1677 erwähnten *Nattgunst* (*Stadtbuch von Dinslaken* 1959, 128 f.).

Die Kultivierung dieses Teiles des Averbruchs muss schon vor 1843 erfolgt sein, denn in der Preußischen Kartenaufnahme des gleichen Jahres erscheint der Bereich *In der Avegunst* nicht mehr als Bruch, sondern als ein Ensemble von Gärten und Wiesen, aus dem Bruch gleichsam herausgeschnitten.

Avenbeckshof

Die Straße *Avenbeckshof* ist eine nur etwa 100 Meter lange Stichstraße, die von der Weststraße nach Norden abzweigt. Sie wurde am 17.9.1991 benannt nach einem Hof, der noch auf einer Karte von 1910 eingezeichnet ist, allerdings nicht in Nähe der heutigen Straße, sondern auf der gegenüber liegenden Seite der Stadt an der Luisenstraße. Sie ist eine der typischen angenehmen kleinen Wohnstraßen des Averbruches mit schönen Vorgärten und vornehmlich mit anderthalbgeschossigen und Doppelhäusern, aber auch mit Einfamilienhäusern aus Ziegelsteinen bebaut.

Im Herbst 1702 wurde die von einem Einkauf in Holten zurückkehrende Frau des Dinslakener Bürgers Gerhard *Avenbeck* von der Torwache angehalten und befragt, ob sie auswärts akzisepflichtige Waren eingekauft habe; in der Tat hatte sie in Holten einige süße Wecken für die bei ihr tätigen Grasmäher erstanden (Stampfuß/Triller 1973, 266).

Neuzeitlichen genealogischen Untersuchungen ist übrigens der Name *Avenbeck* unbekannt; dagegen wohnen in Deutschland – mit Schwerpunkt im Münsterland – derzeit ca. 1.413 Personen mit dem Namen *Averbeck,* der in Dinslaken zu Beginn des 19. Jahrhunderts ebenfalls bezeugt ist: ein Peter Averbeck hat mit seiner Frau Karolina von Rasfeld [sic] zwei Töchter, Susanna (geb. 15.3.1811) und Magarethe [sic] Karoline (geb. 2.6.1813).

Averbruchstraße

Die Averbruchstraße geht östlich von der Schlossstraße ab, quert die Rosenstraße und endet an der Weststraße; sie führt auf ihrer relativ kurzen Strecke durch das Herz des Averbruchs und wurde im Zuge der Bebauung dieses Quartiers, das inzwischen Stadtteilcharakter gewonnen hat, am 16.7.1965 benannt.

Averbruch ‚das obere Bruch’ war das große, etwa 600 Morgen umfassende Bruchgebiet, das sich bis Ende des 19. Jahrhunderts an der Südseite der Stadt erstreckte.

Dinslaken und das Averbruch bilden eine Geschichte, die so alt wie die Stadt selbst ist. Zu den Privilegien, die der Klever Landesherr Graf Dietrich VII. Dinslaken im Rahmen der Stadterhebung 1273 erteilte und die dessen Nachfolger wiederholt bestätigten, gehörte auch das Averbruch als Allmende, mithin als Gemeineigentum der Bürger, die es als Viehweide, zum Torfstechen, zum Plaggenhieb und zum Grasmähen nutzen konnten. Diese Nutzung des Averbruchs war für die Bürger Dinslakens sechs Jahrhunderte hindurch eine wichtige wirtschaftliche Basis.

Das Averbruch erstreckte sich im Westen ungefähr bis zur heutigen Straßenbahnlinie nach Walsum, im Osten bis zu einem Weg, aus dem die jetzige Landwehrstraße wurde und auf dem man seinerzeit das Bruch östlich umgehen konnte. Die Nordgrenze wurde gebildet von der heutigen Alleestraße und deren östlicher Verlängerung. Im Süden reichte das Bruchgebiet bis an den Rand der Bauernschaft Wehofen. Insgesamt war das Averbruch um ein Mehrfaches größer als das Stadtgebiet im engeren Sinne. Das Averbruch erscheint gelegentlich auch unter anderen Namen, so auf einem Plan von 1659 als *Averbroch oder Veen darein das Vihe zur weide getrieben wirt.* 1805 wird es als *Torf Veen* bezeichnet. Oft wird es auch vermischt mit dem Hiesfelder und Wehofer Bruch.

Die Allmende, das Gemeineigentum an Grund und Boden, passte besser ins Mittelalter als in die Zeit der Aufklärung. So erhoben sich gegen Ende des 18. Jahrhunderts allenthalben Bestrebungen, die Allmenden aufzuteilen und sie, sofern es Brüche waren, bei der Gelegenheit möglichst gleich trockenzulegen. Im preußisch gewordenen Herzogtum Kleve begannen entsprechende Maßnahmen zwar bereits 1774, waren aber mancherorts erst hundert Jahre später abgeschlossen. Im Hinblick auf das Averbruch endeten sie 1871 mit einem Beschluss der Königlichen Generalkommission in Münster, durch den das Averbruch auf die berechtigten 212 Besitzer von Herdstellen in der Stadt aufgeteilt wurde. Man würde heute von einer Privatisierung zum Nulltarif bei Beteiligung an den Kosten des Verfahrens sprechen. Umgesetzt war der Beschluss aber erst 1876. Die staatlichen Stellen versprachen sich von dieser Privatisierung eine intensivere Nutzung des Bodens, nachdem bei der Nutzung als Allmende eine gewisse Verwilderung eingetreten war. Der Torfstich war im Jahr 1847 ohnehin zum Erliegen gekommen, als praktisch der ganze noch vorhandene Torfvorrat bei großer Sommerhitze einem Brand zum Opfer fiel. Zur Aufteilung des Averbruchs gehörte in den folgenden Jahren auch die Anlage von in der Regel schnurgeraden Erschließungsstraßen. So entstanden in Nord-Südrichtung die Fuchs-, Schützen-, Schloß-, Rosen- und Buchenstraße, in Ost-Westrichtung die Hirsch-, Hasen- und Eichenstraße; als weitere Erschließungsstraßen kamen die *Acker- (seit 1959 West-) und die Adlerstraße hinzu.

Die durch die Privatisierung geschaffenen Eigentumsverhältnisse blieben lange stabil, obgleich die neuen Eigentümer ihre Parzelle veräußern konnten. So verkaufte etwa ein Berechtigter 1888, also ein gutes Jahrzehnt nach der Aufteilung, seine Parzelle an den Dinslakener Bürgerschützenverein von 1461, der noch in jenem Dreikaiserjahr darauf seinen noch heute benutzten Schützenplatz errichtete. Noch um 1900 trieben viele Dinslakener Ackerbürger ihr Vieh auf das ihnen zugeteilte Weidestück des Averbruchs.

Die Besiedlung des Averbruchs verlief sehr zögerlich. Der Stadtplan von 1892 macht zwar schon das Netz der Erschließungsstraßen deutlich, zeigt aber noch so gut wie keine Besiedlung. Auf dem Stadtplan von 1908 ist das Straßennetz fertiggestellt, aber, abgesehen von einer Häuserreihe auf der Südseite der Eichenstraße, gibt es noch immer keine systematische Wohnbebauung; das hat sich auch auf dem Plan von 1913 kaum geändert. Eine gewisse, aber keineswegs bedeutende Bauentwicklung vollzog sich bis 1937 im Bereich der Schloß-, Eichen-, Rosen-, Buchen- und Adlerstraße. Über die um 1900 geschaffenen Erschließungsstraßen für das Averbruch hinaus waren bis in die 1950er Jahre hinein keine neuen Straßen erforderlich.

Durch die vom Ruhrbergbau verursachten Bergsenkungen war das Gefälle der Emscher ab etwa 1940 so stark beeinträchtigt worden, dass eine zweite Nordverlegung des Flusslaufs und der Einmündung in den Rhein erforderlich wurde. Das neue Bett wurde annähernd in Nordwestrichtung durch die südlichen Ortsteile von Dinslaken gezogen und 1949 mit dem Bau der derzeitigen Emschermündung am Dinslakener *Stapp* abgeschlossen. Die neue

Flussführung war zunächst ein erheblicher Eingriff in die bis dahin gewachsene Struktur des Averbruchs, nicht nur durch die Unterbrechung bisheriger Verkehrswege, sondern auch, weil die Emschergenossenschaft für den Bau einen beträchtlichen Flächenbedarf hatte. Die bisherigen Eigentümer wurden zwar entschädigt, aber die in Reichsmark gezahlten Entschädigungen gingen in der Währungsreform von 1948 größtenteils verloren.

Dennoch kann die landschaftliche Einbettung der Emscher in das Averbruch aus heutiger Sicht als gelungen betrachtet werden, zumal die Deichkronen als Rad- und Fußwanderwege erschlossen sind. Zudem sank durch den Durchfluss der Emscher der Grundwasserspiegel, womit das frühere Bruch endgültig trockengelegt war.

Die planmäßige Erschließung des Averbruchs als Wohngebiet mit überwiegend kleingliedriger gehobener Wohnbebauung setzte erst um 1960 ein; inzwischen ist sie nahezu abgeschlossen. Von den um 1900 entstandenen Erschließungsstraßen aus wurden jeweils kurze Stichstraßen vorgetrieben, die viele in der Regel kleinere Grundstücke entstehen ließen. Gewerbliche Ansiedlungen blieben auf den Bereich der Otto-Brenner-Straße begrenzt.

Die Averbruchstraße ist die einzige in neuerer Zeit entstandene größere Straße; ihre Bebauung als Wohnstraße mit der angrenzenden Averbruch-Grundschule und dem von der AWO geführten Kindergarten ist praktisch abgeschlossen. Zur Infrastruktur der Averbruchstraße gehört auch, dass sie von einer zur Stadtmitte führenden Buslinie bedient wird.

Bachstraße

Die Straße findet sich bereits auf dem Übersichtsplan von 1908. Sie setzt im Winkel zwischen Wiesenstraße und Bärenkampallee an, schneidet im spitzen Winkel die Schlossstraße und endet als Sackgasse an der Hans-Böckler-Straße; sie begleitet im ganzen Verlauf den namengebenden Rotbach, und zwar so eng, dass sie nur auf der Nordseite bebaut werden konnte, was ihren Charakter als reine Wohnstraße unterstreicht.

Zudem bekommt der Abschnitt zwischen Schloss- und Hans-Böckler-Straße – wie die Heinrich-Nottebaum-Straße auf der anderen Seite des Bachlaufs – einen besonderen Akzent durch die sechsreihige Kastanienallee, für die es kein weiteres Beispiel in Dinslaken gibt.

Bahnhofsplatz

Der Name des Platzes erscheint zwar erst auf dem Übersichtsplan von 1908, dürfte aber bereits ab 1856 üblich gewesen sein, als Dinslaken Anschluß an die Strecke Oberhausen–Arnheim erhielt. Die Form des Platzes hat sich seitdem aber ebenso wie das Empfangsgebäude des Bahnhofs mehrfach geändert. Der erste Platz war bescheiden. Der Bahnhof wurde nicht wie heute von der Friedrich-Ebert-Straße erschlossen, sondern von der Bahnstraße her. Das änderte sich 1916, als Dinslaken ein prächtiges neues Bahnhofsgebäude erhielt, das nun in erster Linie von der 1912 fertiggestellten *Kaiserstraße (heute Friedrich-Ebert-Straße) her erreichbar war. Zum Bahnhof von 1916 gehörte ein größerer, auch damals schon gärtnerisch gestalteter Vorplatz. Bomben zerstörten am 23.03.1945 den Bahnhof von 1916. Der Neubau, heute noch praktisch unverändert, stammt von 1956; er ist wesentlich bescheidener als sein Vorgänger. Der Bahnhofsplatz dagegen wurde mit Blick auf die Bedürfnisse des Verkehrs erheblich ausgeweitet und hat heute einschließlich seiner Grünanlagen einen großzügigen Charakter. Er ist Zentrum aller in Dinslaken bestehenden Buslinien und Endpunkt einschließlich Wendekreis der Straßenbahnlinie nach Duisburg.

Die Bauhöhe der den Platz umgebenden Häuser ist dem Empfangsgebäude angepasst und – mit Ausnahme des Eckhauses an der Westflanke – entsprechend niedrig gehalten. Dennoch ist der Platz für den ankommenden Reisenden eine ansprechende Visitenkarte und vermittelt auch mit dem Blick auf das kürzlich renovierte Stadthaus einen günstigen ersten Eindruck von Dinslaken. Dieser

1856

1916

1956

Abb. 24–26 Die drei Dinslakener Bahnhöfe von 1856, 1916 und 1956

positive Eindruck dürfte durch das vor Fertigstellung stehende Bauvorhaben der Wohnbau Dinslaken an der Bismarck-, Blücher- und Wilhelm-Lantermann-Straße noch verstärkt werden.

Bahnstraße

Die Straße beginnt am Neutor mit der Malteser-Apotheke, überquert die Wilhelm-Lantermann-Straße und endet am Bahnhof. Sie hat insofern einen besonderen historischen Rang, als ihr Abschnitt zwischen Neutor und Wilhelm-Lantermann-Straße Teil der Jahrhunderte alten Fernstraße von Süden nach den Niederlanden war, die Dinslaken mit der Duisburger, Neu-, Bahn- und Weseler Straße durchschnitt. Vom Durchgangsverkehr entlastet wurde die Innenstadt erst durch die 1927 fertig gestellte Westumgehung, die heutige Willy-Brandt-Straße (B 8).

Als Dinslaken 1856 Anschluß an die Bahnlinie Oberhausen-Arnheim erhielt, wurde der Bahnhof von der Bahnstraße her erschlossen. Das änderte sich erst mit der Fertigstellung der heutigen Friedrich-Ebert-Straße (1912) und der Errichtung eines neuen Bahnhofsgebäudes im Jahre 1916.

Auf Bildern aus der Zeit um 1910 vermittelt die Bahnstraße, jedenfalls bis zur Roonstraße, bereits einen städtischen Eindruck. Von 1900 bis 1909 residierte im Haus Nr. 14 die Sparkasse. Die Architektur jener Zeit versank 1945 im Bombenhagel. Nummer 15 war das stolze Bürgerhaus der jüdischen Familie Cohen, mit dem dahinter entlang der Roonstraße liegenden Pferdehandelsbetrieb. Das Haus Cohen wurde bereits im Rahmen der „Pogromnacht“ 1938 vor einer bewegt dabei stehenden Menschenmenge niedergebrannt.

Die Bahnstraße gehört zu den ersten dreizehn Straßen in Dinslaken, die durch das Ortsstatut vom 10.08.1893 einen amtlichen Namen erhielten. Nach der gegebenen Sachlage kann man von dem genannten Datum als dem Beginn amtlicher Straßennamen in Dinslaken ausgehen, obgleich das Originaldokument hierfür verloren ging.

Aus heutiger Sicht erscheint es als bizarr, dass der Traditionsname dieser Straße in der NS-Zeit nach der Geburtsstadt Hitlers in **Braunaustraße* umgeändert wurde.

Abb. 27 Die Bahnstraße um 1910 zwischen Roonstraße und Neutor. Vorne rechts das am 10.11.1938 niedergebrannte Haus der Familie Cohen. Im Hintergrund die 1950 abgebrochene Wirtschaft Fritz Maaß, heute Café-Pavillon

Abb. 28 Haus Bärenkamp

Bärenkampallee

Die Bärenkampallee beginnt an der Alleestraße, verläuft zwischen der Trabrennbahn und den Stallungen und Wirtschaftsgebäuden des Bärenkamps nach Norden, quert die Heinrich-Nottebaum-Straße und mündet in die Wiesenstraße; benannt wurde sie vom Bauausschuss am 20.10.1955.

Ihr Name erinnert an eines der bedeutendsten Häuser im alten Dinslaken: das *Haus Bärenkamp.* Wer heute vom Bärenkamp spricht, denkt an die benachbarte Trabrennbahn. Mit Bären hat dieser Rittersitz nichts zu tun gehabt. Er hat den Namen von einem abgegrenzten „Stück Land, das dem *ber* oder *bär,* dem Zuchteber, zur Weide diente. Das Gut Bärenkamp („berckamp") hatte früher für die umwohnenden Bauern den Zuchteber zu halten" (handschriftliche Mitteilung Karl Lange). Erstmals urkundlich erwähnt wird Haus Bärenkamp 1436.; in älteren Urkunden wird es Beerenkamp und auch Birkenkamp geschrieben. Zuerst war das Gut in adeligem Besitz u. a. der Barone von Köppern. Zu Beginn des 19. Jahrhunderts erbte der spätere geheime Kriegs- und Landrat Julius von Buggenhagen das Gut. Dann kam der Bärenkamp in bürgerliche Hände. Schließlich übernahm die Stadt den Komplex und verpachtete ihn weiter. Nach dem Krieg hatten Pferdefreunde die Idee, hier eine Trabrennbahn zu gründen. 1965 wurde Haus Bärenkamp abgerissen.

Barlachweg

Die Erschließungsstraße westlich der Schillerstraße erhielt 1976 durch den Hauptausschuss ihren Namen angesichts des gegenüberliegenden Ernst-Barlach-Gymnasiums, der heutigen Ernst-Barlach-Gesamtschule.

Ernst Barlach (Wedel 2.1.1870 – Rostock 24.10.1938) war Bildhauer, Dramatiker und Zeichner. Bereits seine frühen Arbeiten beschäftigten sich mit dem Menschen, seinen Lebensbedingungen und seiner Haltung zum Leben. Nach seiner Einberufung zum Landsturm 1915 setzte er sich mit dem Thema „Krieg" auseinander. Mehr als 400 seiner Arbeiten wurden nach 1933 als „entartete Kunst" aus öffentlichen Sammlungen entfernt. Als Bildhauer schuf er neben Holzplastiken und Bronzen Ehren- und Mahnmale, die nach

1933 entfernt oder zerstört und nach 1945 wieder erneuert wurden, wie zum Beispiel das Güstrower Ehrenmal, bekannt als „Der Schwebende“, im Dom von Güstrow. Außerdem hinterließ er zahlreiche Druckgraphiken und Zeichnungen. Von seinen Dramen sind *Der tote Tag* (1912) und der *Blaue Boll* (1926) die bekanntesten.

Barmingholtener Straße

Auf dem Hiesfelder Übersichtsplan 1904 [1907] heißt sie **Gertrudstraße* (benannt am 19.2.1906), „entspringt“ dem Scheitelpunkt von Winkel- und Holtener Straße, läuft nach Südosten und „mündet“ in die Tackenstraße. Im Zuge der Namensänderungen nach der Eingemeindung Hiesfelds nach Dinslaken erhielt sie am 11.3.1918 den heutigen Namen, der allerdings in der Form **Barmingholtenweg* schon in einem Protokoll der Baukommission Hiesfeld vom 15.5.1905 begegnet. Durch den Ausbau der Brinkstraße hat sie ihren Anfangspunkt eingebüßt und beginnt nun im noch unbebauten Gelände südlich der Brinkstraße. Sie gehört zu den Straßen, deren Name einen Zielort angibt.

Die Höfe und Katen der heute zum größten Teil zu Dinslaken, zum kleineren Teil zu Oberhausen gehörenden Bauernschaft Barmingholten „sind bereits im 12. und 13. Jahrhundert entstanden. Schon am 22. September 1397 werden als Hiesfelder Gerichtsleute genannt: Richard van den Grashove und Heinrich van Barmyncholte, und in den ältesten Mastregistern der Walsumer Mark, die schon vor 1400 angelegt worden sind, erscheint ‚die Hove to barmingholt‘.“ (Lange 1992, 14).

Baßfeldshof

Der *Baßfeldshof* liegt im Stadtteil Bruch (Feldmark); der Name geht zurück auf die früheren Besitzer des Geländes. In dem Bereich zwischen Augusta-, Katharinen- und Luisenstraße lagen die Baßfeldschen Höfe. Die Vergabe des Straßennamens *Baßfeldshof* erfolgte mit Ratsbeschluss vom 16.7.1965.

Die Straße Baßfeldshof zweigt westlich der Katharinenstraße zunächst in südlicher, dann in südöstlicher Richtung von der Augustastraße ab und endet in einer kleinen Platzanlage. In der Bevölkerung hat sich für die angrenzende Wohnbebauung und für den Platz ebenfalls der Name *Baßfeldshof* eingebürgert. Auf diesem Platz wird donnerstags Wochenmarkt gehalten. Am östlichen Ende des Platzes errichtete die Caritas ein Seniorenheim, das Ende 2005 eröffnet wurde.

Baumschulenweg

Der Baumschulenweg verbindet die Gärtnerstraße mit der Büngelerstraße und ist nach der anliegenden Gärtnerei und Baumschule Eickhoff benannt. Ist zwar in frühen Plänen schon eingezeichnet, erscheint mit Namen jedoch nicht vor der 1937 gefertigten Bearbeitung des Dinslakener Übersichtsplans von 1921.

Beethovenstraße

Die am 19.6.1957 durch Ratsbeschluss benannte Straße führt von der Dr.-Otto-Seidel-Straße nach Norden und stößt auf die Mozartstraße. Die Nachbarschaft zu dieser bereits 1951 benannten Straße war für die Benennung nach einem Komponisten ausschlaggebend.

Ludwig van Beethoven (getauft Bonn 17.12.1770 – Wien 26.3.1827) hat als Komponist die Stilepoche der Wiener Klassik zur höchsten Entfaltung geführt und die musikalische Romantik vorbereitet. Im Alter verlor er das Gehör. Der letzte Satz seiner 1824 vollendeten 9. Sinfonie mit der Vertonung von Schillers Ode *An die Freude* hat das Werk besonders populär gemacht.

Bergerfeld

Teilt ein kleines an der Bergerstraße Mitte der siebziger Jahre des letzten Jahrhunderts errichtetes Wohnviertel in einen östlichen und einen westlichen Abschnitt. Benannt am 19.04.1977 nach einem gleichnamigen Flurstück, das auf der Gemeindekarte der Bürgermeisterei Dinslaken von 1838 verzeichnet ist.

Bergerhöh

Teilt das unter **Bergerfeld** erwähnte Wohnviertel südlich der Bergerstraße in einen nördlichen und einen südlichen Abschnitt. Der ebenfalls am 19.04.1977 vergebene Name ist wohl in Analogie zum *Bergerfeld* gebildet worden; ein Flurstück *Bergerhöh* kann jedenfalls nicht belegt werden.

Bergerstraße

Der Hiesfelder Ortsteil Oberlohberg führt seinen Namen nicht ohne Grund. Bis sie in der zweiten Hälfte des 20. Jahrhunderts durch die rasch wachsenden Abraumhalden des Bergwerks Lohberg in den Schatten gestellt wurde, befand sich hier – genauer: in dem heute von Berger-, Dicker- und Kirchstraße umschlossenen Areal – die höchste Erhebung der Gemeinde Hiesfeld, auf der bis in die frühe Neuzeit folgerichtig die Richtstätte des Hochgerichts Hiesfeld bezeugt ist.

Der Name *Lohberg* wird oft mit *lohe* ‚Eichenrinde zum Gerben' in Zusammenhang gebracht; möglich ist aber auch die Herleitung von dem mndt. Maskulinum *loo, loe* ‚Gehölz mit lichten Stellen und Graswuchs' (s. dazu hier **Auf dem Loh**). Für die Hiesfelder war die Anhöhe kurz „der Berg", wofür urkundlich belegte Namen wie Hadewich op den Berghe (1458), Wilhelm op gen Berg (1587-1685), Gördt op gen Berge (1597), Johan op gen Berg (1629-1684), Dierich upn Bergh, Johan upen Bergh (beide 1678), Dieterich op gen Berg an Vennmanns (* 24.2.1716) und Johann op den Berg (bei Enbers 1736), allesamt Aufsitzer des auch heute noch existierenden Bergerhofs, sprechen mögen.

Von dem Hof hat nicht nur die mit 5.800 m längste Straße Dinslakens ihren Namen, der erstmals unter dem 14.8.1882 im Protokollbuch der Hiesfelder Gemeindeverordnetenversammlung 1881–1898 erscheint; nach ihm heißen auch zahlreiche Familien *(Berg, Berger, Oppenberg)* in unserer Region.

Liegt der Bergerhof, der am 23.6.1890 im oben genannten Protokollbuch ausdrücklich als *Großbergerhof* bezeichnet wird, an der Nordflanke des Lohbergs, so findet man an dessen gegen Hiesfeld geneigter Südflanke an der Dickerstraße noch heute einen „Ableger", den **Kleinbergerhof,** nach welchem am 21.9.1971 eine kleine nördlich von der Straße Im Loosbusch abgehende Stichstraße benannt wurde.

Mitte der siebziger Jahre des vergangenen Jahrhunderts wurde westlich der Einmündung der Kirchstraße an der Bergerstraße ein kleines Wohnviertel angelegt, das von zwei sich rechtwinklig kreuzenden Kurzstraßen durchzogen wird; sie erhielten 1977 die Namen **Bergerfeld** und **Bergerhöh.**

Bergmannstraße

Die Bergmannstraße liegt im Stadtteil Lohberg. Sie trägt den Namen des Berufs, dem die Mehrzahl der männlichen Einwohner der Bergarbeiterkolonie Lohberg nachging. Die Berufsbezeichnung *Bergmann* (Plural: *Bergleute,* seltener *Bergmänner*) lässt sich bis in 14. Jahrhundert zurückverfolgen: *bercman, bercliute* (Duden, *Das Herkunftswörterbuch*). Eine sehr weit gefasste Erklärung des Ausdrucks gibt das *Deutsche Rechtswörterbuch Online,* das jeden, der beim Bergbau beschäftigt ist, als Bergmann bezeichnet. Im allgemeinen Sprachgebrauch wird jedoch unter einem *Bergmann* nur der unter Tage tätige Grubenarbeiter verstanden. Zu Einzelheiten der Berufstätigkeit s. hier **Hauerstraße, Schlepperstraße, Knappenstraße, Steigerstraße.**

Die Bergmannstraße ist im Bebauungsplan der Kolonie Lohberg von 1917 ausgewiesen. Die Benennung könnte am 30.9.1915 erfolgt sein, als es in der Stadtverordnetenversammlung der Stadt Dinslaken um die „Offenlegung von Straßen in der Kolonie Lohberg" (Protokollbuch, Blatt 538) ging. Straßennamen werden allerdings im Protokollbuch nicht genannt.

Die Bergmannstraße ist eine kurze Straße und verläuft von der Lohbergstraße bis zur Koksstraße. Sie kreuzt die Steinstraße. Interessant ist die Betrachtung des Verlaufs in Verbindung mit der **Zechenstraße** (s. dort).

Ein Gebäude, das über Jahrzehnte für die Infrastruktur der Kolonie besonders wichtig und in die Planung sofort inbegriffen war, ist das Eckhaus Bergmannstraße/Lohbergstraße. Es beherbergte in unmittelbarer Nähe zum Gebäude der damaligen Marienschule einen Schreibwaren- und Buchladen. Hier kauften bis weit nach dem Zweiten Weltkrieg die meisten Lohberger Eltern von der Schiefertafel bis zum Lesebuch nebst dem unverzichtbaren Einschlagpapier die für den Schulbesuch ihrer Kinder notwendigen Utensilien. Heute befindet sich in dem Gebäude ein türkisches Lebensmittelgeschäft.

Berliner Straße

Die am 19.6.1956 vom Hauptausschuss benannte Straße verläuft ein Stück parallel zur Willy-Brandt-Straße und knickt dann nach Osten ab; sie bildet mit der Gleiwitzer und der Danziger Straße das **Thyssen-Dreieck** (s. dort), das sie nach Westen und Süden begrenzt.

Berlin war während seiner Geschichte Hauptstadt der Markgrafschaft und des Kurfürstentums Brandenburg, des Königreichs Preußen, des Deutschen Reiches und – mit seinem Ostteil – der DDR. Nach der Wiedervereinigung wurde Berlin Hauptstadt und Regierungssitz der Bundesrepublik, zugleich als Stadtstaat ein Bundesland mit 3,4 Millionen Einwohnern auf einer Fläche von 891,85 km^2.

Bertastraße

Die Straße liegt im Stadtteil Bruch (Feldmark) und verbindet die Hedwig- mit der Almutstraße. Zu den „Frauenstraßen" allgemein s. hier **Adelenweg.**

Wann die Bertastraße ihren Namen bekam, ist unklar. Auf dem Übersichtsplan der Stadt Dinslaken von 1908 und in dem „Verzeichnis der Straßen, Gassen und Plätze der Bürgermeisterei Dinslaken" von 1914 ist sie bereits aufgeführt.

Berthold-Schön-Weg

Es gibt nur wenige Pädagogen am Niederrhein, schreibt Willi Dittgen 1986, die sich mit solchem Eifer und mit solchem Sachverstand um die Erforschung der Geschichte ihrer Wahlheimat bemüht haben, wie Berthold Schön.

In der Tat wusste der in Horrem bei Köln geborene Berthold Schön (1913-1982) seine Pflicht als Lehrer in Hiesfeld und seine Leidenschaft für die lokale Geschichte so vorbildlich miteinander zu verknüpfen, dass sie sich wechselseitig fördern – und fordern – konnten, und keine – auch nicht zeitweise – hinter der anderen zurückzustehen hatte. Seine Mitarbeit an der Kreisbildstelle, am Aufbau des Museums „Haus der Heimat", an der Neuordnung des Dinslakener Stadtarchivs, an der Sicherung der

Abb. 29 Heimatforscher Berthold Schön

nichtkirchlichen Archive im Altkreis Dinslaken ist ebenso wenig vergessen wie seine zahlreichen ungemein sorgsam recherchierten Beiträge zur Orts- und Regionalgeschichte.

Der nach ihm am 30.09.2003 benannte Spazierweg begleitet das Südufer des Rotbachs von der Kirchstraße bis zur Oberhausener Straße.

Biberweg

Der Biberweg gehört zu dem im Winkel von Emscher und Hans-Böckler-Straße gelegenen Neubaugebiet an der Stadtgrenze zu Duisburg-Walsum und verbindet Fuchsstraße und Dammweg, mit dem zusammen er angelegt und am 16.7.1965 benannt wurde.

Biber hat es im Gegensatz zu Fischottern (s. hier **Otterstraße**) in den Dinslakener Bruchgebieten vermutlich nie gegeben. Von der Vorstellung eines *Damms* ist es allerdings bis zum *Biber* nur ein kleiner gedanklicher Schritt, zumal im umgebenden Averbruch bereits mehrere Straßen nach jagdbarem Getier benannt waren (Adler-, *Bären-[heute Hans-Böckler-], Dachs-, Fuchs-, Hasen-, Hirschstraße).

Biesenweg

Kleine Sackgasse im südöstlichen Winkel von Kirch- und Oberhausener Straße, benannt am 10.05.1983 nach dem für dieses Gebiet belegten alten Flurnamen *Das Biesenbruch*.

Der von 1858 bis heute in Dinslaken nachweisbare Familienname Bies, die seit dem 16. Jh. in Dinslaken oder anderswo am Niederrhein vertretenen Namen Bysenbroick (Johann Bysenbroick ist 1597 Bürgermeister der Dinslakener Neustadt), Biesenbroich, Biesenbruch, Biesenkamp, Bieskorn, in gen Bysen, (in gen) Biesen, Biesemann lassen über den Flurnamen hinaus auch auf einen Hof- bzw. Katstellennamen schließen, aber konkret lässt sich eine *Biesen Kate* (wie um 1672 in Möllen) bzw. ein *Biesenhof* (wie in Kevelaer) für Hiesfeld nicht belegen.

Das mittelniederdeutsche Femininum *biese* bezeichnet die für unsere Bruchlandschaft durchaus charakteristische Binse.

Birkenhof

Birken sind zahlreich vorhanden, womit die Anwohner einer an die Namensvergabe am 22.2.1955 gekoppelten Empfehlung des Bauausschusses – *In Vorgärten sollten grundsätzlich Birkengruppen verlangt werden* – durchaus gefolgt sind. Ein bäuerliches Anwesen hat dagegen in diesem um die Mitte der 1950er Jahre erschlossenen Gelände hinter dem früheren Bergrevieramt nie existiert. Der Name für die kurze von der Douvermannstraße abzweigende Sackgasse soll vielmehr auf den Eindruck der Geschlossenheit hinweisen.

Birkenweg

Hieß zunächst ab dem 24.4.1906 *Kirchhellener Straße und wurde auf Vorschlag der Hiesfelder Baukommission am 4.12.1906 auf **Birkenstraße* umgetauft und lange unter diesem Namen geführt. Der Weg findet sich wider Erwarten nicht im „Bäumeviertel“ der Siedlung Gärtnerstraße, sondern geht vom Ende der Dickerstraße in nordöstlicher Richtung ab und verläuft auf der Nordseite des Schwarzbachs bis fast zum Heidhof. Er wird am 10.07.1969 durch Ratsbeschluss gemäß § 7 Abs. 1 Landesstraßengesetz eingezogen, erscheint aber weiterhin unter dem Namen *Birkenweg* (seit 1984) bis heute in den Stadtplänen.

Die Birke wächst in rund vierzig Arten in der nördlichen gemäßigten und kalten Zone, vorzugsweise auf sandigem bis moorigem Grund. Ihr Holz wird im Möbelbau verwendet.

Bismarckstraße

Otto Eduard Leopold von Bismarck-Schönhausen, Herzog zu Lauenburg (Schönhausen 1.4.1815 – Friedrichsruh 30.7.1898) gilt als bedeutendster preußisch-deutscher Diplomat und Staatsmann des 19. Jahrhunderts. Nach Jahren als Botschafter in Russland und Frankreich wurde er preußischer Ministerpräsident (1862–1890) und war von 1871–1890 Reichskanzler. Vor allem die deutschen Einigungskriege (1864 u. 1866), die Gründung des Norddeutschen Bundes (1867), der deutsch-französische Krieg von 1870–71, die Gründung des Deutschen Reiches (1871), aber auch der Einstieg in eine breit angelegte Sozialversicherung sind mit seinem Namen verbunden.

Die *Bismarckstraße* gehört neben einer Reihe anderer Straßen, die nach Dichtern und Militärs benannt sind, zu einem Straßennetz zwischen der Wilhelm-Lantermann- und der Feldstraße, das die Stadtplaner bald nach 1900 entwickelten. Auf dem Übersichtsplan von 1908 finden sich bereits alle Straßen dieses Quartiers, bis dahin aber nur zu einem geringen Teil bebaut. Die Bismarckstraße war von Anfang an eine Wohnstraße und blieb es bis heute. Dieser Eindruck wird auch durch die an Kreuzungen liegenden öffentlichen Gebäude (Schule, Strafanstalt, Hallenbad, Amtsgericht, Finanzamt, Stadthaus) kaum beeinträchtigt; allerdings ist die Straße inzwischen zu einer viel befahrenen Verbindung zwischen Voerde bzw. Eppinghoven und dem Bahnhofsbereich geworden.

Bleckmannsbusch

Die Straße wurde Anfang der 1970er Jahre im Zuge der Bebauung dieses Flurstücks angelegt und gehörte bis zur Kommunalen Neuordnung zum Voerder Teil Eppinghovens.

Die Benennung erfolgte am 09.07.1974 durch den Rat der Stadt Voerde. Sie wurde nach der Neuordnung von der Stadt Dinslaken übernommen.

Benannt wurde die Straße nach einem Wäldchen, das früher hier lag und zum Bleckmannshof (s. dort) gehörte, der heute im Besitz der Familie Stallmann ist; vgl. den Klever Kataster von 1733 von Möllen und die Eppinghovener Flurkarte von 1826.

Bleckmannshof

Die sehr kurze Straße war bis zur kommunalen Neuordnung am 1.1.1975 Teil der Kirchstraße (heute *Kerkmannstraße*), die um die Eppinghovener Kirche herum seit alter Zeit die Verbindung zur Straße *„Im Nist“* zum alten Hof „Ingen Nist“, später „Niesmannshof“ bildete.

Dieser sehr kurze Teil der alten Kirchstraße wurde bei der kommunalen Neuordnung am 1.1.1975 nach dem hier liegenden *Bleckmannshof* (heute im Besitz der Familie Stallmann) benannt, einem der ältesten Höfe Eppinghovens. In der alten Flurkarte von 1733 wird er mit *„op gen Bleck“*, später 1843 als *„Bleckmannshof“* bezeichnet.

Blücherstraße

Gebhard Leberecht von Blücher, Fürst von Wahlstatt (Rostock 16.12.1742 – Krieblowitz/Schlesien 12.9.1819) war preußischer Generalfeldmarschall und zeichnete sich vor allem in den Befreiungskriegen gegen Napoleon aus, zuletzt am 18.6.1815 gemeinsam mit dem englischen Herzog von Wellington in der Schlacht von Belle-Alliance/Waterloo, die diese Kriege beendete. Seiner offensiven Truppenführung verdankte er den ehrenden Beinamen *Marschall Vorwärts* (s. hier **Marschallstraße**).

An dieser Straße, die im Rahmen der Planung eines ganzen „Quartiers“ etwa 1905 entstand, die heutige Wilhelm-Lantermann-Straße mit der Feldstraße verbindet und erstmals auf dem Übersichtsplan von 1908 eingezeichnet und benannt ist, dominieren im östlichen Teil Einfamilienhäuser aus den 1930er Jahren, im westlichen Mietwohnungsbauten, die zum Teil noch aus der Zeit vor 1914 stammen.

Straßen nach hochrangigen Militärs zu benennen, war im wilhelminischen Deutschland, speziell in Preußen, üblich und ist somit keine lokale Besonderheit. Einige dieser „Generalsstraßen“ haben, jedenfalls in Dinslaken, alle Wandlungen der politischen Systeme überlebt:

Blücher-, Gneisenau-, Kleist-, Moltke-, Roon-, Scharnhorst- und Wrangelstraße bestehen noch heute. Andere sind zwar einmal geplant, aber nie realisiert worden: *Bülow- (1908-1919) und *Ziethenstraße (nur 1908); acht „Generalstraßen" im Ortsteil Lohberg sind nach der Eingemeindung Hiesfelds umbenannt worden: *Gneisenau- in Lohbergstraße; *Scharnhorst- in Stollenstraße, *Seydlitz- in Grabenstraße, *York- in Haldenstraße, *Schill- in Hauerstraße, *Nettelbeck- in Steigerstraße, *Lützow- in Teerstraße und *Blücherstraße in Schlepper- und Koksstraße. Dagegen war die Benennung nach verdienten preußischen Staatsdienern sehr selten; sie beschränkt sich in Dinslaken auf die Bismarck- und, aus eher lokalem Grund, auf die Althoffstraße.

Blumenanger

Die Stadtverwaltung schlug 1953 dem Bauausschuss für die „nördlich der Krusenstraße anzulegende angerartige Erweiterung" den Namen *Blumenanger* vor. Am 18.2.1954 genehmigte der Hauptausschuss den Vorschlag. Zum Wohnbereich „Siedlung Bergmannsglück" s. noch hier **Am Heerenkamp.**

Bolandshof

Im Zuge der fortschreitenden Bebauung des Areals zwischen dem Hiesfelder Ortskern und dem Gewerbegebiet Dinslaken-Süd sind in den letzten beiden Jahrzehnten einige Wohngebiete erschlossen worden, deren Zugangsstraßen an die hier früher gelegenen Höfe erinnern sollen. Einer davon war der **Terhardthof** (s. dort), den sein letzter verschuldeter Aufsitzer Dietrich Eickhoff (*1872) an den Bruckhausener Ackerer Johan Heinrich Boland (*6.3.1846 in Bocholt-Mussum) verkaufte und der seitdem **Bolandshof** hieß. Johann Heinrich Boland heiratete am 26.10.1876 Anna Basfeld (*18.9.1855 in Hiesfeld). Beider Sohn Gerhard Wilhelm Boland (11.4.1880 in Hünxe) heiratete Mechtild Basfeld (30.10.1884); deren Sohn Dietrich Boland und seine Ehefrau Sybilla Lantermann übernahmen den Hof am 13.8.1918. Am 26.3.1943 brannte der Hof nach einem nächtlichen Bombenangriff fast vollständig nieder.

Die Wohnstraße *Bolandshof* geht in Höhe der Einmündung der *Tauben-* in die *Kurt-Schumacher-Straße* von dieser südöstlich ab und stößt auf die ebenfalls am 16.08.1994 benannte bogenförmige Straße **Terhardthof** (s. dort).

Breslauer Straße

Die *Breslauer Straße* liegt innerhalb des Thyssen-Dreiecks (s. dort) und verbindet die Gleiwitzer mit der Tilsiter Straße. Der Name wurde vom Hauptausschuss am 19.6.1957 gemeinsam mit dem für die Tilsiter und die Stettiner Straße vergeben, womit die Reihe der an ehemals ostdeutsche Städte erinnernden Straßennamen dieses Areals fortgesetzt wurde.

Breslau, die alte Hauptstadt Schlesiens, heißt heute Wroclaw und ist mit 635.000 Einwohnern die viertgrößte Stadt Polens.

Brigittenweg

Der *Brigittenweg* zweigt von der Amalienstraße ab und führt im Bogen wieder zu ihr zurück. Er bekam seinen Namen am 15.12.1987, gemeinsam mit dem Annetten-, Gudrun- und Petraweg. Zu den „Frauenstraßen" allgemein s. hier **Adelenweg.**

Brinkstraße

Die Brinkstraße bildet seit Dezember 1963 (vgl. HKD 1965,159) für den südlichen Teil Dinslakens und Hiesfelds den wichtigsten Zubringer zur Autobahn-Anschlussstelle Dinslaken-Süd. Sie ist zusammengewachsen aus der ursprünglichen, am 6.2.1906 benannten und auf dem Hiesfelder Übersichtsplan 1904[1907] verzeichneten Brinkstraße, die auf Oberhausener Gebiet heute *Hirschkampstraße* heißt, aus dem Teilstück der Jägerstraße zwischen Erlenstraße und Hühnerheide und einem am 28.06.1963 gewidmeten Südteil, der im Winkel zwischen Jäger- und Försterstraße beginnt und über die Oberhausener und Holtener Straße hinweg bis zur Schloßstraße und zur Autobahn-Anschlußstelle Dinslaken-Hiesfeld führt.

Benannt ist sie nach einer südlich der heutigen Hirschkampstraße gelegenen Anhöhe *Brink;* diese hat auch dem *Brinkhof* und dem ursprünglich im Winkel zwischen Brink- und Erlenstraße gelegenen, im Hiesfelder Einwohnerverzeichnis von 1914 mit der Adresse Brinkstraße 13 geführten Unternehmen Ziegelwerke Brink G.m.b.H., Marxloh, den Namen gegeben, wozu auch noch die im Dinslakener Telefonbuch vertretenen Namen Brings, Brinks, Brink, ten Brink, Tenbrink, Brinkforth, Brinkhoff, Brinkhorst, Brinkkötter, Brinkmann zu vergleichen sind. Den an den Hängen des Brink zutage tretenden grauen Ton und Mergel haben bis ins letzte Jahrhundert außer der genannten Gesellschaft einige weitere Ziegeleien (Schäfersnolte/Huckingen, Tentershof, Plankertshof) abgebaut und zu Backsteinen und Dachziegeln gebrannt: s. dazu H. Döbling, *Beim Pfannenbäcker,* HKD 1958,110-114. Zu *Brink* ‚Hügel' s. noch hier **Heidebrinkstraße, Steinbrinkstraße, Auf dem Krähenbrink.**

Brombeerweg

Der Brombeerweg im Stadtteil Bruch führt in Verlängerung der Claudiastraße von der Katharinenstraße Richtung Lohberg. Benannt wurde er am 11.10.1988. Vgl. noch hier **Angerweg.**

Bruchstraße

Die Bruchstraße ist die südöstliche Verlängerung der Fuchsstraße und führt von der Hirschstraße bis zur der Stelle, wo sich die Brinkstraße in die drei Zu- bzw. Abfahrten der Autobahn A 59 aufspaltet.

Der schon im Übersichtsplan von 1908 belegte Straßenname erinnert an das frühere große Bruchgebiet auf der Südseite der Stadt (s. hier **Averbruchstraße**).

In der Bruchstraße war der Nachbarschaftsgedanke immer lebendig. In diesem früher sehr abgelegenen Gebiet kannte jeder seinen Notnachbarn.

Brückstraße

Die Brückstraße ist eine der ältesten Straßen der Altstadt und hat ihren Verlauf, auf dem sie mit zwei Brücken Arme des Rotbachs überquerte, seit Jahrhunderten nahezu unverändert bewahrt; sie beginnt an der Duisburger Straße neben der Stadtkirche, läuft nach Süden und vereinigt sich an der *Wölle-Pump* wieder mit der Duisburger Straße.

Obgleich entsprechende Belege fehlen, ist der Straßenname sicherlich sehr alt; so gehört er auch zu den 13 Namen, die am 10.8.1893 als erste offiziell vergeben wurden. Im Volksmund hieß die Straße **Köttelstraße,* in Anspielung an die früher hier durchgetriebenen Ziegen und Schafe.

Auch in der Brückstraße wohnte ein Dinslakener Original, Frau Beckmann. Sobald sie sich sehen ließ, rannten die Kinder herbei und schrien: „Wir blasen das Haus um! Hu!" Und sofort kam Oma Beckmann schreckensbleich heran und flehte: „Lot dat blosen sin! Dat Hus kippt öm!" Gleich nebenan wohnte ein Pferdemetzger. Der soll einmal ein Fohlen mit warmen Umschlägen ins Bett gepackt haben, weil es Husten hatte.

Brunhildenweg

Die Straße liegt im Stadtteil Bruch/ Feldmark und verbindet die Helenen- mit der Kriemhildenstraße. Sie ist zunächst eine der zahlreichen „Frauenstraßen" (s. dazu hier **Adelenweg**), bildet aber mit der **Nibelungenstraße** (s. dort) und dem Kriemhildenweg eine Sondergruppe „Nibelungenlied".

Alle drei Straßen bekamen ihre Namen am 23.8.1962. In der Sitzung wurde auch eine *Utestraße benannt, aber nie realisiert.

Bucheckernweg

Der Bucheckernweg ist eine von der Buchenstraße nach Norden abzweigende Stichstraße mit einem Querriegel am Ende, der nach Norden am Leitgraben endet (s. hier **Buchenstraße**), nach Süden in die Südstraße mündet. Der Name wurde am 20.1.1981 in Anlehnung an die den Weg entsendende Buchenstraße vergeben. Bucheckern sucht man hier freilich ebenso vergeblich wie Buchen an der Buchenstraße.

Die Bebauung von der Buchenstraße her wird geprägt von zweieinhalbgeschossigen Doppelhäusern, die gemessen an den üblichen Haustypen des Averbruchs recht groß wirken. Der Querriegel zwischen Leitgraben und Südstraße fand jedoch eine individuellere Bebauung mit auffallender Vorgartenkultur.

Buchenstraße

Die Buchenstraße gehört zu den Straßen, die nach der Aufteilung des früher allgemeineigenen Averbruchs in Privatgrundstücke im Rahmen der Entwässerung durch ein System von Abzugsgräben um 1900 als Erschließungsstraßen angelegt wurden. Benannt findet sie sich erstmals auf dem Übersichtsplan von 1908; die Namensgebung entspricht der seinerzeit und weitgehend noch heute für das Averbruch praktizierten Regel, Straßen naturnah etwa nach Bäumen und Tieren zu benennen. Buchen findet man auf der Buchenstraße allerdings kaum.

Bereits auf einer Karte von 1892 zeichnet sich die noch heute gültige Straßenführung in der Nord-Süd-Richtung vom Rotbach bis zur damaligen *Acker-, heute Weststraße ab. Von einer Bebauung ist auf dem Übersichtsplan von 1908 noch nichts zu sehen, abgesehen von einer wohl älteren Hofanlage im Winkel zwischen Buchen- und *Ackerstraße. Der Übersichtsplan von 1913 zeigt im Abschnitt zwischen Eichen- und *Ackerstraße auf der Ostseite ein Haus, auf der Westseite fünf, davon drei auf den Parzellen 68–70; an dem Haus mit der Nummer 68 liest man noch heute die Jahreszahl 1912. Auch auf der 1937 überarbeiteten Fassung des Übersichtsplans von 1921 sind lediglich auf der Ostseite des nördlichen Abschnitts einige Häuser hinzugekommen. Der große Durchbruch bei der inzwischen praktisch abgeschlossenen Entwicklung zur gehobenen Wohnstraße mit teilweise komfortablen Häusern setzte erst in den 1960er Jahren im Rahmen der allgemeinen

Abb. 30 Kleines Averbruchzentrum am Zusammentreffen von Buchen-, Averbruch- und Weststraße, um 1990

Bebauung des Averbruchs ein. Inzwischen war die Buchenstraße über die Weststraße hinaus bis zur Südstraße verlängert worden.

In ihrem nördlichen, nur auf der Ostseite bebauten Abschnitt öffnet sich dem Besucher eine ausgedehnte parkähnliche Kleingartenanlage. Etwa in der Mitte der Buchenstraße, nahe der einmündenden Averbruchstraße und der kreuzenden Weststraße, hat sich ein kleines Averbruch-Zentrum mit Sparkasse, Apotheke, Supermarkt und Arztpraxen herausgebildet.

Noch ein interessanter Punkt an der Buchenstraße, nahe der Hausnummer 149, ist die Brücke über den Leitgraben; von ihr aus hat man in beiden Richtungen einen guten Blick auf den von schönem altem Baum- und Strauchbestand flankierten großen Graben, der heute meist trocken liegt, aber in früheren Zeiten einer der wichtigsten Entwässerungsgräben des Averbruchs gewesen ist. Bei der Bebauung des Averbruchs wurde dieses Bodendenkmal besonderer Art glücklicherweise als einziges nicht zugeschüttet oder verrohrt, sondern harmonisch in die neu gestaltete Landschaft integriert.

Am heutigen Endpunkt der Buchenstraße, wo sie sich mit Süd- und Oststraße trifft, machte im Mittelalter ein großer Findling deutlich, dass an dieser Stelle das Dinslakener Stadtrecht endete.

Büngelerfeld

Zu Lage und Benennung dieser am 24.07.1964 benannten westlichen Seitenstraße der **Büngelerstraße** siehe dort.

Büngelerstraße

Die Straße geht ein Stück oberhalb des Hiesfelder Freibads von der Kirchstraße links ab und stößt zusammen mit der Dickerstraße auf die Bergerstraße. Enbers 1736 verzeichnet im Bereich der jetzigen auf dem 1908 gefertigten Nachtrag zum Hiesfelder Übersichtsplan von 1904[1907] erstmals namentlich festgehaltenen Straße eine *Büngelers Kate.*

Büngeler ist ein Familienname, der zwar in unserer unmittelbaren Umgebung sehr selten (nur einmal in Rheinberg; in Kleve in der noch rein niederländischen Form *van den Bungelaar,* abgeleitet vom Verbum *bungelen* ‚baumeln'), sonst aber in NRW – besonders in der Aachener Gegend – recht häufig vorkommt; in Düren existiert sogar ebenfalls eine Büngelerstraße.

Für Hiesfeld bezeugen im Internet veröffentlichte genealogische Studien (z.B. www.adel-genealogie.de; www.familytree.thiel.de) vom 17. bis ins 19. Jh. einige Träger des Namens Büngelar/Büngeler:

1. Hermann Büngelar (1611–19.1.1691 in Hiesfeld), heiratet 1656 Agnes Dreckman (1626–?); erscheint auch 1665–69 als krank in der Ausgabenliste der Armenkasse und noch als Herm. Büngel in der Hiesfelder Musterungsliste vom 3.12.1678.
2. Johann [bzw. Jürgen] Büngelar (1656 in Hiesfeld – 2.11.1719 in Hiesfeld), Sohn von (1), heiratet 28.1.1688 in Hiesfeld Elisabeth Clamer (1666 in Obrighoven – 7.7.1716 in Hiesfeld).
3. Herman Büngelar genannt Dreckmann (20.6.1698 in Hiesfeld – 9.5.1774 in Hiesfeld), Sohn von (2), heiratet am 3.5.1725 in Hiesfeld Elisabeth Dreckman (1696 in Hiesfeld – 12.4.1738 in Hiesfeld). Die vier Kinder dieser Ehe führen den Namen Dreckman.
4. Adelheit Büngelar (9.7.1694 – 20.1.1723), Tochter von (2), heiratet 29.10.1715 Johann Heinrich Bückman aus Gahlen, der seinem Namen ein „genannt Büngelar“ hinzufügt. Dieser heiratet am 24.4.1724 Margretha Rusch (*1691); beider Sohn Gerhardt (1727–1775) schreibt sich als erster „Büngeler“.
5. Nach Anna Gerdruth Büngeler genannt Neuhaus (*10.4.1807) sind keine Träger des Namens mehr in Hiesfeld nachgewiesen.

Die Familie war demnach für rund 150 Jahre im Bereich der jetzigen Straße ansässig, wofür auch der am 24.07.1964 vergebene Name **Büngelerfeld** (s. dort) für eine linksseitige Erweiterung unserer Straße spricht.

Buschstraße

Zweigt von der Dickerstraße unmittelbar nach deren Querung der A3 nördlich ab, lässt das namengebende Waldstück (auf älteren Karten: *Krummbeck*) links liegen, passiert den Granshof, den Kostenhof und den Stöfkenshof, nimmt von Süden den Stöfkensweg auf und mündet in die Bergerstraße. Benannt am 19.2.1906 (Protokoll der Hiesfelder Baukommission), davor am 17.5.1905 ebenda noch umschrieben als *Weg zum Stöffkenshof.*

Bussardstraße

Straße im Hiesfelder „Vogelviertel", s. hier unter **Taubenstraße.** Erscheint erstmals in der Dinslakener Übersichtskarte 1921 in der Bearbeitung von 1937.

Der Mäusebussard ist unser häufigster Taggreifvogel; seltener sind der Wespen- und der Rauhfußbussard.

Cäcilienweg

Der Cäcilienweg liegt im Stadtteil Bruch/Feldmark und verbindet die Emma- mit der Augustastraße.

Er bekam seinen Namen am 10.5.1962. Zu den „Frauenstraßen" allgemein s. hier **Adelenweg.**

Carolinenweg

Der Carolinenweg wurde am 11.10.1956 benannt, liegt im Stadtteil Bruch/Feldmark und stellt eine kurze Verbindung zwischen der Helenenstraße und dem Margarethenweg her.

Zu den „Frauenstraßen" allgemein s. hier **Adelenweg.**

Charlottenstraße

Die Charlottenstraße ist eine kurze Wohnstraße im Bruch (Feldmark) und verbindet die Hedwigstraße mit dem Sibyllenweg. Sie gehört zu den ersten 20 nicht präziser datierbaren Straßen mit Frauennamen, die schon im Übersichtsplan der Stadt Dinslaken von 1908 eingezeichnet und benannt sind. Zu den „Frauenstraßen" allgemein s. hier **Adelenweg.**

Christinenstraße

Die Christinenstraße verbindet die Hedwigstraße mit der Weseler Straße. Sie lässt sich nicht exakt datieren, ist aber bereits in Effmanns *Übersichtsplan der Stadt Dinslaken und der näheren Umgebung* von 1913 eingezeichnet und benannt.

Zu den „Frauenstraßen" allgemein s. hier **Adelenweg.**

Claudiastraße

Die Claudiastraße ist eine lange Straße im Dinslakener Bruch, die in weitem Bogen die Weseler Straße mit der Katharinenstraße verbindet. Sie verläuft über weite Strecken parallel zum Lohberger Entwässerungsgraben, der die Gemeinde- bzw. Stadtgrenze zu Hünxe-Bruckhausen und zu Voerde bildet. Benannt wurde sie – etwa in diesem Verlauf – am 29.10.1979, scheint aber schon sehr lange projektiert gewesen zu sein.

Auf dem *Übersichtsplan der Stadt Dinslaken* von 1908 fehlt sie noch. Auf Effmanns *Übersichtsplan der Stadt Dinslaken nebst näherer Umgebung* von 1913 ist sie dann vollständig im oben genannten Verlauf als „noch nicht festgelegte" Straße verzeichnet. Das gleiche gilt für die Pläne von 1921, 1929, 1952 und 1972.

Deshalb ist es erstaunlich, dass auf einer Karte des Kommunalverbandes Ruhrgebiet von 1980 nur eine kurze Stichstraße, die nach Osten von der Gertrudenstraße abzweigt, als *Claudia-*

straße „festgelegt“ ist. Das ist offenbar der Anfang der späteren langen „Wohnsammelstraße“.

Auf einem Falkplan von Dinslaken (ohne Jahresangabe) verbindet die Claudiastraße die Katharinen- mit der Gertrudenstraße, die direkte Weiterführung zur Weseler Straße existiert aber noch nicht. 1992 führte sie bis zur Weseler Straße, endete allerdings damals an der Wilhelminenstraße. Erst am 28.5.1993 beschloss man die Öffnung zur Weseler Straße. Zu den „Frauenstraßen“ allgemein s. hier **Adelenweg.**

Claushof

Eine der neueren Straßen Dinslakens, die in den 1990er Jahren angelegt wurde. Sie wurde am 16.03.1982 durch den Hauptausschuss der Stadt Dinslaken nach dem *Claushof* benannt, der früher hier Ländereien hatte. Der alte Claushof befindet sich an der Flurstraße, von der Rotbachstraße kommend hinter der ersten Kurve (dem Verkehrsspiegel) auf der linken Seite. Er gehörte der Familie *Claus.* Ein Grabstein auf dem ehemaligen Friedhof vor dem Osteingang der Eppinghovener Kirche (Grabstein von 1864) erinnert noch an diese Familie.

Corinnastraße

Die Corinnastraße verbindet die Claudia- mit der Verastraße. Benannt wurde sie vom Hauptausschuss am 1.1.1990. Zu den „Frauenstraßen“ allgemein s. hier **Adelenweg.**

Cranachstraße

Am 10.06.1985 benannte Straße im Hiesfelder „Malerviertel“ zwischen Sterkrader und Oberhausener Straße; s. hier **Albrecht-Dürer-Straße.**

Lukas Cranach, genannt „der Ältere“ (1472–1553), dessen erste Bilder um 1500 in Österreich entstanden sind, wurde 1505 von Friedrich dem Weisen nach Wittenberg berufen; 1547 verlegte er seine Werkstatt nach Weimar und überließ die Ausführung der ihm zuströmenden Aufträge für Porträts und religiöse und mythologische Bilder mehr und mehr seinen Söhnen Hans und Lukas dem Jüngeren, der die Werkstatt nach dem Tod des Vaters weiterführte.

Dachsstraße

Die Dachsstraße, so benannt am 25.10.1957, stand zusammen mit Heimstätten- und Siedlerweg am Anfang der intensiven Bebauung des Averbruchs; die drei Straßen wurden im selben Jahr benannt. Die Dachsstraße ist eine von der Weststraße ausgehende Stichstraße, an der im genannten Jahr ein Bauvorhaben der damaligen Rheinische Wohnstätten AG für Mitarbeiter des Bergbaus in Form von zweigeschossigen Vierfamilienhäusern realisiert wurde. Die Häuser sind gute Beispiele für den Werkswohnungsbau damaliger Zeit und wirken heute im Averbruch etwas fremd. Der Baumbestand macht deutlich, dass die Dachsstraße schon seit einem halben Jahrhundert besteht. Später wurde die Straße durch einen angedeuteten Nordbogen zur Buchenstraße hin verlängert und vorherrschend mit anderthalbgeschosssigen Doppelhäusern in Ziegelbauweise bebaut.

Straßenbenennungen nach Bäumen und jagdbaren Tieren haben im Averbruch eine gute Tradition.

Damaschkeweg

Die Straße wurde in den 1950er Jahren angelegt und ausgebaut. Sie gehörte bis 1975 zum Walsumer Teil Eppinghovens und erhielt ihre Bezeichnung durch den Hauptausschuss der Stadt Walsum am 27.06.1957.

Sie wurde benannt nach *Adolf Damaschke* (24.11.1865 – 30.07.1935), einem Pädagogen und Bodenreformer. Er lernt durch Friedrich Naumann das Christentum des barmherzigen Samariters kennen, das sich vor Gott verantwortlich weiß. Er wendet sich nach dem deutsch-französischen Krieg (1870/71) gegen Bodenspekulationen. Der Ertrag des Bodens soll der Allgemeinheit zukommen.

Er gründet Siedlungsgesellschaften und Mietergenossenschaften. Unter seinem Einfluss entstand (1919) der Art. 155 der Weimarer Verfassung (Verteilung und Nutzung des Bodens) und (1920) das Reichsheimstättengesetz.

Dammweg

Gemeinsam mit dem Biberweg erhielt der *Dammweg* als Erschließungsstraße des Baugebiets zwischen Emscher und Fuchsstraße durch Ratsbeschluss am 16.7.1965 seinen Namen; er verläuft parallel zur Emscher, so dass die Hausgärten der Nordseite direkt an den namengebenden Emscherdeich angrenzen.

Danziger Straße

Die *Danziger Straße,* benannt am 19.6.1956, zweigt von der Konrad-Adenauer-Straße ab, läuft parallel zur Duisburger Straße und mündet in die Berliner Straße; sie bildet so den östlichen Schenkel des **Thyssendreiecks** (s. dort).

Die frühere Hansestadt *Danzig* heißt heute Gdansk, hat als Hauptstadt der polnischen Woiwodschaft Pommern mehr als 450.000 Einwohner und liegt westlich der Weichselmündung in der historischen Landschaft Pomerellen mit deren ursprünglich kaschubischer Bevölkerung. Die wechselvolle Geschichte der Stadt ist uns besonders durch die Romane und Erzählungen des Danzigers Günter Grass nahe gebracht worden.

Deller Heide

Der Übersichtsplan der Bürgermeisterei Hiesfeld von 1904[1907] verzeichnet die *Dellerheide* als ein Flurstück zwischen Scholten- und Lingelmannstraße; die Deller Heide gehörte in der frühen Neuzeit mit der Egerheide zu den Hiesfelder Gemeinheiten (= Allmenden), wie auch Enbers auf seiner Karte von 1736 bestätigt: „Die Deller Heide, gemein".

Die heutige Wohnstraße – gewidmet am 14.11.1989 – mit Anbindung an die Kurt-Schumacher-Straße liegt wenig weiter östlich. Störend für Ortsfremde ist allerdings, dass es jenseits der Brinkstraße auf Oberhausener Gebiet eine gleichnamige Straße gibt, die sich lediglich durch die Zusammenschreibung von der unseren unterscheidet.

Mit *Delle* wird bei Ortslagen eine Geländevertiefung bezeichnet, was auch hier zutrifft.

Dianastraße

Die Dianastraße im Dinslakener Bruch verbindet die Weseler Straße – in Höhe der Augustastraße und gleichsam als deren westliche Verlängerung – mit der Helenenstraße, wobei sie die Bahnlinie Oberhausen-Emmerich unterquert. Diesen Verlauf hat sie erst seit 1998.

Bei ihrer Benennung am 28.4.1964 bestand sie aus zwei Teilstücken; der westliche Teil verband die Helenen- mit der Amalienstraße, der östliche die Hedwig- mit der Weseler Straße. Ein Plan von 1992 zeigt, dass eine Untertunnelung der Bahnlinie vorgesehen war. Aber erst 1998 wurden beide Straßen zu einer verbunden.

Zu den „Frauenstraßen" allgemein s. hier **Adelenweg.**

Dickerstraße

1453 ist urkundlich ein Evert *op den Dycke* bezeugt, 1607 ist Jacob *uff dem Dick* Kirchmeister, 1674 Geret *op gen Dick* Provisor der Armenkasse, und noch 1809 finden wir in der „Populationsliste" des Kirchspiels Hiesfeld einen Johann *op den Dick;* 1606 gehört Johann *Dickmann* zu den durch spanische und holländische Marodeure Geschädigten, 1635–36 ist Hendrik *Diekman* Kirchmeister, in der Musterungsliste vom 3.12.1678 erscheint ein Gerrit *Dyckmann;* noch 1914 wohnen in der Dicker-

Abb. 31
Dickerboms Kath, heute Landhotel Galland

Abb. 32
Schule Oberlohberg, jetzt Kindergarten

Abb. 33
Ausflugslokal Hüsken- Schröer

straße mehrere Bürger mit dem heute weit verbreiteten Namen *Dickmann.*

Die Lagebezeichnung „Dick" bezieht sich auf die Landwehr, die ein Stück parallel zur nachmaligen Dickerstraße verlief und von dieser bei der *Dickerbomkath* unterbrochen wurde (ein Johan *Dickerbaum* erscheint 1636 im Katalog der Hiesfelder lutherischen Gemeindemitglieder).

Die Straße selbst ist alt, der Name erscheint erstmals in der unter der Leitung des Geometers Vaasen 1837 aufgenommenen und am 11. Januar 1839 revidierten *Gemeindekarte der Bürgermeisterei Dinslaken,* dann unter dem 16.5.1881 im Protokollbuch der Hiesfelder Gemeindeverordnetenversammlung 1881–1898. Sie war schon 1914 eine der längsten Straßen Hiesfelds. In Nr. 4 befand sich die Bergschule mit der Wohnung des Lehrers Johannes Otto, am Ende der Straße an der Grenze zu Kirchhellen betrieb der Forstaufseher Wilhelm Hüsken in Nr. 598 eine Gastwirtschaft, die noch heute besteht, und das letzte Haus mit der Nr. 634 besaß der Vorarbeiter Hermann Hollenberg.

Dieselstraße

Geht von der Kurt-Schumacherstraße aus und schlägt einen Rechtsbogen um das Gewerbegebiet Dinslaken-Süd. Benannt am 18.04.1978.

Der 1858 in Paris geborene und 1913 im 55. Lebensjahr im Ärmelkanal ertrunkene Rudolf Diesel erhielt 1892 ein Patent auf eine Verbrennungskraftmaschine und entwickelte 1893–97 in Gemeinschaft mit der Maschinenfabrik Augsburg und der Firma Fried. Krupp den nach ihm benannten selbstzündenden Motor.

Dohlenweg

Am 15.03.1966 benannte Straße im Hiesfelder „Vogelviertel", s. hier unter **Taubenstraße.**

Die Dohle ist der kleinste heimische Rabenvogel, kenntlich am glänzenden Gefieder und den himmelblauen Augen. Sie nistet mit Vorliebe an Kirchtürmen und anderen hohen Gebäuden.

Dorfstraße

Die Dorfstraße beginnt heute ein Stück nördlich des Hiesfelder Kreisverkehrs an der Kirchstraße und endet am Scholtenhof; nach einer ersten Erwähnung „in dem Dorfwege bei Eimers" im Protokoll der Hiesfelder Gemeindeverordnetenversammlung vom 28.8.1882 wurde sie am 24.4.1906 offiziell mit dem jetzigen Namen benannt und als „Fußweg vom Dorf zur Sträterei" beschrieben. Auf dem Übersichtsplan der Bürgermeisterei Hiesfeld von 1904[1907], geht sie – zusammen mit der Heistermannstraße, der Taubenstraße und der *Feldstraße (heutigen Hügelstraße) – exakt vom Ort des jetzigen Kreisverkehrs aus und reicht über den Scholtenhof hinaus bis zur Hülsstraße. Vom Scholtenhof aus gesehen gibt sie ein Ziel an, nämlich das Dorf Hiesfeld.

Dorisweg

Der Weg liegt im Stadtteil Bruch/Feldmark und verbindet die Almut- mit der Dianastraße. Er wurde benannt am 20.01.1981. Der ursprünglich vorgesehene Name **Juliastraße* wurde verworfen, weil man Verwechslungen mit der *Juliusstraße* vermeiden wollte. So kam es zum *Dorisweg.* Zu den „Frauenstraßen" allgemein s. hier **Adelenweg.**

Dorotheenhof

Der *Dorotheenhof* ist ein Wohnweg südlich der Augustastraße. Er liegt zwischen den Einmündungen der Elisabethstraße und der Straße Zum Fischerbusch; zwar in der Nähe der Dorotheenstraße, jedoch ohne direkte Verbindung zu ihr. Benannt wurde er mit Ratsbeschluss vom 11.7.1958. Ebenso wie bei der **Dorotheenstraße** (s. dort) kann über die Namenswahl nur spekuliert werden.

Dorotheenstraße

Die *Dorotheenstraße* ist bereits auf dem *Übersichtsplan der Stadt Dinslaken* von 1908 ausgewiesen. Unter dem 5.3.1908 wird sie im Zusammenhang mit der Begradigung der Gemeindegrenze zwischen Dinslaken und Hiesfeld im Sitzungsprotokoll der Baukommission der Stadt Dinslaken erwähnt. Sie müsste also schon vor diesem Zeitpunkt benannt worden sein.

Im Gegensatz zur Luisen- und Augustastraße, deren Benennung leicht mit den Namen von Ehefrauen gekrönter Häupter des Hauses Hohenzollern in Verbindung gebracht werden kann, erscheint für die Dorotheenstraße ein Bezug auf Sophie Dorothea, die zweite Ehefrau des Großen Kurfürsten, als sehr weit hergeholt. Wahrscheinlicher ist, dass wegen der Lage der Straße (s.u.) die Hl. Dorothea, die Schutzpatronin der Gärtner und Floristen, Patin war.

Die Dorotheenstraße bildet den westlichen Abschluss der Bergarbeiterkolonie Lohberg. Sie verläuft in Nord-/Südrichtung von der Grabenstraße bis zur Industriestraße. Bis nach dem Zweiten Weltkrieg war sie allerdings keine ausgebaute Straße, sondern lediglich ein gestampfter Weg, der zwischen den am Westrand der Kolonie gelegenen Feldgärten der Bewohner, Wiesen und dem damaligen Fischerbusch (s. hier **Zum Fischerbusch**) entlang führte. Einziges Gebäude an diesem Weg war der auf der Ostseite westlich des Bogendurchgangs der Kohlenstraße gelegene Kotten des Bauunternehmers Göbel. 1922 wurde an dem damaligen Weg ein Schulgarten für die Weltliche Schule (Litschke 1993, 100) angelegt und eingefriedet. Die Kosten für die Einfriedung übernahm die Stadt Dinslaken. Sie wurden aus Anleihemitteln gedeckt. In Verhandlungen mit der Gewerkschaft Lohberg sollte erreicht werden, die Kosten auf 5000,– Mark herabzusetzen. Ob dies gelang, ist nicht bekannt.

Der Ausbau zur Straße erfolgte, als Ende 1945 an diesem Weg Nissenhütten gebaut wurden: halbtonnenförmige Wellblechhütten mit gemauerten Vorder- und Rückseiten auf einem ebenfalls gemauerten Sockel, benannt nach dem Konstrukteur, dem kanadischen Bergbau-

Abb. 34 Nissenhütten an der Dorotheenstraße, 1948

ingenieur Norman Nissen (1871-1930). Für viele Lohberger Familien, die wegen der Kriegseinwirkungen unter Wohnraummangel oder der Enge von Notquartieren litten, besonders für solche mit mehreren Kindern, stellten die Nissenhütten bis zum Bau festen Wohnraums, der später an gleicher Stelle in Form von Einfamilienhäusern entstand und von diesen Familien zu günstigen Bedingungen käuflich erworben werden konnte, eine begehrte Übergangslösung dar.

Heute ist die Dorotheenstraße fast durchgängig beidseitig bebaut. Dort, wo sich jetzt die Gärten der Häuser der westlichen Straßenseite befinden, erstreckte sich einst der Fischerbusch. Von der Bebauung ausgespart geblieben ist nur das südliche Straßenstück der Westseite. Hier befindet sich im Winkel zur Industriestraße die Freizeitanlage Lohberg. Schräg gegenüber liegt auf der östlichen Straßenseite das Jugendheim des Jugendbundes „Der Sonne entgegen".

Dorstener Straße

Die Dorstener Straße, benannt am 24.4.1906, gehört zu den Straßen, die ein Ziel angeben. Sie zweigt von der Dickerstraße kurz vor deren Ende nordöstlich ab und führt auch jenseits der Ortsgrenze unter demselben Namen bis zum Alten Postweg kurz vor Kirchhellen.

Die alte vestische Stadt Dorsten, gelegen an der Lippe 24 km vor deren Mündung in den Rhein bei Wesel, erhielt am 1. Juni 1251 Stadtrechte durch den Kölner Erzbischof Konrad von Hochstaden (? – 1261), gehört heute zum Kreis Recklinghausen und hat auf einer Fläche von 171,19 km² rund 79.500 Einwohner.

Douvermannstraße

Heinrich Douvermnn, dessen geschätzte Lebensspanne die Jahre von 1480 bis 1544 umfasst, war ein niederrheinischer Holzschnitzer und zählt zu den wichtigsten Schöpfern kirchlicher Bildwerke der damaligen Zeit. Er war ab 1510 Schüler von Dries Holthuis in Kleve und richtete dort auch 1514 seine erste Werkstatt ein; 1518 finden wir ihn in Kalkar, wo er in vierjähriger Arbeit den Sieben-Schmerzen-Altar der Kirche St. Nicolai fertigstellt, der zu seinen berühmtesten Arbeiten zählt und 150 handgeschnitzte Figuren vor einem minutiös ausgeführten Architektur- und Landschaftshintergrund enthält. Zu Douvermanns bekanntesten Arbeiten zählen auch der Marienaltar der Stiftskirche in Kleve und der Marienaltar des Xantener Doms mit der berühmten Predella. Bildwerke von ihm finden sich auch in vielen großen Museen der Welt; Douvermann ist einer der bedeutendsten Bildschnitzer an der Wende von der Gotik zur Renaissance.

Wie die Lebensdaten, ist auch der Geburtsort Douvermanns nicht eindeutig belegt. Es gibt viele Hinweise darauf, dass er ein Sohn der Stadt Dinslaken sei; damit wäre er der bedeutendste Künstler, der je aus dieser Stadt hervorgegangen ist.

Für Franz Josef Nüß (*Heinrich Douvermann, Ein spätgotischer Bildschnitzer am Niederrhein,* Duisburg 1966) ist der Künstler eindeutig Dinslakener. Den für die Zeit nachgewiesenen Dinslakener Schöffen Heinrich Douvermann betrachtet er als den Vater des Künstlers und Johann Douvermann, 1521–1555 Pfarrer von St. Vincentius in Dinslaken, als dessen Bruder. In der Tat ist der Name Douvermann vom 15. bis 17. Jahrhundert in Dinslaken mehrfach nachweisbar. Die These von Douvermanns Dinslakener Herkunft wurde schon vor Nüß von Aretz/Besselmann in ihrer Geschichte der St.-Vincentius-Kirche von 1931 und nach ihm von Stampfuß/Triller in der Dinslakener Stadtgeschichte von 1973 vertreten; die Internet-Enzyklopädie Wikipedia schreibt vorsichtig *„[geboren] vermutlich 1480 in Dinslaken".* Wenn auch letzte Beweise für Dinslaken als Geburtsort Douvermanns fehlen, sollte die Stadt ihn als ihren Sohn betrachten.

Nach ihm wurde am 22.2.1955 eine neu erschlossene Straße benannt, die in einem kleinen Bogen von der Wiesen- zur Hans-Böckler-Straße führt: eine schöne Wohnstraße, an der aber auch eine große Sporthalle liegt, ein über Dinslaken hinaus bekanntes Zentrum des Handballsports.

Dr.-Josef-Zorn-Weg

Der parallel zur Bismarckstraße direkt am Stadtpark entlang laufende Weg von der Herderstraße zum Theodor-Heuss-Gymnasium trägt den Namen *Dr.-Josef-Zorn-Weg.*

Mit dieser vom Hauptausschuss 2005 beschlossenen Namensgebung ehrt die Stadt einen Pädagogen und Politiker, der sich vor und nach dem Zweiten Weltkrieg vielfach um Dinslaken verdient gemacht hat. 1885 in Köln geboren, wurde Dr. Josef Zorn 1913 Lehrer an der Realschule und am Realgymnasium Dinslaken, 1916 Oberlehrer, später Studienrat. Nach dem 1. Weltkrieg begann er seine politische Tätigkeit. Er wurde Stadtverordneter (1919-1934) für das Zentrum, Kreistagsabgeordneter im Kreis Dinslaken (1919-1927) und ehrenamtlicher Beigeordneter der Stadt Dinslaken (1919-1933). Sein Plan, schon damals eine Volkshochschule zu errichten, scheiterte am Fehlen der finanziellen Mittel. Mit der Machtergreifung der Nationalsozialisten war Dr. Zorns politische Tätigkeit zunächst beendet. Nach dem zweiten Weltkrieg ernannte ihn jedoch die Besatzung zum Bürgermeister und Landrat. 1946 gründete er die Volkshochschule. Von 1946 bis 1950 war er Oberstudiendirektor des Jungengymnasiums, des heutigen Theodor-Heuss-Gymnasiums. Den nach ihm benannten Weg von seinem Wohnhaus am Stadtpark bis zur Schule ist er viele Male gegangen; er starb 1954.

Der Pädagoge Hans-Heinrich Schlitt würdigt ihn in seinem Aufsatz *100 Jahre höhere Schule in Dinslaken 1991-2001* als „eine herausragende Persönlichkeit der Stadt Dinslaken. Seine pädagogische und politische Tätigkeit fiel [...] in die schwierigen Zeiten des Aufbaus und der Gestaltung nach zwei Weltkriegen. Er hat sich große Verdienste um das schulische, politische und kulturelle Leben in Dinslaken erworben."

Dr. - Otto-Seidel-Straße

Die Straße verbindet die Kreuzstraße mit der heutigen Willy-Brandt-Straße (Bundesstraße 8) und erscheint mit ihrem alten Namen *Friedhofstraße bereits im Stadtplan und Straßenverzeichnis von 1908. Bis zur Fertigstellung der heutigen B 8 im Jahre 1927 war sie die eigentliche Verbindung zwischen der Stadt und dem 1900 angelegten Friedhof; ungezählte Beerdigungen sind über diese Straße gezogen.

Abb. 35
Das St.-Vinzenz-Hospital

Den neuen Namen vergab der Rat der Stadt am 3.5.1968 zur Erinnerung an Dr. Otto Seidel (Altlünen 1.7.1908 – Bochum 26.6.1967), von 1936 bis zu seinem Tode Chefarzt des 1910–1912 an dieser Straße errichteten, im Krieg fast völlig zerstörten, nach Kriegsende wieder aufgebauten und später mehrmals erweiterten katholischen St.- Vinzenz-Hospitals. Dr. Seidel hat sich insbesondere durch seinen beispielhaften Einsatz für Kriegsgefangene und Zwangsarbeiter sowie beim Bombardement auf Dinslaken am 23.3.1945 in der Stadt ein ehrendes Andenken erworben.

Drei Eichen

Diese Straße erschließt von der Otto-Brenner-Straße aus in Richtung Eichenstraße ein neues kleines Gewerbegebiet. Benannt wurde sie am 1.12. 2002 nach drei Eichen, die sich im Umfeld der Straße befinden und besonders erhaltenswert sind.

Drosselstraße

Die *Drosseln* sind eine Familie unserer heimischen Singvögel, zu der außer der allbekannten Amsel oder Schwarzdrossel noch die Mistel-, Rot-, Sing- und die auch als Krammetsvogel bezeichnete Wacholderdrossel gehören.

Die Benennung erfolgte am 8.6.1917 durch die Baukommission der Stadt Dinslaken. Die *Drosselstraße* verläuft von der Industrie- zur Marienstraße im Wohngebiet südwestlich der Bergarbeiterkolonie Lohberg, das heute allgemein als „Vogelkolonie" bezeichnet wird (s. hier **Amselstraße**).

Duisburger Straße

Die Duisburger Straße, bereits am 10.8.1893 amtlich so benannt, gehörte vormals zu den für den Verkehr wichtigen Richtungsstraßen. Sie hieß vor langer Zeit **Köln-Arnheimer-Straße,* weil durch sie der Fernverkehr führte, ehe er durch die *Verbandsstraße, später *Wasserturmstraße, heute Willy-Brandt-Straße (= Bundesstraße 8), westlich um die Innenstadt herumgeleitet wurde. Wie in keiner anderen Straße kann man in einer Viertelstunde die gesamte Dinslakener Geschichte abschreiten.

Den Anfang der Duisburger Straße markierte ab 1488 ein Stadttor, die *Middelpforte,* die Grenze zwischen Alt- und Neustadt. Linker Hand beherbergte ab 1897 ein stattliches Gebäude mit Treppengiebel das Amtsgericht; ab 1913 diente das Gebäude als Rathaus, 1960 wurde es abgerissen; 1986–1988 wurde an der Stelle das heutige imposante Gebäude der Stadtbibliothek/Volkshochschule errichtet und am 10. 6.1988 eingeweiht.

Fünfhundert Jahre früher befand sich am selben Platz ein 1461 gegründetes Hospital, auch Gasthaus genannt, worunter man damals kein Krankenhaus verstand, sondern ein Heim für mittellose alte Menschen, Kranke, Fremde und Pilger. Neben dem Hospital stand die Liebfrauenkapelle, die auch Gasthaus- oder Hospitalkirche genannt wurde. Im Jahre 1610 wurde diese Kapelle der evangelisch lutherischen Gemeinde überlassen. Direkt neben der Kapelle floss der „stürmische Mühlenbach", der Rotbach; sie war deshalb in den nächsten zwei Jahrhunderten ständig von Feuchtigkeitsschäden und Rissen im Mauerwerk heimgesucht und konnte auf Dauer nicht gerettet werden. 1817 wurde sie verkauft und um 1820 abgerissen. Bis zum Bau des Amtsgerichts im Jahre 1897 hieß das Grundstück *Gasthausbleiche,* auf der sich auch das Spritzenhaus befand.

Aus der Gasthauskirche ist eine 2007 von der Restauratorin Susanne Mausbach restaurierte Holzplastik aus dem 16. Jahrhundert „St. Martin und der Bettler" erhalten. Die Frage nach dem Alter ist nicht klar zu beantworten. Wenn sie, wie vermutet, von Heinrich Douvermann stammt, entstand sie im 16. Jahrhundert. Andere sind der Meinung, dass das Werk schon vor 1500 entstanden ist. Mit der Restaurierung, die die ursprünglichen Farben wieder hervorbrachte, geht ein Wunsch von Willi Dittgen in Erfüllung. 1954 schrieb er im Heimatkalender des Kreises Dinslaken: „Es wäre zu begrüßen, wenn diese Plastik einmal gründlich renoviert würde."

Ein Stück weiter erhebt sich die evangelische Stadtkirche. Sie wurde 1649–1653 von der reformierten Gemeinde errichtet, brannte zusammen mit zehn Häusern 1717 ab und wurde nach Plänen des italienischen Architekten Bartolomeo Sala, allerdings zunächst von einheimischen Baumeistern derart stümperhaft gebaut, dass der Turm noch vor der Fertigstellung einstürzte. Bartolomeo Sala fertigte einen neuen Plan, und 1723 wurde der im späten Barockstil realisierte Neubau eingeweiht. Aus alter Zeit erhalten sind ein kupferner niederländischer Leuchter und der Abendmahlsbecher von 1653, Abendmahlskanne von 1711, Taufschale von 1717, die Kanzel von 1723 und das Orgelgehäuse von 1731.

Am Ende des Dachfirstes steht wie auf vielen niederrheinischen Kirchen ein Engel mit Posaune, der so genannte *Geusendaniel,* als Zeichen durchkämpfter Glaubensnot und bewahrter Gemeinschaft.

Abb. 36 Die evangelische Stadtkirche

Für Freunde sakraler Kunst ist der 1980 von dem Trierer Glaskünstler Werner Persy geschaffene Fensterzyklus ein besonderer Anziehungspunkt; er stellt die „Ich-bin“-Worte des Johannesevangeliums und Darstellungen aus dem Alten Testament einander gegenüber und verbindet beide Seiten mit einem Kreuzigungs- und Auferstehungsfenster im Chor.

Außen vor der 1904 angebauten Sakristei steht als rostige Eisenskulptur der von Klaus Jost geschaffene *Ohrenmann,* in dem die meisten Betrachter den Teufel sehen. Daneben findet sich, an die Kirchenmauer gesetzt, der Grabstein eines früheren Pfarrers; er erinnert daran, dass die Verstorbenen der evangelischen Kirchengemeinde von 1653 bis 1818 rund um die Stadtkirche beerdigt wurden.

Vor dem Eingang der Kirche zeigt im Straßenpflaster ein Mosaik einen Fisch, umrahmt von fünf griechischen Buchstaben, die nicht nur das Wort *ichthys* ‚Fisch' ergeben, sondern auch die Initialen der griechischen Wörter für „Jesus Christus Gottes Sohn Retter“ sind. Der Fisch ist neben dem Kreuz das älteste Symbol für den christlichen Glauben.

Gegenüber der Stadtkirche hatte im 19. Jahrhundert Wilhelm Böing, einer der alten Dinslakener Ärzte, seine Praxis. Seine Nichte Margarete Böing schrieb 1913 den kürzlich wieder aufgelegten Roman *Kämpfer. Ein Roman aus dem alten Dinslaken um das Jahr 1910,* worin sie – freilich mit geänderten Namen – vielen damals bekannten Dinslakenern ein literarisches Denkmal setzte.

Neben der Kirche befand sich die Korbmacherei Terbrüggen. Auf der gleichen Straßenseite folgte ihr der Friseur Hegemann, der auch Zähne zog. Gegenüber lag Scherbels „Riesenbazar“, ein Wunderland für Kinder, die dort Zinnspielzeug bestaunten. An der Ecke zur Eppinghovener Straße stand bis zur Bombardierung Dinslakens im März 1945 noch die Gaststätte Krupp. Gleich dahinter erreichte

Abb. 37
Ein Fisch liegt quer

man bis Anfang des 20. Jahrhunderts über eine Rotbachbrücke die Wassermühle. Heute steht von den Häusern in dieser Nachbarschaft nur noch die Traditionsgaststätte Holtbrügge; weil sie direkt gegenüber der katholischen Pfarrkirche St. Vincentius liegt, wird sie scherzhaft auch *Vatikan* genannt (s. **Farbbildseite 13; S. 141**).

Südlich der St.-Vincentius-Kirche schließt sich mit Hausnummer 24 das Johannahaus an, heute das Gemeindehaus der katholischen Pfarrgemeinde St. Vincentius. 1835 wurde das klassizistische Gebäude als zweigeschossiger kubischer Baukörper errichtet. Aufgrund stilistischer Übereinstimmung mit den Entwürfen zur Vorburg des Schlosses Gartrop (1835) kann der Entwurf dem Kreisbaumeister Damen aus Mülheim/Ruhr zugeschrieben werden, der auch das nahe dabei liegende Haus Gartenstraße 1 gebaut hat.

Das Gebäude gehörte dem Gastwirt W. Rosendahl, der darin ein Hotel und die Posthalterei an der Linie Düsseldorf–Wesel betrieb. Nach Ende der Postkutschenzeit – in Dinslaken um 1856 – verkaufte Rosendahl das Anwesen an den Dinslakener Gastwirt Heinrich Maaß, einen Vertreter der bis heute in der Stadt aktiven Gastwirtedynastie. 1920 suchte der katholische Kirchenvorstand ein Vereinshaus und kaufte das Hotel samt Inventar und Schankkonzession. 1978/79 wurde das Johannahaus zum Pfarrzentrum der katholischen Gemeinde umgebaut.

Schräg gegenüber findet sich mit der Hausnummer 33 ein zweigeschossiges Fachwerkhaus mit Krüppelwalmdach aus dem 17. Jahrhundert. Ursprünglich die Wohnung und Werkstatt eines Schreiners, beherbergt es heute mit dem nebenstehenden Gebäude die Gäste des Szenelokals „Ulcus".

Auf der gleichen Seite findet sich mit Nr. 45 ein hübsches zweigeschossiges Eckhaus mit Krüppelwalmdach aus dem 19. Jahrhundert. Davor steht am Eingang zur Brückstraße die *Wölle-Pump* aus dem 19. Jahrhundert als achteckiger Brunnenpfeiler auf niedrigem Steinsockel; sie erhielt ihren Namen nach den seinerzeit hier ansässigen Wollwebern. Sie ist Namenspatronin einer der einstmals 12 Pumpennachbarschaften der Stadt, die sich bis ins 15. Jahrhundert zurückverfolgen lassen; nach einem Adler, der die Pumpe heute nach langer Unterbrechung wieder bekrönt, hieß sie auch Adler-Nachbarschaft.

Haus Nr. 47 wurde 1856 errichtet und beherbergte, wie man auf einem von Brezel und Maske flankierten Fries über dem Eingang lesen kann, die CONDITOREI PAUL STÖCKER BÄCKEREI.

Schräg gegenüber liegt an der Ecke zur Gartenstraße ein schmales Eckhaus mit Krüppelwalmdach aus Fachwerk aus dem 19. Jahrhundert; durch die Hausecke im ersten Obergeschoss ist eine überdimensionierte Edelstahlnadel mit einem Tau als Faden geführt und erinnert an ein ehemaliges Stoffgeschäft.

Die Adler-Apotheke, in der 2002 das Weinlokal „Zur Adler Apotheke“ eingerichtet wurde, ist länger als ein Jahrhundert das stattlichste Haus der Dinslakener Altstadt. Für den Bau im Jahre 1901 mussten zwei alte Häuser abgerissen werden. 1917 kaufte Alfred Sierp, ein Apotheker aus Bochum, die Apotheke und stattete sie mit einem modernen Labor aus. Sein Sohn Elmar übernahm die Apotheke nach Kriegsende, baute sie weiter aus und stellte eigene Arzneimittel her. Elmar Sierp war Gründungsmitglied und bis 1998 Vorsitzender des Dinslakener Heimatvereins; seine Verdienste um die städtische Kultur sind durch die Benennung des Platzes vor dem Heimatmuseum Voswinckelshof gewürdigt worden (s. hier **Elmar-Sierp-Platz**). Der Garten der Apotheke reicht bis zur Stadtmauer; sie ist hier noch ein Stück weit in ihrer ursprünglichen Höhe erhalten und wurde 2007 restauriert und beleuchtet.

Am Ende der heutigen Fußgängerzone verließen die Dinslakener die Altstadt durch das *Walsumer Tor,* eine Doppeltoranlage, an die heute angedeutete Rundmauern auf dem Pflaster erinnern. Besonders die Mitglieder des Bürgerschützenvereins zogen zum jährlichen Schützenfest mit Musik zum Walsumer Tor hinaus zum Schützenplatz.

Abb. 38 Die Wölle-Pump

Abb. 39 Die Bäckerei Stöcker

Abb. 40 Die Adler-Apotheke

Abb. 41 Das evangelische Pfarrhaus

Abb. 42
Das evangelische
Gemeindehaus

Unmittelbar vor dem Walsumer Tor liegt mit Nr. 66 das evangelische Pfarrhaus der Stadtkirche. Die Kirchengemeinde kaufte das 1879 für Dr. Schäfer errichtete zweieinhalbstöckige Walmdachhaus aus Backstein im Jahre 1896. Das Grundstück war ursprünglich teilweise von einem Wassergraben und rundherum von einer Mauer umgeben.

Stadtauswärts neben dem Pfarrhaus liegt mit Nr. 72 das evangelische Gemeindehaus aus dem Jahre 1913; es wurde nach dem Krieg erweitert, im Untergeschoss durch den Alette-Meyer-Kindergarten ergänzt und 2008/09 nach Plänen der Duisburger Architektin Jutta Heinze um- bzw. neu gebaut.

Weiter stadtauswärts passiert die Duisburger Straße einen Kreisverkehr, an dem Kopien der Figurengruppe „Drei Kreuze" stehen (s. hier **Kreuzstraße**).

Abb. 43 Die drei Kreuze am Kreisverkehr der Duisburger Straße

Ganz am Ende der Duisburger Straße an der Eimündung der heutigen Alleestraße, seinerzeit weit außerhalb der Stadt, stand bis zum Jahre 1703 das mittelalterliche Melatenhaus, weshalb für diesen Abschnitt der Straße in Urkunden auch der Name **Melatensteg* vorkommt. Nachdem die Kreuzfahrer bei ihrer Rückkehr aus Kleinasien die Lepra mitgebracht hatten, wurden in vielen Städten außerhalb der Mauern an Ausfallstraßen oder Flussläufen Asyle für ansteckend Kranke und Aussätzige errichtet. So ist etwa in Köln ab 1180 ein *campus leprosi* nachgewiesen und 1243 als *hoff to Malaten* (frz. *malade* ‚krank') urkundlich bezeugt. In einem Plan von 1608 ist das Dinslakener Melatenhaus als ein kleines einstöckiges Haus inmitten eines bepflanzten von einer Hecke umgebenen Gartens eingezeichnet. „Erwähnt wurde es erstmals am 15. Oktober 1553 – obwohl es sicher schon viele Jahrzehnte älter war – als Bartholomäus Schuilenburgh und Meister Jelis der Schulmeister zu Dinslaken zum Lobe Gottes und *Zu Trost und Seligkeit* für sich und ihre Verwandtschaft *den armen Melaten in den Melatenhuis voer Dinßlaicken woenende* einen halben Jochimsthaler jährlich stifteten" (schriftl. Mitteilung Karl Lange). Gepflegt haben die Kranken die Schwestern des Klosters Marienkamp. Die abseits liegenden Melatenhäuser waren dafür bekannt, dass dort gelegentlich Diebe und Räuberbanden ihren Unterschlupf hatten; das scheint nach dem Rückgang der Seuche auch in Dinslaken so gewesen zu sein, denn das Haus wurde auf Antrag des Rentmeisters Johann Ludwig von Achen auf Haus Bärenkamp im Jahre 1703 abgerissen.

In den 1950er Jahren entstand an dieser Stelle ein Molkereibetrieb, heute ein Unternehmen anderer Art mit angeschlossenem Wohnhaus.

Düppelstraße

Der patriotischen Stimmung am Vorabend des 1. Weltkriegs verdanken einige Straßen im Dinslakener Bruch ihre Namen, die an Ereignisse des deutsch-dänischen Kriegs von 1864 und des deutsch-französischen Kriegs von 1870-1871 anknüpfen (s. dazu hier **Sedanstraße**). Das gilt auch für die *Düppelstraße.*

Die zehn *Düppeler Schanzen* sicherten den Brückenkopf am Übergang zur dänischen Insel Alsen und zu der Stadt Sonderburg. Ihre Erstürmung durch preußische Truppen am 18.4.1864 brachte die Entscheidung im Deutsch-Dänischen Krieg.

Die Straße im Stadtbezirk Dinslaken-Bruch verbindet heute die Wrangelstraße mit der Luisenstraße. Sie bekam ihren Namen am 4.6.1914 und hatte zunächst einen zweigeteilten Verlauf. Denn es war eine Verbindung geplant von der gleichzeitig benannten *Alsenstraße (s. hier **Luisenstraße**) zur Weseler Straße. Daher trug die Strecke von der Bahnlinie bis zur Weseler Straße zunächst ebenfalls den Namen *Düppelstraße.* In der Ratssitzung vom 22.11.1946 wurde nach geänderter Trassierung dieser Teil der Düppelstraße in **Gasstraße* umbenannt, aus der dann am 8.9.1987 die *Gerhard-Malina-Straße* wurde (s. dort).

Abb. 44 Die Kastanienallee an der Düppelstraße

Die Kastanien-Allee der Düppelstraße steht unter Denkmalschutz. Der „Düppelpunkt“ an der Düppelstraße 2 ist eine Einrichtung des Caritasverbandes Dinslaken zur Betreuung von Kindern; sie hat Krabbel-, Spiel-, Lerngruppen und bietet Förderunterricht an.

Edithweg

Der Edithweg liegt an der nordwestlichen Ortsgrenze Dinslakens, er umschließt ein kleines Wohngebiet westlich der Weseler Straße im Stadtteil Bruch. Der Hauptausschuss beschloss den Namen am 17.09.1991. Zu den „Frauenstraßen“ allgemein s. hier **Adelenweg.**

Egerheide

Die Egerheide auf der Hauptterrasse (68 m über NN) gehörte in der frühen Neuzeit nach dem Buggenhagenschen Verzeichnis mit der Deller Heide zu den Hiesfelder Gemeinheiten (= Allmenden). Die Fläche der Egerheide im Kirchspiel Hiesfeld betrug 1736 (= Enbers) 291 Morgen und 67 Ruten. Die Herleitung des Namens von mhd. nhd. *egge* ‚Kante, Ecke, langer Höhenrücken‘ (K. Süsselbeck in HKD 1952, 54) ist wegen des langen Vokals im Namen – vgl. die häufige Schreibvariante *Eegerheide* – nicht recht überzeugend; wir sehen hier eher einen Zusammenhang mit dem nahe gelegenen *Egemannshof* (s. Enbers 1736), heute *Eigemannshof.* Eine Anna *op gen Egen,* geboren 1637, heiratet mit 25 Jahren den verwitweten lutherischen Pfarrer Gerhard Volbert (1601–69), nach dessen Tod 1670 den Küster Goswin Scheel genannt Rademacher, mit dem sie 1671–80 fünf Töchter hat; sie stirbt mit 87 Jahren Anfang Mai 1724. Pastor Wilhelm Mollius schrieb für den Kirchmeister Wilhelm *op gen Egen* 1698–1700 die Kirchenrechnungen, Pastor Mordio Kalle desgleichen

1701–1703 für den sicherlich identischen Wilhelm *Egemann* (ca. 1638 – 10.09.1703); dessen Vater hieß Rem *op gen Egen* und wurde ca.1608 in Drevenack geboren. Ein Wientz *an gen Eigen* erscheint in einer am 20.11.1606 gefertigten Aufzählung der 86 durch marodierende hispanische und statische Reiter geschädigten Hiesfelder. Auch ein Joachimb *auf gen Eigen* (*1623) ist in diesem Zusammenhang erwähnenswert; dessen Tochter Hillen (1653–1711) schrieb sich wieder *op gen Egen.*

Die Straße begegnet auf dem Hiesfelder Übersichtsplan von 1904[1907] unter dem Namen *Grenzstraße (so benannt am 24.4.1906); sie führt dort von der *Amselstraße (heute: Steinbrinkstraße) zur *Drosselstraße (heute: Keilerstraße); ihren heutigen Namen hat sie seit dem 11.3.1918. Auf dem Dinslakener Stadtplan von 1929 geht sie östlich von der Steinbrinkstraße ab und dient als Zufahrt zu den geplanten, aber an dieser Stelle nie abgeteuften Schächten 3/4 des Bergwerks Lohberg. Durch den Bau der Autobahn A 3 ist sie heute westlich von dieser auf ein kurzes Ansatzstück an der Steinbrinkstraße reduziert; östlich der A3 führt sie als unbebauter Ökonomieweg zur Keilerstraße.

Eichenstraße

Die Eichenstraße gehört wie die Buchenstraße (s. dort) zu den um 1900 angelegten Erschließungsstraßen des Averbruchs. Sie zeichnet sich in ihrer Ost-West-Richtung bereits auf einer Karte von 1892 deutlich ab; auf dem Übersichtsplan von 1908 erscheint sie mit Namen und festgelegtem Verlauf, der damals als quasi östliche Verlängerung der Alleestraße von der Schloß- bis zur Thyssenstraße reichte. Inzwischen endet sie bereits an der Buchenstraße, wo sie gegen das von der Otto-Brenner-Straße aus neu erschlossene kleine Gewerbegebiet *Drei Eichen* abgeriegelt wurde.

Auf dem Plan von 1908 zeigen sich erste Ansätze zur Besiedlung des Averbruches; an der Eichenstraße sind es die Häuser mit den Nummern 2 bis 16; sie wurden wahrscheinlich 1905 errichtet und haben heute einen leicht musealen Charme. Erst rd. 20 Jahre später gelingt ein weiterer Siedlungsversuch auf der gegenüberliegenden Straßenseite; diese Häuser tragen die Nummern 1 bis 15. Die Bebauung jenseits der Rosenstraße stammt aus den 1960er und 1970er Jahren.

Nach Eichen sucht man auf der Eichenstraße vergeblich. Sie müsste Kastanienstraße heißen, denn prächtige Kastanien flankieren beide Seiten der Straße.

Eickenhof

Ein kurzes Stück vor der Einmündung in die Gärtnerstraße wurde ausgangs der siebziger Jahre des letzten Jahrhunderts an der Ostseite der Büngelerstraße ein neues Wohngebiet angelegt, dessen vorderes Geviert am 21.09.1976 *Eickenhof* benannt wurde; dies nach sachkundiger Auskunft in leicht verfremdeter Anspielung auf die benachbarte Gärtnerei und Baumschule der Familie Eickhoff, die ihrerseits ursprünglich auf dem südöstlich des Averbruchs an der Landwehrstraße gelegenen Eickhoffshof beheimatet war.

Eisenstraße

Die *Eisenstraße* ist eine kurze Straße im Stadtteil Lohberg zwischen Grabenstraße und Koksstraße. Sie trug zunächst den Namen **Wasserstraße.* Als solche ist sie im Bebauungsplan der Kolonie Lohberg von 1917 ausgewiesen. Die Benennung könnte am 30.9.1915 erfolgt sein, als es in der Stadtverordnetenversammlung der Stadt Dinslaken um die „Offenlegung von Straßen in der Kolonie Lohberg“ (Protokollbuch, Blatt 538) ging. Straßennamen werden allerdings im Protokollbuch nicht genannt. Die Umbenennung in *Eisenstraße* erfolgte am 11. März 1918, s. hier **Lohbergstraße.** Zur Bedeutung des Namens *Eisenstraße* s. hier **Schlägelstraße.**

Elchgraben

Der Elchgraben, vom Hauptausschuss benannt am 14.8.1978, gehört zu dem Neubaugebiet zwischen Emscher und Fuchsstraße. Der Name wurde wohl mit Blick auf benachbarte Wege im Averbruch wie Fuchs-, Hirsch- und Hasenstraße gewählt.

Elchweg

Kurz nachdem die Bergerstraße die Gemarkungsgrenze zu Hünxe überschritten hat, zweigt bei einem kleinen Parkplatz rechts in südöstlicher Richtung ein unbebauter Wirtschaftsweg ab, der den Schwarzen Siepen überquert, zwischen Aschenbruch und Schlägerheide verläuft und nach etwa 1.600 m in die Dorstener Straße einmündet. Der Name *Elchweg* (1984), früher **Elchstraße* (11.3.1918), davor **Hirschstraße* (24.4.1906), erscheint zunächst etwas unmotiviert, bis man sich vergegenwärtigt, dass es im Bereich Egerheide-Aschenbruch-Schlägerheide mehrere Waldwege gibt (bzw. gegeben hat), die nach jagdbarem Wild benannt wurden: **Rehstraße, Keilerstraße,** *Bockstraße; letztere, die am 11.3.1918 benannt wurde und davor seit dem 24.4.1906 *Hünxener Straße hieß, ist im Zuge der Errichtung des Friedhofs Oberlohberg untergegangen. Der Elchweg wurde am 10.7.1969 eingezogen, erscheint aber noch auf einigen Stadtplänen und Wanderkarten.

Der Elch als die größte neuzeitliche Hirschart (2,80 m lang, Gewicht bis 1.000 kg) trägt im männlichen Geschlecht ein ausladendes Schaufelgeweih und lebt in Skandinavien, Osteuropa, Sibirien, Alaska, Kanada und in den Vereinigten Staaten.

Elisabethstraße

Die Straße liegt im Stadtteil Bruch und verbindet heute die Luisen- mit der Augustastraße. 1951 wurden in diesem Stadtteil 150 Wohneinheiten errichtet, z.T. in dem Bereich zwischen Augusta- und Klarastraße. Für den Verbindungsweg schlägt die Verwaltung den Namen *Elisabethstraße* vor, „weil in dem Viertel alle Straßen nach Mädchennamen benannt sind“ und für die dort geplante Schule der Name „Elisabethschule“ vorgesehen war. Zu den „Frauenstraßen“ allgemein s. hier **Adelenweg.**

Benannt wurde die Straße am 17.05.1951. Ursprünglich hieß das Teilstück zwischen Luisen- und Klarastraße auch Klarastraße (s. dort). Die Umbenennung erfolgte am 13.02.1979.

Elisenstraße

Die Elisenstraße verläuft im Stadtteil Bruch/Feldmark und verbindet die Claudia- mit der Emmastraße.

Vermutlich geht es auch hier um einen schlichten Mädchenvornamen. In Straßenbüchern anderer Städte wird der Name allerdings folgendermaßen erklärt: *Elisen* sei gleichbedeutend mit Elsen, einer früheren Bezeichnung für Erlen. Dagegen spricht allerdings hier, dass die Straße auf einem Plan von 1908 **Eliesenstraße* geschrieben wird. Ihren Namen bekam die Straße offiziell am 12.03.1914. Zu den „Frauenstraßen“ allgemein s. hier **Adelenweg.**

Elmar-Sierp-Platz

Der im Herzen der Altstadt gelegene Vorplatz des stadtgeschichtlichen Museums Voswinckelshof hat seinen Namen durch Beschluss des Hauptausschusses seit dem 15.7.2003. Benannt ist der nahe der *Wölle-Pump* und der ehemaligen Adler-Apotheke gelegene Platz nach *Elmar Sierp,* dem jahrzehntelangen Inhaber dieser historisch ersten Apotheke in Dinslaken und ehemaligen Vorsitzenden des Heimatvereins Dinslaken.

Elmar Sierp (17.3.1920 – 16.4.2003) hatte den Heimatverein 1950 gegründet und war bis 1998 dessen Vorsitzender. Seine bleibenden Verdienste um das Dinslakener Geschichtsbewusstsein mit der Herausgabe der *Dinslakener Blätter* und um die Integration der Dinslakener Neubürger wurden mit dem Bundesverdienstkreuz und dem Rheinlandtaler gewürdigt.

Abb. 45
Das Museum Voswinckelshof

An der benachbarten *Wölle-Pump* soll sich ein denkwürdiger Plausch zugetragen haben. Der Flirt einer jungen vielleicht zwanzigjährigen Frau mit einem russischen Soldaten habe während der Befreiungskriege 1813/1814 die Stadt Dinslaken vor der Plünderung durch russische Soldaten bewahrt. Der Name der Frau geriet in Vergessenheit. In der Überlieferung nennt man sie, eine Frau aus dem Volke, eben *Pumpenmarie.* Seit 1954 wird darum vom Heimatverein Dinslaken e.V. jedes Jahr eine junge Frau zur Pumpenmarie gewählt, mit der Aufgabe, Stadt und Heimatverein nach außen würdig zu vertreten.

Elsterweg

Am 21.09.1971 benannte Straße im Hiesfelder „Vogelviertel", s. hier unter **Taubenstraße.**

Die Elster unterscheidet sich von den übrigen heimischen Rabenvögeln durch die schwarzweiße Farbe, den langen Schwanz und das unüberhörbare „Plappern". Sie ist in den letzten Jahren in die Innenstädte eingewandert und hat sich dort fast im Übermaß vermehrt.

Emanuel-Geibel-Straße

Die Straße wurde wie die Nachbarstraßen des sogen. *Hagenviertels* in den 1960er Jahren angelegt und bebaut. Auf dem Stadtplan von 1965 ist sie noch nicht eingezeichnet. Am 25.03.1966 erhielt sie wie die anderen Straßen in diesem Bereich den Namen eines Dichters.

Emanuel Geibel war deutscher Lyriker (geb. 17.10.1815 – gest. 6.4.1884 in Lübeck) und Sohn eines reformierten Pfarrers. Er studierte Theologie und klassische Philologie und war befreundet mit Adalbert von Chamisso, Bettina von Arnim und Josef von Eichendorff. Er lebte vorübergehend in München, war dann Stadtdichter und Ehrenbürger von Lübeck.

Emmastraße

Die Emmastraße verbindet die Augusta- mit der Claudiastraße (Stadtteil Bruch/ Feldmark); auf dem Übersichtsplan von 1908 ist sie eingezeichnet und erscheint mit Namen, offiziell benannt wurde sie erst am 12.03.1914. Zu den „Frauenstraßen" allgemein s. hier **Adelenweg.**

Emscherstraße

Die Straße zweigt von der Fuchsstraße ab, quert den Dammweg, zielt auf die Emscher, biegt vor dieser im rechten Winkel nach Südosten ab und mündet in den Elchgraben. Vor ihrer Unterbrechung durch den Bau der Neuen Emscher 1949 war sie der südliche

Teil der **Hasenstraße** (s. dort) und wurde am 10.10.1957 vom Hauptausschuss umbenannt.

Die *Emscher* galt lange als die Kloake des Ruhrgebiets, wird aber heute durch Klärwerke, insbesondere kurz vor der Mündung durch das an der Stadtgrenze Oberhausen-Duisburg-Dinslaken gelegene Emscherklärwerk weitgehend gereinigt. Sie ist 81 km lang, entspringt am Haarstrang bei Holzwickede, berührt Dortmund, Castrop-Rauxel, Oberhausen und ergießt sich nach zweimaliger Nordverlegung ihrer Mündung heute bei Dinslaken-Eppinghoven in den Rhein; eine dritte Mündungsverlegung rheinabwärts zur Erhöhung der abermals durch Bergschäden beeinträchtigten Fließgeschwindigkeit ist derzeit geplant. Das Konzept sieht eine unterirdische Abführung der Abwässer und eine Renaturierung des oberirdischen Flusslaufes vor.

Eppinghovener Straße

Die Straße ist ein kurzes verkehrsberuhigtes Stück zwischen dem Altmarkt und der Stelle an der Voerder Straße, wo früher die Stadtmauer durch das Eppinghover Tor einen Durchlass hatte; sie hieß in alter Zeit **Schröderstraße,* das Tor hatte den Namen **Schröderporte,* beides nach der augenscheinlich hier ansässigen Schrödergilde, zu der im Mittelalter nicht nur die Gewandmacher, sondern zunächst auch noch die Tuchhändler gehörten. Die Schröder (zu mhdt. *scroten, schroten* ‚schneiden') „besaßen die älteste offizielle Handwerkervereinigung in Dinslaken, für die Graf Dietrich von der Mark am 13.5.1399 *eine gilden der bürgere van den schröderampte to dinslaiken* gründete" (schriftl. Mitt. Karl Lange).

Da die Straße mit ihrem abschließenden Tor außerhalb nach Westen auf die halb zu Möllen, halb zu Walsum gehörende Bauernschaft Eppinghoven zielte, hieß das Tor später *Eppinghover Tor* und die Straße wurde am 10.8.1893 amtlich als **Eppinghover Straße* registriert; ab dem Straßenverzeichnis vom 19.3.1918 erscheint der Name in der heutigen Schreibung.

Eppinkstraße

Ursprünglich führte diese Straße als Fahrweg von der Heerstraße aus um das Kirchengrundstück herum zum Bleckmannshof und weiter zum Schepermannshof (Klevisches Kataster von 1733). Auf der Flurkarte von Eppinghoven von 1826 ist dann zu erkennen, dass die Straße etwas weiter führt, etwa bis auf die Höhe des Niesmannshofs.

Nach der Aufteilung der Möllener Allmende in den Jahren 1822/29 lässt dann die preußische Uraufnahme von 1843 einen durchgehenden Fahrweg bis zur Straße nach Voerde (Voerder Straße) erkennen, der den Rotbach allerdings noch nicht auf einer Brücke sondern durch eine Furt quert. Die Straße führte bis zur kommunalen Neuordnung am 1.1.1975 die Bezeichnung *„Eppinghovener Straße"* und bildete mit der Hagelstraße bis zur heutigen Einmündung der neuen Straße Niesmannshof die Grenze zwischen Walsum und Voerde.

Der Straßenname mit „k" geschrieben erinnert an den ältesten Hof, den Eppinkhof („Eppinghove") (wahrscheinlich an der Stelle des heutigen Scholtenhofs), der dann der Streusiedlung den Namen gab („Eppinghoven" – Plural von „Eppinghove").

Erikaweg

Der Erikaweg ist ein Wohnweg zwischen der Gertruden- und Wilhelminenstraße.

Am 29. Oktober 1954 schlug die Stadtverwaltung dem Bauausschuss die Bezeichnung *Erika-Weg* vor, „da in diesem Stadtteil sämtliche Straßen Mädchenvornamen tragen."

Willi Lantermann, Bürgermeister der Stadt von 1946 bis 1973, war mit diesem Vorschlag, wegen der Häufung von Frauennamen, „nicht einverstanden".

Daraufhin wurde von der Verwaltung der Name **Ginsterheide* vorgeschlagen. Den lehnte wiederum der Bauausschuss am 22.02.1955 ab und plädierte für die Benennung *Erika-Weg,* und zwar mit Hinweis auf die ursprüngliche Begründung.

Am 24.06.1955 beschloss der Rat der Stadt Dinslaken einstimmig und ohne Diskussion, die Verbindungsstraße *Erikaweg* zu nennen. Zu den „Frauenstraßen" allgemein s. hier **Adelenweg.**

Erlenstraße

Straße im Gewerbegebiet Dinslaken-Süd, die allerdings schon zu Zeiten der selbstständigen Bürgermeisterei Hiesfeld am 19.2.1906 benannt wurde und damals von der Lingelmannstraße bis zur Horststraße reichte; ihr Endstück jenseits der Ortsgrenze zu Oberhausen heißt heute *Loosstraße.*

Die Erlen gehören zur Gattung der Birkengewächse; in unserer Region kommt die feuchte Böden liebende Schwarzerle vor. Ihr Holz ist weich, leicht spaltbar und unter Wasser sehr dauerhaft; heute gebraucht als Schnitzholz, früher zu Wasserleitungsrohren verarbeitet.

Ernastraße

Die *Ernastraße* ist einer von mehreren Verbindungswegen zwischen Angelika- und Hedwigstraße.

Ursprünglich sollte sie **Almastraße* heißen. Wegen der Verwechslungsgefahr mit Amalien- bzw. Almutstraße entschied sich der Rat der Stadt am 25.10.1957 dann doch für den heutigen Namen. Zu den „Frauenstraßen" allgemein s. hier **Adelenweg.**

Ernst-Moritz-Arndt-Straße

Diese heute wichtige Verbindungsstraße zwischen Voerder- und Amalienstraße wurde Anfang der 1960er Jahre angelegt. Im Stadtplan von 1965 ist sie noch nicht zu finden. Ein Planungsmodell aus dem Jahre 1961 zeigt, dass hier ein ganz neues Baugebiet, das *„Hagenviertel",* erschlossen wurde, um Wohnraum für die zunehmende Bevölkerung Dinslakens zu schaffen.

Sie erhielt wie die anderen Straßen in dem neuerschlossenen Hagenbezirk am 25.03.1966 durch den Rat der Stadt den Namen eines Dichters.

Der bekannte Dichter Ernst-Moritz Arndt wurde am 26.12.1769 in Groß- Schoritz auf Rügen als Sohn eines ehemaligen Leibeigenen geboren. Er studierte Geschichte und Theologie und wurde 1805 Professor in Greifswald.

Wegen seiner antinapoleonischen Gesinnung musste er während der französischen Beset-

Abb. 46
Planungmodell des sogen. Hagenbezirks (Baugebiet Hagen-, Amalien-, Voerder Straße) aus dem Jahre 1961; deutlich erkennbar: im Vordergrund die Voerder Str.; rechts unten die Friedenskirche; oben rechts Hl. Blut und Otto-Hahn-Gymnasium; in der Mitte die geplante Ernst-Moritz-Arndt-Str. Die Planung wurde in den 1960er Jahren im wesentlichen so verwirklicht.

zung nach Stockholm fliehen. Später war er Professor in Bonn und starb dort am 29.01.1860.

Eschenweg

Straße in der um 1938 entstandenen Kleinsiedlung Oberlohberg zwischen Ziegel- und Fichtenstraße.

Die Esche spielt bereits in der germanischen Götter- und Heldensage als Weltesche Yggdrasill eine Rolle. Ihr Holz wurde im Mittelalter für Lanzen und Speere verwendet; heute dient es zur Herstellung von Sportgeräten.

Fasanenstraße

Straße im Hiesfelder „Vogelviertel", benannt am 11.10.1956; s. hier unter **Taubenstraße.**

Der Jagd- oder Edelfasan stammt vom Kaspischen Meer und wurde der Überlieferung nach schon von den Argonauten nach Griechenland gebracht. Andere aus Asien stammende Arten wie Königsfasan, Buntfasan, Goldfasan, Silberfasan werden als Ziergeflügel gehalten.

Feldstraße

Die Feldstraße ist schon im Katasterplan von 1825 als Verbindung von der Altstadt zu Gärten und Feldern der Bürger eingetragen. Zunächst führte sie nur etwa bis zur heutigen *Gneisenaustraße.* Wie der Plan von 1913 zeigt, führte sie zu der Zeit als einfacher Weg weiter bis zur Hagenstraße und trug bereits den Namen *„Feldstraße".* Möglicherweise hatte sie schon vorher durch die Menschen, die sie als Verbindungsweg nutzten, ihren Namen erhalten. Wie auch die Voerder- und Goethestr. wurde sie 1927 durch den Bau der Verbandsstraße (heute B 8) unterbrochen. Die Zählung der Hausnummern beginnt wie auch bei der Goethestraße an der Hagenstraße und läuft stadteinwärts bis zur Bismarckstraße.

Feldwiese

Eine der drei kurzen Stichstraßen, die die Eigenheimsiedlung „Schlägel und Eisen" gliedern und von der Küpperstraße südlich auf den Bahndamm zulaufen; s. hier unter **Am Laakmannshof.**

Benannt am 05.10.1951 nach einem nahegelegenen Flurstück jenseits der Bahnlinie, das wohl zur **Halfmannskath** (s. dort) gehörte.

Ferdinand-Lassalle-Straße

Vom Hauptausschuss am 11.12.1979 benannt und als Straße mit dem Namen eines Politikers etwas unmotiviert am Südostende des Hiesfelder „Malerviertels" zwischen Sterkrader und Oberhausener Straße gelegen; s. hier **Albrecht-Dürer-Straße.**

Ferdinand Lassalle (1825-1864) gilt als Gründer der Sozialdemokratie in Deutschland. Er studierte in seiner Geburtsstadt Breslau und in Berlin 1842-45 Philologie, Geschichte und Philosophie; 1845 lernte er in Paris die Lehre Louis Blancs kennen. Ein Komitee der deutschen Arbeitervereine forderte ihn im Februar 1863 auf, ein Programm für einen allgemeinen deutschen Arbeiterkongress zu entwerfen; auf dessen Basis gründete der Leipziger Arbeiterkongress am 23.5.1863 den „Allgemeinen deutschen Arbeiterverein", die erste Parteibildung der Sozialdemokratie in Deutschland. Ein Jahr später starb Lassalle in einem Duell in Genf.

Fichtenstraße

Auf dem 1908 ergänzten Übersichtsplan der Bürgermeisterei Hiesfeld 1904[1907] erscheint die am 11.2.1908 benannte Fichtenstraße nur als kurze Querverbindung zwischen Büngeler- und Kirchstraße. Der Dinslakener Stadtplan von 1929 zeigt darüber hinaus eine geplante Verlängerung nach Westen bis zur Ziegelstraße. Auf der Übersichtskarte des Kreises Dinslaken von 1936 ist die Straße südlich der Begrenzung der Siedlung Gärtnerstraße zwar schon gebaut, aber die Verbindung zwischen den beiden Teilstücken noch nicht realisiert. Heute erstreckt sich die Fichtenstraße durchgehend von der Ziegelstraße bis zum Einmündungsbereich des **Kieferweges** und geht danach in den **Tannengrund** über.

Im Bereich südlich der Siedlung Gärtnerstraße hat die Fichtenstraße als „Anker" für die Vergabe weiterer Straßennamen nach Bäumen gedient: Akazienstraße, Lindenstraße, Ulmenstraße, Weidenstraße (alle 1921); Eschenweg (1937); Ahornweg, Weißdornweg (23.07.1953); Föhrenweg, Platanenweg (23.01.1954), Tannengrund (21.09.1976), Kiefernweg (17.11.1981). Die Namen *Am Eichenwäldchen und *Rotdornweg (beide 1937) wurden zugunsten des Namens Pestalozzidorf am 18.12.1959 aufgegeben.

Im Unterschied von den Tannen (Gattung *Abies*) haben die Fichten (Gattung *Picea*) hängende Zapfen und spiralig um den Zweig angeordnete Nadeln. Sie kommen in rund 20 Arten in der nördlichen gemäßigten Zone vor; die bekanntesten sind die Sitka-, Weiß-, Blau-, Schwarz-, Kaukasus-, Omorika- und unsere heimische Edelfichte, die in Deutschland rund 30 % der gesamten Waldfläche einnimmt und ein vielseitig verwendbares Nutzholz liefert.

Finkenplatz / Finkenstraße

Finkenplatz und *Finkenstraße* tragen den Namen einer weltweit, also auch in unserer Region heimischen Familie von Singvögeln. Die bekannteste bei uns vorkommende Art ist der zur Gattung der Edelfinken gehörende Buchfink.

Die Namen *Finkenplatz* und *Finkenstraße* wurden am 8.6.1917 durch die Baukommission der Stadt Dinslaken vergeben. Platz und Straße liegen im Wohngebiet südwestlich der Bergarbeiterkolonie Lohberg, das heute allgemein als „Vogelkolonie" bezeichnet wird (s. hier **Amselstraße**). Die Finkenstraße verläuft von der Augustastraße zur Amselstraße. Zwischen Amsel- und Drosselstraße erweitert sie sich zum Finkenplatz.

Fliederweg

Der Fliederweg liegt im Stadtteil Bruch/ Feldmark. Er zweigt von der Augustastraße in nördlicher Richtung ab und führt dann im rechten Winkel sowohl zur Johanna- als auch zur Emmastraße. Die Benennung erfolgte am 12.06.1974. Gleichzeitig erhielten der Jasmin- und der Ligusterweg ihre Namen.

Ein *Fliederweg – neben *Nelken-, *Astern-, *Dahlien-, *Tulpenweg und Blumenanger – war 1953 schon für die Siedlung an der Krusenstraße geplant. Außer dem Blumenanger wurde aber dort keiner der vorgeschlagenen Namen gewählt.

Florastraße

Die Florastraße ist ein kurzer Verbindungsweg zwischen Meta- und Gertrudenstraße im Stadtteil Bruch/ Feldmark. Sie bekam ihren Namen am 27.01.1961. Zu den „Frauenstraßen" allgemein s. hier **Adelenweg.**

Flurstraße

Die Straße führte lange Zeit durch Felder von der Rotbachstraße bis zur heutigen Willy-Brandt-Straße (B 8). Von daher ist die Bezeichnung *„Flurstraße"* zu verstehen.

In früheren Zeiten, vor 1843, führte die Straße nördlich am Claushof vorbei. Der Fußweg, der links hinter dem Vossenhof (heute: Lantermann) ins Feld führt, ist ein Rest dieses früheren Weges. Der Claushof hatte vor dem Bau der Emscher auf einem Teil der heutigen Flurstraße eine Verbindung zur Heerstraße.

Vom Claushof bis zur Gärtnerei der Lebenshilfe bildete die Straße bis 1975 einen Teil der Grenze zwischen Walsum und Dinslaken. Auf Walsumer Gebiet führte sie die Bezeichnung Dickstraße und Hainstraße. Auf Dinslakener Gebiet hieß sie schon Flurstraße. Nach der kommunalen Neuordnung erhielt die Straße am 15.5.1975 als ganze diesen Namen.

Im Jahre 1901 legte die Stadt Dinslaken hier den neuen Friedhof an, nachdem der Friedhof am Neutor zu klein geworden war und die Anlage einer Umgehungsstraße (heutige *Hans-Böckler-Straße*) erforderlich wurde. Der Friedhof, der heute den Namen *Parkfriedhof* trägt, wurde mehrfach erweitert.

Flutstraße

Der Weg findet sich schon im Klevischen Kataster von 1733. Er gehörte bis 1975 zum Voerder Teil Eppinghovens und trug, wie aus dem Voerder Straßenverzeichnis von 1910 hervorgeht, schon damals die Bezeichnung *Flutstraße.* Der Name wurde bei der kommunalen Neuordnung am 1.1.1975 übernommen.

Der Name der Straße ist Hinweis auf die Hochwassergefahr in der Eppinghovener Rheinaue in früheren Jahrhunderten.

Neben den Plünderungen und Brandschatzungen durchziehender Soldaten waren es immer wieder die Hochwasser, oft verbunden mit der Verlegung des Rheinbettes, die für die Eigentümer eine wirtschaftliche Katastrophe bedeuteten.

Abb. 47 Ehrenbogen zur Fronleichnamsprozession über der Flutstraße, 1950er Jahre

Föhrenweg

Straße in der Siedlung Berggeist; s. hier unter Fichtenstraße. Name vom Bauausschuss vergeben am 23.01.1954.

Die Föhre oder Gemeine Kiefer ist ein stattlicher Nadelbaum der nördlichen gemäßigten Zone; sie bevorzugt sandigen Heideboden.

Försterstraße

Das Forsthaus Ravenhorst, heute auf Oberhausener Gebiet an der Straße *Zum Ravenhorst* gelegen, hat auf die Benennung einiger Straße im Bereich der heutigen Brinkstraße und der Hühnerheide eingewirkt: die Försterstraße, die Jägerstraße, die Forststraße, die Horststraße und die heute untergegangene *Jagdstraße.

Die Försterstraße – sie hieß ab dem 19.2.1906 **Schützenstraße* und erscheint ab dem 11.3.1918 mit dem heutigen Namen – beginnt an der Sterkrader Straße und mündete vor dem Ausbau der Brinkstraße bei dem Wäldchen des Bremenkampshofs in die Jägerstraße, welche ein Stück weiter nordöstlich in die damalige Brinkstraße überging. Heute biegt sie hinter dem genannten Wäldchen nach Norden ab und führt als Fußweg zum Kleingartengelände südlich der Kurt-Schumacher-Straße.

Forststraße

Die Forststraße, benannt am 18.01.1906, gehört heute nur noch zum kleinsten Teil zu Dinslaken. Sie beginnt an der Jägerstraße und verläuft südöstlich bis in den Ortskern von Schmachtendorf. Ihren Namen verdankt sie nicht nur der von ihr durchschnittenen, heute bewaldeten Hühnerheide, sondern in erster Linie dem Forsthaus Ravenhorst; s. hier **Försterstraße.**

Fortstraße

Auch die Fortstraße (24.4.1906 bis 1921[1926] *Forthstraße,* 1952 vereinzelt *Fortweg*) gehört heute nur noch zum kleinsten Teil zu Dinslaken. Sie beginnt an der Lingelmannstraße, verläuft durch Oberhausener Gebiet südöstlich und erreicht an der Hünenbergstraße eine Ortslage namens *Im Fort;* von Dinslaken aus gesehen gehört sie also zu den Straßen, die im Namen ein Ziel angeben.

K. Süsselbeck (HKD 1952,58) bringt den Flurnamen *Im Fort* mit furt in der Bedeutung „talartiger Einschnitt in der Ebene, Durchgang durch wasserreiches Gebiet“ in Verbindung. Die Herleitung vermag wegen des Genusunterschieds (*furt* ist ein Femininum, *Im Fort* deutet auf ein Neutrum) nicht recht zu überzeugen. Für die näher liegende Verbindung mit *Fort* n. „befestigter Platz“ gibt es freilich in der Ortslage keinen beweisbaren Anhaltspunkt.

Franziskaweg

Der Franziskaweg liegt im Stadtteil Bruch/ Feldmark und verbindet die Paula- mit der Marienstraße. Er wurde benannt am 29.06.1993. Ursprünglich war der Name **Francastraße* vorgeschlagen worden, der aber vom Hauptausschuss nicht akzeptiert wurde. Zu den „Frauenstraßen“ allgemein s. hier **Adelenweg.**

Franzosenstraße

Die Franzosenstraße erscheint erstmals unter dem 14.8.1882 im Protokollbuch der Hiesfelder Gemeindeverordnetenversammlung 1881–1898 als *Franzosenweg,* dann ebendort unter dem 26.1.1885 mit dem heutigen Namen. Sie hat insofern überörtliche Bedeutung, als sie auf Oberhausener Gebiet an der Hirschkampstraße beginnt, den Ortsteil Neuköln durchquert, an der Lingelmannstraße Dinslakener Gebiet erreicht, ein Stück nach Querung der Bergerstraße nach Osten abknickt und den ursprünglichen Namen **Franzosenweg** (s. dort) annimmt, kurz darauf Hünxer Gebiet erreicht und in die Wilhelmstraße einmündet.

Der abschnittsweise erstaunlich geradlinige Verlauf erinnert an napoleonische Straßen; ob die Straße allerdings zur Zeit der französischen Besetzung des Rheinlands 1808–1813 angelegt worden ist, bleibt zu untersuchen. „Während der Befreiungskriege, im Kosakenwinter 1813, durchzogen die von der Ruhrstraße abgedrängten Franzosen von Wetter aus diese Gegend und marschierten auf diesem Wege dem Rhein zu“ (K. Süsselbeck, HKD 1952, 58).

Franzosenweg

Der nördlichste, größtenteils auf Hünxer Gebiet verlaufende und bescheidener ausgebaute Abschnitt der **Franzosenstraße** (s. dort) erscheint in den neuesten Stadtplänen wieder mit dem ursprünglich für die gesamte Straße geltenden, 1882 erstmals bezeugten Namen *Franzosenweg.*

Friedenstraße

Am 12.2.1906 mit **Gartenstraße* benannt, erhält sie am 11.3.1918 im Zuge der Abände-

Abb. 48 Grabmal Pastor Sanders

rung Hiesfelder Straßenbezeichnungen ihren heutigen Namen. Sie führte anfangs von der Sterkrader- zur Mittelfeldstraße, endet derzeit aber schon an der Riemenschneiderstraße.

Ursprünglich kam man auf ihr zu den beiden Friedhöfen. Auch andernorts tragen zu Friedhöfen führende Straßen gelegentlich den Namen Friedenstraße.

Friedrich-Ebert-Straße

Nächst der Neustraße als der Hauptgeschäftsstraße ist die Friedrich-Ebert-Straße sicherlich die bekannteste und wichtigste Straße der Stadt. Sie ist aber bei weitem nicht so alt wie die Neustraße, allenfalls in ihrem kleinen Abschnitt zwischen dem jetzigen Fußgängerübergang Duisburger-/Neustraße und dem Verteilerkreis. Der heute rund 750 m lange Gesamtverlauf der Straße von der Ampelkreuzung am Bahnhofsplatz bis zur Ampelkreuzung an der Wiesenstraße bzw. zum früheren Bergrevieramt hat allerdings eine interessante Entstehungsgeschichte.

Als die Stadt Dinslaken am 1.4.1899 ein eigenes Bauamt einrichtete und Heinrich Nottebaum (s. hier **Heinrich-Nottebaum-Straße**) zu dessen Leiter bestellte, fand dieser in Dinslaken ein fast noch mittelalterlich anmutendes Straßensystem vor. Nottebaum erkannte als Hauptproblem sogleich die Verkehrssituation in der Innenstadt. An heutigen Verhältnissen gemessen, mochte das damalige Verkehrsaufkommen geringfügig gewesen sein; aber neben dem städtischen wurde auch der gesamte Fernverkehr von Köln und Duisburg im Süden nach Wesel und Holland im Norden über die Duisburger, Neu-, Bahn- und *Kaiser-Friedrich- (heute Wilhelm-Lantermann-) Straße quer durch die Innenstadt geführt, um schließlich in die Weseler Straße einzumünden. Dinslaken hatte zu Beginn des 20. Jahrhunderts weder eine östliche noch eine westliche Umgehungsstraße; diese wurde erst 1927 durch die heutige B 8, jene sogar erst 1959 durch die Hans-Böckler-Straße geschaffen.

Ein weiteres Verkehrsproblem war die Straßenbahn, die seit 1900 den Duisburger Norden mit Dinslaken verband und am Walsumer Tor ihre

Abb. 49 Die Endstation der Straßenbahn von Hamborn vor dem Walsumer Tor von 1900 bis 1912

Endstation hatte. Sinnvoller wäre es gewesen, die Linie gleich bis zum Bahnhof durchzuziehen.

In dieser Situation entwickelte Nottebaum die Idee einer Entlastungsstraße für die Duisburger-, Neu- und Bahnstraße. Er dachte an eine Straße mit einer Breite von 18–21 m, wogegen die zu entlastenden Straßen weitgehend nur 6–8 m breit waren. Dies waren die Maße, in denen die damals wenig fortschrittlich eingestellten Dinslakener Stadtväter zu denken gewohnt waren und gegen die Nottebaum in seinen ersten Jahren es schwer hatte, seine moderneren Vorstellungen durchzusetzen. Er fand jedoch einen Bundesgenossen im Walzwerksdirektor Julius Kalle (s. hier **Julius-Kalle-Straße**), der sich neben seinem Beruf auch in der Kommunalpolitik engagierte. Schließlich nahm der Plan Gestalt an: Die neue Straße von 18-21 m Breite sollte vom Walsumer Tor aus den Voswinckelshof im Halbrund umgehen, zwischen Alt- und Neustadt hindurch geradlinig zum jüdischen Friedhof, dem heutigen Verteilerkreis, gezogen und von dort aus durch damals noch völlig unbebautes Gelände bis zum Bahnhof fortgeführt werden. Es war dies das aufwendigste und schwierigste Straßenbauprojekt, das Dinslaken bis dahin erlebt hatte. Die Probleme lagen weniger im bautechnischen Bereich, wie etwa der teilweisen Überbauung des Rotbachs; schwieriger war die Freilegung der vorgesehenen Trasse von vorhandener Bausubstanz und anderen Hindernissen. So etwa befand sich das damalige Dinslakener Rathaus mitten auf der geplanten Trasse, zwischen der heutigen Stadtbibliothek/VHS und der Metzgerei Lehmkuhl; mithin stand sich die Stadt bei ihrem Bauvorhaben wortwörtlich selbst im Wege. Trotz aller Schwierigkeiten wurde 1904 mit der Freilegung der neuen Straßentrasse begonnen. Eine Vorstellung von den mit dem Bau der heutigen Friedrich-Ebert-Straße verbundenen Grundstücksproblemen vermitteln die **Farbbildseite 7 und 8** (Planung aus den Jahren 1908 bzw. 1911).

Die letztgenannte Abbildung macht auch deutlich, welche Schwierigkeiten sich durch die Lage des jüdischen Friedhofes ergaben. Die Arbeiten gingen aber weiter, wozu auch der Einbau eines Straßenbahngeleises gehörte. Bis 1912 war die neue Straße einschließlich Straßenbahn bis zum Bahnhof durchgezogen. Nur noch einen Engpass gab es, das war das im Wege stehende Rathaus. Die **Farbbildseite 9** beweist beim genauen Hinsehen, dass man, um den Straßenbahnbau nicht weiter zu verzögern, zwischenzeitlich das Geleise provisorisch im Bogen um das Rathaus herum gelegt hatte. Die handschriftlichen Bemerkungen auf dieser Abbildung aus der Hand Nottebaums drücken die Freude darüber aus, dass am 19. Juni 1913 mit dem Abbruch des störenden alten Rathauses begonnen wurde. Die Verwaltung zog um in das Nachbargebäude, das frei gewordene Amtsgericht, nachdem das neue Amtsgericht an der Schillerstraße am 1.4.1913 eingeweiht worden war.

Seinen endgültigen Abschluss fand der Bau der Friedrich-Ebert-Straße, die eine hochwertige Pflasterung erhalten hatte, eigentlich erst

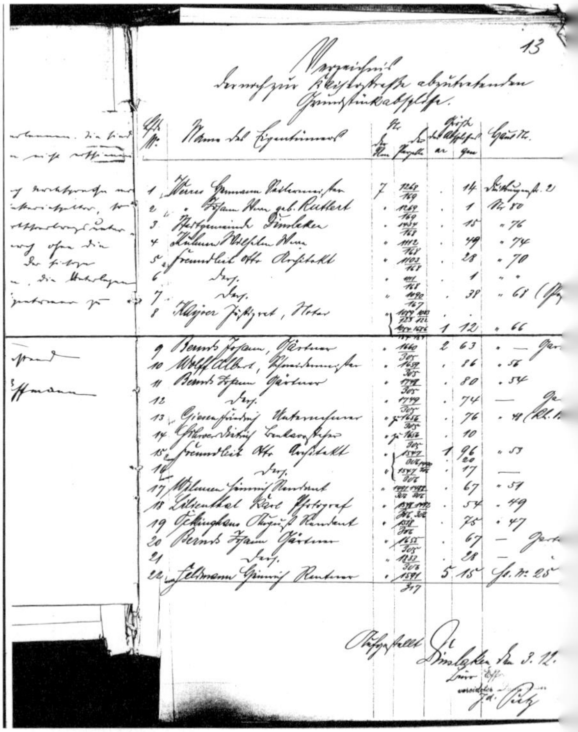

Abb. 50 Übersicht über im Jahre 1913 noch zu klärende Grundstücksfragen beim Bau der heutigen Friedrich-Ebert-Straße

mit der Fertigstellung des neuen Bahnhofs im Jahre 1916. Auf ihn zielte die neue Straße ja hin, und die Bahnstraße spielte als Zufahrt zum Bahnhof nur noch eine Nebenrolle. Was sich noch länger hinzog, war die abschließende Klärung von Grundstücksfragen, möglicherweise auch deshalb, weil nahezu alle betroffenen Grundstückseigentümer einflussreiche Bürger waren. Eine Aufstellung vom 3.12.1913 zeigt, dass hier für Rechtsanwälte und Notare noch viel zu tun war (s. Abb. 50).

Die neue Straße war als Dinslakens Vorzeigestraße gedacht. Dies sollten nicht nur die an ihr schon stehenden oder neu zu errichtenden Gebäude unterstreichen – die Mehrzahl der Dinslakener Banken liegt dort –, sondern auch der Straßenname. Hier konnte gar nicht hoch genug gegriffen werden. Da wollte es der glückliche Zufall, dass das alte Teilstück zwischen Neustraße und jüdischem Friedhof bereits *Kaiserstraße hieß; der erstmals im Straßenverzeichnis von 1908 belegte Name wurde nun wie selbstverständlich auf die neue Gesamtstraße übertragen. Mit dem Wechsel der politischen Systeme wechselte auch der Name der Straße. Als es nach 1918 keinen Kaiser mehr gab, wurde sie zur *Hauptstraße; auch dies drückte Anspruch aus. Gleich zu Beginn der NS-Zeit wurde sie nach Adolf Hitler benannt. Als es auch diesen 1945 nicht mehr gab, wurde sie wieder zur *Hauptstraße. Im Jahre 1958 wurde beschlossen, sie in Friedrich-Ebert-Straße umzubenennen. Seitdem heißt sie nach dem 1871 geborenen SPD-Politiker, der in der revolutionären Phase vom November 1918 Reichskanzler und 1919 erster Reichspräsident wurde. Standhaft verteidigte er die junge deutsche Demokratie bis zu seinem frühen plötzlichen Tod im Jahre 1925. Viele Schritte zur Stabilisierung der politischen und sozialen Verhältnisse in Deutschland sind mit seinem Namen verbunden.

Während die Friedrich-Ebert-Straße ihre Funktion als Entlastungsstraße für die alten Straßen der Innenstadt sofort übernahm, war sie im Hinblick auf ihre Bebauung eine Straße auf Zukunft. Das erste neu erbaute Haus auf dem Abschnitt zwischen Wilhelm-Lantermann- und Roonstraße war das Haus Nr. 25

Abb. 51 Friedrich Ebert

(Abb. 52), gebaut nach einem Architektenplan von 1909.
Es zeigt, dass ein einmal gut gebautes Haus auch nach 100 Jahren noch schön und sicherlich auch wohnlich sein kann. Es blieb aber 20 Jahre allein auf weiter Flur. Das Nachbarhaus Nr. 27 trägt am Fassadenerker die Jahreszahl 1928. Sollte die prächtige Fassade dieses Hauses einmal restauriert werden und danach in Dinslaken ein Fassadenwettbewerb stattfinden, diese Fassade hätte große Chancen.

Das ganze Straßenstück zwischen Mörike- und Roonstraße wird heute eingenommen von der Hauptstelle der Sparkasse Dinslaken-Voerde-Hünxe. Über Jahrzehnte hinweg ist dieser Gebäudekomplex in mehreren Bauabschnitten entstanden und stellt eine kleine Architekturgeschichte dar. Der älteste Teil, gebaut in den Jahren 1929–1931 **(Abb. 53)**, zieht sich mit einer eleganten Rundung in die Roonstraße hinein. Er ist exemplarisch für die Backsteinarchitektur seiner Zeit. Gut, dass er bis heute in seinem Äußeren weitgehend unverändert blieb.

Abb. 52
Wohnhaus Friedrich-Ebert-Straße Nr. 25

In den Jahren 1961–64 wurde an das Gebäude von 1929/31 ein großer langgestreckter Erweiterungsbau angefügt und später noch aufgestockt. **Abb. 54** lässt die klar gegliederte Architektur der 1960er Jahre erkennen. Dieser Gebäudeteil erfüllt bis heute u.a. die Funktion des Haupteinganges mit der dahinter liegenden großzügigen Kundenhalle. Im Jahre 1990 wurde nochmals ein großer Erweiterungsbau der Sparkasse fertig, der sich vor allem in die Mörikestraße hinein erstreckt. Er verkörpert die typische Architektur der Postmoderne **(Abb. 55).**

Luftaufnahmen **(Abb. 56** und **57)** verdeutlichen, wie sehr der nunmehrige Block der Sparkasse zwischen Friedrich-Ebert-, Roon-, Lessing-, Mörikestraße mitsamt dem SB-Center auf der Rückseite und der neu gestalteten Parkplatzanlage das Stadtbild geprägt und aufgewertet hat.

Der Abschnitt von der Roonstraße bis zum Verteilerkreis wurde annähernd zeitgleich mit der Entstehung der Straße bebaut. Von den ursprünglichen Gebäuden haben nur wenige den Krieg überlebt. Zu ihnen gehört das Haus Nr. 47, in dem die Sparkasse von 1909–1931 ihren Sitz hatte. Zu erwähnen ist auch das sogenannte „Bügeleisen“, eingepasst in den spitzen Winkel zwischen Wall- und Friedrich-Ebert-Straße. **(Abb. 60)** Das 1908/1909 von dem Architekten und Bauunternehmer Otto Freundlieb (1874–1940) errichtete Gebäude war für das damalige Dinslaken nach Größe und Eleganz eine Sensation. Es war vermutlich auch als Maßstab für die Bebauung der Nachbarschaft gedacht, aber die wurde erst nach 1945 und in anderem Stil vorgenommen. Das „Bügeleisen“ war als Geschäfts-, Büro und Mietshaus geplant und drückte den Zeitoptimismus aus, der damals auch in Dinslaken herrschte. Den Krieg überstand der einst mit prächtigem Fassadendekor geschmückte Bau nur als geschundener Torso. Er wurde zwar bald nach dem Krieg wieder nutzbar gemacht, blieb aber wie ein Vogel ohne Federn **(s. Abb. 58).**

Der Verteilerkreis ist ein städtebaulicher Glanzpunkt für Dinslaken. Die zum Teil achtgeschossige Bebauung schafft Raumgefühl, lässt aber auch Platz für Durchblicke in den Park und auf Rathaus und Kathrin-Türks-Halle. Das fast abgeschlossene Bauvorhaben am Eingang zur Althoffstraße dürfte den günstigen Gesamteindruck noch verstärken.

Auf einer zuletzt etwa 1500 qm großen Fläche zwischen Verteilerkreis, jüdischem Mahnmal und Schillerstraße lag von 1722–1927 der jüdische Friedhof, dessen Grabsteine sich heute zum großen Teil auf dem neuen jüdischen Friedhof an der B 8 befinden. Die Geschichte des jüdischen Friedhofs hat Sepp Aschenbach

Abb. 53–55
Die Bauabschnitte der Sparkasse aus den Jahren 1929–31, 1961–64, und 1990

Abb. 56–57
Die Aufwertung des Stadtbildes durch die Sparkasse zwischen 1931 und 2000

in seiner 2006 erschienenen Untersuchung *Steine der Erinnerung* dargestellt.

Der Abschnitt vom Verteilerkreis bis zum Fußgängerübergang Duisburger/Neustraße ist das historische Kernstück der heutigen Friedrich-Ebert-Straße. Auf der Ostseite erstreckte sich früher das Gelände des Klosters Marienkamp; dessen gotische Kirche wurde nach der Säkularisation an die jüdische Gemeinde verkauft und von dieser zur Synagoge umgebaut, die ihrerseits von den Nationalsozialisten am 10.11.1938 niedergebrannt wurde. Auf dem Grundstück steht heute die Dinslakener Filiale der Dresdner Bank, an deren Seitenfassade zur Klosterstraße eine deutsch-hebräische Gedenktafel an Kloster, Synagoge und „Reichspogromnacht“ erinnert (s. hier **Klosterstraße**).

Gegenüber dem früheren Synagogengrundstück verbergen sich hinter den modern gestalteten Fassaden der Häuser Nr. 70 und 72

Abb. 58
Das „Bügeleisen" um 1920 mit dem 1927 abgetragenen Hügel des jüdischen Friedhofs und der nur eingleisigen Straßenbahn zum Bahnhof

(Deutsche Bank) zwei historisch interessante Fassaden. Auf dem Grundstück Nr. 70 befindet sich das 1899 errichtete frühere Postgebäude mit einer neugotischen Fassade; Nr. 72, ebenfalls aus der Zeit um 1900 und früher Wohnhaus der Familie Freundlieb, besaß eine besonders edle Fassade mit viel rotem Sandstein.

Die Kreuzung der Friedrich-Ebert-Straße mit der Neu- und der Duisburger Straße hatte den Bombenangriff vom 23. März 1945 – anders als der Neutorbereich – einigermaßen überstanden; alle vier Eckgebäude waren erhalten geblieben. Heute sind es noch drei, nachdem das frühere Rathaus, 1897 als Amtsgericht errichtet und seit 1913 als Rathaus genutzt, 1964 abgerissen wurde. Nachdem dieses geschichtsträchtige Grundstück viele Jahre brach lag, wurde auf ihm 1986-88 das imposante Gebäude Stadtbibliothek/Volkshochschule errichtet, das außerdem das städtische Kulturamt sowie ein Bürgerbüro beherbergt und dazuhin das „Dachstudio", einen vielseitig nutzbaren Veranstaltungsraum mit 199 Plätzen, vorweisen kann. Über dem Haupteingang an der Süd-Ostseite des Gebäudes symbolisiert ein Relief in der Form eines aufgeschlagenen Buches die dem Haus zugedachten Funktionen.

Das der Friedrich-Ebert-Straße zugewandte, aber mit den Hausnummern 70 zur Neu- und 2 zur Klosterstraße gestellte Haus (heute die SEB-Bank), wurde um 1905 als Textilhaus der jüdischen Familie Bernhard errichtet. Auch dieses Gebäude ist stilistisch ohne Nachfolger geblieben. Es drückt den gleichen Zukunftsoptimismus der Jahrhundertwende aus wie das erwähnte „Bügeleisen".

Vom südlichen Abschnitt der Straße sei hingewiesen auf das Eckhaus Kolping-/Friedrich-Ebert-Straße. Es wurde 1956 als *Haus des*

Abb. 59 Die Fassade der 1938 niedergebrannten Synagoge. An den Ecken noch die Strebepfeiler der ehemals gotischen Klosterkirche erkennbar.

Abb. 60
Das Beratungshaus an der Ecke Friedrich-Ebert-Straße/ Am Rutenwall aus dem Jahre 2000

Handwerks erbaut; hier hatte die Kreishandwerkerschaft des früheren Kreises Dinslaken ihren Sitz. An der zur Friedrich-Ebert-Straße gerichteten Front befindet sich ein schönes Beispiel für die „Kunst am Bau" der 1950er Jahre. Das Bildwerk stammt von dem Voerder Maler Karl Heiduck (1909-1969), der auch in Dinslaken vielfältige Spuren hinterlassen hat. Es zeigt in gegenständlicher Darstellung die Symbole von sechs Handwerken, den Spruch „Gott segne das ehrbare Handwerk" und nennt die Namen der damals amtierenden Repräsentanten des örtlichen Handwerks.

Diesem Gebäude gegenüber liegt *Pastors Büschgen,* eine kleine Parkanlage mitten in der Stadt mit Spielplatz und altem Baumbestand. Für den Namen hat man noch keine plausible Erklärung gefunden. Im Rahmen des Spartakus-Aufstands, der Märzunruhen des Jahres 1920, vollzog sich hier ein tragisches Geschehen. Mehrere junge Frauen, eine genaue Zahl liegt nicht vor, die geleisteter Hilfsdienste für die Rote Armee beschuldigt waren, wurden in diesem kleinen Waldstück von Angehörigen der Reichswehr erschossen.

Erwähnung verdient noch das im Jahre 2000 fertig gestellte Eckhaus Am Rutenwall/Friedrich-Ebert-Straße. Es wird seinem Namen „Beratungshaus" insofern gerecht, als in ihm Anwälte, Steuerberater und Ärzte ihre Kanzleien und Praxen haben. Der Stil des Gebäudes gehört zur besten Architektur, die nach 1945 in Dinslaken entstanden ist **(Abb. 60)**.

Friedrich-Hebbel-Straße

Wie die Nachbarstraßen wurde auch diese Straße im Zuge der großen Bauphase Anfang der 1960er Jahre angelegt *(Hagenviertel).* Im Stadtplan von 1965 ist sie noch nicht eingezeichnet. Ihren Namen erhielt sie durch Ratsbeschluss vom 25.03.1966.

Der Dichter und Dramatiker Friedrich Hebbel wurde am 18.3.1813 in Wesselburen (Dithmarschen) als Sohn eines Maurers geboren. Er erlebte eine ärmliche Jugend, wurde erst Maurer und Schreiber und bildete sich autodidaktisch weiter. 1836/39 studierte er in Hamburg und München, 1842/ 44 Aufenthalt in Kopenhagen und Paris; dort Bekanntschaft mit Heinrich Heine. Ab 1845 lebte er in Wien und starb dort am 13.12.1863.

Friedrich-List-Straße

Die am 28.04.1961 benannte Straße geht kurz vor der Rotbachbrücke östlich von der Krengelstraße ab und führt in einem Nordbogen zur Karl-Heinz-Klingen-Straße.

Der 1789 im schwäbischen Reutlingen geborenen Nationalökonom Friedrich List arbeitete sich zunächst am Oberamt Tübingen vom Schreiber zum Oberrevisor empor und erhielt nach seinem Studium 1918 die dort neu errichtete Professur für Staatskunde und Staatspraxis. Staatskritische Publikationen zogen ihm eine Verurteilung zu zehnmonatiger Festungshaft zu, die er teilweise auf dem Hohenasperg absaß, dann aber nach Amerika emigrierte. Dort beteiligte er sich am Bergbau und besonders an der Entwicklung des Eisenbahnwesens. Zurück in Deutschland veröffentlichte er 1840 sein Hauptwerk Das nationale System der politischen Ökonomie und gründete 1843 sein Zollvereinsblatt. Deprimiert über die mangelhafte Resonanz auf seine Forderungen nach umfassendem Zollschutz für die aufstrebende Industrie und gesundheitlich angeschlagen setzte er 1846 in Kufstein seinem Leben ein Ende.

Friedrichstraße

Diese Straße gehört zu einem alten Straßenzug, der sich schon vor dem Bau von Eisenbahn (1856) und Walzwerk (ab 1897) südlich parallel der heutigen Karl-Heinz-Klingen-Straße nach Hiesfeld hin erstreckte. Seit dem Bau des Walzwerkes/Röhrenwerkes endet sie bereits vor dessen Tor und beginnt heute an der Hans-Böckler-Straße, ist von dieser her aber nicht zugänglich.

Die Friedrichstraße wurde zu einer „Ankerstraße“ für das Quartier, das in den Jahren um 1900 zwischen dem Neutor und dem ab 1897 errichteten Thyssen-Walzwerk entstand. Damals ging es darum, für Mitarbeiter des Walzwerkes in unmittelbarer Werksnähe Wohnungen zu schaffen. Gebaut wurde einerseits vom Werk selbst, aber auch von Dinslakener Bürgern. So entstanden nach der bereits vorhandenen Friedrichstraße rasch die Karl- und die Juliusstraße; alle drei sind auf dem Übersichtsplan von 1908 verzeichnet und benannt; die Heinrichstraße folgt auf dem Plan von 1913.

Wie es zu diesen Straßenbenennungen mit männlichen Vornamen kam, ist nicht mehr zu ermitteln. Zwar gab es damals auch in der für die lokale Entwicklung maßgeblichen Familie Thyssen die Vornamen Friedrich, Heinrich und Julius, damit aber die genannten Straßen in Verbindung zu bringen wäre recht voreilig. Da zur damaligen Zeit das Reservoir an verfügbaren Vornamen wesentlich kleiner war als heute, gab es bestimmte Vornamen, besonders solche, die in Fürstenhäusern üblich waren, nahezu in jeder bürgerlichen Familie. Der deutsche Kaiser hieß mit zweitem Vornamen Friedrich; bei seinen sechs Söhnen kamen die Namen Wilhelm, Friedrich und Karl mehrfach vor.

Zur Geschichte der Friedrichstraße gehört, dass sie im 19. Jahrhundert zeitweise auch *Friedhofstraße hieß; dies deshalb, weil sie den zwischen Neutor und heutigem Walzwerksgelände gelegenen Dinslakener Friedhof des 19. Jahrhunderts nach Süden begrenzte; er wurde 1900 nach Fertigstellung des heutigen Parkfriedhofs an der B 8 geschlossen, aber zunächst nicht abgeräumt (s. hier **Am Neutor**).

Fröbelstraße

Die Fröbelstraße, eine Erschließungsstraße von der Weißenburgstraße nach Süden (Bruch), bekam ihren Namen am 27.06.1961.

Friedrich Wilhelm August Fröbel (Oberweißbach/Thür. Wald 21.4.1782 – Marienthal/Gemeinde Schweina 21.6.1852) gilt als Begründer des ganzheitlichen Denkansatzes in der Pädagogik. Er lernte bei Pestalozzi und entwickelte den Plan für eine Vorschulerziehung zur „Pflege des schaffenden Beschäftigungstriebes und des Selbsttuns der Kindheit und Jugend“ *(Gesammelte Schriften).* Fröbel gründete 1837 die erste „Pflege-, Spiel- und Beschäftigungsanstalt“ für Kleinkinder, die er später „Kindergarten“ nannte. Trotz vorübergehenden Verbots der Kindergärten in Preußen fanden seine Ideen bald großen Anklang.

Fuchsstraße

Die Fuchsstraße zählt wie die Adler-, Hasen-, Hirsch- und *Bärenstraße [heute: Hans-Böckler-Straße] zur ältesten Schicht der im Rahmen der Erschließung des Averbruchs um 1900 nach jagdbarem Getier benannten Straßen, zu denen später noch Dachs-, Biber-, Luchsstraße, Marderweg und Elchgraben hinzu kamen. Sie erscheint namentlich erstmals auf dem Übersichtsplan von 1908, beginnt an der Hirschstraße, verläuft nordwestlich, reicht noch auf dem Stadtplan von 1937 bis zur Alleestraße, wurde dann aber ausgangs der 40er Jahre vom Bau der Neuen Emscher und später von der Trassierung der heutigen Hans-Böckler-Straße unterbrochen; ihr Nordende wurde am 18.10.1957 in **Otterstraße** (s. dort) umbenannt.

Gabelsbergerstraße

Zweigt von der ebenfalls nach Stenographen benannten **Stolze-Schrey-Straße** ab und führt zunächst als Wohnstraße, dann als unbebauter Fußweg zur Kirchstraße. Im Protokoll der Hiesfelder Baukommission vom 30.6.1913 lesen wir: „Abnahme der Stolze-Schrey- und der Gabelsbergerstraße. Die Straßen werden begangen und die Ausbauarbeiten für gut befunden." Beide Straßen erscheinen im selben Jahr bei Effmann 1913 und nach der Eingemeindung Hiesfelds im Dinslakener Straßenverzeichnis von 1918, wo die Gabelsberger- im Unterschied zur Stolze-Schrey-Straße noch immer als „unbewohnt" gekennzeichnet wird.

Franz Xaver Gabelsberger (1789–1849) war bayerischer Ministerialbeamter und entwickelte 1817–1819 sein Stenographiesystem, welches er 1834 unter dem Titel „Anleitung zur deutschen Redezeichenkunst oder Stenographie" veröffentlichte und 1843 durch die „Neuen Vervollkommnungen der deutschen Redezeichenkunst" ergänzte.

Gartenstraße

Aus der **Nachbarschaftsstege,* wie die Straße in alten Zeiten geheißen hat, wurde durch das Ortsstatut vom 10.8.1893 die *Gartenstraße.* Sie beginnt an der Duisburger Straße, quert die Marktstraße und führt heute als schmales Gässchen durch die Neubauten des Altmarkts zur Eppinghovener Straße. Ein Stück weit läuft sie parallel zur alten Stadtmauer, von der an diesem Abschnitt noch ein Teil erhalten ist (Stadtmauer, s. **Farbbildseite 12**).

Als die Mauer noch zur Stadtverteidigung diente, durfte der Zugang zu den Aufgängen und Schießscharten nicht zugebaut werden. Damit blieb Platz für einen Grünstreifen, auf dem die Altstadtbewohner mit stiller Duldung des Magistrats kleine Hausgärten anlegten; so

Abb. 61
Haus Gartenstraße 1

Abb. 62
Partie an der Gärtnerstraße

kam es zur Gartenstraße. Später, als die Mauer nicht mehr gebraucht wurde, wurden die meisten Gärten in Bauland verwandelt.

An der Gartenstraße befand sich von 1818 bis 1909 die *Pestalozzischule,* eine einklassige evangelische Volksschule; später kam am benachbarten Kirchplatz die katholische *Overbergschule* hinzu. Auf dem dazwischen liegenden Johannahaus-Platz sollen die Schüler beider Schulen nach Schulschluss öfter aneinander geraten sein. Heute sind beide Konfessionsschulen auch durch die Mitwirkung der Kirchen zur *Gemeinschaftsgrundschule an der Gartenstraße* zusammengelegt worden.

Der Schule schräg gegenüber liegt das katholische Pfarrhaus. Der Name **Pfaffengässchen* für den Weg, der die Gartenstraße mit dem Kirchplatz verbindet, ist kaum noch bekannt.

Gärtnerstraße

Benannt von der Hiesfelder Baukommission am 6.2.1906. Trassenführung und der ländlich-alleenartige Charakter der Gärtnerstraße haben sich seit dem Übersichtsplan der Bürgermeisterei Hiesfeld von 1904 [1907] bis heute kaum verändert, und dies unbeschadet der Entwicklung, dass im Umfeld der Anfang der zwanziger Jahre für Bergleute der Zeche Lohberg gebauten „Siedlung Gärtnerstraße" weitere Siedlungen entstanden sind (Kleinsiedlung Oberlohberg um 1938, Bergarbeitersiedlung Berggeist 1953–55, Pestalozzidorf 1950–55). Nach wie vor beginnt unsere Straße an der Ziegelstraße, umrundet in einer leichten Nordkurve sanft ansteigend den Kleinen Lohberg und ändert nach wenigen hundert Metern an der südseitigen Einmündung der Büngeler- und der Dickerstraße ihren Namen in *Bergerstraße.*

1914 meldet das Einwohnerverzeichnis der Bürgermeisterei Hiesfeld an unserer Straße nur zwei bewohnte Häuser: in Nr. 60, dem Dinslakener Louis Maas gehörig, wohnen der Ackerer Gerhard Groot-Kormelink, der Fabrikarbeiter Franz Kreier und der Arbeiter Rick. Oudbier; Nr. 104 ist Eigentum, Wohnung und Arbeitsstätte des Gärtners Heinrich Eickhoff, womit wir den Namenspaten unserer Straße gefunden haben. Seine Familie hat es auch in den nachfolgenden Generationen verstanden, den parkähnlichen Charakter der Straße und ihres Umfelds zu erhalten und auszubauen.

Georg-Weddige-Straße

Die Georg-Weddige-Straße ist eine von der Thyssenstraße nach Osten abzweigende Stichstraße, die in das frühere Walzwerksgelände

Abb. 63 Dr.-Ing. Georg Weddige

hineinführt und vor allem das Metallwerk Dinslaken erschließt. Die Benennung erfolgte am 30.07.2008 (Abb. 63).

Die Straße ist bennannt nach Dr.-Ing. Georg Weddige (1909–1994), der bei Kriegsende 1945 Betriebsleiter für den Bereich „Veredelung“ des Bandeisenwalzwerkes war.

Er verweigerte sich 1946 der Beteiligung an der Demontage des Werkes und wurde freiberuflich tätig. 1949 erwarb er eine Teilfläche des früheren Bandeisenwalzwerkes und gründete das Metallwerk Dinslaken, wobei seine Patente das wichtigste Kapital waren. Mit großer Tatkraft entwickelte er dieses Werk zu einer bedeutenden Sekundär-Zinkhütte und praktizierte damit eine frühe Form von Recycling. Die vom Metallwerk Dinslaken erzeugten Werkstoffe Zinkmetall und Zinklegierungen haben in Europa unter der Marke „Dinslaken“ einen sehr guten Ruf. Dr. Weddige erweiterte das Metallwerk zu einer mittelständischen Unternehmensgruppe, zu der auch die Firma „Druckguss Westfalen“ mit einem Betrieb in Dinslaken gehört. Die auf Georg Weddige zurückgehende und von ihm Jahrzehnte geführte Unternehmensgruppe beschäftigt derzeit 250 Mitarbeiter, davon 120 in Dinslaken.

Gerhard-Malina-Straße

Die Gerhard-Malina-Straße, die vermutlich ab Februar 1903 und bis 1987 **Gasstraße* hieß, verbindet heute die Hünxer Straße mit der Luisenstraße, die frühere direkte Verbindung zur Weseler Straße, der Bundesstraße 8, existiert nicht mehr.

Gerhard Malina (1925–1987), seit 1962 Geschäftsführer der Stadtwerke Dinslaken GmbH, war von 1954 bis 1985 für die Stadtwerke und die angeschlossenen Gesellschaften verantwortlich. Unter seiner Regie entwickelten sich die Stadtwerke – zunächst ein kleiner Eigenbetrieb der Stadt, ab 1960 in eine GmbH umgewandelt – zu einem großen erfolgreichen Unternehmen. Er initiierte auch gegen einigen Widerstand die Fernwärmeversorgung in Dinslaken, zunächst auf der Basis von Steinkohle. Die Versorgung mit Fernwärme wurde später, auf sein Drängen hin, auf Walsum, den Niederrhein und das östliche Ruhrgebiet ausgedehnt. Auch am Bau des eigenen Wasserwerkes in Löhnen und der Gründung der Wasserwerke Dinslaken GmbH hatte Malina wesentlichen Anteil. Im Voerder Stadtteil Löhnen wurde 2007 eine Nanofiltrationsanlage zur Wasseraufbereitung errichtet, da sich durch Bergbaueinwirkungen die Rohwasserqualität deutlich verschlechtern wird.

An der Gerhard-Malina-Straße entstand im Jahr 2008 ein Frischholz-Heizkraftwerk, um die Unabhängigkeit der Stadtwerke von Energielieferanten zu stärken. Bis zu 40 % des Strombedarfs sollen selbst erzeugt werden.

Neben diesen vielfältigen wirtschaftlichen Aktivitäten unterstützen die Stadtwerke Dinslaken auch immer wieder großzügig das kulturelle Leben der Stadt.

Als Gerhard Malina am 24.05.1987 starb, wandten sich Elmar Sierp und Viktor Rybka vom Heimatverein Dinslaken e.V. schon drei Tage später an den Stadtdirektor und baten

Abb. 64 Gerhard Malina

darum, die **Gasstraße*, „die Straße seines engsten Wirkungsbereiches“, in *Gerhard-Malina-Straße* umzubenennen, um ihn „auf Dauer gebührend zu würdigen“. Geschäftsleitung, Betriebsrat und Belegschaft der Stadtwerke Dinslaken unterstützten den Vorschlag am 2.06.1987.
Verwaltung und Rat der Stadt stimmten der Umbenennung am 16.06.1987 zu.

Es gab Einsprüche seitens der Anlieger gegen die Umbenennung. Die Gefahr von Entschädigungsansprüchen der Anwohner schätzte man allerdings als gering ein. „Sollten dennoch Entschädigungsansprüche gestellt werden, so ist mit den Anspruchstellern zu verhandeln, da die alte Straßenbezeichnung mindestens 1 Jahr (ggf. aber auch 2 Jahre) dadurch erhalten bleibt, dass alte Straßenschilder stehen bleiben“ (Beigeordneten-Besprechung am 9./10.07.1987).

Die ***Gasstraße*** hatte ihren Namen vermutlich seit dem Februar 1903 (s. dazu Stampfuß/Triller 1973, 451 Abb. 34). Damals war sie ein kleiner Abzweig von der Hünxer Straße.

Das Trinkwasser in Dinslaken war schon lange von schlechter Qualität (s. dazu Stampfuß/Triller 1973, 436 ff). Seit 1893 diskutierte die Stadtverwaltung über den Bau eines Wasserwerkes und auch einer „Beleuchtungsanlage“, scheiterte aber an dem „großen Widerstande der Bevölkerung“. Nach ständigem Hin und Her wurde erst 1902 der Bau eines Wasserwerkes und einer Gasanstalt beschlossen; und bereits im März 1903 konnten die Dinslakener mit „gesundem“ Trinkwasser beliefert werden. Die Bauarbeiten für das Gaswerk waren im Februar 1903 abgeschlossen. Es entstanden auch ein Gasometer mit 1000 cbm Inhalt und eine Gasmeisterwohnung an der Gasstraße. Ab 1903 war also die Beleuchtung in der Altstadt erstmals möglich, Hausanschlüsse wurden angelegt, und „zu diesem Zeitpunkt brannten auch schon die ersten 50 Straßenlaternen, die durch Laternenwärter bedient wurden, die mit einem Haken jede einzelne Laterne anzündeten und löschten“.

Schon im Jahr 1912 war die Kapazität des Gaswerkes so ausgelastet, dass die Stadt Dinslaken sich an das Thyssensche Ferngasnetz anschließen ließ. Grundstück und Räume des Gaswerkes konnten anderweitig genutzt werden,

Abb. 65 Der Gasometer an der ehemaligen Gasstraße

der Gasometer existiert noch und steht heute unter Denkmalschutz (Abb. 65).

Von großer Bedeutung für die *Gasstraße, heute Gerhard-Malina-Straße, wurde die Ansiedlung der Firma Steinhoff Kaltwalzen. Die Ursprünge des Unternehmens gehen auf Wilhelm Grüdelbach zurück, der im Jahr 1908 die Niederrheinische Gussstahlwalzen-Fabrik auf dem heutigen Bahngelände in Dinslaken gründete. Sechs Jahre später übernahm Friedrich Steinhoff die Geschäfte der Firma: Das Familienunternehmen war gegründet, das heute in der vierten Generation von Otto und Karl Steinhoff geleitet wird.

Durch den Neubau des Dinslakener Bahnhofs musste das Unternehmen seinen Standort aufgeben und zog in die ehemalige Gasanstalt um. Nach Rückschlägen durch den Ersten und Zweiten Weltkrieg, die Demontagegefahr und Krisen in der Stahl- und Automobilindustrie gehört das Unternehmen heute zu den erfolgreichsten Herstellern von Kaltwalzen. Steinhoff-Kaltwalzen werden in über 100 Ländern eingesetzt.

Dieses Wachstum hat sich natürlich auch auf die Arbeitsplatzentwicklung ausgewirkt. Heute sucht das Unternehmen händeringend Fachkräfte. Man setzt schon seit 50 Jahren auf Ausbildung im eigenen Betrieb und bietet darüber hinaus seit 2003 auch anderen Betrieben an, für sie Teile der betrieblichen Ausbildung zu übernehmen.

Die Gasstraße trug ihren Namen also lange Jahre zu Recht, auch wenn im Dinslakener Generalanzeiger vom 15. Juli 1934 darüber geklagt wird, dass „die uralten, bodenständigen, volkstümlichen Bezeichnungen, die in den Charakter der Landschaft, in das Wesen und in die Seele ihrer Bewohner passen, vielfach blassen, nichtssagenden Namen gewichen sind, die den Stempel einer Verlegenheitslösung auf der Stirn tragen (…). Nehmen wir als Beispiel die G a s s t r a ß e. Riecht der Name nicht nach einer undichten Leitung? Wo bleibt denn die Elektrizitätsstraße? Wäre der jahrhundertealte dortige Flurname „an der Geer“ nicht schöner? ...“ (Geer oder Gehrung heißt die Eckverbindung zweier durch Abschrägung im Winkel zusammengesetzter Hölzer. Auf ein Landstück angewendet, bedeutet das Wort ein schiefwinkliges Stück – wie das zwischen Hünxer Straße und Gasstraße.)

Gertrudenstraße

Die Gertrudenstraße ist eine lange, von der Augustastraße nach NW abzweigende Straße, die die Claudiastraße kreuzt und zum Veronikaweg führt. Zu den „Frauenstraßen“ allgemein s. hier **Adelenweg.**

Das Jahr der Namensgebung ist ungewiss; auf einer alten Flurkarte von 1895, die 1914 ergänzt wurde, ist die Gertrudenstraße bereits ausgewiesen, ebenfalls auf einem Stadtplan von 1908. 1924 beschließt die Baukommission, die Gertrudenstraße ans Wasserleitungsnetz anzuschließen.

Ginsterweg

Der Ginsterweg liegt im Stadtteil Bruch und ist eine der Stichstraßen nördlich des Anshövels, die von der Katharinenstraße in östlicher Richtung abzweigen. Benannt wurde er am 14.12.1962. S. noch hier **Angerweg.**

Giselastraße

Die Giselastraße im Stadtteil Bruch/ Feldmark zweigt als kurze Stichstraße von der Hedwigstraße ab. Benannt wurde sie am 16.12.1960. Zu den „Frauenstraßen“ allgemein s. hier **Adelenweg.**

Gleiwitzer Straße

Die Straße bildet den nördlichen Abschluss des sogenannten Thyssen-Dreiecks (s. dort) und wurde am 18.12.1959 benannt.

Gleiwitz, poln. Gliwice, ist eine kreisfreie Großstadt im südlichen Teil Polens und hat auf einer Fläche von 134 km^2 rund 200.000 Einwohner. Sie besteht seit dem 13. Jahrhundert und ist eine der ältesten Städte des oberschlesischen Industriegebiets.

Gneisenaustraße

Die Straße ist schon im Katasterplan von 1825 eingetragen und führte von der Voerder Straße etwa bis zur heutigen Goethestraße. Bereits im Plan von 1913 trägt sie ihren jetzigen Namen. Mit dem Bau der Goethestraße erhielt sie hier ihre Anbindung. Nach 1970 wurde sie zur anderen Seite hin über die Voerder Str. hinaus bis zur neu angelegten Bezirkssportanlage und zum Nebeneingang des Friedhofs verlängert.

In den 1980er Jahren wurde hier im Zusammenhang mit dem Bau des Seniorenzentrums auf dem alten Sportplatz (Jahnplatz) hinter dem Rotbach auf der gegenüber liegenden Straßenseite die neue Bezirkssportanlage geschaffen mit zwei Sportplätzen und einer Doppelsporthalle, der *Hans-Efing-Halle.* Hans Efing war viele Jahre verdienter Vorsitzender des Stadtsportbundes.

Der preußische General von Gneisenau wurde am 27.10.1760 in Schildau bei Torgau geboren, trat 1778 zunächst in die österreichische Armee ein, nahm dann 1782/83 auf britischer Seite am Unabhängigkeitskrieg in Amerika teil.

1786 trat er in preußische Dienste und zeichnete sich 1807 bei der Verteidigung Kolbergs gegen die Franzosen aus. 1825 wurde er Generalfeldmarschall und starb beim Einsatz gegen den polnischen Aufstand am 23.8.1831 in Posen an der Cholera.

Goethestraße

Die Straße ist erstmals eingezeichnet im Plan von 1913. Sie trug damals schon ihren jetzigen Namen und führte von der Altstadt ausgehend parallel zur Schillerstraße durch den heutigen Stadtpark und endete an der Scharnhorststraße. Anfang der 1920er Jahre wurde sie bis zur Hagenstraße verlängert. Beim Bau der Verbandsstraße (heutige B8) 1927 wurde sie unterbrochen. Die Nummerierung der Häuser beginnt an der Hagenstraße.

Der allgemein bekannte Dichter *Johann Wolfgang von Goethe* wurde am 28. August 1749 in Frankfurt am Main geboren. Er war nicht nur als Dichter tätig als der bekannteste Vertreter der Weimarer Klassik, sondern auch als Naturwissenschaftler, Kunsttheoretiker und Staatsmann. Er starb am 22. März 1832 in Weimar.

Grabenstraße

Die *Grabenstraße* liegt in der Bergarbeiterkolonie Lohberg. Bis zur Eingemeindung Hiesfelds nach Dinslaken am 1. Juli 1917 verlief die Grenze zwischen der Gemeinde Hiesfeld und der Stadt Dinslaken quer über die Grabenstraße.

Der auf Dinslakener Gebiet gelegene westliche Straßenteil hieß bereits *Grabenstraße.* Die Benennung könnte am 30.9.1915 erfolgt sein, als es in der Stadtverordnetenversammlung der Stadt Dinslaken um die „Offenlegung von Straßen in der Kolonie Lohberg" (Protokollbuch, Blatt 538) ging. Straßennamen werden allerdings im Protokollbuch nicht genannt. Der auf Hiesfelder Gebiet befindliche östliche Teil der Straße trug den Namen **Seydlitzstraße.* Er war benannt nach dem preußischen Reitergeneral Friedrich Wilhelm von *Seydlitz* (Kalkar 3.2.1721 – Ohlau 8.11.1773). Er entschied im Siebenjährigen Krieg die Siege bei Roßbach (1757) und Zorndorf (1758). Seine Siege beruhen auf der Anwendung der von Friedrich dem Großen eingeführten Kampfform der Reiterei: Attacke im Galopp mit anschließendem Stoß in schärfster Gangart und geschlossenem Einbruch mit der blanken Waffe.

Mit Beschluss der Stadtverordneten der Stadt Dinslaken vom 11. März 1918 erhielt die Straße im gesamten Verlauf den Namen Grabenstraße. Der Name verweist auf den Lohberger Entwässerungsgraben, der parallel zur Grabenstraße verläuft. Dieser Graben diente bereits vor dem Abteufen der Lohberger Schächte der Entwässerung von feuchten

Nutzflächen in Ober- und Unterlohberg (s. hier **Lohbergstraße**). Er beginnt in der Nähe des heutigen Waldfriedhofes in Oberlohberg an der Bergerstraße, nimmt über Abzugsgräben Wasser auf und führt es dem Rhein zu. Auf dem Weg von der Höhe bis zum Fuß des Oberlohbergs, der hier von der Bevölkerung Drescherberg genannt wird, ist er verrohrt. Seit April 1912 wird er zur Entsorgung der auf dem Bergwerk Lohberg anfallenden vorgeklärten Wässer (Grubenwässer, Wasser aus der Kohlenaufbereitung, Kühlwasser, Wasser aus Waschkauen, Bädern und Toiletten) genutzt. Unter ökologischen und hygienischen Gesichtspunkten gilt die Einleitung dieser Wässer als bedenklich. Der Naturschutzbund Deutschland e.V., NABU, dringt auf Entsorgung über das städtische Abwassernetz. Dies ist technisch möglich. Anschluss und Entsorgung sind jedoch mit erheblichen Kosten verbunden. Wegen der am 31. Dezember 2005 erfolgten Schließung des Bergwerks Lohberg ist es daher zweifelhaft, dass dieser Anschluss überhaupt erfolgen wird.

Die Grabenstraße verläuft von der Hünxer Straße bis zur Dorotheenstraße. Der Entwässerungsgraben und die Grabenstraße bilden den nördlichen Abschluss der Bergarbeiterkolonie Lohberg und die Grenze zum Ortsteil Bruckhausen der Gemeinde Hünxe. Wohnungen auf der Nordseite der Grabenstraße, deren Gärten an den Graben grenzen, sind wegen ihrer Randlage und der Aussichtsmöglichkeiten in die unbebaute natürliche Umgebung Lohbergs sehr begehrt. Gegenüber den Einmündungen der Schlägel- und der Zechenstraße befindet sich auf der Grabenstraße, zurückweichend von der generellen Fluchtlinie der zweigeschossigen Reihenhäuser, je ein dreigeschossiges Gebäude.

Grafenstraße

Zweigt ab von der Franzosenstraße, passiert den südlichen Teil der Grafschaft, quert den Schwarzen Siepen, knickt ein Stück nach dem Schießstand im Aschenbruch scharf nach Südosten ab und mündet in die Dorstener Straße. Erscheint so im Hiesfelder Übersichtsplan von 1904[1907] und wurde am 24.4.1906 benannt nach der **Grafschaft** bzw. der dort ansässigen Familie *Grafen*.

Grafschaft

Der östliche Winkel zwischen Berger- und Franzosenstraße ist allgemein als „die Grafschaft“ bekannt und findet sich so schon in der Königlich Preußischen Landesaufnahme von 1892[1893] ; der Name hat freilich nichts mit einer Adelsherrschaft zu tun, sondern leitet sich von einer ab der 2. Hälfte des 19. Jhs. hier nachgewiesenen, aus der linksrheinischen Pfälzerkolonie (Pfalzdorf und Louisendorf) zugewanderten Familie Grafen ab. Um 1850 „wanderte der Kolonist Heinrich Grafen von Louisendorf nach Hiesfeld aus, wo er annähernd 50 Morgen von Wald eingeschlossenes Heideland erwarb. Mit seinen fünf Söhnen [...] machte sich Graven (Grafen) daran, dieses wüste, unfruchtbare Land urbar zu machen und nach und nach in mühevoller Arbeit zu kultivieren. Die Bodenbeschaffenheit, stellenweises Auftreten von Ton oder Mergel, ließ es zu, daß er hier auch Ziegelsteine brannte.“ (K. Süsselbeck, *Die Grafen und ihre Grafschaft,* HKD 1953, 29–31; hier 29). – Ob darüber hinaus eine Beziehung zum Kirchhellener Ortsteil Grafenwald und zur Grafenmühle besteht, muss vorderhand offen bleiben.

Das Areal wird im Südteil von der *Grafenstraße* (s. dort) durchzogen, im Nordteil wird die Sied-

Abb. 66 Gedenkstein der Sippe Grafen

lung von zwei nicht mit einander verbundenen Straßen mit dem identischen Namen *Grafschaft* erschlossen; die eine biegt rechts von der Franzosenstraße ab und erschließt mehrere Winkel; die andere stößt von der Bergerstraße aus südöstlich in die Siedlung vor. Beide finden sich bereits im Hiesfelder Übersichtsplan 1904[1907]. Davor hatte schon am 2.6.1898 der Landwirt und Gemeindeverordnete Albert Klosterköther den Antrag auf „Ausbau des *Verbindungsweges von der Grafschaft bis zum Franzosenwege*“ gestellt. Der Straßenname *Grafschaft* wurde am 27.9.1906 vergeben.

Grenzstraße

Kurz vor der Duisburger Stadtgrenze zweigt von der Bundesstraße 8, die hier auf Dinslakener Gebiet Willy-Brandt-Straße heißt, die Grenzstraße nach Westen ab. Sie überschreitet nach kurzer Strecke die Grenze zum Duisburger Stadtbezirk Walsum, ändert ihren Namen im Stadtteil Overbruch in Steinstraße, im Stadtteil Vierlinden in Oswaldstraße, im Stadtteil Aldenrade in Am Driesenbusch, kurz darauf in Dittfeldstraße und endet im Stadtteil Fahrn kurz vor der Wiedereinmündung in die Bundesstraße 8 – die sie mehr oder weniger im ganzen Verlauf westseitig begleitet hat – an der Büsackerstraße.

Die Straße erscheint als Weg schon im Preußischen Urkataster von 1843. Wegen ihrer Lage an der Stadtgrenze hatte sie wohl schon vor der offiziellen Straßenbenennung ihren Namen. Sie erscheint mit Namen und Verlauf dann auf dem Übersichtsplan von 1908. Hier muss, wie ein Plan aus dem Jahre 1825 noch aufweist, einer der Findlinge gelegen haben, durch die im 13. Jahrhundert der Geltungsbereich des Dinslakener Stadtrechts festgelegt wurde. Auf dem genannten Plan ist hier *„der graue Stein“* eingetragen. Möglicherweise trägt die Straße deswegen auch auf Duisburger Gebiet die Bezeichnung Steinstraße.

Grünstraße

Die Straße trägt den Namen, weil sie durch landwirtschaftliches Gebiet, durch „Grün“, verläuft. Sie führte zunächst, wie das Klevische Kataster von 1733 zeigt, bis zum Pflipsenhof. Später dann, so zeigt es das Preußische Kataster von 1843, verband sie die Heerstaße mit der Duisburger Straße.

Die Grünstraße ist heute von der *Heerstraße* bis zum *Heimkamp* ein Teil der Grenze zwischen den Städten Dinslaken und Duisburg (früher Dinslaken und Walsum). Der hintere zur Emscher hin liegende Teil wurde am 30.01.1990 in *August-Schmidt-Straße* umbenannt. (vgl. die Ausführungen zu **August-Schmidt-Straße**)

Gudrunstraße

Die Gudrunstraße, benannt am 15.12.1987, liegt im Stadtteil Bruch/Feldmark und verbindet die Angelikastraße mit der Weseler Straße; ihr Endstück bis zur Weseler Straße war bis 1993 der Hedwigstraße zugeordnet, wurde aber dann vom Hauptausschuss am 4.6.1993 „zur Erhöhung der öffentlichen Ordnung und Sicherheit“ zur Gudrunstraße gestellt.

Habichtstraße

Am 15.03.1966 gewidmete Straße im Hiesfelder „Vogelviertel“, s. hier unter **Taubenstraße.**

Der Hühnerhabicht galt lange Zeit wegen seiner gelegentlichen Überfälle auf Geflügelgehege als arger Schädling und wurde rücksichtslos verfolgt. Heute steht er wie alle heimischen Greifvögel unter ganzjährigem Schutz. Falkner zähmen ihn und verwenden ihn zur Kaninchenbeize.

Hagelstraße

Die Hagelstraße ist eine der ältesten Straßen Eppinghovens, die die Verbindung zum Stapp bildete. Seit etwa 1450 bildete sie die Grenze zwischen den Gerichtsbezirken (ab 1753 den Ämtern) Götterswickerhamm und Walsum (s. Klevisches Kataster von 1733). Diese bis 1975 bestehende Grenze führte weiter über die Eppinkstraße.

Die Straße, die in alten Plänen auch *„an't Hagelkruis"*, 1826 dann *„Hagelkreutz-Straße"* hieß, hat ihren Namen von dem Hagelkreuz, das sich hier befindet. Es wurde aufgerichtet, weil hier Bittprozessionen um Bewahrung der Ernte vor Hagelschlag (Hagelprozessionen) abgehalten wurden. Das Hagelkreuz ist in den Plänen von 1843 und 1892 auf der Voerder Seite der Straße eingetragen.

Hagenstraße

Viele Dinslakener Bürger unterhielten Gärten (Hagen) außerhalb der Stadt. Die Hagenstraße trennte den Bereich dieser Gärten vom sogen. Kuhbruch, das von drei großen Zufahrtswegen mit Entwässerungsgräben durchzogen war *(Helenenstraße, Amalienstraße, Hedwigstraße)*.

Ein **Hag** (von germ. *haga/hagaz* für Umzäunung, Hag, Gehege) ist zunächst ein abgesteckter (umhegter) Bereich. *Hag* bzw. *Hagen* war dann auch ein von Hecken (Wallhecken) umstandenes Gelände. Die Hecken boten Schutz vor Wind. So war es den Bewohnern dann „behaglich".

Die Hagenstraße war bis zum Bau der Eisenbahn Oberhausen–Wesel (1856) ein alter Verbindungsweg zwischen der Straße nach Voerde und der Straße nach Wesel und mündete etwa bei der heutigen Firma Reifen Busch auf die Weseler Straße (B 8). Nach dem Bau der Eisenbahnlinie querte sie diese zunächst noch auf einem niveaugleichen Bahnübergang. Nach Errichtung des Bahndamms (1916) wurde dann die Straße abgebunden. Durch den Bau der Verbandsstraße (B 8) 1927 verlor sie ihre Bedeutung als Verbindungs- und Umgehungsstraße.

Zwei Schulen und ein Kirchenzentrum liegen an dieser Straße. Das Otto – Hahn – Gymnasium wurde 1967 als naturwissenschaftliches Gymnasium in Gegenwart von Professor Otto Hahn eingeweiht, dessen Namen es heute trägt. Im Jahre 2006 wurde es um neue naturwissenschaftliche Räume erweitert, nachdem viele Jahre einige Klassen in Pavillons unterrichtet wurden. Die Außenfassade aus Waschbetonplatten wurde im Jahre 2008 saniert.

Auf dem Nachbargrundstück liegt das Gemeindezentrum der Heilig-Blut-Kirche, heute eine Filialkirche der Gemeinde St. Vincentius. Die Kirche besteht aus zwei rechtwinklig angeordneten Baublöcken, der Turm aus vier hohen Betonscheiben. Die Kirche wurde von dem Dinslakener Architekten Heinz Buchmann entworfen und 1965 eingeweiht.

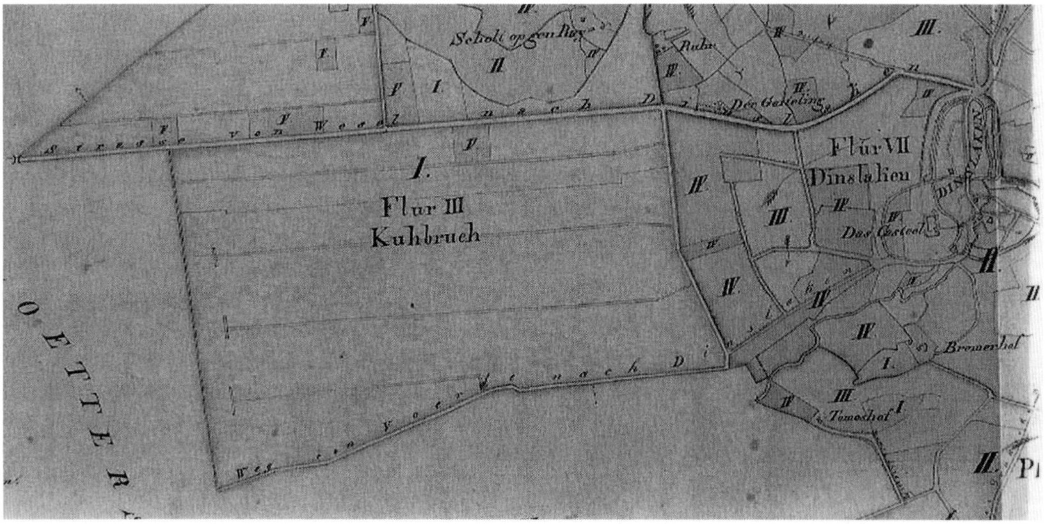

Abb. 67 Die Hagenstraße auf dem Plan von 1843, mit Gräben und den drei Wegen durchs Kuhbruch; Helenenstraße, Amalienstraße, Hedwigstraße

Abb. 68 Die Pfarrkirche Heilig Blut

Etwas weiter finden wir dann die Gebäude der Hagenschule, einer Gemeinschaftsgrundschule, die in den 1950er und 60er Jahren in mehreren Abschnitten zunächst für zwei getrennte konfessionelle Schulen errichtet wurden.

Häherstraße

Am 19.06.1957 benannte Straße im Hiesfelder „Vogelviertel", s. hier unter **Taubenstraße.**

Der Eichelhäher war ursprünglich ein scheuer Waldvogel, der andere Tiere durch Rufe vor Gefahren warnte, daher auch sein Name „Markwart" in der Tierfabel. Heute wandert er auch in die städtischen Gärten ein. – Seltener ist der Tannenhäher.

Hainweg

Die vom Hauptausschuss am 7.6.1988 als *Hainweg* benannte kurze Straße liegt im Wohngebiet zwischen Im Heegerfeld, Talstraße und Hünxer Straße. Sie zweigt als Stichstraße von der Straße *Im Heegerfeld* nach Süden ab; früher reichte sie bis zur Hünxer Straße.

Haldenstraße

Das auf ahd. *halda* ‚Abhang' zurückgehende Wort *Halde* bezeichnet in der Bergmannssprache eine Aufschüttung von bergbaulich gewonnenen Produkten über Tage. Hier sind Koks-, Kohle- und vor allem Bergehalden zu nennen.

Seit der zunehmenden Technisierung und Mechanisierung des Bergbaus und dem Übergang zu Bruchbau wachsen die mit der Steinkohle an die Tagesoberfläche gelangenden Mengen an Bergen (Gestein). Dieses Material wird, soweit es keinen Verwendungen, z. B. in der Bauwirtschaft, zugeführt werden kann, auf Halde geschüttet. Bergehalden werden heute als Landschaftsbauwerke gestaltet und in das Landschaftsbild eingegliedert. Es entstehen sowohl neue Lebensräume für Fauna und Flora als auch Naherholungsgebiete für die Bevölkerung. Dies gilt auch für die Halden des Bergwerks Lohberg. Die erste Halde überdeckt inzwischen den Oberlohberg bzw. Lohberg (s. hier **Lohbergstraße**). Sie erstreckt sich in Nord-Süd-Richtung über eine Länge von 1125 m und erreicht eine Höhe von 72 m über NN. Seit Anfang der 90er Jahre des vorigen Jahrhunderts steht sie als Freizeitgelände zur Verfügung. Nach Norden schließt sich eine weitere Halde von noch größerer Ausdehnung und Höhe an, die demnächst von der Bevölkerung genutzt werden kann.

Vor der Eingemeindung Hiesfelds nach Dinslaken im Jahre 1917 gehörte die Haldenstraße zu Hiesfeld und hieß dort **Yorckstraße,* benannt nach dem preußischen Adelsgeschlecht *Yorck von Wartenburg,* aus dem hohe Offiziere hervorgingen, auch der am 8.8.1944 als Mitglied des Kreisauer Kreises hingerichtete Peter Graf Yorck.

1918 erfolgte die Umbenennung in *Haldenstraße.* Sie beginnt am Johannesplatz und verläuft in Nord-Süd-Richtung parallel zur Hünxer Straße bis zur Knappenstraße. Als in

Lohberg noch zwischen dem Wohngebiet der Arbeiter (Arbeiterkolonie) und dem der Angestellten (Beamtenkolonie) unterschieden wurde, gehörte der Teil zwischen Johannesplatz und Lohbergstraße zur Arbeiterkolonie, die Fortsetzung südlich der Kreuzung mit der Lohbergstraße zur Beamtenkolonie.

Als *Beamte* wurden auch bei privaten Bergbauunternehmen die technischen und kaufmännischen Angestellten bezeichnet. Der Begriff wurde aus dem staatlichen Bergbauwesen, wo es sich bei dieser Personengruppe um Staatsbeamte handelte, von der privaten Bergbauwirtschaft übernommen und in Anstellungsverträgen noch bis Anfang der 1950er Jahre verwendet.

Auf der östlichen Seite dieses Teils der Haldenstraße waren ursprünglich das Pfarrhaus der Evangelischen Kirchengemeinde Lohberg (bis Ende 1954) sowie Pfarrhaus (bis Mitte 1955) und Station der Gemeindeschwestern der Katholischen Kirchengemeinde (bis 1963) jeweils in Beamtenhäusern untergebracht. In der Nähe dieser Gebäude führte ein Weg zu den im rückwärtigen Bereich der Haldenstraße gelegenen weiteren katholischen Gemeindeeinrichtungen (Notkirche bis zur Einweihung der St.-Marien-Kirche Ende 1932, Nähschule bis 1963, Kindergarten bis zum Bezug des Neubaus Anfang 1965).

Bis zur Entstehung des Lohberger Neubaugebietes südlich der alten Kolonie nach dem Zweiten Weltkrieg endete die Haldenstraße an der Einmündung der Kasinostraße als Sackgasse. Auf dem Dinslakener Stadtplan von 1952 ist eine Verlängerung noch nicht ausgewiesen. Die Fortsetzung bis zum Neubauteil

Abb. 69
Demonstration in Lohberg Mitte der 1920er Jahre auf dem in der Arbeiterkolonie liegenden Teil der Haldenstraße

Abb. 70
Katholische Notkirche (1918–1932). Zugang über die Haldenstraße

der Knappenstraße (s. dort) war 1952 jedoch projektiert und bereits im Ausbau befindlich, denn zwischen 1952 und 1954 wurde an der Ostseite der Verlängerung der Haldenstraße die evangelische Martin-Luther-Kirche gebaut (s. hier **Martin-Luther-Platz**). Sie wurde am 12. Dezember 1954 eingeweiht und löste die provisorische Unterbringung im früheren NSV-Kindergarten an der Lohbergstraße ab (s. hier **Lohbergstraße**).

Halfmannskath

Enbers 1736 verzeichnet eine Kate „Halfmann“ an der Landwehr ein Stück nördlich des Schürmanns- und des Laakmannshofs. Ein Henrich *Halfman* ist 1680 Schöffe am Hiesfelder Gericht. Der Name *Halfmann* findet sich in Dinslaken noch heute.

Ein Halfmann war ein Gutsverwalter oder Pächter, der als Entgelt die Hälfte bestimmter landwirtschaftlicher Erträge bekam, z. B. „Gerdt Camp, Halfmann auf dem Hause Paumühle“ (1707).

Die am 21.09.1976 benannte Straße geht von der Holtener Straße westlich ab und schießt auf den Bahndamm.

Hanielstraße

Die heutige Hanielstraße im Gewerbegebiet Mitte verbindet die Hünxer Straße mit der Ziegelstraße. Sie unterquert dabei die Trasse der früheren Zechenbahn.

Wann die Hanielstraße definitiv ihren Namen erhielt, ist unklar. Vom Anfang der fünfziger Jahre bis 1986 existierte sie nur als kurze Stichstraße von der Hünxer Straße nach Osten. Das Wohnhaus der Familie Kahmann – damals die einzigen Bewohner der Hanielstraße – hatte 1949/50 die Adresse Hanielstraße 8. 1954 beschloss der Hauptausschuss „einstimmig die Aufhebung der projektierten Hanielstraße und die Rückauflassung der Straßenflächen von ca. 1.400 qm an den Bauunternehmer Kahmann“. Diesem wurde jedenfalls am 29.02.1956 mit-

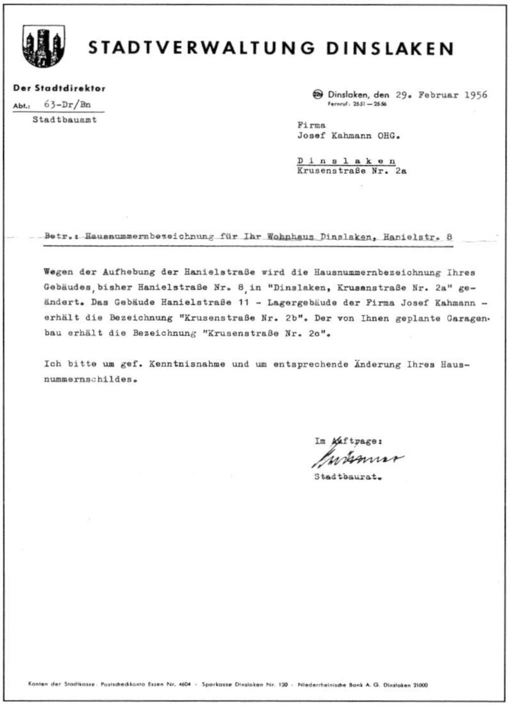
STADTVERWALTUNG DINSLAKEN

Der Stadtdirektor
Abt.: 63-Dr/Bn
Stadtbauamt

Dinslaken, den 29. Februar 1956
Fernruf: 2551 – 2556

Firma
Josef Kahmann OHG.

D i n s l a k e n
Krusenstraße Nr. 2a

Betr.: Hausnummernbezeichnung für Ihr Wohnhaus Dinslaken, Hanielstr. 8

Wegen der Aufhebung der Hanielstraße wird die Hausnummernbezeichnung Ihres Gebäudes, bisher Hanielstraße Nr. 8, in "Dinslaken, Krusenstraße Nr. 2a" geändert. Das Gebäude Hanielstraße 11 – Lagergebäude der Firma Josef Kahmann – erhält die Bezeichnung "Krusenstraße Nr. 2b". Der von Ihnen geplante Garagenbau erhält die Bezeichnung "Krusenstraße Nr. 2c".

Ich bitte um gef. Kenntnisnahme und um entsprechende Änderung Ihres Hausnummernschildes.

Im Auftrage:
Stadtbaurat.

Konten der Stadtkasse: Postscheckkonto Essen Nr. 4604 · Sparkasse Dinslaken Nr. 120 · Niederrheinische Bank A. G. Dinslaken 21000

Abb. 71 Mitteilung der Stadt an die Familie Kahmann, 1956

geteilt, dass die Gebäude seiner Firma mit der Adresse Hanielstraße 8 und 11 die neue Bezeichnung Krusenstraße 2a-c erhielten – wegen der Aufhebung der Hanielstraße.

Der Hauptausschuss der Stadt schlug dann aber am 12.03.1986 für die im Bau befindliche Verlängerung der Stichstraße bis zur Ziegelstraße an der Einmündung der Gärtnerstraße erneut den Namen *Hanielstraße* vor. „Hausnummernänderungen sind nicht erforderlich“.

Die Kaufmannsfamilie *Haniel* stammte ursprünglich aus Elberfeld, übersiedelte aber um die Mitte des 18. Jhs. nach Duisburg-Ruhrort, wo Jacob Wilhelm Haniel mit seiner Frau Aletta eine Wein- und eine Kohlenhandlung betrieb. Namensgeber unserer Straße ist vermutlich J. W. Haniels zweiter Sohn *Johannes Franciscus (Franz) Haniel* (Ruhrort 20.11.1779 – ebenda 24.4.1868), der Gründer der Firma *Franz Haniel & Cie. GmbH.* Im Jahre 1808 gründete er gemeinsam mit seinem Bruder Gerhard und seinen Schwägern Gottlob Jacobi und Heinrich Arnold Huyssen in Sterkrade

Abb. 72 Franz Haniel

(heute Oberhausen) die *Hüttengewerkschaft und Handlung Jacobi, Haniel & Huyssen,* aus der später die *Gutehoffnungshütte,* kurz *GHH* hervorging, die als Arbeitgeberin für die Bewohner der bis 1917 selbstständigen Gemeinde Hiesfeld von großer Bedeutung war.

Hans-Böckler-Platz

Der Platz wurde 1983 benannt nach *Hans Böckler* (1875–1951), dessen Name verbunden ist mit dem Wiederaufbau der deutschen Gewerkschaften nach 1945 und deren Zusammenführung im Deutschen Gewerkschaftsbund (DGB). Als erster Vorsitzender des DGB ab 1947/49 erwarb er bleibende Verdienste beim Entstehen und bei der Festigung einer neuen Sozialordnung für die Bundesrepublik Deutschland.

Die Platzfläche südlich des Neutorbereiches unter Einbeziehung des jetzigen Neutorplatzes erscheint auf einem Plan von 1837 als Gartenfläche *vor dem Neuthor, Gemüsegarten,* 1892 als Freifläche und 1919 als *Groß-Viehmarkt,* 1929 wieder als Freifläche und 1937 nach Abtrennung des nördlichen Drittels, des heutigen *Neutorplatzes,* als **Hermann-Göring-Platz.* Göring war damals Dinslakener Ehrenbürger. In den Jahren des Nationalsozialismus diente der Platz vor allem als Aufmarschgelände für Veranstaltungen der Partei und der Hitler-Jugend. Nach 1945 lag er jahrelang als namenloser Rummelplatz brach, nur gelegentlich belebt durch Zirkusveranstaltungen und die alljährliche Pfingst- und Martinikirmes. Natürlich wurde auch auf ihm geparkt. In das Platzgelände und in den Neutorplatz erfolgte ein Einschnitt durch den Bau des Hertie-Kaufhauses 1965. Seitdem gibt es eine eindeutige Abgrenzung zwischen den beiden Plätzen. Dem folgte der Ausbau zu einem regulierten Parkplatz, wobei aber die Funktion als Kirmesplatz erhalten blieb.

Seit Jahrzehnten ist der Hans-Böckler-Platz fest umgrenzt, im Osten durch die viel befahrene Hans-Böckler-Straße als östliche Umgehung der Innenstadt, im Süden durch die Wiesenstraße mit den Gebäudekomplexen von Berufskolleg und Realschule. Die Saarstraße als Westgrenze wurde vierzig Jahre lang von der 2007 abgebrochenen Ev. Christuskirche geprägt; an ihrer Stelle wurde inzwischen ein größeres Wohn- und Geschäftsgebäude errichtet (s. hier **Saarstraße**). Die Nordseite des Platzes beherrscht das Hertie-Kaufhaus.

Zur Zeit laufen Planungen für eine gewerbliche Bebauung des Platzes; sie würde den Charakter des Platzes grundlegend ändern.

Hans-Böckler-Straße

So wie die heutige Willy-Brandt-Straße (B 8) seit 1927 die westliche Umgehung der Innenstadt bildet, so muss man in der Hans-Böckler-Straße die östliche Umgehung sehen. Der Bedarf nach einer solchen Tangente hing auch mit der Konzentration der Industrieansiedlungen am Ostrand der Innenstadt zusammen; er machte sich schon zu Beginn des letzten Jahrhunderts bemerkbar. So gibt es schon auf dem Übersichtsplan von 1913 eine entsprechende Planung, wobei die Trasse auf der Höhe der heutigen Trabrennbahn von der Duisburger Straße nach Nordosten abzweigt, um nördlich am Haus Bärenkamp vorbei Anschluss an die heutige Ecke Hünxer/Karl-Heinz-Klingen-Straße zu finden. Im Stadtplan von 1929 erscheint eine geänderte Planung für dieses

Projekt, wobei die Trasse südlich der Alleestraße von der Willy-Brandt-Straße abzweigt und ab Haus Bärenkamp schon dem heutigen Verlauf entspricht. In den 1950er Jahren wurde das Projekt endlich realisiert, wobei man nun die seit den 1930er Jahren bestehende *Bärenstraße als südlichen Ausgangspunkt wählte; die Straße wurde 1959 fertiggetellt und am 18. Dezember nach dem Gewerkschaftsführer Hans Böckler benannt (s. hier **Hans-Böckler-Platz**). Wie alle vorigen Planungen suchte auch die zuletzt realisierte Lösung die Anbindung an den Treffpunkt von Hünxer- und *Hiesfelder- (heute: Karl-Heinz-Klingen-) Straße. Inzwischen treffen an dem beampelten Kreuzungspunkt – den man heute wohl eher als Kreisverkehr anlegen würde – vier der befahrensten Dinslakener Verkehrsadern zusammen: neben der Hünxer Straße die Karl-Heinz-Klingen-Straße aus Hiesfeld, die Wilhelm-Lantermann-Straße von Wesel und aus der Innenstadt und schließlich die Hans-Böckler-Straße aus Duisburg-Walsum.

Bei der realisierten Trassenführung war bedauerlicherweise nicht zu vermeiden, dass das Gelände des Dinslakener Friedhofes des 19. Jahrhunderts praktisch in seiner Mitte durchschnitten wurde. Glücklicherweise blieb der östliche Teil des alten Friedhofsgeländes als Grünanlage erhalten.

Innerstädtisch bebaut ist die Hans-Böckler-Straße nur an ihren beiden Endpunkten, an der ehemaligen *Bärenstraße und von der genannten Kreuzung bis zum Hans-Böckler-Platz; ihr Hauptteil, der auch die neue Emscher überquert, ist als Durchgangsstraße unbebaut geblieben. Es wird berichtet, dass unter den Auffahrten der Emscherbrücke ein Teil des Dinslakener Bombenschuttes von 1945 abgelagert ist.

Haselnussweg

Mit der Anlage dieses am 15.8.1994 in Anlehnung an den benachbarten Bucheckernweg benannten Weges, der am nördlichen Ende der Südstraße ansetzt und ein kleines Stück nach Nordwesten führt, hat die Erschließung neuer Wohngebiete und der Straßenbau im Averbruch einen vorläufigen Abschluss gefunden. Beim Haselnussweg handelt es sich – noch ausgeprägter als bei der 1991 benannten Niederfeldstraße – eigentlich nicht um einen Straßenzug, sondern um ein kleines, dicht gedrängtes Dorf. Bei der Parzellierung der verfügbaren Fläche zwischen dem Leitgraben, der durch einen massiven Schutzwall abgegrenzten Otto-Brenner- und der Südstraße war man bemüht, möglichst viele bebaubare Grundstücke entstehen zu lassen. Deshalb sind die Verkehrs- und Parkflächen etwas eng geraten. Trotzdem dürfte dort ein angenehmes, nachbarschaftsförderndes Wohnen in Dorfanger-Atmosphäre möglich sein. Die Bebauung ist typisch für die neuen Straßen des Averbruchs: anderthalbgeschossige, variabel gestaltete Häuser in Ziegelbauweise mit meist wohlgepflegten Vorgärten.

Hasenstraße

Die Hasenstraße gehört zu den Erschließungsstraßen des Averbruches aus der Zeit um 1900 und erscheint folglich bereits im Übersichtsplan von 1908 als Querverbindung zwischen Fuchs- und Rosenstraße. Heute ist als Folge des Baus der neuen Emscher ihr Teil westlich der Schloßstraße entfallen bzw. in der neu angelegten Emscherstraße (s. dort) aufgegangen; nach Osten hin wurde sie bis zur Weststraße verlängert, gegen diese aber abgeriegelt. Die Straße wurde ab 1932 zunächst auf ihrer Südseite mit Kleinstsiedlungshäusern bebaut. Inzwischen ist sie mit unterschiedlichen Hausformen zu einer typischen Wohnstraße des Averbruches geworden.

Hauerstraße

Die in der Bergarbeiterkolonie Lohberg verlaufende *Hauerstraße* hieß ursprünglich **Schillstraße.* Dieser Name wurde ihr am 9.12.1907 von der Baukommission der Gemeinde Hiesfeld verliehen; unter ihm ist sie bereits ausgewiesen auf dem *Übersichtsplan der Bürgermeisterei Hiesfeld* 1904[1907]. Der preußische Major Ferdinand Baptist *von Schill*

(Wilmsdorf bei Dresden 6.1.1776 – Stralsund 31.5.1809) versuchte 1809, durch eine militärische Aktion den Anstoß zu einem Volksaufstand in Preußen gegen Napoleon und damit gegen Frankreich zu geben. Er scheiterte und fiel im Straßenkampf in Stralsund. Über 500 Soldaten des Schill'schen Freikorps gerieten in französische Gefangenschaft, darunter auch elf Offiziere, die von den Mannschaften getrennt und nach Wesel überführt wurden. 14 ehemalige westfälische Soldaten wurden in Braunschweig erschossen, alle übrigen gefangenen Soldaten zur Zwangsarbeit verurteilt und auf französische Galeeren gebracht. Die elf Offiziere wurden in Wesel vor ein französisches Kriegsgericht gestellt, zum Tode verurteilt und am 16.9.1809 in den Lippewiesen vor Wesel erschossen. Bis heute erinnert das von Karl Friedrich Schinkel gestaltete Schill-Denkmal in den Lippewiesen an Schill und die elf Schill'schen Offiziere (vgl. Bernds 1993, 95 ff.). Die Wahl des Namens **Schillstraße* dürfte weitgehend davon beeinflusst worden sein, dass die Erinnerung an das Schicksal der Schill'schen Offiziere nicht nur in der Nachbarstadt Wesel, sondern auch im Kreis Dinslaken bis weit ins 20. Jahrhundert hinein in der Bevölkerung sehr präsent war.

Am 11. März 1918 wurde die *Schillstraße in *Hauerstraße* umbenannt (s. hier **Lohbergstraße**). Der Name verweist auf eine der Jahrhunderte lang wichtigsten und schwersten Arbeiten im Bergbau, die Tätigkeit des *Hauers*. Vor der Mechanisierung und Technisierung des Bergbaus brach der Hauer Gestein und Kohle aus der Wand, indem er mit dem Schlägel auf das Eisen „haute". Diese Arbeiten durfte er jedoch erst ausführen, wenn er sich vorher als Schlepper und Lehrhauer mit den Arbeitsbedingungen im Bergbau vertraut gemacht hatte. Eine erste verpflichtende Regelung zur Hauerausbildung im Ruhrbergbau wurde mit der Bergpolizeiverordnung über die Befugnis zur Hauerarbeit vom 22. Dezember 1925 geschaffen, die am 1. April 1926 in Kraft trat. Sie bestimmte, dass Hauerarbeiten nur von solchen Hauern ausgeführt werden durften, die zuvor die Hauerprüfung abgelegt und damit den Hauerschein erworben hatten. Zur Hauerprüfung wurden Bergleute nach Vollendung des 21. Lebensjahres zugelassen, wenn sie mindestens drei Jahre unter Tage gearbeitet hatten und während dieser Zeit wenigstens das letzte Jahr (Lehrhauerjahr) unter Anleitung eines selbstständigen Hauers mit Hauerarbeiten beschäftigt gewesen waren. Neben der praktischen Ausbildung war eine theoretische Schulung vorgeschrieben; dieser Unterricht wurde während der letzten drei Monate der Lehrhauertätigkeit mit wöchentlich zwei Stunden von Grubenbeamten erteilt (vgl. Litschke 1993, 138 ff.; *Beamte* s. hier **Haldenstraße**). Auch nach Schaffung der Berufsbilder „Knappe" (1940) und „Bergmechaniker" (1976) mussten die in diesen Lehrberufen ausgebildeten jungen Bergleute zunächst noch den Hauerschein erwerben, wenn sie Hauertätigkeiten ausführen und entsprechend bezahlt werden wollten. Die spezielle Ausbildung zum Hauer und damit auch der Hauerschein entfielen Ende der 1980er Jahre, weil der hochtechnisierte Bergbau andere Qualifikationen verlangte (s. hier **Knappenstraße**). Hinzu kam,

Abb. 73
Koloniehaus Ecke Hauer-/Stollenstraße, 1990

dass etwa gleichzeitig keine bergfremden Seiteneinsteiger aus anderen Berufen mehr eingestellt wurden. Dieser Personenkreis war vorher über den Erwerb des Hauerscheins für die Hauerarbeit qualifiziert worden. Im hochtechnisierten Bergbau „haut" heute niemand mehr Gestein und Kohle mit Schlägel und Eisen aus der Wand. Trotzdem heißt derjenige, der vor Ort, d. h. an einem bergbaulichen Betriebspunkt vor Kohle oder vor Gestein, eingesetzt wird, immer noch „Hauer". Die Bezeichnung ist ein Wortdenkmal geworden, das „ebenso erhaltenswert ist, wie die gekreuzten Schlägel und Eisen als uraltes Berufssymbol der Bergleute" (Schulze/Laubenthal 1995, 114).

Die Hauerstraße verläuft von der Hünxer Straße zum Johannesplatz und kreuzt die Stollenstraße.

Sie weist – eher gartenstadtuntypisch – wie die Sohlenstraße im gesamten Verlauf beidseitig keine Vorgärten auf. Ein architektonisch besonders interessantes Gebäude mit mehreren Giebeln sowie Fachwerk und einem Balkon zur Straßenseite im Obergeschoss befindet sich an der nordöstlichen Ecke Stollen-/Hauerstraße.

Hedwigstraße

Die Hedwigstraße liegt im Stadtteil Bruch/ Feldmark und führt, gegenüber der Luisenstraße von der Weseler Straße abzweigend, parallel zu dieser nach NW. Ab dem Annettenweg verläuft sie rechtwinklig bis zum Edithweg an der Grenze zu Voerde.

Jahr und Hintergrund der Benennung sind ungewiss; die Hedwigstraße ist aber eine „alte" Straße, die in dem Übersichtsplan von 1908 bereits ausgewiesen ist. Vgl. dazu auch **Amalienstraße.** Zu den „Frauenstraßen" allgemein s. hier **Adelenweg.**

Heegerbruchstraße

Die Heegerbruchstraße liegt, wie der Name schon nahe legt, im Stadtteil Bruch und ist eine kurze Verbindungsstraße zwischen der Straße *Am Stallmannsbusch* und der Luisenstraße.

Projektiert war sie ursprünglich von der Luisen- bis zur *Gasstraße, der heutigen Gerhard-Malina-Straße. Das zeigt ein „Übersichtsplan der Stadt Dinslaken und der näheren Umgebung" von 1921, ergänzt 1937. Da die Heegerbruchstraße auf einem Stadtplan von 1929 noch nicht ausgewiesen ist, muss sie im Zeitraum zwischen 1929 und 1937 projektiert und benannt worden sein. Ein Teil der geplanten Straße ist dann dem Industrieunternehmen Heinrich Meyer zum Opfer gefallen. In dem heutigen verkürzten Verlauf existiert sie mindestens seit 1952.

Der Name dieser Straße ist wesentlich älter. Das *Heegebruch,* auch in den Schreibungen *Heegerbruch* und *Hegebruch* belegt, war eines der zahlreichen Dinslakener Brüche. Das waren ursprünglich wenig ertragreiche Flächen auf feuchtem und moorigem Untergrund, die sich aber nach ihrer Kultivierung im 19. Jahrhundert als guter Ackerboden erwiesen.

Nach Ausweis der Schenkungsurkunde des Grafen Dietrich von der Mark vom 21.1.1399, worin dieser der Stadt das Gebiet übereignet, meint *Hege* hier wahrscheinlich eine Hecke oder Einfriedung: „ ... dat hegebroick myt alle synen toebehoringen, so woe dat alinck gelegen ys by Dinslaicken an der hege scheitende langest den wech, die dair geit toe den Loeberge." (*Stadtbuch von Dinslaken* 1959, 97).

Dietrich von der Mark residierte damals im Dinslakener Kastell. Die Stadt bekam das Hegebruch, das sich zwischen der heutigen Gerhard-Malina-Straße und der Augustastraße hinzog und nach Nordosten in das Unter Lohbergs Bruch überging, zu ihrer freien Nutzung, „abgesehen von den darauf lastenden Renten, die dem Katharinen- und Georgs-Benefizium in der Dinslakener Kapelle „by den heilgen cruce" gestiftet worden waren. Es wird zwar in der Urkunde erwähnt, dass die Stadt dieses Bruch schon lange zu ihrem Nutzen gebrauche, d.h. als Allmende, zur allgemeinen Viehweide, sowie Gras-, Sand-, Mergel- und Torfentnahme, dennoch war es für sie wichtig, dieses

Recht nun ausdrücklich verbrieft und besiegelt zu bekommen" (Stampfuß/Triller 1973, 30). Die wirtschaftliche Bedeutung für Dinslaken wird auch erkennbar, wenn man in den Stadtakten von Streitigkeiten zwischen Alt- und Neustadt um die Aufteilung der Einkünfte aus dem Heegebruch liest; die Neustadt war im 14. Jahrhundert in Richtung auf Hiesfeld zu entstanden.

Da der Weg von Dinslaken nach Hünxe (die heutige Hünxer Straße, s.d.) durch das Heegebruch führte, wurde er vor der offiziellen Benennung der Hünxer Straße auch *Heegebruchsweg genannt.

Heerstraße

Diese Straße ist wohl die älteste im Stadtteil Eppinghoven. Sie ist ein uralter Verkehrsweg am Rande der Niederterrasse. Sie ist schon in fränkischer Zeit genutzt worden, als die Siedlungen Walsum (Walsheim), Eppinghoven u.a. entstanden, und sicher auch schon vorher. So heißt sie auf Duisburger Gebiet *„Römerstraße",* zur Erinnerung daran, dass sie eventuell schon in römischer Zeit genutzt wurde. Sie ist älter als die Weseler Straße, die Bundesstraße 8. Diese wurde auf dem sogen. *„Dinslakener Damm"* durch sumpfiges Gelände (Bruch) angelegt, weil die alte Verbindung in

Abb. 74 Die Heerstraße mit Bahnlinie und Rhein in den 1950er Jahren

Rheinnähe *(die Heerstraße)* durch Hochwasser oft nicht zu befahren war.

Erwähnt wird sie in der Stadtsatzung Dinslakens aus dem 13. Jahrhundert als „gemeine Straße im Eppinghovener Feld".

Hier befand sich damals zwischen der Einmündung der heutigen Konrad Adenauer Straße und der Mühlenstraße einer der großen Findlinge, deren Lage in der Dinslakener Stadtsatzung genau beschrieben wird. Sechs große Findlinge markierten das Gebiet, in dem das Dinslakener Stadtrecht galt. In der Stadtsatzung heißt es: *„Die Freiheit unserer Friedpfähle beginnt an der Heghecke* (Hegerfeld), *wo der große Stein steht .... Von dort durch das kleine Bruch (Overbruch) auf den Stein am Hagdorn zu, der an der gemeinen Straße im Eppinghovener Feld steht. Von da entlang dem Bruch und Paß auf unserer Landwehr um unserem Weidkamp, wo der letzte Stein steht."*

In alten Karten wird sie einfach als *„Straße von Duisburg nach Wesel"* bezeichnet. Allerdings weist ein alter Plan, die Karte von Reiner van Collen aus 1642, darauf hin, dass sie als ganze schon *„Heerstraße"* genannt wurde. Auf der Rheinkarte von Bucker aus 1713 wird sie ebenfalls *„die Heere Straat"* genannt.

Später erhielt sie auf Voerder Gebiet den Namen Frankfurter Straße, benannt nach den schweren Gespannen, den Frankfurter Wagen, mit denen hier Güter transportiert wurden. Auf Walsumer Gebiet wurde sie weiter als „Heerstraße" bezeichnet. Diese Bezeichnungen wurden bei der kommunalen Neuordnung am 1.1.1975 beibehalten.

Der heutige Name *„Heerstraße"* erinnert seit Jahrhunderten daran, dass auf dieser Straße am Rande der Niederterrasse immer wieder Soldaten gezogen sind: Spanier, Niederländer, Franzosen, u.a.

Die durchziehenden Soldaten (Heere) brachten immer wieder Schrecken über die Bevölkerung, da sie die Häuser ausplünderten und das Vieh schlachteten, um sich zu ernähren. Oft wurden die ausgeplünderten Höfe angezündet.

Abb. 75
„Die Heere Straat“, Rheinkarte von Bucker, 1713

Es wird mehrfach berichtet, dass die Bauern flüchteten und sich in entfernten Wäldern oder bei Verwandten versteckten, bis die fremden Soldaten abgezogen waren. Sie mussten jeweils ganz neu anfangen, da ihnen ihre wirtschaftlichen Grundlagen genommen waren.

Eine Beschreibung, die sich im niederländischen Staatsarchiv in Den Haag befindet, *„Wegwijzer, den Rijn op en af“*, (gedruckt um 1650) schildert den Postweg über die Heerstraße von Wesel nach Köln *„alle Dingsdagen en Vrydagen 's morgens ten 7 uuren“.*
„'t Dorp Spellen van de weg af; Stokom een beurt van drie huizen, geen Kerk, ... een Water en Wint-molen, een Heerenhuys, genaamt Fuert, een Pistoolschoot van de weg (Haus Voerde)*; Een Water-moolen; door't water moet men heen rijden;* (der Rotbach hatte noch keine Brücke) *'t Huys 't Anderwonung, een quartier van den weg af van Fuert, 't Huys am Ent. De Herbergen genaamd Betlehem en Jeruzalem; 't Dorp Eppichoven, heeft een Toorn, De Stad Dinslaken, een quartier uurs van de weg af“.*

An der Stelle der Brücke beim Haus Wohnung führte lange Zeit (wie auch die vorstehende Wegbeschreibung berichtet) eine Furt durch den Rotbach. Auch die Rheinkarte von Bucker aus dem Jahr 1713 zeigt hier eine Furt. Gegen den Plan, hier eine Brücke zu errichten, protestierten 1772 die Dinslakener Gastwirte sehr heftig. Sie fürchteten um ihre Einnahmen, wenn die großen Frankfurter Wagen auf ihrem Weg nach Wesel nicht mehr durch Dinslaken fuhren. Doch ein Jahr später, 1773, wurde hier eine Holzbrücke errichtet. Als Ersatz für die finanziellen Verluste erhielten die Bürger Dinslakens die Erlaubnis, an einer Zollstation am „Rubbert“ ein Wegegeld zu erheben. Der Wirt vom Rubbert bekam den Auftrag, das Geld einzunehmen. Nachdem er versucht hatte, von einigen Schweinehirten, die hier vorbeizogen, das Wegegeld zu kassieren und er stattdessen von ihnen heftig verprügelt wurde, entfiel dieser Wegezoll.

In der Nähe der Rotbachmündung gab es vor 100 Jahren noch eine Ziegelei, von der aber keine Reste mehr erkennbar sind. Möglicherweise wurden hier die Steine für den Umbau von Haus Wohnung um das Jahr 1700 gebrannt.

Erwähnenswert ist das *„Landhaus Freesmann“* an der Heerstaße (Nr. 335).

Im Kirchenbuch der Pfarrgemeinde St. Johannes wird nach dem 30jährigen Krieg ein Heinrich Wassing erwähnt, der auf der Parzelle Bethlehem eine Herberge (Gaststätte) errichtet hat. Er nannte sie *„Im Schild zu Bethlehem“.* Er war im Krieg Sergeant und wusste, so wird

Abb. 76
Das Gasthaus „Im Schild zu Bethlehem“, um 1900; heute „Landhaus Freesmann“

berichtet, auch mit schwierigen Gästen umzugehen. Die Gaststätte wechselte mehrfach ihren Besitzer. Der Wirt betrieb jeweils nebenbei eine Landwirtschaft. 1866 erwarb Bernhard Vahnenbruck vom Bremer Hof die Gaststätte. Sein Sohn Gustav und seine Enkeltochter mit ihrem Mann Karl Freesmann führten die Tradition fort.

2002 übernahm das Ehepaar Ortmann nach Um- und Neubau die Gaststätte als „Landhaus Freesmann.“

Abb. 77 Der „Feuerwehrturm“

Der wohl berühmteste Gast des Hauses könnte am 2.11.1809 Napoleon gewesen sein, wie Hannes Vahnenbruck in seinem Buch „Liebenswertes Eppinghoven“ schreibt. Von 1871 bis in die 50er Jahre gab es hier eine Deckstation des Wickrather Gestüts. Nach dem bekannten Zuchthengst „Lotse“ ist der heutige Anbau benannt.

Zwischen der Rotbach- und der Grünstraße bildete die Straße bis 1975 die Grenze zwischen dem Dinslakener und dem Walsumer Teil Eppinghovens.

An der Walsumer Seite der Straße wurde 1927 das Gerätehaus der Feuerwehr (der sogen. Feuerwehrturm) gebaut. Aus einer Karte von 1930 entnehmen wir, dass es hier eine Verwaltungsnebenstelle und eine Polizeistation der Stadt Walsum gab. Eine Erinnerung daran ist die Arrestzelle, die sich heute noch in diesem Haus befindet.

Heggenkath

Die Straße wurde Anfang der 1990er Jahre angelegt und bebaut. Sie erhielt durch Ratsbeschluss vom 4.7.1995 ihren Namen.

Er stammt von der „Heggenkate“, oder „Heckenkate“, die früher hier an der „Straße von Duisburg nach Wesel“ (Heerstraße) stand. (Klevisches Kataster von 1733) Lange Zeit wurde hier von den Besitzern eine Gaststätte betrieben.

Heidebrinkstraße

Geht von der Dickerstraße ab und führt zum Stöfkensweg. *Brink* bezeichnet im gesamten niederdeutschen Sprachraum, aber auch im Englischen, Dänischen und Niederländischen ein erhöhtes oder hügeliges, meist grasbewachsenes Stück Land – hier eine mit Heide und Gebüsch bestandene Anhöhe in der Sträterei zwischen Egerheide und Aschenbruch; s. auch hier **Brinkstraße, Auf dem Krähenbrink, Steinbrinkstraße.**

Im Übersichtsplan der Bürgermeisterei Hiesfeld von 1904[1907] heißt unser Weg **Finkenstraße,* so benannt am 24.4.1906. Nach der Hiesfelder Eingemeindung wird der Name am 11.3.1918 in *Heidebrinkstraße* geändert und erscheint so im Dinslakener Straßenverzeichnis von 1918. Die verkürzte Form **Heidebrink* im Dinslakener Stadtplan von 1929 bleibt ein Einzelfall.

Heideweg

Erschließt ein kleines Baugebiet an der Bergerstraße östlich der Gabelsbergerstraße. Der am 18.11.1980 vergebene Name meint hier wohl nicht den weiblichen Vornamen, sondern bezieht sich auf die weiter östlich gelegene *Kleine Egerheide.*

Heimstättenweg

Der Heimstättenweg, benannt am 19.6.1957, steht zusammen mit dem Siedlerweg und der Dachsstraße am Anfang der Ende der 1950er Jahre einsetzenden intensiven Bebauung des Averbruches. Er geht als Stichstraße nordöstlich von der Buchenstraße ab und stößt nach kurzer Strecke auf den Siedlerweg; wie dieser wurde er beim Bau einer Kleinsiedlung der Wohnbau Dinslaken angelegt. Die heutige Bebauung auf dem Teilstück zur Buchenstraße besteht aus relativ neuen anderthalbgeschossigen Doppelhäusern in Klinkerbauweise. Daran schließen sich bis zur Einmündung in den Siedlerweg die 1957 als so genannte *Heimstätten* errichteten Kleinsiedlungshäuser an. Die verputzten kleinen Doppelhäuser sind inzwischen zwar in die Jahre gekommen, bieten aber nach mancherlei Restaurierungen und mit wohlgepflegten Vorgärten einen angenehmen Anblick. Der Name der Straße sollte an die spezielle Rechtsform der Heimstätte erinnern, die der ersten Bebauung zu Grunde lag.

Heinrich-Nottebaum-Straße

Auf dem Übersichtsplan von 1908 zweigt an der Stelle, wo sich die Duisburger und die *Walsumer Straße (heute Konrad-Adenauer-Straße) trennen und wo sich heute ein Kreisverkehr befindet, ein nach Osten gehendes Straßenstück mit dem Namen **Kampstraße* ab; auf Effmanns Übersichtsplan von 1913 ist diese bereits bis zu ihrem heutigen Ende an der Rotbachbrücke verlängert. Am 25.8.1973 wurde sie in *Heinrich-Nottebaum-Straße* umbenannt.

Mit *Heinrich Nottebaum* (1873-1954) treffen wir auf einen der markantesten Köpfe aus der jüngeren Vergangenheit der Stadt Dinslaken.

Abb. 78 Stadtbaurat Heinrich Nottebaum

1899 kam er als Baurat nach Dinslaken und versuchte den Bürgern zunächst einmal klar zumachen, dass es Zeit sei, sich eine Wasserleitung zuzulegen, was im Stadtrat heftige Debatten auslöste. Als es zur Abstimmung kam, stimmten sechs Ratsmitglieder für Beibehaltung der Pumpen und sechs für die Wasserleitung. Bürgermeister Bernsau entschied mit seiner Stimme die Abstimmung zu Gunsten des Projekts, und am 15.3.1903 floss Leitungswasser in 170 Haushalte der Stadt.

Nach der Eingemeindung Hiesfelds wurde Nottebaum Stadtbaurat, von 1920–1932 war er technischer Beigeordneter. Nach seiner Pensionierung 1932 trat er in den Dienst des Kreises Dinslaken und arbeitete bis 1946 als Kreisbaurat.

Nottebaum hat als Stadt- und Kreisbaurat bis heute sichtbare Spuren hinterlassen. Er entwickelte mit einer harmonischen Bebauung Dinslaken zur „Stadt im Grünen“. Heute ginge er angesichts immer engerer Bebauung sicher kritisch durch die Stadt und würde öffentlich unbequeme Fragen stellen, so wie er zu Lebzeiten die Entwicklung Dinslakens immer aufmerksam und kritisch begleitete. Er legte unter anderem den Parkfriedhof an. Auch den Bau des Burgtheaters haben die Dinslakener ihm zu verdanken. Der heute mächtige Nussbaum auf dem Wall des Burgtheaters erinnert ebenfalls an Heinrich Nottebaum. Er ließ den Baum dort schon zu seinen Lebzeiten pflanzen. Nach der Bombardierung vom 23. März 1945 präsentierte sich ihm Dinslaken nicht nur als Ruinenstadt, auch der Baumbestand war weitgehend vernichtet. So galt sein besonderes Augenmerk beim Wiederaufbau auch der Entwicklung eines Grünflächenplans. Nach seiner Idee vom „Kinderwagenradius“ sollte man in wenigen Minuten von jedem Punkt der Stadt eine Grünfläche oder einen Spielplatz erreichen können.

Heinrichstraße

Diese kurze Wohnstraße verbindet Friedrich- und Karlstraße. Sie erscheint bereits im Straßenverzeichnis 1908. Wie die benachbarten Straßen entstand sie in den Jahren nach 1900 im Zuge der ab 1897 einsetzenden Errichtung des Bandeisenwalzwerkes; s. auch hier **Friedrichstraße.**

Heisterbusch

Südlich der Heistermannskate gelegen, verbindet bogenförmig die Tauben- mit der Kurt-Schumacher-Straße; benannt am 21.09.1971. Name eines ursprünglich hier zu suchenden Waldstücks, das seinen Namen der Familie *Heistermann* und schließlich deren *Heistermannskate* gegeben hat. Wir folgen B. Schön (*Nachlese,* S. 28f.) in der Darlegung, *heister* bedeute ursprünglich einen jungen Baum, auf dessen Art (Eiche, Esche, Buche) es wenig ankomme; *heistermann* sei nun derjenige, der mit dem „Potten“ (Anpflanzen) der Baumschößlinge im Markenwald beauftragt sei. S. auch hier **Heistermannstraße.**

Heistermannstraße

Die am 19.2.1906 von der Hiesfelder Baukommission benannte Straße geht wie die Hügel- und die Taubenstraße vom Kreisverkehr an der Kirchstraße ab und führt in südöstlicher Richtung zur Scholtenstraße, wobei sie auf halber Strecke die namengebende, 1736 in Enbers Katasterkarte an dieser Stelle verzeichnete *Heistermannskath* passiert.

Wie schon die kurz nach Anfang der Heistermannstraße südlich abgehende Straße **An den Höfen** anzeigt, befanden sich in der Feldflur zwischen dem Staatsforst Wesel und der Hühnerheide nicht wenige Höfe und Katen, von denen einige bei der Vergabe von Straßennamen Pate gestanden haben. Berthold Schön weist den Namen *Heistermann* bereits 1424 im Urkundenbuch des Pfarrarchivs Hiesfeld nach; 1606 erscheinen unter den durch Marodeure Geschädigten auch Derich *ten Heistermann* und Cost *in gen Heistermann.* Die Kinder der verstorbenen Eheleute Jan *ter Heister* und Lißbedt verkaufen am 1.4.1641 einen Kamp an den Zimmermann Johan Wessels.

Helenenstraße

Die Helenenstraße zweigt von der Hagenstraße nach NW ab bis zur Ernst-Moritz-Arndt-Straße und führt versetzt von dort parallel zur Weseler Straße bis zur Stadtgrenze.

Sie ist eine der zwanzig alten „Frauenstraßen", die in dem Übersichtsplan von 1908 bereits eingezeichnet und benannt sind.
Zu den „Frauenstraßen" allgemein s. hier **Adelenweg.**

Herderstraße

Die Entstehung dieser kurzen Straße ist im Zusammenhang zu sehen mit dem Bau des 1913 eingeweihten Amtsgerichts an der Schillerstraße. Sie zweigt von der Schillerstraße ab, schlägt einen Viertelkreis um das Gerichtsgebäude einschließlich Gefängnis und endet gegenüber der Goethestraße an der Ampelkreuzung mit der Bismarckstraße. Sie erscheint erstmals im Übersichtsplan von 1913 und war damals nur mit einem Haus (Nr. 5–7) bebaut. Auf demselben Grundstück in sehr guter Wohnlage wurde 1970 erstmalig in Dinslaken ein größeres Bauvorhaben verwirklicht, bei dem, so der Volksmund, es nicht so sehr darum ging, neue Wohnungen zu schaffen, als vielmehr steuergünstig Kapital anzulegen.

Der deutsche Theologe, Philosoph, Dichter und Übersetzer *Johann Gottfried* (ab 1802 *von*) Herder (Mohrungen/Ostpr. 25.8.1744 – Weimar 18.12.1803), gehört mit Christoph Martin Wieland, Johann Wolfgang Goethe und Friedrich Schiller zum klassischen „Weimarer Viergestirn". Die Dinslakener Straßenbenennung, die Herder zum sichtbaren Verbindungsglied zwischen Goethe und Schiller macht, erhebt damit gleichsam literaturhistorischen Anspruch.

Hermann-Löns-Straße

Die Straße wurde Anfang der 1960er Jahre angelegt und erhielt wie die Nachbarstraßen am 25.3.1966 durch den Rat der Stadt den Namen eines Dichters.

Hermann Löns, geb. 29. August 1866 in Kulm bei Bromberg, war Journalist und Schriftsteller. Er studierte in Münster und Greifswald zunächst Medizin, brach das Studium ab und arbeitete als Journalist. Er schrieb Gedichte, Kurzgeschichten und Erzählungen. Im ersten Weltkrieg meldete er sich als Freiwilliger und fiel schon am 26. September 1914 in Frankreich.

Von den Nationalsozialisten wurde er als einer „ihrer" Dichter vereinnahmt. Hitler ließ seine Gebeine exhumieren und in der Lüneburger Heide beisetzen.

Herzogstraße

Die Straße taucht erst in den Plänen nach 1945 auf. Die Häuser an dieser kurzen Straße wurden Ende der 1940er Jahre, wenige Jahre nach dem Krieg, vom Kreis Dinslaken für Mitarbeiter der Verwaltung gebaut. Am 17.05.1951 erhielt sie durch den Bauausschuss der Stadt ihren Namen. Möglicherweise hat man bei der Benennung der Straße an die Herzöge von Kleve gedacht, zu deren Territorium der Kreis und die Stadt Dinslaken gehörten

Hildegardweg

Der Hildegardweg ist eine Wohnstraße im Stadtteil Bruch/Feldmark, die von der Claudiastraße nach NW abzweigt und am 30.10.1990 benannt wurde.
Zu den „Frauenstraßen" allgemein s. hier **Adelenweg.**

Hinter den Kämpen

Geht von der Dickerstraße südwärts ab und erreicht jenseits der Grenze zu Oberhausen als *Pfeilstraße* die Hünenbergstraße. Auf dem Hiesfelder Übersichtsplan 1904[1907] trägt sie den am 6.2.1906 vergebenen Namen *Kampstraße und reicht im Norden nur bis zur

Lingelmannstraße; der übrige Streckenverlauf erscheint skizziert als *Röllstraße (benannt 18.10.1907).

Der heutige Name wurde nach der Eingemeindung Hiesfelds am 11.3. 1918 in Anlehnung an den einer Bauernschaft vergeben, die vormals *Achter den Kämpen, aber schon am 23.5.1882 im Protokollbuch der Hiesfelder Gemeindeverordnetenversammlung 1881–1898 Hinter den Kämpen hieß und sich zwischen der heute untergegangenen *Steinackerstraße und der *Kampstraße hinzog. So ist auch im genannten Protokollbuch schon am 2.12.1893 von einem Grundstück „auf dem Hinterkämperweg bei Sevenheck" die Rede.

Kamp aus lat. campus hatte im Niederdeutschen die Bedeutung „mit Hecken und Bäumen umfriedetes Feld".

Hirschstraße

Die Hirschstraße zweigt von der Schlossstraße in südwestlicher Richtung ab, passiert die Kreuzung Fuchs-/Bruchstraße, unterquert die Autobahn A 59, betritt an dieser Stelle das Gebiet des Duisburger Stadtbezirks Walsum, ändert ihren Namen in Watereckstraße und mündet in die Bundesstraße 8, die hier Friedrich-Ebert-Straße heißt.

Die Straße ist eine der um 1900 angelegten Erschließungsstraßen des Averbruchs und erscheint mit Namen und Verlauf bereits auf dem Übersichtsplan von 1908.

Hochstraße

Verläuft nördlich der Bahnlinie von der Krengelstraße bis zur Unterführung, hinter der sie in die Landwehrstraße einmündet. In der Übersichtskarte der Bürgermeisterei Hiesfeld von 1904 [1907] ist die Straße vorhanden, aber noch unbenannt. Mit Namen erscheint sie auf dem Dinslakener Übersichtsplan von 1908, bei Effmann 1913 und ein Jahr später im „Verzeichnis der Straßen, Gassen und Plätze der Bürgermeisterei Dinslaken".

Hofstraße

Die etwas versteckt liegende, nur etwa 150 m lange, aber schon sehr alte Verbindung zwischen dem Neutor und der heutigen Hünxer Straße erscheint bereits 1734 im Klevischen Urkataster und auch auf einer Karte von 1837. Der Name begegnet erstmals auf dem Übersichtsplan von 1908.

Es ist offen, wie es zum Namen der Straße kam. Einen landwirtschaftlichen Betrieb hat es an der Stelle nie gegeben, lediglich die Gärten der in der Nähe des Neutors wohnenden Stadtbürger. Auch eine Herleitung im Sinne adliger Hofhaltung scheidet aus, denn dann hätte eine Hofstraße eher in der Nähe des Kastells auf der anderen Seite der Stadt liegen müssen.

Wahrscheinlich besagt der Name, dass die Straße dazu diente, die eng aneinander gebauten Häuser mit Front zum Platz *Am Neutor* von der Rückseite, mithin von der Hofseite aus für Fuhrwerke zugänglich zu machen.

Offiziell gehört zur Hofstraße auch die enge Passage zwischen Wilhelm-Lantermann- und Wielandstraße. Man zögert aber, hier von einer Straße zu sprechen.

Hohe Kamp

Im Nordwestwinkel der Kreuzung Kirch- und Dickerstraße wurde ausgangs der siebziger Jahre des letzten Jhs. ein kleines Wohngebiet erschlossen; die Zufahrt von der Dickerstraße aus erhielt am 12.09.1978 den Namen **Hohe Kamp,** augenscheinlich unter Bezug auf ein dort gelegenes Flurstück.

Der Name ist unglücklich gewählt. Durch das Weglassen des bestimmten Artikels wirkt Kamp hier wie ein Femininum, als welches das Wort nirgends belegt ist. **Der Hohe Kamp* bzw. **Hoher Kamp* wären grammatikalisch korrekt gewesen. Hermann Paul, *Deutsches Wörterbuch* ([6]1966) verzeichnet das Maskulinum *Kamp* aus lat. *campus* in der norddeutschlandschaftlichen Bedeutung „eingehegtes bebautes Stück Land".

Hoher Berg

Bei dieser Straße handelt es sich um die nur etwa 100 Meter lange Verbindung zwischen Adler- und Rosenstraße. Sie findet sich erstmals im Straßenverzeichnis der 1937 gefertigten Bearbeitung des Übersichtsplans von 1921 und sollte offenbar in einem bis dahin als Tannenwäldchen ausgewiesenen Gelände (s. hier **Adlerstraße**) zusätzliche Baugrundstücke schaffen. Diese wurden auf der Südseite schon Mitte der 1930er Jahre bebaut. Die inzwischen vervollständigte Bebauung der kurzen Wohnstraße harmoniert mit den unterschiedlichen Haustypen der Nachbarstraßen. Für die Bezeichnung Hoher Berg fand sich keine Erklärung. Eine höhere Lage innerhalb des Geländes ist optisch nicht wahrzunehmen.

Hohe Wiese

Anlässlich der westlichen Erweiterung des 20 Jahre zuvor errichteten kleinen Wohnviertels **Hohe Kamp** (s. dort) erhielt die erforderliche Zufahrt von der Dickerstraße aus am 10.06.1999 den Namen *Hohe Wiese;* der ursprünglich vorgeschlagene Name **Brandwiese* stieß auf Widerspruch und ließ sich nicht durchsetzen.

Hohlstraße

Zweigt ab vom Nordende der Sterkrader Straße, verläuft bergauf an der Westseite der Hiesfelder Kirche vorbei, begrenzt den westlich von ihr gelegenen Jahnplatz und mündet wiederum in die Sterkrader Straße. Ihren am 6.2.1906 vergebenen Namen hat sie wahrscheinlich von ihrem durch die beiderseits hochaufragenden Gebäude vermittelten hohlwegartigen Charakter.

Die damals wohl noch unbenannte Straße bestand bereits im 17. Jh.: „[Die reformierte Familie des Cornelius Knecht] kam [nach 1650] von Wesel, vermögend einflußreich, kaufte die Hoffgenskathe an der Hohlstraße gegenüber dem Kirchturm, kaufte 1655 von Stepper noch zwei unterhalb bis zum Rotbach liegende Kathen dazu, errichtete auf dem Gelände dieser drei Kathstellen ein großes Haus, das jetzige Gasthaus Alt-Hiesfeld.“ (*400 Jahre evang. Kirchengemeinde Hiesfeld,* 1985, 61).

Holbeinstraße

Am 10.06.1985 benannte Straße im Hiesfelder „Malerviertel“ zwischen Sterkrader und Oberhausener Straße; s. hier **Albrecht-Dürer-Straße.**

Hans Holbein, genannt „der Jüngere“ (1487/88 –1543), lernte in Augsburg Malerei bei seinem Vater Hans Holbein dem Älteren (um 1465–1524) und übersiedelte nach Aufenthalten in Basel, Oberitalien, Frankreich und England 1532 endgültig nach London, wo er 1536 Hofmaler Heinrichs VIII. wurde.

Hölderlinstraße

Diese kleine Verbindungsstraße zwischen Voerder Straße und Feldstraße, die nur von der Voerder Straße aus ein Stück befahrbar ist und in einem Fußweg auf die Feldstraße mündet, wurde am 18.12.1959 nach dem Dichter *Friedrich Hölderlin* benannt. Bei der Benennung benutzte man wie bei der Goethe-, Schiller-, Uhland-, Wieland-, Lessing-, Herder- Mörikestraße und dem Barlach- und Rilkeweg nur den Familiennamen, im Gegensatz zur Theodor-Körner-Straße und allen Dichterstraßen zwischen Hagenstraße und *Am Wohnungsbusch.*

Johann Christian Friedrich Hölderlin (Lauffen am Neckar 20.3.1770 – Tübingen 7.6.1843) ist einer der bedeutendsten deutschen Lyriker, dessen Werk zwischen Klassik und Romantik eine Sonderstellung einnimmt. Von seiner verwitweten Mutter wurde er zum Beruf des Pfarrers bestimmt. Er studierte evangelische Theologie als Stipendiat des Stifts in Tübingen, wo er mit Hegel und Schelling befreundet war. 1796 wurde er Hauslehrer der Kinder des Frankfurter Bankiers Jakob Gontard, dessen Frau Susette seine große Liebe und das Modell der Diotima in seinem Briefroman Hyperion werden sollte. Von Gontard dieses Verhältnisses wegen entlassen, kehrte Hölderlin, bei dem sich bereits geistige Störungen bemerkbar machten, nach einer Zeit unruhigen Wanderns zu seiner Mutter nach Nürtigen zurück. Hier schuf er den größten Teil seines dichterischen Werks. Er übersetzte Sophokles und Pindar und schrieb Hymnen, Gesänge, Oden, Elegien, aber auch kurze Gedichte und Epigramme. Als sich sein Geist immer mehr verwirrte, wurde er als Pflegling nach Tübingen in den Haushalt des Tischlers Ernst Zimmer gegeben, wo er ab 1807 in einem Turmzimmer („Hölderlinturm“) 36 Jahre lang bis zu seinem Tode lebte.

Holtener Straße

Die Holtener Straße zweigt an der heutigen Rolandstraße von der Sterkrader Straße ab und verläuft exakt nach Süden, wo sie kurz nach Überschreiten der Emscher und vor Erreichen der Stadtgrenze auf der Höhe der von Osten einmündenden Straße *Im Brüchsken* ihren Namen in *Wehofer Straße* ändert.

Das war nicht immer so. Auf dem Hiesfelder Übersichtsplan von 1904[1907] verläuft die Holtener Straße – die schon am 2.5.1887 als *Holtener Weg im Protokollbuch der Hiesfelder Gemeindeverordnetenversammlung begegnet, dann am 6.2.1906 definitiv Holtener Straße benannt wird – ab dem Schlagregenshof weiter östlich über den heutigen Nordteil der Straße *Am Landwehrgraben,* knickt dann nach Südosten ab und führt über den heutigen Südteil der Straße *Am Brüchsken* weiter am Westrand des heutigen Emscherklärwerks bis ins Zentrum von Holten; sie trug also damals ihren Namen durchaus noch zurecht. – Die Wehofer Straße hingegen begann bereits am heutigen Kreuzungspunkt *Am Brüchsken* x *Am Landwehrgraben.*

Erstmals urkundlich erwähnt wird Holten als Burgort im Jahre 1188: Arnold Stecke verkauft seinen Anteil an der Burg Holte dem Erzbischof von Köln Philipp von Heinsberg. 1310 erhält Holten Stadtrechte, 1355 werden Burg und Stadt klevisches Lehen, 1609 kommt Holten unter brandenburgische Herrschaft, 1701 zu Preußen, wird 1808 französische Mairie im Kanton Dinslaken, Arrondissement Essen, 1815 preußische Bürgermeisterei; 1909 gehört es zum Kreis Dinslaken, kommt 1917 in den Stadtkreis Sterkrade und wird mit diesem 1929 nach Oberhausen eingemeindet.

Holten ist Standort des 1929 gegründeten Stickstoffwerks „Ruhr-Chemie“ und eines Teils des Emscher-Klärwerks.

Holunderweg

Der Holunderweg liegt im Stadtteil Bruch/ Feldmark. Er zweigt als Stichstraße von der Katharinenstraße ab und verläuft parallel zum Anshövel, zum Ginster-, Sand- und Brombeerweg. S. noch hier **Angerweg.**

Im Gespräch für die Benennung war auch der Name **Holderweg.* In der Sitzung vom 11.06.1969 sprach sich der Bauausschuss jedoch einstimmig für den jetzigen Namen aus. Der Beschluss erging endgültig in der Ratssitzung vom 24.10.1969.

Holzweg

Begann ursprünglich – d.h. auf dem Übersichtsplan der Bürgermeisterei Hiesfeld von 1904[1907|, wo er mit dem am 19.2.1906 vergebenen Namen *Holzstraße verzeichnet ist – an der Sterkrader und führte zur damaligen Mittelfeldstraße (heute Kurt-Schumacher-Straße), die er auf der Höhe der Einmündung der Taubenstraße erreichte. Nach Errichtung der Oberhausener Straße erhielt das abgetrennte südliche Stück zwischen dieser und der Sterkrader Straße 1973 den Namen **Rubensweg** (s. dort); die *Holzstraße selbst wurde mit Rücksicht auf die zu Beginn der Neunziger Jahre einsetzende Wohnbebauung zwischen Oberhausener und Kurt-Schumacher-Straße ein gutes Stück weiter nach Osten verlegt und am 16.08.1994 unter dem heutigen Namen *Holzweg* neu gewidmet. Der Weg beginnt jetzt an der Oberhausener Straße gegenüber der Ferdinand-Lassalle-Straße, nimmt von links die Philipinenkath auf, biegt ein Stück weiter rechtwinklig nach Nordwesten, wiederum ein Stück weiter rechtwinklig nach Nordosten ab und zielt auf die Hühnerheide.

Ein Benennungsmotiv für den Namen Holzstraße bzw. Holzweg ist heute nicht mehr erkennbar.

Horststraße

Benannt am 6.2.1906; führte ursprünglich, d.h. auf dem Übersichtsplan der Bürgermeisterei Hiesfeld von 1904[1907], von dem heute der Brinkstraße zugeschlagenen Abschnitt der Jägerstraße bis zum Sterkrader Abschnitt der Franzosenstraße. Nach der Aufteilung und Eingemeindung Hiesfelds behielt nur der letzte westliche Zipfel der nun fast vollständig auf Sterkrader Gebiet liegenden Straße diesen Namen; der Sterkrader Teil wurde in Zum Ravenhorst umbenannt.

Bezeichnungen aus dem Jagd- und Forstwesen haben im Bereich der Hiesfelder Brinkstraße zu einer ganzen Reihe von Straßennamen geführt; s. dazu hier **Försterstraße.**

Hubertusweg

Hubertus von Lüttich (Toulouse 655 – Tervuren 30.5.727) lebte als Pfalzgraf in Paris, später in Metz, ging verwitwet als Einsiedler in die Ardennen, wurde 705 Bischof von Tongeren-Maastricht, verlegte den Bischofssitz 716 nach Lüttich, wo er eine Kathedrale bauen ließ und als Wohltäter wirkte. Die mittelalterliche Hubertuslegende besagt, er sei auf der Jagd durch die Erscheinung eines Hirsches mit einem Kruzifix zwischen dem Geweih bekehrt worden; deshalb gilt er als Schutzpatron der Jagd und der Schützen, aber auch der Kürschner, Metzger, Optiker und der Metallarbeiter. An seinem Namenstag, dem 30. November, finden alljährlich Hubertusjagden und Hubertusmessen statt.

Der am 18.4.1978 nach Hubertus benannte Weg beginnt Am Pollenkamp, führt im Bogen südöstlich zur Schützenstraße und ein Stück darüber hinaus und ist durch einen Querweg mit der Sebastianstraße verbunden. Er gehört zu dem Neubaugebiet, das von der Emscher, der Schloss- und der Hans-Böckler-Straße umschlossen wird.

Hügelstraße

Nach der Eingemeindung Hiesfelds nach Dinslaken am 1. Juli 1917 wurden zahlreiche Hiesfelder Straßen umbenannt, weil entsprechende Namen in Dinslaken bereits existierten. So kam auch die Hügelstraße am 11. März 1918 zu ihrem heutigen Namen; bis dahin hieß sie *Feldstraße (benannt am 19.2.1906) und verband zunächst die Kirchstraße mit der damaligen *Rathaus-, heutigen Sterkrader Straße; später wurde sie unter Einbezug eines Teils der Kniestraße bis zur Bahnunterführung der Holtener Straße durchgezogen.

Hühnerheide

Ursprünglich hieß unsere Straße *Kreuzweg (24.3.1886, Protokollbuch Hiesfelder Gemeindeverordnetenversammlung), dann ab dem 19.2.1906 *Kreuzstraße; ihren heutigen Namen erhielt sie am 11.3.1918, ein Jahr nach der Eingemeindung Hiesfelds. Die Straße beginnt an der Kurt-Schumacher-Straße, verläuft in südöstlicher Richtung und stößt jenseits der Stadtgrenze zu Oberhausen-Schmachtendorf auf das namengebende, heute mit Mischwald bestandene gleichnamige Flurstück der alten Walsumer Großmark, wo sie ihren Namen in Bremenkampstraße ändert.

Wie noch aus Enbers Urkataster von 1736 ersichtlich, gehörte der nordwestliche Teil *(Hüner Heide, gemein)* zu den erst 1824 aufgeteilten Allmenden des Kirchspiels Hiesfeld, der südöstliche Teil dem staatlichen Fiskus *(Hüner Heide, königlich)*. Das Gebiet galt als besonders reich an Hühnerwild. Vgl. auch F. Gehne, *Die Aufteilung der Hühnerheide in Hiesfeld,* HKD 1956, 65-68.

Abb. 79
Der Hülsemannshof

Hülsemannshof

Die Straße *Hülsemannshof* liegt im nordöstlichen Zipfel des Stadtteils Bruch (Feldmark); ihr Name wurde am 23.10.1979 durch den Hauptausschuss der Stadt Dinslaken vergeben. Die Bezeichnung geht zurück auf einen früheren Bauernhof. Dieser Hof ist bereits auf der Preußischen Katasterkarte von 1736 ausgewiesen. Die Gebäude auf der ebenfalls Hülsemannshof genannten umliegenden Fläche im Winkel zwischen Hünxer und Augustastraße sind noch vorhanden und stehen unter Denkmalschutz. Häuser und Gelände werden allerdings nicht mehr landwirtschaftlich genutzt. Sie sind heute eine städtische Liegenschaft, die unterschiedlichen Interessengruppen eine Bleibe bietet, u.a. der Arbeiterwohlfahrt. Über das parkartig gestaltete Gelände führt ein Fußweg bis zur Industriestraße.

Die Straße *Hülsemannshof* liegt in unmittelbarer Nähe und wird durch die Augustastraße vom alten Hülsemannshof getrennt. Sie ist ein Einhang der Straße Zum Fischerbusch, verläuft zunächst parallel zur Hünxer Straße und kehrt dann in einem Bogen zur Straße Zum Fischerbusch zurück.

Hülsstraße

Die am 27.9.1906 benannte Straße geht von der Dickerstraße südlich ab und führte ursprünglich zu der vor dem Bau der Autobahn A3 bis zum Osterbeckshof reichenden Dorfstraße; heute mündet sie in die Lingelmannstraße.

Namengebend war die bei Enbers 1736 verzeichnete Ortslage „Der Hülssche Schlag, königlich“. Welcher Art der Zusammenhang ist mit dem bei Enbers westlich der heutigen Ziegelstraße eingezeichneten *Hülsemannshof* oder auch mit den 1606 unter den Geschädigten durch Marodeure aufgezählten Herbert und Poldenich *in gen Hülsen* sowie mit dem 1636 als Mitglied der Hiesfelder lutherischen Gemeinde aufgeführten Henrich *in gen hülsen,* der noch 1650 als Schöffe des Gerichts zu Hiesfeld erwähnt wird, bleibt vorerst offen.

Hüls ist die niederdeutsche Bezeichnung für die Stechpalme *Ilex,* die roten Früchte heißen *Hülskrabben.*

Hünxer Straße

Die Gemeinde *Hünxe* gehört zu großen Teilen zum Naturpark Hohe Mark. Wald, Heide, Felder und Weiden bestimmen das Landschaftsbild. Das Gebiet, im unteren Lippetal gelegen, war schon in vorgeschichtlicher Zeit besiedelt und ist alter Kulturraum. Die erste urkundliche Erwähnung als „de Hungese“ datiert aus dem

Jahr 1092. Vom 14. bis zum Anfang des 17. Jahrhunderts gehörte Hünxe zum Herzogtum Kleve, danach zum Kurfürstentum Brandenburg, dem späteren Königreich Preußen. Die feudalen Verhältnisse wurden aufgehoben, nachdem französische Truppen unter Napoleon rechtsrheinisches Gebiet besetzt hatten. Nach französischem Vorbild wurden Municipalverwaltungen eingeführt. Hünxe gehörte ab 1806 zur Municipalität Gahlen. Nach dem Ende der französischen Herrschaft fiel das Gebiet 1815 wieder an Preußen. Aus der Municipalität Gahlen wurde die Bürgermeisterei Gahlen und im Laufe der Zeit das Amt Gahlen mit Sitz in Hünxe. Es umfasste die Gemeinden Hünxe, Bruckhausen, Bucholtwelmen, Gahlen und Gartrop. 1960 vereinigten sich Hünxe, Bruckhausen und Bucholtwelmen zur Gemeinde Hünxe. Die kommunale Neugliederung von 1975 schuf neue Zuordnungen. Zur Gemeinde Hünxe gehören seitdem die Ortsteile Bruckhausen, Bucholtwelmen, Gartrop-Bühl und Hünxe südlich der Lippe sowie Drevenack und Krudenburg nördlich des Flusses. Mitte 2007 lebten hier rund 14.000 Einwohner auf 107 km^2 Fläche. Die Gemeinde hat einen hohen Wohn- und Freizeitwert. Besonders sehenswert: Ringwälle, Kirchen in Hünxe und Drevenack, Schloss und Wassermühle Gartrop, Heimatmuseum „Alte Bergschule“ in Hünxe, Wolfsnetze im Hünxer Rathaus, Otto-Pankok-Museum, altes Treidelschifferdorf Krudenburg. Für Hünxe als Wirtschaftsstandort hat der an die Rheinschiene angebundene Industrie- und Gewerbepark Hünxe (Bucholtwelmen-West) im Lippemündungsraum große Bedeutung.

Die *Hünxer Straße* ist eine Richtungsstraße. Sie verläuft von Süd nach Nord von der Ampelkreuzung Wilhelm-Lantermann-Straße/Hans-Böckler-Straße/Karl-Heinz-Klingen-Straße bis zur Gemeindegrenze mit Hünxe unmittelbar vor dem Lohberger Leitgraben. Bis 1960 war die Nordseite des Platzes *Am Neutor* Teil der Hünxer Straße, die damals an der Bahnstraße begann, also bei der bis heute bestehenden und beliebten Gaststätte Maaß. Die Hünxer Straße ist eine der längsten Straßen der Stadt Dinslaken und die wichtigste Verbindung zwischen der Innenstadt und dem Stadtteil Lohberg. Auf dem Gebiet des Hünxer Ortsteils Bruckhausen setzt sie sich nach Norden als Dinslakener Straße fort. Richtung Süden bildet die **Hans-Böckler-Straße** (s. dort) die Fortsetzung der Hünxer Straße. Bis zur Eingemeindung Hiesfelds am 1. Juli 1917 verlief die Gemeindegrenze zwischen Dinslaken und Hiesfeld etwa auf halber Strecke zwischen den Einmündungen von Tal- und Augustastraße quer über die Hünxer Straße.

Im 19. Jahrhundert konnte von einer „Straße“ Richtung Hünxe kaum eine Rede sein. „Von Dinslaken her schlängelte sich ein mit tiefen Rinnen ausgefahrener Weg durch das Hegebruch nach Hünxe und traf sich in der Nähe der [...] Wirtschaft Scheelen mit dem Hiesfelder Weg. Die nächste Fuhrmannskneipe lag in Bruckhausen“ (Dittgen 1952). *Hege* bedeutet soviel wie *Hecke* ‚Gehege, Busch, Hagen’. Das Heegebruch „lag an der *hege scheitende langest den wech die dair geyt toe den loeberge* und wurde 1399 der Stadt durch Graf Dietrich von der Mark zum Geschenk gemacht“ (Aretz 1941, 63; s. auch hier **Heegerbruchstraße**). Dort, wo die Krusenstraße von der Hünxer Straße abzweigt, stand einmal der Kruse Stommel, die Ruine eines alten Grenzbaums im Heegebruch (s. Krusenstraße). Eine Gaststätte gleichen Namens erinnerte über Jahrzehnte daran.

Auf Dinslakener Gebiet wurde der Weg durch das Heegebruch *(Hegbroik)* meist **Heegebruchsweg* genannt. Auf einer Gemeindekarte von 1904 wird er als *Weg von Hünxe/ Bruckhausen* ausgewiesen. Auf dem Übersichtsplan der Stadt Dinslaken von 1908 erscheint er als **Bruckhauser-Strasse*. Mit Beschluss der Stadtverordnetenversammlung der Stadt Dinslaken vom 23.11.1909 erhielt diese Straße offiziell den Namen *Hünxer Straße.*

Der auf Hiesfelder Gebiet liegende nördliche Teil der heutigen Hünxer Straße taucht in den Protokollbüchern der Gemeinde Hiesfeld zwischen 1875 und 1906 als *Bruckhauser Weg, Bruckhausener Kommunalweg, Dinslaken-Bruckhauser-Communal-Weg* auf. Als Hiesfeld im Jahre 1906 offiziell von der Einteilung in Sektionen und der Durchnummerierung der Häuser auf Straßennamen und Hausnummern umstieg, erhielt der Weg den Namen **Bruckhausener Straße*. 1918 erfolgte die Umbenennung in *Hünxer Straße* (s. hier **Lohbergstraße**).

Ein Einhang etwa in der Mitte zwischen den Einmündungen der Straße Am Pfauenzehnt und der Max-Eyth-Straße auf der gegenüber liegenden Straßenseite gehört heute auch zur Hünxer Straße. In den Stadtplänen von Dinslaken ist er ab 1913 zunächst als **Jahnstraße* ausgewiesen. Am 25.11.1987 wurde dieser Name vom Hauptausschuss der Stadt Dinslaken aufgehoben, weil man befürchtete, dass die Namen **Jahnstraße* (Stadtteil Bruch) und *Jahnplatz* (Stadtteil Hiesfeld) zu Orientierungsschwierigkeiten führen könnten, insbesondere für nicht ortskundige Bürger (s. hier **Jahnplatz**).

Die Hünxer Straße ist seit Jahrzehnten eine für Industrie, Handel, Gewerbe und die Infrastruktur der Stadt Dinslaken besonders wichtige Straße. Eine ähnliche Bedeutung hatte sie bis 1917 als *Bruckhausener Straße für die Gemeinde Hiesfeld. Im Folgenden werden einige wichtige bzw. interessante Objekte und Entwicklungen im Verlauf der Hünxer Straße von Süd nach Nord beschrieben.

An der Hünxer Straße lag auf Dinslakener Gebiet am Neutor der Viehmarkt (s. hier **Neutorplatz**), der weit über Dinslaken und das Rheinland hinaus als großer Umschlagplatz für Zuchtvieh bekannt war. Auf Betreiben des Freiherrn von Buggenhagen hatten die Dinslakener hier vor den Toren der Stadt 1818 einen Kommunalfriedhof angelegt, der 1901 vom Parkfriedhof an der heutigen Willy-Brandt-Straße abgelöst wurde.

Nördlich der Unterführung der Bahnlinie Emmerich – Oberhausen bog bis 1987 die **Gasstraße* von der Hünxer Straße nach Westen ab. Ursprünglich verlief die Kreuzung der Hünxer Straße mit der Bahnlinie auf gleichem Niveau und war durch Bahnschranken gesichert. Die frühere Gasstraße ist heute Teil der **Gerhard-Malina-Straße** (s. dort). Der damalige Name erinnert an das 1903 in Betrieb genommene Städtische Gaswerk. Mit dem hier produzierten Leuchtgas wurden bald alle Straßenlaternen betrieben, „die alten Ölfunzeln verschwanden, und die Straßen erstrahlten nun im hellsten Gaslicht“ (Neue Ruhrzeitung vom 17.7.1982).

Ab 1.5.1914 gab es entlang der Ostseite der Hünxer Straße eine Straßenbahnverbindung zwischen Dinslaken und Lohberg, zunächst aber nur von einem Hilfsdepot am Gaswerk in der damaligen Gasstraße (s. o.) bis zur Endstation in Lohberg gegenüber der Einmündung der Steigerstraße auf die Hünxer Straße (bis 11.3.1918 auf früherem Hiesfelder Gebiet: Nettelbeck- und Bruckhausener Straße). Ab 15.8.1913 war vom damaligen Dinslakener Rathaus an der heutigen Friedrich-Ebert-Straße bis zum Bahnübergang an der Hünxer Straße bereits ein Teilstück der späteren Gesamtstrecke in Betrieb, das aber 1915 zunächst stillgelegt wurde. Nach Höherlegung des Bahndamms und Bau der Unterführung ging am 19.10.1920 die Strecke Dinslaken–Lohberg vollständig in Betrieb. Die Bahn startete also am damaligen Rathaus, ratterte durch die Neustraße und fuhr dann weiter nach Lohberg. Der Startpunkt wurde am 14.5.1930 zum Bahnhof verlegt. Die Schienen verliefen danach durch die Bahnstraße zum Neutor. Die Strecke war eingleisig. Zwischen den Einmündungen der Krusen- und der Ziegelstraße gab es eine Weiche. Es waren immer zwei Straßenbahnwagen im Einsatz, die im 20-Minuten-Takt verkehrten und etwa gleichzeitig an den Start- bzw. Endstationen in Dinslaken und Lohberg abfuhren. An der Weiche wartete jeweils einer der Wagen, um den aus der Gegenrichtung kommenden vorbeizulassen. Umgangssprachlich ausgedrückt, hielt die Straßenbahn fast an jedem Baum. Zwischen Bahnhof und Endstation in Lohberg gab es acht Haltestellen: Neutor, Unterführung, Rosendahl, Viehhalle, Inkamp, Scheelen, Oeckinghaus, Kasino. Am 1.8.1951 wurde der Straßenbahnverkehr zwischen Dinslaken und Lohberg eingestellt, da die Gleisanlagen dieser Strecke völlig abgefahren waren. Die Linie wird seitdem durch einen Omnibus bedient.

Gruß aus Dinslaken, Postkarte um 1900
Kaiser-Denkmal auf dem Altmarkt und Walzwerk

Gruß aus Dinslaken, Postkarte um 1900
Panorama mit Amtsgericht (ab 1913 Rathaus), Stadtkirche, St. Vincentius und Kastell

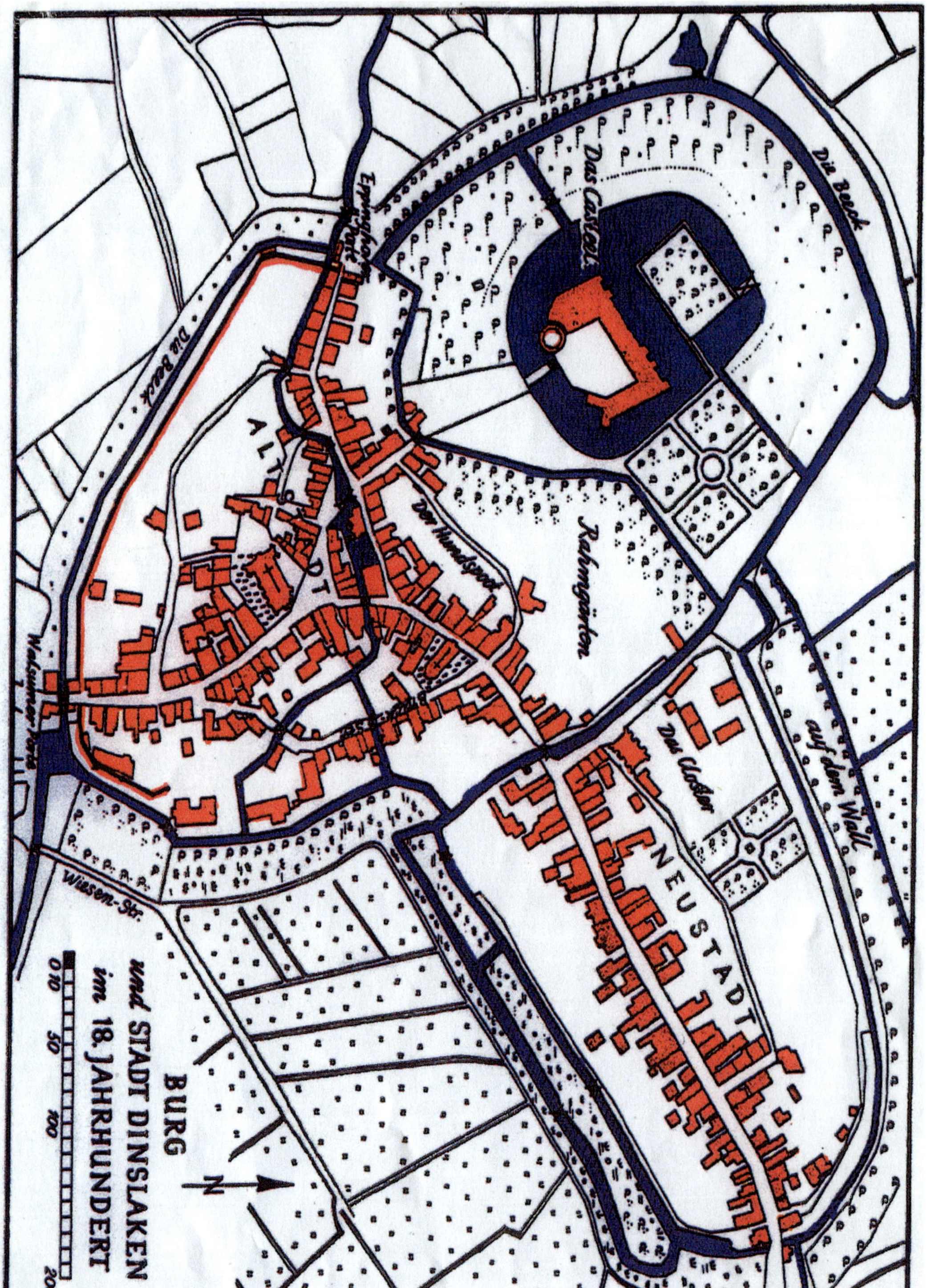

Burg und Stadt Dinslaken im 18. Jahrhundert

Plan der Alt- und Neustadt aus dem Jahre 1825

Quelle: Rheinischer Städteatlas XVI Nr. 85: Dinslaken, Köln/Weimar/Wien 2007, Tafeln 1 u. 1.2, Originalmaßstab 1: 2500. Abdruck mit Genehmigung des LVR-Instituts für Landeskunde und Regionalgeschichte.

Plan der Alt- und Neustadt mit Kastell aus dem Jahre 1837

Quelle: Rheinischer Städteatlas XVI Nr. 85: Dinslaken, Köln/Weimar/Wien 2007, Tafeln 1 u. 1.2, Originalmaßstab 1: 2500. Abdruck mit Genehmigung des LVR-Instituts für Landeskunde und Regionalgeschichte.

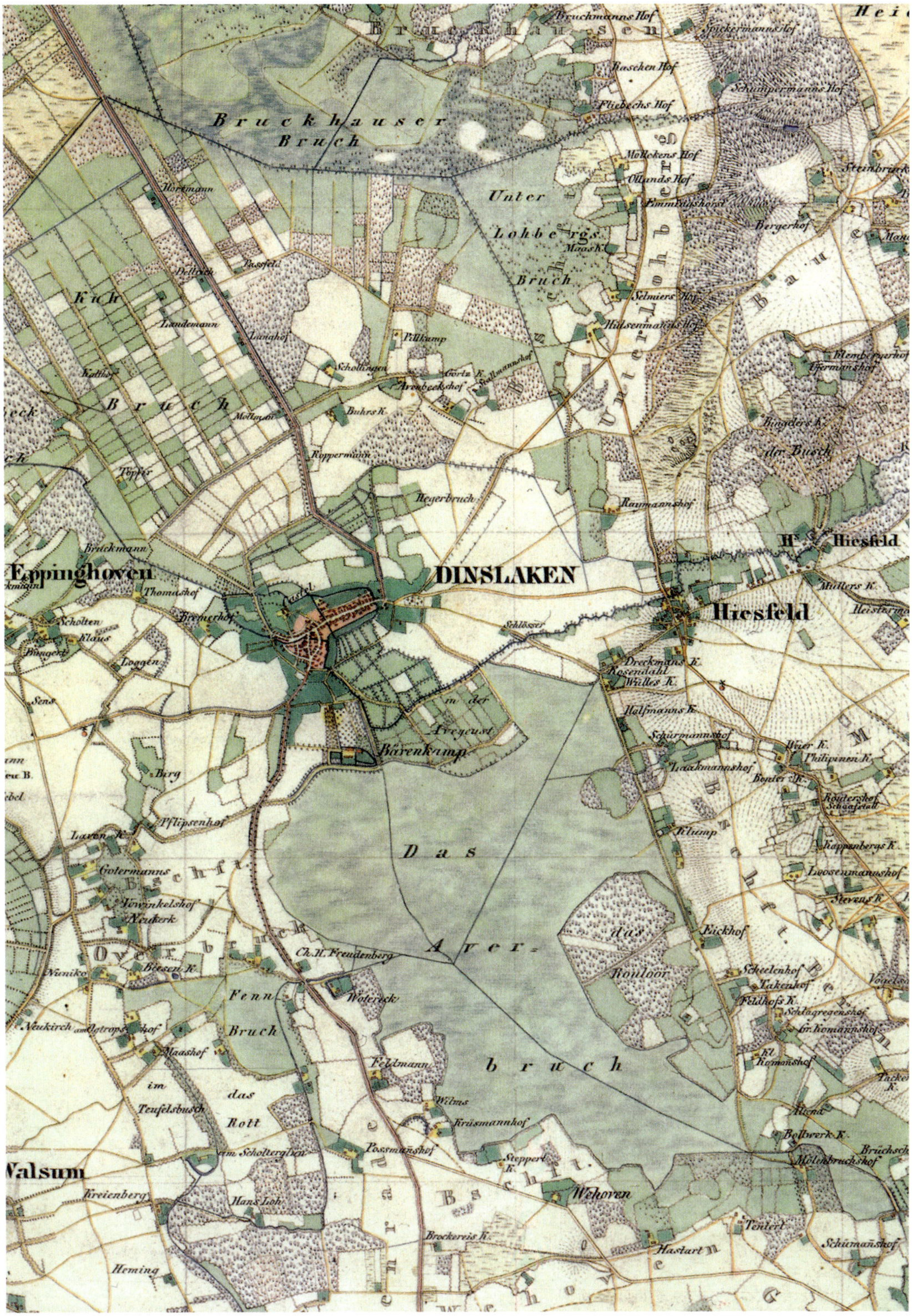

Plan von Dinslaken und Umgebung, Preußische Uraufnahme von 1843

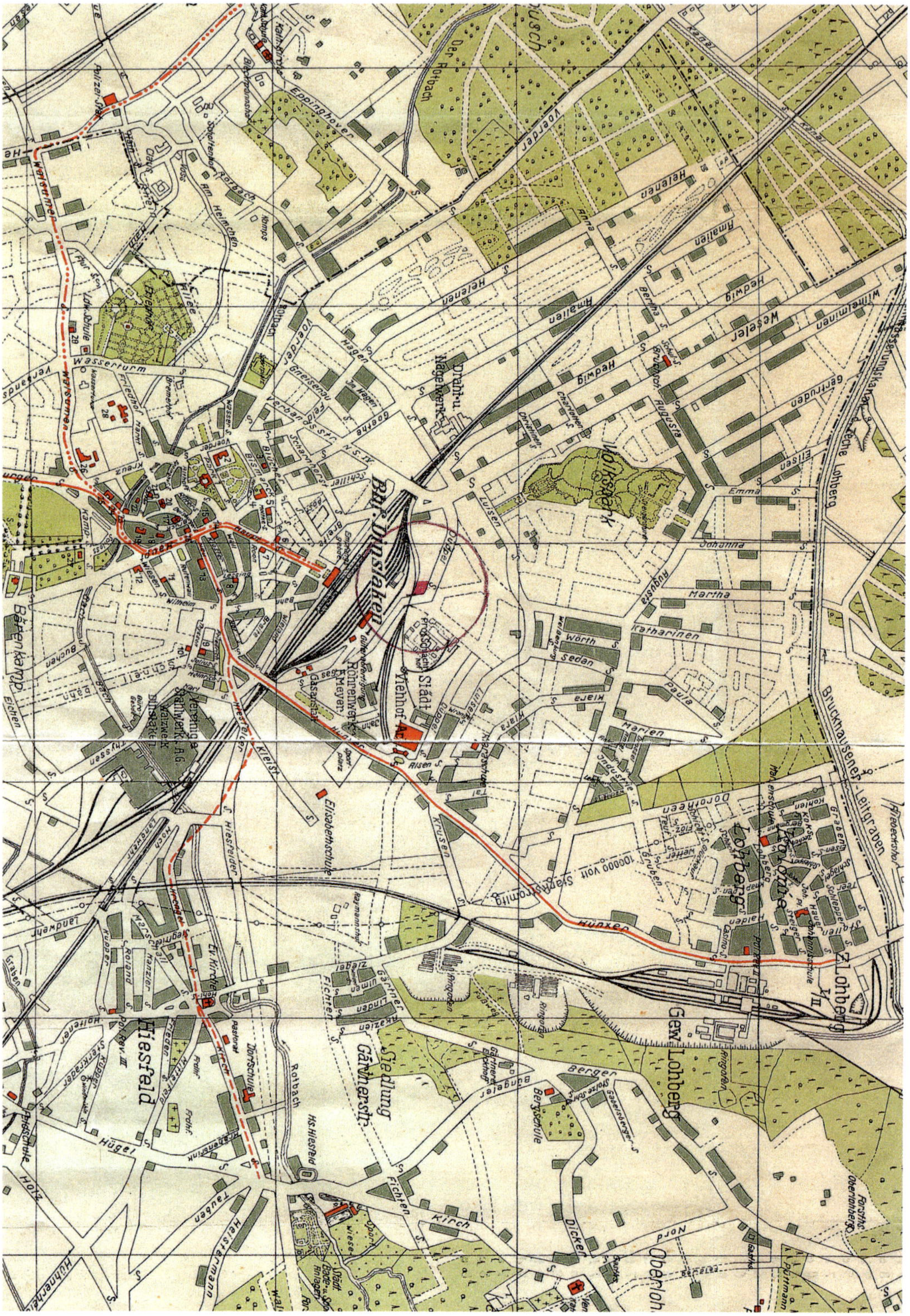

Stadtplan von Dinslaken aus dem Jahre 1929, mit Straßenbahn- und Buslinien

Planung für die neue Straßenführung zwischen Walsumer Tor und Neustraße im Jahre 1908

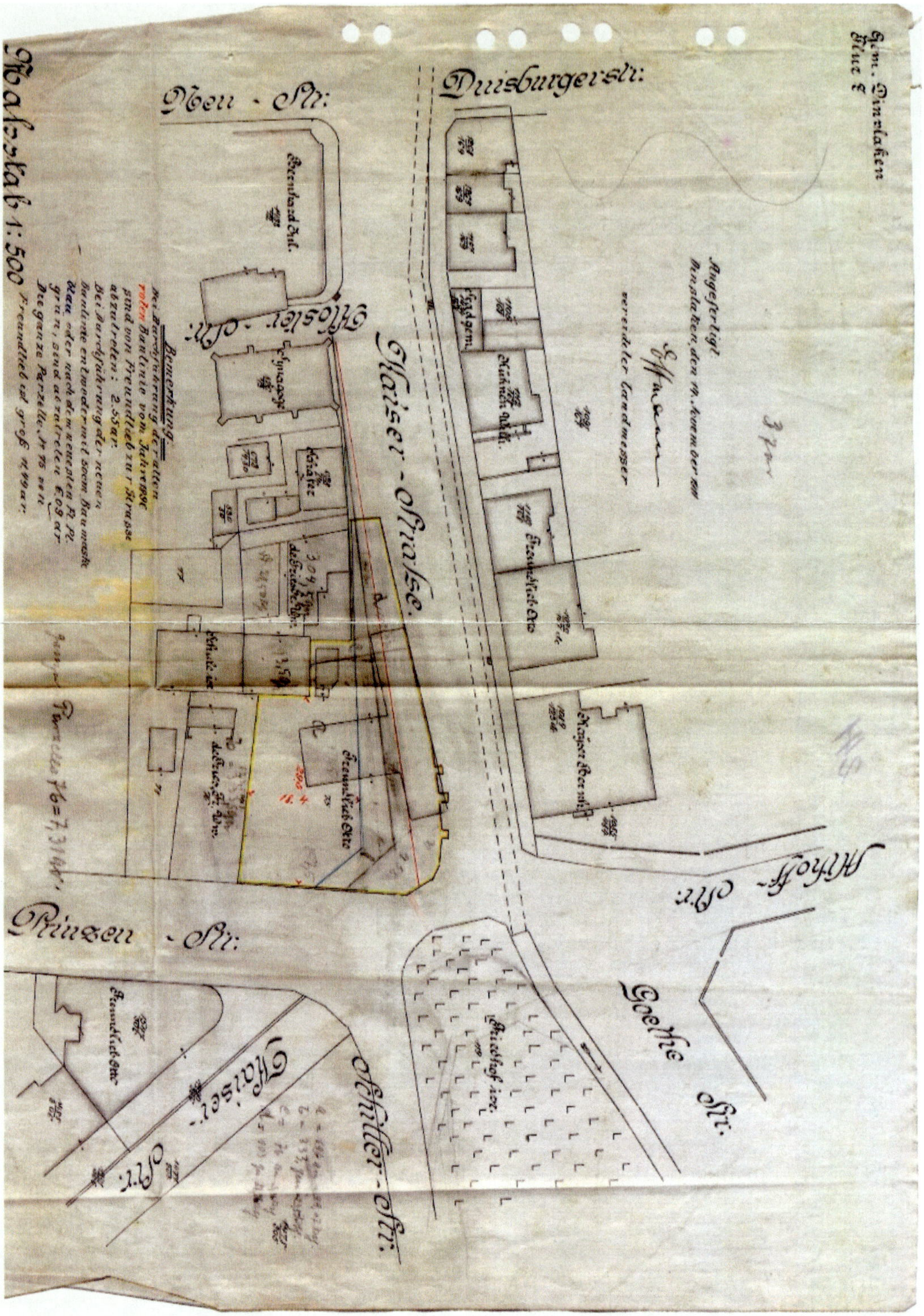

Planung für die neue Straßenführung der damaligen Kaiser-Straße, heute Friedrich-Ebert-Straße, zwischen Neustraße und heutigem Verteilerkreis aus dem Jahre 1911

Das 1913 abgebrochene Rathaus mit den vorübergehend um das Rathaus verlegten Straßenbahnschienen (unten links), rechts skizziert das Amtsgericht, ab 1913 Rathaus

Luftaufnahme der Altstadt aus dem Jahre 1938

Luftaufnahme der Altstadt aus dem Jahre 2002

Das Rathaus der Stadt Dinslaken

Teil der alten Stadtmauer mit Rotbach, im Bereich Gartenstraße

Die Pfarrkirche St. Vincentius

Das Johannahaus, Pfarrheim der Pfarrgemeinde St. Vincentius, erbaut als Posthalterei

Farbbildseite 14

Die Hiesfelder Windmühle an der Sterkrader Straße

Die Hiesfelder Wassermühle am Freibad

Farbbildseite 15

Eingang zum Bergwerk Lohberg mit dem von Fritz Schupp konstruierten Förderturm von Schacht 2

Bogendurchgang an der Kohlenstraße in Lohberg

Eingangsgebäude des Viehhofs an der Hünxer Straße, um 1915, heute PINTSCH-BAMAG

Östlicher Teil der Neustraße mit Werbung für das erste Dinslakener Kino in der „Reichskrone", um 1920

Abb. 80
Die flügellose Windmühle neben der damaligen Gaststätte Rosendahl, Anfang des vorigen Jahrhunderts

Das bis auf das Jahr 1761 zurückgehende Dinslakener Familienunternehmen „F. Meyer Eisen- und Stahlindustrie" startete 1919 mit der Errichtung einer Produktionsstätte an der Westseite der Hünxer Straße zwischen der Eisenbahnlinie und der damaligen Viehhalle. Begonnen hatte es 1761 als Kupferschmiede in der Neustraße und war ab 1838 an der Duisburger Straße ansässig. Ab 1932 wurde es in sechster Generation von Fritz Meyer (1906–1972) geführt, einer starken und für Dinslaken bedeutenden Unternehmerpersönlichkeit.

Nach 1945 wurden die Produktionsanlagen zwischen Hünxer und Luisenstraße, zu denen auch ein Elektrostahl- und Röhrenwalzwerk gehörten, erheblich ausgeweitet. Nach dem plötzlichen Tod von Fritz Meyer, der sich auch als Vorsitzender des heutigen Vereins für Heimatpflege Land Dinslaken von 1950 bis 1972 überaus verdient gemacht hatte, konnte das Unternehmen nicht mehr im Familienbesitz gehalten werden. Es gehört heute zur Benteler-Gruppe.

Auf die östliche Straßenseite schräg gegenüber verlagerte 1947 die Elefanten-Schuh-GmbH ihre Produktionsstätten von der Bahnstraße. Vorher befand sich hier der erste Sportplatz des Sportvereins Dinslaken 09. Seit Schließung der Schuhfabrik im Jahre 1986 gehört das Gelände zu einem Baumarkt. Am Rande dieses Platzes stand ab 1850 die Rosendahlsche Windmühle, von der zu Anfang des 20. Jahrhunderts nur noch der Mühlenstumpf ohne Flügel übrig war.

Das Gebäude wurde als Lager genutzt und später als Umkleideraum des Sportvereins. Ein Relief in Form einer Mühle am Haus Hünxer Straße 104, Ecke Max-Eyth-Straße, über der ehemaligen Eingangstür der früheren Gaststätte Rosendahl erinnert bis heute an die Mühle.

Wieder schräg gegenüber auf der westlichen Straßenseite ließ die Stadt Dinslaken zwischen März und September 1914 die Viehhallen bzw. den Viehhof errichten. (Eingangsgebäude der Viehhalle, s. **Farbbildseite 16**)

Die Viehhändler hatten am 14.10.1913 einen Antrag auf Überdachung des Großmarktes (s. **Neutorplatz**) oder Errichtung einer Schutzhalle gestellt. Dem Viehhof wurden ein Wirtschaftsgebäude und ein Seuchenstall für erkranktes Vieh angeschlossen. Außerdem wurde eine Gleisverbindung zum damaligen Güterbahnhof geschaffen. Für die Vermarktung des Fleischs verunglückter und anschließend notgeschlachteter Tiere gab es eine Verkaufsstelle für preiswertes Freibank-Fleisch. Von dem Angebot wurde besonders vom finanziell schwächer gestellten Teil der Bevölke-

Abb. 81
Eingang der Schachtanlage Lohberg, 1926, vor Errichten des neuen Fördergerüsts über Schacht 2

rung reger Gebrauch gemacht. Im Zweiten Weltkrieg kam verkaufsfördernd hinzu, dass weniger Fleischmarken abzugeben waren als beim üblichen Einkauf in einer Metzgerei.

Die Viehhallen konnten jedoch zunächst nicht dem vorgesehenen Zweck dienen. Der Erste Weltkrieg war ausgebrochen, und das Gebäude wurde für die Unterbringung von Militär und ab 1915 von Kriegsgefangenen genutzt. Am 25.3.1915 waren in den Viehhallen 73 Gefangene auf Rechnung der Stadt und 305 Gefangene auf Rechnung der Gewerkschaft Deutscher Kaiser sowie 50 Wachmannschaften (unbekannter Größe) untergebracht. Geplant war die Aufnahme von 730 Gefangenen, die für unterschiedliche Arbeiten eingesetzt werden sollten. Ob es dazu kam, geht aus den ausgewerteten Protokollbüchern der Stadt Dinslaken nicht hervor. Die Schulchronik der Johannesschule in Lohberg berichtet vom Einsatz von Gefangenen beim Bau dieser Schule.

Nach dem Zweiten Weltkrieg verlor die Viehhalle an Bedeutung. 1947 wurde der Komplex an die Firma PINTSCH BAMAG Antriebs- und Verkehrstechnik GmbH verkauft, die hier bis heute elektrische und elektronische Anlagen für den Straßen- und Schienenverkehr, die Schifffahrt und das Flugwesen produziert.

Auf damals Hiesfelder Gebiet ließ die Gewerkschaft Deutscher Kaiser bzw. die 1905 gegründete Gewerkschaft Lohberg ab 1909 in der dünn besiedelten Bauernschaft Unterlohberg, die um die Wende zum 20. Jahrhundert aus nur 36 Haushalten bestand, an der Bruckhausener Straße die Schächte Lohberg 1 und 2 nach dem Gefrierverfahren abteufen. Mit den Gefrierarbeiten hatte man bereits 1907 begonnen. Die Förderung für den Absatz wurde 1913 aufgenommen. Seit dem 31.12.2005 wird auf Lohberg keine Kohle mehr gefördert (s. hier **Lohbergstraße**).

Es ist vorgesehen, das Werksgelände neuen Nutzungen zuzuführen und es gleichzeitig eng an die alte Kolonie Lohberg anzubinden. Von den hierzu entwickelten Konzepten favorisieren Politik, Verwaltung und Bürgerschaft einen unter dem Titel „Lohberg und die Halde werden eins“ entstandenen Plan. Dieser sieht den Abriss der das Werksgelände begrenzenden Mauer sowie eine Entlastung und Verkehrsberuhigung der Hünxer Straße vor. Eine am westlichen Fuß der Halde (s. hier **Haldenstraße**) parallel zur Hünxer Straße neu anzulegende Straße soll den fließenden Verkehr aufnehmen. In sogenannten *Clustern* für Wohnen, Freizeit und Gewerbe soll das zur Verfügung stehende Gelände unter Einbezug der unter Denkmalschutz stehenden Objekte (Verwaltungsgebäude, Pförtnerhaus, Sozialgebäude, beide Fördertürme mit den zugehörigen Unterbauten, Wasserturm, Zentralmaschinenhaus, Zentralwerkstatt) bebaut, gestaltet und genutzt werden. Ob es zu dieser Umsetzung kommt, wird die Politik entscheiden.

Um die Anfang des 20. Jahrhunderts aus allen Teilen Deutschlands und vielen Ländern Europas dem Bergwerk zuströmenden Arbeiter und deren Familien unterzubringen, wurde von der Gewerkschaft Deutscher Kaiser im freien Gelände westlich der Bruckhausener Straße ab 1907 eine Siedlung angelegt, die Bergarbeiterkolonie Lohberg (s. hier **Lohbergstraße**), die bis heute ein Musterbeispiel für Arbeitersiedlungen im Ruhrgebiet ist.

In Verbindung mit der Anlage von Bergwerk und Kolonie berichten die Protokollbücher der Baukommission der Gemeinde Hiesfeld von einem frühen ökologischen Handeln: Auf der damaligen Bruckhausener Straße mussten Bäume abgeschlagen werden, weil sie dem Verkehr im Wege standen. Auf Drängen der Gemeinde sorgte die Gewerkschaft Deutscher Kaiser für Ersatz durch 32 Eichen und übernahm die Kosten in Höhe von 100 Mark für die Neupflanzung von Platanen.

Die Lohberger Häuser waren jedoch nicht die ersten Arbeiterhäuser an der Hünxer Straße. Zwischen Luisen- und Düppelstraße waren bereits 1901 in sehr viel schlichterer Ausführung Häuser in Ziegelbauweise für die Arbeiter des Thyssenschen Walzwerks in Dinslaken errichtet worden. Zu jedem Haus gehörten ein Garten und ein Stall, in dem sich auch das Plumpsklosett der Wohnung befand. Bis auf wenige Häuser an der Luisenstraße, die heute unter Denkmalschutz stehen, sind diese Gebäude inzwischen einer neuen Straßenführung sowie einem SB-Markt gewichen und abgerissen worden.

Der Bau der Siedlung Lohberg führte dazu, dass sich an der Bruckhausener und späteren Hünxer Straße ein infrastruktureller Kern bildete. Dazu gehörten Poststelle, Polizeiwache mit Arrestzelle, Apotheke sowie unterschiedliche Handwerksbetriebe und Einzelhandelsgeschäfte. Hinzu kamen etliche Gaststätten, die das bereits bestehende Angebot an Wirtshäusern vermehrten. Zwischen der Eisenbahnunterführung und dem Lohberger Leitgraben gab es schließlich mindestens acht Gaststätten. Von Süd nach Nord waren das: *Der Schwarze Diamant* (heute *El Gaucho*), Rosendahl, Latz (heute *Gambrinus*), Inkamp bzw. *Zum krusen Stommel,* Scheelen (heute *Rumpelstilzchen*), Oeckinghaus (heute *Am Schacht*), das Werkskasino (s. hier **Kasinostraße**) und Kaspers. In einem Anbau von Oeckinghaus befand sich vom 1.10.1931 bis 1966 das Lohberger Kino, das *Deli* (= Deutsche Lichtspiele). Zur Hünxer Straße gehörten außerdem über Jahrzehnte vier Trinkhallen. Da war die grüne Bude der Familie Spelleken gleich nördlich der Unterführung; eine weitere Trinkhalle befand sich gegenüber der Viehhalle, die nächste, die Bude von Kern, dann am Ortseingang von Lohberg gegenüber der damaligen Post, und schließlich wurde noch eine Trinkhalle im Wartehäuschen an der Endstation der Straßenbahnlinie Dinslaken–Lohberg betrieben. Gleich jenseits des Leitgrabens auf Bruckhausener Gebiet lag eine fünfte Trinkhalle.

Als Einzelhandelsgeschäft hatte der *Konsum,* die Konsumanstalt der zum Thyssen-Konzern gehörenden *Wehag* (= Westdeutsche Haushaltversorgung AG) für die Lohberger Bevölkerung besondere Bedeutung. Die erste *Wehag*-Filiale wurde 1908 auf der Ostseite der Hünxer Straße (damals Bruckhausener Straße 190) am südlichen Ende des Werksgeländes errichtet, ein eineinhalbgeschossiges Haus in Ziegelbauweise. Nach der Verlegung des Konsums in das wesentlich größere Gebäude auf der Westseite der Hünxer Straße an der Einmündung der Lohbergstraße wurde das Haus von der Post übernommen, die hier das Postamt der Kolonie einrichtete, das 1955 auf den **Johannesplatz** (s. dort) verlegt wurde. Das alte Gebäude musste einem großen Fahrradabstellplatz der Schachtanlage weichen und wurde abgerissen.

Im Erdgeschoss des 1914 fertiggestellten neuen Konsums an der Ecke Hünxer/Lohbergstraße konnten die Haushalte sowohl Lebens-

Abb. 82
Der Konsum Ecke Hünxer / Lohbergstraße, heute Moschee,

mittel einschließlich Frischfleisch als auch Textilien einkaufen.

Der Verkauf war nach rationellen Gesichtspunkten eines fließenden Arbeitsablaufs durchorganisiert. Die Kaufwünsche der Kundschaft wurden an der Bestellungsannahme, die sich am Anfang der linken Längswand befand, auf einem Block mit Doppelseiten, zwischen denen sich Pauspapier befand, notiert. Das untere Blatt wanderte zu den Verkäuferinnen, die die Bestellung bearbeiteten. Mit dem oberen Blatt gingen die Käufer/innen zum Kassenhäuschen an der Stirnwand des riesigen Verkaufsraumes und bezahlten den Einkauf. Anschließend wurden ihnen an der Warenausgabe am Ende der Längswand die inzwischen abgewogenen und bereitgestellten Waren gegen Vorlage des quittierten Bestellblattes ausgehändigt.

Dieser Barkauf wurde mit weißen Bestellblöcken abgewickelt. Für den unbaren Einkauf wurde die Bestellung an der gegenüber liegenden Längsseite auf einen rosafarbenen Block geschrieben. Es folgte ebenfalls der Gang zum Kassenhäuschen zwecks Kontierung der Kosten. Während den Beamten (*Beamte* s. hier **Haldenstraße**) die aufgelaufenen Beträge vom monatlichen Gehalt abgezogen wurden, zahlten die Arbeiter die Schulden in bar an den Lohntagen. Am Ende der rechten Längswand befand sich die Textilabteilung.

Vom Hauptverkaufsraum führte eine verglaste doppelte Pendeltür in die Fleischhalle, die auch durch einen eigenen Eingang von der Lohbergstraße aus zu erreichen war. Über den Verkaufsräumen befand sich die Wohnung des Konsumverwalters bzw. der Verwalterin. Über Jahrzehnte war der Konsum der größte Anbieter weiblicher Arbeitsplätze in Lohberg.

Am nordöstlichen Ende der Hünxer Straße entstanden Anfang der 1930er Jahre zwei Sportplätze. Da ist zum einen der 1931 während der Zeit der Massenarbeitslosigkeit in Lohberg (Litschke 1993, 131) von DJK und katholischem Jungmännerbund in Selbsthilfe geschaffene DJK-Sportplatz zu nennen. Gleichzeitig entstand ebenfalls in Selbsthilfe in einem früheren Magazin ein katholisches Jugendheim. Das Gelände für den Sportplatz und das Magazin (Hünxer Straße 452/54, letztes Anwesen auf der Ostseite vor dem Leitgraben, heute in Privatbesitz) hatte die Firma Thyssensche Gas- und Wasserwerke GmbH, Duisburg-Hamborn, von der die Kolonie Lohberg mit Gas und Wasser versorgt wurde, zur Verfügung gestellt. Dazu berichtet der damalige katholische Pfarrer Nienhaus: „Die Arbeitslosigkeit wuchs von Tag zu Tag. [...]

Dieser Not zu begegnen war das Gebot der Stunde. Es mussten die Tage der unfreiwilligen Muße zu einer Zeit geistiger Betätigung und Förderung gemacht werden. ... Aus dieser Erkenntnis heraus begann der Jungmännerbund und die DJK, deren Mitglieder größtenteils erwerbslos waren, mit Aufbauarbeiten [...]" (Nienhaus 1966, 24 f.). Der Sportplatz wurde 1937 von den Nationalsozialisten beschlagnahmt, und jegliche konfessionelle Vereinstätigkeit wurde verboten.

Etwa gleichzeitig mit dem DJK-Sportplatz und in unmittelbarer Nähe dazu wurde Anfang der 1930er Jahre bergbauseitig ein Werksportplatz angelegt, der vorrangig dem im Rahmen des Bergberufsschulunterrichts vorgesehenen Sportunterricht, aber auch den sportlichen Aktivitäten des um dieselbe Zeit gegründeten Werksportvereins diente. Nach der Vereinigung des Werksportvereins mit dem VfB-Lohberg im Jahre 1937 wurde der Platz noch bis Anfang der 1970er Jahre vom VfB als Zweitsportplatz genutzt. Danach fiel er der Erweiterung des Holzplatzes der Zeche zum Opfer.

Im Sommer 1941 ließ die Gelsenkirchener Bergwerks-Aktien-Gesellschaft, Gruppe Hamborn, in deren Besitz das Bergwerk Lohberg 1926 übergegangen war, an der Hünxer Straße am nördlichen Rand des Werksgeländes ein Barackenlager, bestehend aus sechs Wohnbaracken und einer Wirtschaftsbaracke, anlegen. Die Aufstellung wurde in einer Anzeige des Bauvorhabens an das Arbeitsamt Wesel mit der Notwendigkeit der Unterbringung von 450 auswärtigen und ausländischen Bergarbeitern begründet, „die in unserem Steinkohlenbergbau zum Zwecke der gemäß behördlicher Anweisung dringend geforderten Aufrechterhaltung bzw. Steigerung der Kohlenförderung beschäftigt werden müssen" (StA DIN, Akte Best. IV Abg. 11, Lfd. Nr. 473). Nach Aussage von Zeitzeugen waren ab 1942 bis zum Ende des Zweiten Weltkrieges russische Kriegsgefangene, die auf der Zeche unter Tage arbeiteten, in diesem Lager untergebracht. Zwecks Bewachung der Gefangenen war in der Nähe der Baracken auf dem Werksgelände ein hölzerner Wachtturm errichtetet worden.

Aus einem Schriftwechsel zwischen dem Landrat des Kreises Dinslaken und der Gelsenkirchener Bergwerks-AG geht hervor, dass das Barackenlager im November 1945 auf Anordnung des Landrats für die Unterbringung von Flüchtlingen beschlagnahmt wurde (StA DIN, I /824). Es sollte möglichst mit „Bergarbeiterflüchtlingen" belegt werden. Auch 1946 war es noch von Flüchtlingen bewohnt. 1947 wurde es zum sogenannten „Knappenheim" umfunktioniert, in dem junge Bergleute, die ohne Familie nach Lohberg zugewandert waren und auf der Zeche Lohberg Ausbildung und Arbeit gefunden hatten, von einem Heimleiterehepaar versorgt und betreut wurden. Bis 1972 wurden die Baracken als Knappenheim genutzt, danach für kurze Zeit als Ledigenheim für erwachsene Bergarbeiter. Als Knappen bzw. Auszubildende nicht mehr von auswärts angeworben wurden und auch allgemein die Zahl der ledigen Bergleute zurückging bzw. deren Unterbringung im sogenannten Südlager im Hiesfelder Bruch erfolgte, standen die Baracken einige Jahre leer. Danach dienten sie eine Zeitlang Subunternehmen des Bergwerks als Büro- und Lagerräume (*Bergbau AG Niederrhein* 1984, 70). Inzwischen sind sie abgerissen worden. Heute sind ebenerdig nur noch die einstigen Fundamente zu erkennen.

Als der Siedlung Lohberg Ende der 70er, Anfang der 80er Jahre des vorigen Jahrhunderts der Abriss drohte, setzte eine Verarmung der Infrastruktur ein, die auch vor den Geschäften an der Hünxer Straße nicht Halt machte. Einige wurden abgerissen, andere aufgegeben oder neuen Nutzungen zugeführt. Das Gebäude, in dem einst der Konsum untergebracht war, steht heute unter Denkmalschutz und ist in den Besitz der Diyanet-Moslem-Gemeinde übergegangen, die darin die Selimiye-Moschee und eine Teestube eingerichtet hat. Der Verkaufsraum, die Schlachterei und der Hof der früheren Metzgerei Falkenstein dienen einer weiteren Moslem-Gemeinde als Unterkunft. Inzwischen hat sich eine Interessengemeinschaft aus Lohberger Geschäftsleuten und Unternehmern gebildet, die gemeinsam mit dem Forum Lohberg die Hünxer Straße, die „Visitenkarte" Lohbergs, wieder attraktiver machen möchte.

Im Aschenbruch

Diese Straße zweigt von der Bergerstraße nach Süden ab und führt zu einem im Wald gelegenen Bundeswehr-Schießstand. Die Benennung erfolgte nach einer alten Gewannbezeichnung erst 2007.

Im Bremerkamp

Der historische Bremerhof – er erscheint etwa auf der *Gemeindekarte der Bürgermeisterei Dinslaken* des Geometers Vaasen von 1837/38 – lag in dem Dreieck, das heute von der Willy-Brandt-Straße, der Mozartstraße und dem Rotbach gebildet wird. Der von der damaligen *Friedhof-, heutigen Dr.-Otto-Seidel-Straße aus parallel zur B 8 laufenden und auf das ehemalige Hofgebäude schießenden Straße gab der Hauptausschuss am 19.6.1957 den Namen **Am Bremerhof,* der auch auf dem Stadtplan von 1958 erscheint, aber vom Rat am 19.6.1959 unter Verweis auf eine alte Flurbezeichnung durch *Im Bremerkamp* ersetzt wurde.

Im Hagen

Diese kurze Straße wurde in einem Plan von 1926 bereits mit ihrem heutigen Namen als projektiert eingetragen. In späteren Plänen taucht sie als fertige Straße auf. Sie ist demnach in den 1920er Jahren entstanden.

Ihren Namen hat sie von einem Flurstück erhalten, das hier lag und auf alten Plänen die Bezeichnung *„Im Hagen"* trug. Vgl. zum Namen auch die Erläuterungen zu Hagenstraße.

Im Hardtfeld

Die Straße verläuft am Nordrand des Klärwerks Emschermündung und verbindet die Straße *Im Brüchsken* mit der *Turmstraße,* deren westliches Endstück sie gewesen ist bis zum Ratsbeschluss vom 16.07.1965: „Turmstraße wird ab Am Brüchsken ostwärts in Im Hardtfeld umbenannt." *Hartfeld,* der Name eines zum ehemaligen Hingmannhof gehörenden Feldes, hat nach Lange 1980,34 nichts mit *hart* oder *der Hardt* zu tun, sondern enthält das mndt. *herte, harte* ‚Hirsch' ; der Flurname ist mithin als „Hirschfeld" zu lesen.

Im Heegerfeld

Die Straße *Im Heegerfeld,* vom Rat der Stadt am 28.04.1961 als **Im Heeger Feld* benannt, verbindet die Talstraße mit der Straße *Zum Fischerbusch* im Dinslakener Bruch. Sie führt auf halber Höhe im rechten Winkel auch zur Hünxer Straße.

Der Name geht auf einen Flurnamen zurück. Das *Heegerfeld* lag zu beiden Seiten der Talstraße. Zu dessen Namen s. noch hier **Heegerbruchstraße.**

Im Kirchbruch

Der Name stammt von der alten Flurbezeichnung des hier beginnenden Bruchgebietes *(Kirchbruch),* das bis 1822 zur Möllener Allmende gehörte. Das Klevische Kataster von 1733 lässt hier noch keinen Weg erkennen. Nach der Aufteilung der Allmende (1822/29) setzte die Aufteilung des Kirchbruchs ein. Die preußische Uraufnahme von 1843 lässt hier dann einen Fahrweg bis zum Wohnungswald erkennen. Es entstanden erste Häuser, wie die Pläne von 1897 und 1923 zeigen. Heute führt die Straße, die in den 1990er Jahren ausgebaut wurde, nur noch bis zum Sportplatz des MTV.

Die Straße gehörte bis zur kommunalen Neuordnung am 1.1.1975 zum Voerder Teil Eppinghovens und trug die Bezeichnung *„Kirchbruchstraße".* Danach erhielt sie durch den Rat der Stadt Dinslaken den Namen *„Im Kirchbruch".*

Im Kirchfeld

Der Verlauf dieser kleinen abgelegenen Straße, die heute von der Heerstraße bis zum Emscherstauwerk führt, ging früher weiter über die heutige Straße mit der Bezeichnung *Rheinaue* und hatte den Namen *Rheinstraße.* Auf Walsumer Gebiet (hinter der Einmündung der Hagelstraße) hieß sie *Wiesenstraße.*

Nach dem Bau der Emscher gab es zunächst eine Brücke über den Fluss. Erst nach dem Bau des Emscherstauwerks wurde die Straße unterbrochen.

Der Abschnitt von der Heerstraße bis zur Emscher erhielt 1961 durch die Gemeinde Voerde die Bezeichnung *Im Kirchfeld.* Sie wurde bei der kommunalen Neuordnung von der Stadt Dinslaken übernommen.

Da es sich bei den Äckern neben der Straße um Flächen handelt, die nicht im Besitz der Kirchengemeinde waren, geht der Name möglicherweise auf eine alte Flur- oder unter der Bevölkerung gebräuchliche Bezeichnung zurück.

Im Klostergarten

Kurze am 23.11.1999 benannte Abzweigung von der Albrecht-Dürer-Straße, vorher zu dieser gehörig.

Die Straße zielt auf das ehemalige Hiesfelder *Kloster zum Heiligen Geist,* das von niederländischen Passionisten aus Mook und Nijmegen gegründet, am 24. Mai 1959 eingeweiht und zunächst von sechs Patres und zwei Laienbrüdern aus den Niederlanden bezogen wurde, die seelsorgerische Aufgaben in der zur gleichen Zeit durch Abpfarrung von der Herz-Jesu-Gemeinde neu entstandenen Heilig-Geist-Gemeinde, an den katholischen Kirchen in Dinslaken, Eppinghoven, Walsum-Overbruch und Friedrichsfeld sowie an den Krankenhäusern, Berufsschulen und Berglehrlingsheimen übernahmen. Nach annähernd vierzig Jahren erfolgreicher Arbeit gaben die Passionisten am 28. April 1996 ihre Hiesfelder Klostergemeinschaft aus Nachwuchsmangel auf. Den Südflügel des Klostergebäudes übernahm der Caritasverband Dinslaken, den Ostflügel die Kirchengemeinde Heilig-Geist, die hier zwei Wohnungen für Seelsorger und Räume für die Pfarrverwaltung einrichtete.

Im Loosbusch

Geht westlich von der Kirchstraße ab zur Büngelerstraße und zum Büngelerfeld. Benannt am 19.06.1957 nach einem Waldstück, das zum Haus Hiesfeld und der früheren Pawmühle gehört hat, deren Besitzer sich zunächst *an gen Loe* bzw. *van dem Loe,* nach 1600 *van Loen* schrieben. Eine *Belia van dem Loe* erscheint am 13. Juli 1530 als Klägerin vor dem Hiesfelder Schöffengericht; ein *Johan an gen Loe* (Haus Hiesfeld) wird 1585 als Beisitzer der Rechnungsprüfung der Hiesfelder Kirchmeister erwähnt; cf. noch den Kirchenkassenbericht 1587-89 zu den Auswirkungen des truchsessischen Krieges 1583-87: „Die höfe von Heinrich Schelen und Jacob Kalthoff sind ledig gelegen, Diderich in ger Moelen (= Möllmann) ist verstorben und nichts hinterlassen, Steinbrink und Johan *an gen Loe* pauper (= arm), Henrich Fromm verbrannt, Derick Cüster vacant (= leer).“ – „An das Geschlecht erinnert noch (bei den Alteinheimischen) ‚Loosmühle‘, der Straßenname ‚Loosbusch‘.“ (B. Schön, *Nachlese,* 51). – Noch im Protokollbuch des Gemeinderats Hiesfeld ist am 17.4.1883 von einer „Brücke bei Loh‘s Gut“ die Rede; s. auch hier **Auf dem Loh.**

Im Nist

Die versteckte kleine Straße vorbei am Friedhof ist einer der ältesten Wege Eppinghovens. Er ist benannt nach dem Hof am Ende der Straße, der früher den Namen *„int' Nist“,* oder *„Niesmannshof“* trug. In einer Schenkungsurkunde vom 5. Juni 1327 wird der Hof erstmalig erwähnt. Graf Dietrich von Kleve schenkt der Kapelle Eppinghoven das Gut *„Int Nist“* und eine Wegegerechtigkeit zum Beackern der Kapellenländereien.

Der Hof wurde verpachtet und aus seinen Abgaben der Pfarrer bezahlt. Um das Besitzrecht über den Hof kam es 1681 zu ernsthaften Auseinandersetzungen mit der Abtei Hamborn. (Dazu Johannes Vahnenbruck in seinem Buch „Liebenswertes Eppinghoven“, S. 13f.) Im Klever Kataster von 1733 trägt der Hof die Bezeichnung *„in gen Nist“,* auf der

Abb. 83 Das Hochkreuz auf dem Friedhof Eppinghoven

Flurkarte von Eppinghoven aus dem Jahre 1826 dann die Bezeichnung *„Niesmannshof"*.

In den Drieschen

Die Straße geht südlich von der Kurt-Schumacher-Straße ab, verläuft ein Stück parallel zur Oberhausener Straße und endet an der Philipinenkath. Der an dem Flurnamen Die Drieschen (= Gemeindekarte der Bürgermeisterei Dinslaken, 1837) orientierte Name der Straße wurde vom Rat am 16.08.1994 vergeben.

Das Maskulinum *driesch* hat im Nordwestdeutschen die Bedeutung „Brachland". Statt *brach liegen* kann auch driesch liegen gesagt werden (cf. Hermann Paul, *Deutsches Wörterbuch* [6]1966, 138a).

In den Gärten

Die Kreuzstraße entsendet ein Stück südlich der Marktstraße einen Stichweg nach Osten auf den Rotbach und die Stadtmauer zu. Der erstmals in der 1937 gefertigten Bearbeitung des Übersichtsplans von 1921 mit dem Namen *In den Gärten* verzeichnete Weg soll an die Bürgergärten erinnern, die in den vergangenen Jahrhunderten dort vor der Stadtmauer lagen.

In der Donk

Von der Dr.-Otto-Seidel-Straße führt die Straße *In der Donk* zum katholischen St.-Vinzenz-Hospital, zum Altenpflegeheim St. Franziskus und zum Bauernhof Vahnenbruck. Heinrich Vahnenbruck war es, der den Straßennamen vorschlug, welcher vom Rat der Stadt am 20.5.1966 beschlossen wurde. Die kleine Stichstraße war bis dahin ein Einhang der *Friedhofstraße. Dort stehen drei Wohnhäuser für Ärzte des St.-Vinzenz-Hospitals.

Bei der Vergabe des neuen Straßennamens wies der Bauauschuss ausdrücklich darauf hin, dass es sich um eine Privatstraße handle und Heinrich Vahnenbruck alle mit der Umbenennung anfallenden Kosten selbst zu tragen habe.

In der Kuhle

Die kleine, am 18.04.1978 benannte Stichstraße dient als Verbindung zwischen Tacken- und Barmingholtener Straße; der Name deutet auf ein Flurstück mit Geländevertiefung hin.

In der Werth

Die Straße In der Werth ist eine von der Averbruchstraße nach Norden abzweigende kurze Stichstraße, die am 29.6.1993 nach einer alten Gewannbezeichnung benannt wurde. Sie gehört sicherlich zu den besonders angenehmen Wohnlagen des Averbruches. In der Bebauung dominieren anderthalbgeschossige Doppelhäuser, aber daneben finden sich auch Einfamilienhäuser. Das gesamte Straßenbild ist nicht so einheitlich wie bei den meisten anderen neueren Straßen des Averbruches. Es kommen neben den Ziegelhäusern auch Putzbauten, heller Stein und sogar ein Holzhaus vor.

Industriestraße

Noch am 13.5.1885 stellten Verwaltung und Stadtverordnete Dinslakens fest: „Hiesiger Stadtbezirk hat keine Industrie." (Stampfuß/Triller 1973, 581). Knapp 30 Jahre später beheimatet die Stadt zwei schwerindustrielle Betriebe, nämlich das Bandeisenwalzwerk in Dinslaken und das Bergwerk Lohberg, und gibt einem neuen Verkehrsweg den Namen *Industriestraße.*

Unter *Industrie* wird im Allgemeinen die gewerbliche Gewinnung sowie die Ver- und Bearbeitung von Rohstoffen und Halbfertigwaren in größeren, mechanisierten Produktionsstätten verstanden. Industrielle Betriebe sind in der Regel hoch spezialisiert und zeichnen sich durch weitgehende Arbeitsteilung und Rationalisierung aus. Zur Industrie werden neben der Primärproduktion (Gewinnung von Rohstoffen aus Bergbau, Land- und Forstwirtschaft, Fischerei) und dem verarbeitenden Gewerbe auch das Baugewerbe sowie die Energie- und Wasserversorgung gerechnet. In der amtlichen Statistik gilt jeder produzierende Betrieb ab 20 Mitarbeiter als Industriebetrieb.

Der Name *Industriestraße* wurde am 8.6.1917 durch die Baukommission der Stadt Dinslaken vergeben. Sie verbindet die Dorotheenstraße mit der Augustastraße und stellt über die Knappenstraße auch eine Verbindung mit der Hünxer Straße her. Die Industriestraße führt mitten durch das Wohngebiet, das heute allgemein als „Vogelkolonie" bezeichnet wird (s. hier **Amselstraße**). Hier befindet und befand sich kein einziger industrieller Betrieb. Es erscheint deshalb als etwas paradox, dass ausgerechnet einer solchen Straße der Name Industriestraße gegeben wurde.

Besondere Anziehungspunkte sind die an der Industriestraße gelegenen Freizeit- und Sportstätten: die Freizeitanlage Lohberg (im Winkel zwischen Dorotheen- und Industriestraße) und der Sportplatz des VfB Lohberg e.V. (Dorotheenkampfbahn) mit zugehörigen Trainingsplätzen an der hier in südliche Richtung abzweigenden Straße Zum Fischerbusch.

Ingridweg

Der Ingridweg liegt im Stadtteil Bruch/Feldmark, er zweigt von der Claudiastraße ab.

Benannt wurde die „Erschließungsstraße östlich der Gertrudenstraße, in der Nähe des Lohberger Entwässerungsgrabens", am 19.4.1977. Damals war die Claudiastraße zwar projektiert, aber noch nicht benannt. Sie war zunächst eine kurze Stichstraße westlich der Gertrudenstraße. Zu den „Frauenstraßen" allgemein s. hier **Adelenweg.**

Irkensbusch

Die Straße entstand in den 1930er Jahren. Familien Arbeitloser mit Kindern erhielten hier ein Baugrundstück mit Grabeland. Sie errichteten zunächst ganz einfache Häuser, teilunterkellert und z.T. nur mit Trockentoilette. Seit den 1970er Jahren wurden alle Häuser modernisiert und erweitert. Z.T. errichteten die Kinder der ersten Eigentümer auf den Grundstükken weitere Häuser. Die Straße gehörte bis zur kommunalen Neuordnung am 1.1.1975 zum Voerder Gebiet Eppinghovens. Sie bekam aber schon bei ihrem Bau ihren Namen und behielt ihn auch nach der Neuordnung.

Die Benennung der Straße erfolgte wohl nach einem kleinen Wäldchen, das hier lag (auf der preußischen Uraufnahme von 1843 erkennbar) und zu Erikens Hof gehörte. Aus *„Erikens Busch"* wurde *Irkensbusch.*

Erikens Hof finden wir schon im Klevischen Kataster von 1733. Seine Besitzer gehörten zu den sogen. Halbbauern, eine Bezeichnung für die Spanndienste für Haus Wohnung. Der Hof, heute im Besitz der Familie Hüttermann, wird heute noch von Einheimischen *„Erikens Hof"* genannt.

Abb. 84 Jahnplatz – der Hiesfelder Markt

Irmgardweg

Der Irmgardweg verläuft im Stadtteil Bruch/Feldmark, er zweigt von der Claudiastraße ab. Benannt wurde die „Erschließungsstraße westlich der Gertrudenstraße" am 18.04.1978. Zur Claudiastraße vgl. hier **Ingridweg;** zu den „Frauenstraßen" allgemein s. hier **Adelenweg.**

Jägerstraße

Das 1710 erbaute Forsthaus Ravenhorst, heute auf Oberhausener Gebiet an der Straße Zum *Ravenhorst* gelegen, hat die Benennung einiger Straßen im Bereich der heutigen Brinkstraße beeinflusst: auf heute Oberhausener Gebiet Rabenstraße, Drosselweg, Elsternweg, Hühnerstraße, Habichtstraße, auf Dinslakener Gebiet Reiherstraße, Wolfstraße, Waldmannsweg, Försterstraße, Forststraße, Horststraße, die heute untergegangene *Jagdstraße (= bis 1918: *Marienstraße) und schließlich die am 18.1.1906 benannte Jägerstraße. Diese beginnt am Bahnübergang Sterkrader Straße und mündet heute südlich des Wäldchens am Bremenkampshof in die Brinkstraße; ursprünglich, d.h. auf dem Übersichtsplan 1904[1907], führte sie auf der jetzigen Trasse der Brinkstraße bis zur Erlenstraße, von wo an sie den Namen Brinkstraße annahm.

Jahnplatz

Der Hiesfelder Marktplatz ist verhältnismäßig jung, denn das Umfeld der Hiesfelder Dorfkirche war noch im 1. Drittel des 19. Jahrhunderts durch den Friedhof und zahlreiche Hof- und Katstellen besetzt; die freie Fläche entstand erst durch die Verlegung des Friedhofs an die heutige Friedenstraße und durch Rückbaumaßnahmen zu Zeiten der Bürgermeisterei Hiesfeld (1905-1917). Der so geschaffene Platz hieß **Marktplatz Hiesfeld* und wurde am 03.07.1958 zu Ehren des Begründers des deutschen Turnerwesens umbenannt.

Der Gymnasiallehrer Friedrich Ludwig Jahn (1778–1852) wurde nach dem militärischen Zusammenbruch Preußens 1806 zum Vorkämpfer einer nationalen Erziehung, besonders des Turnens. Später wurde er als Demagoge verfolgt, allerdings 1848 in die Nationalversammlung gewählt.

Jasminweg

Der Jasminweg verbindet den Fliederweg mit der Emmastraße im Stadtteil Bruch.
Benannt wurde er am 12.06.1974.
S. noch hier **Fliederweg.**

Johannastraße

Die Johannastraße liegt im Stadtteil Bruch/ Feldmark und verbindet die Augusta- und Claudiastraße. Offiziell benannt wurde sie am 12.03.1914; in einer Flurkarte der Stadt Dinslaken von 1907 ist sie aber bereits ausgewiesen und erscheint auch eingezeichnet und mit Namen im Übersichtsplan von 1908 als eine der dort 20 eingetragenen ältesten „Frauenstraßen". Zu diesen allgemein s. hier **Adelenweg.**

Johannesplatz

Bis zur Eingemeindung Hiesfelds nach Dinslaken am 1. Juli 1917 gehörte der Johannesplatz zum Gebiet der Gemeinde Hiesfeld und hieß **Johannismarkt.* Wann die Benennung erfolgte, geht aus den Hiesfelder Protokollbüchern nicht hervor. Die Endung des Namensteils *Johannis-* auf *-is* lässt vermuten, dass bei der Namensgebung *Johannes der Täufer* Pate gestanden hat, ähnlich wie bei den Bezeichnungen *Johannistag* oder *Johannisbrot.* Der Namensteil *-markt* verdeutlicht, dass dieser Platz von Beginn an als Marktplatz für den Wochenmarkt vorgesehen war.

Mit Ratsbeschluss der Stadt Dinslaken vom 11. März 1918 wurde der **Johannismarkt* umbenannt in *Johannnesplatz.* Damit erhielt er denselben Namen wie die angrenzende Johannesschule. Bei Benennung der Schule dürfte aber eher der Apostel Johannes Pate gestanden haben.

Der Johannesplatz liegt im Zentrum der Bergarbeiterkolonie Lohberg. Sechs Straßen laufen hier sternförmig zusammen, die Sohlen-, Koks-, Teer-, Hauer-, Steiger- und Halden-

Abb. 85
Der Johannesplatz in Lohberg etwa um 1920; im Vordergrund die Einmündung der Sohlenstraße, der mittlere Gebäudekomplex auf der rechten Straßenseite der Sohlenstraße wurde beim zweiten Bombenangriff auf Lohberg am 23. März 1945 vollkommen zerstört, das links zu sehende Eckhaus des Johannesplatzes und die daran anschließende Häuserzeile (hier nicht abgebildet) fielen bereits dem ersten Bombenangriff am 22. Januar 1945 zum Opfer.

Abb. 86
Nord und Ostseite; im Hintergrund die Einmündung der Teerstraße (Mitte) und der Hauerstraße (rechts), im rechten Winkel dazwischen die Johannesschule mit dem angebauten Rektorhaus, das beim ersten Bombenangriff am 22. Januar 1945 zerstört wurde; die linke Hälfte der langen Häuserzeile wurde gleichzeitig schwer beschädigt.

Abb. 87
Beim Bombenangriff am 22. Januar 1945 zerstörtes Koloniehaus Johannesplatz 1

straße. Über diese Straßen haben alle anderen Straßen der Siedlung Verbindung zum Markt. Ursprünglich wurde er rundum von einer Doppelreihe Platanen gesäumt, die inzwischen wegen Fäulnis zum großen Teil gefällt werden mussten.

Im Jahre 2005 hat der Platz eine neue Gestaltung und Bepflanzung erhalten. Die weitere Entwicklung und die Annahme durch die Bevölkerung, z. B. als Erholungs- und Begegnungsstätte, bleiben abzuwarten.

Seit 1916 wurde auf dem Platz mindestens zweimal wöchentlich Wochenmarkt gehalten. Augenblicklich sind der Mittwoch und der Sonnabend Markttage. Ein privater Interessent und die Stadt Dinslaken betrieben ab 1920 den Bau einer Trinkhalle auf dem Johannesplatz. Die Stadt war besonders an der Einrichtung einer Bedürfnisanstalt interessiert. Das Vorhaben musste jedoch immer wieder aufgeschoben werden, weil die Gewerkschaft Lohberg, die Eigentümerin des Geländes, zunächst nicht einverstanden war. Erst im November 1924 kam es zu einer Einigung. Zwischen den damaligen Häusern Johannesplatz 3 und 5 wurde ein einstöckiges Gebäude mit Toiletten und Abstellmöglichkeit für Marktstände errichtet, aber keine Trinkhalle. Eigentümerin wurde die Gewerkschaft Lohberg, die das Baumaterial stellte; die Stadt Dinslaken beteiligte sich mit 300,– Mark an den Baukosten. Das Vorhaben „Trinkhalle“ wurde jedoch nicht aufgegeben. Ein Plan aus dem Jahre 1936 zeigt ein Trafohäuschen, das damals auch errichtet wurde, allerdings ohne die heutigen Anbauten.

Beim ersten Bombenangriff auf Lohberg am 22. Januar 1945 wurde die Häuserzeile von Johannesplatz 1 bis zur Einmündung der Sohlenstraße vollkommen zerstört.

Als sie nach dem Krieg wieder aufgebaut wurde, entstand eine Gebäudereihe mit Ladenlokalen im Erd- und Wohnungen im Obergeschoss. Im Haus Johannesplatz 1 befand sich ab Januar 1955 die Lohberger Zweigstelle der Post. Ende 1993 wurde sie sehr zum Verdruss der Lohberger Bevölkerung geschlossen. Alle Proteste gegen die Schließung und die Bemühungen um die Wiedereinrichtung blieben vergeblich.

Fast dreißig Jahre nach den ersten Überlegungen für eine Trinkhalle wurde von der Stadt Dinslaken auf der Südseite des Johannesplatzes der Plan endlich verwirklicht. Am Trafohäuschen wurden 1949 ein Verkaufsraum und eine Toilettenanlage angebaut. Diese sogenannte „Bude“ wurde zum beliebten Treffpunkt von Lohberger Männern, insbesondere von denen aus den in der Nähe liegenden Wohnungen.

Über das Marktgeschehen hinaus hatte und hat der „Markt“, wie der Platz in Lohberg genannt wird, für die Lohberger Bevölkerung immer wieder besondere Bedeutung, z. B. als Spielplatz für Kinder und Treffpunkt von Jugendlichen, als Versammlungs- und Aufmarschort für Demonstrationen unterschiedlicher politischer Gruppierungen, als Standort für Zirkuszelte und -wagen, als Ort für Stadtteilfeste und als Treff- und Ausgangspunkt für unterschiedlichste Anlässe und Vorhaben. An den Markttagen herrscht heute auf dem Platz ein buntes bikulturelles Treiben. Es verdeutlicht, dass die Hälfte der Lohberger Bevölkerung inzwischen türkischer Herkunft ist. Da stehen türkische neben deutschen Verkaufsständen, da kauft neben der deutschen Hausfrau die das Kopftuch tragende, türkischstämmige Hausfrau ein, da stehen an der Trinkhalle deutsche Männer neben türkischen.

Zur Unterstützung des Zusammenwachsens der beiden Bevölkerungsteile hat die Stadt Dinslaken im Jahre 2000 im Rahmen des Programms des Landes Nordrhein-Westfalen zur Förderung von Stadtteilen mit besonderem Erneuerungsbedarf auf dem Johannesplatz in der Häuserzeile zwischen Hauer- und Steigerstraße ein Stadtteilbüro eingerichtet, das von einer Sozialwissenschaftlerin türkischer Herkunft geleitet wird. Sie arbeitet zusammen mit einem Team, bestehend aus zahlreichen Deutschen und Migranten, die in unterschiedlichen Projekten tätig sind. Mittwochs und samstags werden im Stadtteilbüro während des Wochenmarktes in einem improvisierten Café Getränke und ein Imbiss angeboten. Nach Anlaufschwierigkeiten ist dieser Markttreff, wie er genannt wird, dabei, sich als Begegnungsstätte besonders der Frauen aller Altersgruppen beider Bevölkerungsteile zu etablieren.

Joseph-von-Eichendorff-Straße

Die Straße wurde in den 1960er Jahren angelegt *(Hagenbezirk)* und wurde wie die Nachbarstraßen am 25.03.1966 vom Rat der Stadt nach einem Dichter benannt.

Joseph von Eichendorff wurde am 10.3.1788 auf Schloss Lubowitz bei Ratibor/Oberschlesien als Sohn einer katholischen Adelsfamilie geboren. Nach dem Jurastudium unternahm er 1808 eine Bildungsreise nach Paris und Wien. 1813/15 nahm er an den Befreiungskriegen teil und trat 1816 in den preußischen Staatsdienst. Er wurde 1821 Schulrat in Danzig, 1824 Oberpräsidialrat in Königsberg und übersiedelte 1831 nach Berlin. Dort war er in verschiedenen Ministerien tätig. Am 26.11.1857 starb er in Neisse .

Julius-Kalle-Straße

Diese Straße auf der Südseite des Rotbaches zwischen Schloß- und Otto-Brenner-Straße war vormals ein Teil der Bachstraße und wurde am 20.12.1955 nach dem von August Thyssen (siehe hier **Thyssenstraße**) im Jahre 1897 für die Planung, den Bau und die Leitung des Dinslakener Bandeisenwalzwerkes eingesetzten Maschinenbauingenieur benannt.

Abb. 88 Julius Kalle (1869–1948), Chef des Bandeisenwalzwerkes

Julius Kalle (1869-1948) hatte vor Aufnahme seiner Arbeit in Dinslaken in Thyssens Auftrag die damals für Europa vorbildliche Walzwerkstechnik in den USA kennengelernt. Er löste seine Aufgaben in Dinslaken glänzend und entwickelte das Werk nach jeweils neuestem Stand der Technik zum größten Walzwerk seiner Art in Europa. Die Belegschaft umfasste in Spitzenzeiten etwa 2.500 Mitarbeiter. Bei seiner Arbeit wurde Kalle stets vom besonderen Vertrauen seines Konzernherren getragen; zu seinem 25jährigen Dienstjubiläum richtete August Thyssen auf seinem Schloss Landsberg einen großen Empfang für den Jubilar aus, was eine ganz seltene Ehrung darstellte.

Julius Kalle war über Jahrzehnte hinweg die wohl einflussreichste Persönlichkeit in Dinslaken. Er leitete nicht nur das mit Abstand größte Werk am Ort, sondern fühlte sich den Belangen der Stadt auch als Ratsmitglied und ehrenamtlicher Beigeordneter verpflichtet. Die Vereine hatten in ihm einen großzügigen Förderer. Kalle brachte gleichsam die „große weite Welt“ nach Dinslaken und löste manche Verkrustungen der althergebrachten Dinslakener Strukturen. Er fand dabei den richtigen Partner in Heinrich Nottebaum, dem Leiter des Dinslakener Bauwesens (s. hier **Heinrich-Nottebaum-Straße**); aus dem Zusammenwirken der beiden Westfalen sollte sich für Dinslaken viel Gutes ergeben. Deshalb ist es auch eine glückliche Fügung, dass die nach diesen Persönlichkeiten benannten Straßen einander fortsetzen.

Julius Kalle ging erst mit 73 Jahren im Jahre 1942 als Vorstandsvorsitzender der Bandeisenwalzwerke AG in Pension. Seine letzten Lebensjahre waren von Tragik überschattet. Nach den für ihn entbehrungsreichen Nachkriegsjahren und aus seiner „Villa Kalle“ an der Thyssenstraße verdrängt, musste er noch die Demontage seines Lebenswerkes, des Dinslakener Bandeisenwalzwerkes, erleben. Seine Ruhestätte befindet sich auf dem Dinslakener Parkfriedhof.

Juliusstraße

Diese kurze Wohnstraße verbindet die Friedrich- mit der Karlstraße und erscheint bereits im Straßenverzeichnis des Übersichtsplans von 1908. Wie die benachbarten Straßen entstand auch sie in den Jahren nach 1900 im Zuge der ab 1897 einsetzenden Errichtung des Bandeisenwalzwerkes; s. auch hier **Friedrichstraße.**

Kalthoffweg

Der am 15.04.1986 gewidmete Weg findet sich im nordöstlichen Winkel der Kreuzung der Kirch- mit der Dickerstraße.

Enbers 1736 verzeichnet an dieser Stelle zwei Höfe: *Oberster* und *Unterster Kalthoff.* Luytgardis Kalthof legt nach Eintritt in das Dinslakener Kloster Marienkamp am 15. Juni 1458 gemeinsam mit 50 anderen Schwestern die Profess auf die Augustinerregel ab (Stampfuß/Triller 1973, 84 n 29). Jan Kalthoff gehört zu den 1606 durch marodierende Truppen Geschädigten; Herman Kalthoff ist 1625–26 einer der jeweils drei Hiesfelder Kirchmeister; Joh. und Herm. Kalthoff werden am 3.12.1678 in die Musterungsrolle eingetragen.

Kanzlerstraße

Wie die benachbarten Straßenzüge Marschall-, Roland- und Siegfriedstraße gehört auch die Kanzlerstraße zu denen, deren Namen ursprünglich an Personen der preußischen Geschichte erinnerten, aber nach Hiesfelds Eingemeindung im darauf folgenden Jahr, am 11.3.1918, abgeändert wurden. Die Straße hieß ursprünglich **Bismarckstraße* (benannt am 1.5.1908); hier blieb allerdings ein inhaltlicher Bezug erhalten, denn Otto Fürst von Bismarck (1815–1898) war der erste Reichskanzler des Deutschen Reiches von 1871 bis 1890. S. auch hier **Bismarckstraße.**

Kappenberg

Wohnstraße; verbindet im Bogen die Sterkrader mit der Försterstraße. Benannt am 10.05.1983 nach der *Kappenbergskath,* die sich z.B. in der Übersichtskarte der Bürgermeisterei Dinslaken von 1837 an dieser Stelle findet.

Der in Borbeck geborene Hermann *Cappenberg* heiratet in Hiesfeld am 10.3.1714 Anna Elisabeth Heierman (*1691). Am 21.8.1783 heiratet eine Elisabeth *Kappenberg* den 1760 geborenen Gört Bollwerck. In der *Charte des allgemeinen Begräbnis-Platzes zu Hiesfeld* von 1825 (gemeint ist der erst 1844 geschlossene ursprüngliche Friedhof rings um die Dorfkirche) erscheint am Schluß des Gräberverzeichnisses mit der Nummer 168 *Kappenberg.*

Karl-Heinz-Klingen-Straße

Diese Straße hieß bis 1994 seit urdenklichen Zeiten **Hiesfelder Straße,* jedenfalls auf Dinslakener Stadtgebiet. Der Abschnitt östlich der Zechenbahnlinie lag bis zu Hiesfelds Eingemeindung am 1.7.1917 auf Hiesfelder Gemeindegebiet und hieß folglich **Dinslakener Straße;* am 11.3.1918 wurde auch dieser Abschnitt der Hiesfelder Straße zugeschlagen. Vom Standpunkt des jeweiligen Betrachters aus gesehen, waren beides ursprünglich Richtungsstraßen. Von Dinslaken aus gesehen führte die Straße nicht nur über Hiesfeld hinaus in den Oberhausener Raum; es war für die Bürger des 1273 zur Stadt erhobenen Gemeinwesens auch lange der Weg zur Pfarrkirche in Hiesfeld, denn erst 1436 entstand für die Städter mit St. Vincentius eine eigene Pfarrei. Bis dahin gab es in der Stadt nur eine bescheidene Kapelle *(capella curata).*

Alte Karten bezeugen, dass sich die Streckenführung dieser Straße durch die Jahrhunderte hindurch praktisch nicht verändert hat, nicht einmal, als 1906 die Thyssensche Eisenbahnlinie zum Schacht Lohberg gebaut wurde, die diese Straße mit einer Überführung kreuzt.

Zur Geschichte der Straße gehört auch, dass etwa da, wo heute die Zechenbahn kreuzt, in alter Zeit einer der sechs großen Findlinge lag, die die Grenzen der Dinslakener Stadtfreiheit markierten. Jenseits dieses Steins galt das Dinslakener Recht nicht mehr. Auch nachdem der Grenzstein längst Liebhaber gefunden

Abb. 89 Bürgermeister Karl-Heinz Klingen

hatte, verlief hier die Grenze zwischen Dinslaken und Hiesfeld – bis zur Eingemeindung Hiesfelds am 1.7.1917.

Am 15.8.1994 wurde die Straße zu Ehren des im Vorjahr verstorbenen Bürgermeisters der Stadt umbenannt **(Abb. 89)**. *Karl-Heinz Klingen* (15.12.1928 – 21.11.1993) hatte sich früh zur aktiven Mitgliedschaft in der SPD und der IG Metall entschlossen, deren 1. Bevollmächtigter in Dinslaken er viele Jahre war. Von 1973 bis zu seinem Tode war er ehrenamtlicher Bürgermeister, als ein Mann des Volkes geachtet und geschätzt. Viele Schritte zur Weiterentwicklung der Stadt Dinslaken sind mit seinem Namen verbunden. Auch förderte er die Städtepartnerschaften mit der französischen Stadt Agen und der israelischen Stadt Arad.

Karl-Leisner-Straße

Die *Karl-Leisner-Straße* erschließt von der Rosenstraße aus eine bis an die Schloßstraße heranreichende Fläche. Ursprünglich bestand die Absicht, hier eine katholische Kirche für den Bereich Averbruch zu bauen. Statt dessen

Abb. 90 Karl Leisner, im KZ Dachau geweihter und 1996 selig gesprochener katholischer Priester

wurde das Karl-Leisner-Haus, eine kleine Begegnungsstätte mit angeschlossenem Kindergarten errichtet. Die Straße selbst wurde am 15.12.1987 benannt, eine Ausnahme für das Averbruch, in dem sonst die Straßen meist nach Tieren oder Pflanzen benannt werden; sie ist inzwischen eine überwiegend mit Einfamilien-Doppelhäusern bebaute angenehme Wohnstraße.

Karl Leisner wurde 1915 in Rees geboren und studierte katholische Theologie. Als Führer in der Katholischen Jugendbewegung wurde er 1939 verhaftet und bis zum Kriegsende 1945 im Konzentrationslager Dachau gefangen gehalten. Dort wurde er 1944 von einem mitinhaftierten französischen Bischof heimlich zum Priester geweiht. Karl Leisner starb bald nach seiner Befreiung aus der KZ-Haft im August 1945. In der Krypta des Xantener Domes ist er seit 1966 beigesetzt. Seine Seligsprechung durch Papst Johannes Paul II. erfolgte 1996 in Berlin.

Karlstraße

Diese Straße bildet fast einen Halbkreis. Sie zweigt, stadtauswärts gesehen, unmittelbar vor der Eisenbahnunterführung rechts von der Hünxer Straße ab, überquert die Karl-Heinz-Klingen-Straße, lehnt sich eng an die Werksmauer des Walzwerkes/Röhrenwerkes an und knickt an der Südseite des Thyssenplatzes zur Hans-Böckler-Straße ab, vor der ihr allerdings das stabile Tor der Feuerwache Einhalt gebietet.

Ihr Hauptteil – er findet sich bereits auf dem Übersichtsplan von 1908 – entstand wie auch die benachbarten Straßen in den Jahren nach 1900 im Zuge der ab 1897 einsetzenden Errichtung des Bandeisenwalzwerkes; s. auch hier **Friedrichstraße.**

Kasinoplatz / Kasinostraße

Kasinoplatz und *Kasinostraße* liegen im Stadtteil Lohberg. Sie beginnen rechts und links neben dem 1909 von der Gewerkschaft Deutscher Kaiser erbauten Kasino der Zeche Lohberg.

Das Wort *Kasino (Casino)* ist dem Italienischen entlehnt und bedeutet ursprünglich ‚Häuschen'. Als *Casino* wurden vor allem die Speise- und Gesellschaftsräume für Offiziere bezeichnet. Im beginnenden Industriezeitalter wurden dann auch die im zunächst wirtshausarmen Ruhrgebiet von Privatpersonen oder Arbeitergenossenschaften gegründeten Wirtshäuser „Casino" oder „Schnapskasino" genannt. Um den Alkoholkonsum ihrer Belegschaften unter einer gewissen Kontrolle zu halten, gingen bald auch Fabrik- und Bergwerksbesitzer dazu über, Kasinos zu bauen und zu betreiben.

Hier reiht sich das an der Westseite der Hünxer Straße gegenüber der Zeche gelegene Kasino in die Entwicklung ein.

Das Kasino war streng hierarchisch gegliedert. Der Haupteingang lag an der Hünxer Straße. Er öffnete sich zum Eingangstor des Bergwerks und führte in das sogenannte Arbeiterkasino. Wenn der Bergmann nach der Schicht im Kasino mit einem Glas Bier „den Kohlenstaub hinunterspülte“, wie er es nannte, dann floss ein Teil des verdienten Geldes sofort wieder zum Unternehmen zurück.

Links neben dem Eingang des Arbeiterkasinos ging es an der Ecke zur Kasinostraße durch einen eigenen Zutritt in das Beamtenkasino (*Beamte* s. hier **Haldenstraße**).

In der ersten Etage befanden sich die Gesellschaftsräume der Bergwerksdirektion und der Firmenleitung. Außerdem gab es im Hause einige Hotelzimmer und die Wohnung des Verwalterehepaares. Ende der 1950er Jahre ging das Kasino in Privatbesitz über. Das Restaurant wurde noch bis Mitte der 1990er Jahre betrieben. Nach Umbau und Renovierung wird das Erdgeschoss wieder als Restaurant genutzt. In den oberen Etagen sind Büroräume und Wohnungen entstanden.

Der Name *Kasinostraße* erscheint im Einwohnerverzeichnis der Bürgermeisterei Hiesfeld von Juli 1914. In den erstmalig angelegten und in den Verwaltungsberichten veröffentlichten Straßenverzeichnissen der Gemeinde Hiesfeld der Jahre 1906 bis 1908 wird die Straße jedoch noch nicht aufgeführt. Die Benennung müsste demnach zwischen 1908 und 1914 erfolgt sein.

Die Kasinostraße ist eine sehr kurze Straße. Sie führt von der Hünxer Straße bis zur Haldenstraße und bildete ursprünglich den Eingang in die Beamtenkolonie (s. **Haldenstraße**). In den auf der Südseite gelegenen Häusern wohnten in unmittelbarer Werksnähe – wie es dem Konzept August Thyssens entsprach – die Betriebsführer, Ober- und Fahrsteiger sowie der Rechnungsführer, der ranghöchste kaufmännische Beamte bzw. Angestellte der Zeche. Auch Wohnung und Praxis des Knappschaftsarztes befanden sich in dieser Gebäudezeile.

Die Häuser wurden wegen ihrer großzügigen Grundrisse und Gartenanlagen immer gerne bewohnt. Inzwischen sind sie in Privatbesitz übergegangen. Dasselbe gilt für das auf der Nordseite der Kasinostraße an der Ecke zur Haldenstraße gelegene Gebäude, das frühere Pfarrhaus der katholischen Kirchengemeinde. In der Lücke zwischen diesem Haus und dem Gelände des Kasinos errichtete die Rhein Lippe Wohnen GmbH Anfang der 1990er Jahre neue Wohnhäuser.

Der später als die Kasinostraße angelegte und bebaute *Kasinoplatz* erhielt seinen Namen am

Abb. 91
Das frühere Werkskasino der Schachtanlage Lohberg

Abb. 92
Die Kasinostraße 1913; beim Bombenangriff am 22. Januar 1945 wurde der rechte Teil des langen Gebäudekomplexes zerstört.

22.9.1922 von der Baukommission der Stadt Dinslaken. Er ist eigentlich ein rechteckiger Einhang der Hünxer Straße. Die Häuser sind nur über einen Fußweg zu erreichen, der nach innen eine etwas tiefer liegende Grünfläche umschließt. Eine halbhohe Mauer mit darauf stehenden Säulen, zwischen denen sich Eisengitter befinden, trennt den Kasinoplatz vom Bürgersteig der Hünxer Straße. Die hier liegenden Wohnungen waren bis nach dem Zweiten Weltkrieg den Beamten (s.o.) vorbehalten.

Katharinenstraße

Die Katharinenstraße führt von der Luisen- über die Augustastraße zur Claudiastraße. Sie liegt im Stadtteil Bruch/Feldmark.

Das Jahr der Benennung ist unklar, in einer alten Flurkarte von 1907 und im Stadtplan von 1908 ist sie bereits aufgeführt.

1933 plante die Bergmannssiedlung Hamborn eine Stadtrandsiedlung mit 24 bis 26 Siedlerstellen an der Katharinenstraße. Nur ehemalige Bergbauangehörige waren als Siedler zugelassen. Zur Verminderung der Kosten sollten unter den Siedlern Maurer, Zimmerer, Schreiner und Dachdecker sein. Die Bewerber brauchten kein Eigengeld einzubringen, mussten aber mitarbeiten. Das Projekt lief unter dem Namen „Erwerbslosen-Siedlung“ und gehörte zu den „Reichszuschußbauten“ der damaligen Zeit.

In einer Sitzung des Bauausschusses vom 12.03.1968 hieß es über die Straße: „Bei trockenem Wetter ist der Ascheweg stark staubig und bei Regenwetter stehen dort große Pfützen. Die Katharinenstraße wird durch den Anliegerverkehr stark befahren, so dass dadurch viele Schlaglöcher entstehen ...“. Der Ausbau wurde daher beschlossen.

Zu den „Frauenstraßen“ allgemein s. hier **Adelenweg.**

Käthe-Kollwitz-Straße

Am 28.04.1961 gewidmete Straße im Hiesfelder „Malerviertel“ zwischen Sterkrader und Oberhausener Straße; s. hier **Albrecht-Dürer-Straße.**

Die Arbeiten der Malerin, Graphikerin und Bildhauerin Käthe Kollwitz (1867–1945) bezeugen ihr Mitgefühl für das Elend der Proletarierfamilien; ihr Spätwerk beschäftigt sich vor allem mit dem Thema *Mutter und Kind.* Die Mitgliedschaft in der Preußischen Akademie der Künste, der sie seit 1919 an-

Abb. 93 Soldatengrab am Keilerweg

gehörte, wurde ihr 1933 von den Nationalsozialisten aberkannt.

Keilerstraße

Beginnt als Keilerweg am Bergschlagweg im Bruckhausener Wald, nimmt auf Dinslakener Gebiet den Namen Keilerstraße an, quert die Bergerstraße und mündet beim Eigemannshof in die Buschstraße. Zu Zeiten der selbstständigen Gemeinde Hiesfeld existierte nur ein kurzes Stück, das von der Bergerstraße nordwärts führte und am 24.4.1906 den Namen *Drosselstraße erhielt. Die Umbenennung geschah am 11.3.1918, ein Jahr nach der Eingemeindung Hiesfelds nach Dinslaken.

Keiler ist in der Jägersprache das männliche Wildschwein.

Kerkmannstraße

Ein Weg, der seit alter Zeit am *Kerkmannshof* vorbei zur Pfarrkirche St. Johannes, zum Pfarrhaus und zur früheren Schule, die neben der Kirche lag, führt. (s. Klevisches Kataster von 1733).

Der *Kerkmanns-Hof* lag südlich und westlich neben dem Kirchengrundstück. Seine Besitzer gehörten zu den sogen. Ganzbauern. Die Bezeichnung Ganz- bzw. Halbbauer geht zurück auf die Zeit, in der von den Höfen noch Hand- und Spanndienste geleistet werden mussten.

Die Straße gehörte bis zur kommunalen Neuordnung am 1.1.1975 zu Voerde. Sie verlief weiter um die Kirche herum in süd-westlicher Richtung bis zur Einmündung auf die Straße *„Im Nist“* und trug die Bezeichnung *„Kirchstraße“*. Ihren jetzigen Namen erhielt sie nach der Neuordnung am 15.5.1975 durch den Rat der Stadt Dinslaken.

Abb. 94
Katholische Kirche St. Johannes Evangelist, erbaut um 1450, erweitert 1927

Abb. 95 Die inzwischen abgerissene Schule an der Kerkmannstraße

Der ältere Teil der St. Johanneskirche (gewidmet dem Evangelisten Johannes) wurde 1450 anstelle einer aus dem 13. Jahrhundert stammenden Kapelle errichtet. Es handelt sich um eine spätgotische Saalkirche mit Westturm, der die gleiche Breite aufweist wie das Kirchenschiff. Die Sakristei an der Nordseite wurde erst 1898 angebaut. 1927/28 wurde ein Erweiterungsbau an der Südseite der Kirche angefügt. Die Südseite wurde dafür durchbrochen und das Westportal vermauert. Der Entwurf des Erweiterungsbaus stammt von dem Architekten Hermann Merl (Wesel). Es handelt sich um einen Rundbau mit geschwungenen Walmdächern und achteckigem Vierungsturm. Die Fenster im Erweiterungsbau wie im spätgotischen Kirchenteil wurden 1958 von Egbert Lammers geschaffen. Die älteste Glocke der Kirche, die Johannesglocke (300 kg, Schlagton b), stammt aus dem Jahre 1520. Sie wurde im zweiten Weltkrieg für die Metallreserve der Wehrmacht abtransportiert, jedoch 1952 der Gemeinde zurückgegeben. Die Muttergottesstatue aus Holz (vollrund, 84 cm hoch) stammte aus dem 15. Jahrhundert. Das Original wurde vor einigen Jahren gestohlen, die heutige Statue nach Fotos und Zeichnungen neu geschnitzt.

Abb. 96 Das inzwischen abgerissene Haus Nr 11, „Bäckerei und Spezereigeschäft"

An der Ecke Kerkmannstraße/Eppinkstraße stand lange Zeit das Ausflugslokal „Jägerhof", mit einem Gartencafe, einem Spielplatz und einem Tennisplatz. Es war ein beliebtes Ziel für die Ausflüge Dinslakener Familien am Sonntag Nachmittag. Das Lokal wurde in den 1960er Jahren abgerissen.

Da die Grenze zwischen Voerde und Walsum bis 1975 über die Eppinkstraße am Jägerhof vorbei führte, erzählte man sich folgernde Geschichte: Wenn in Voerde, und damit im nördlichen Teil des Lokals, Polizeistunde war und kein Bier mehr gezapft werden durfte, ging die Gesellschaft einfach in den südlich gelegenen Teil des Lokals, auf Walsumer Gebiet. Dort war erst eine Stunde später Polizeistunde, und man konnte noch eine Stunde länger feiern.

Neben dem Jägerhof stand die Eppinghovener Schule. Sie war zuletzt eine einzügige katholische Grundschule, wurde aber auch von evangelischen Kindern besucht. Mit zurückgehenden Schülerzahlen wurde die Schule Anfang der 1980er Jahre aufgehoben. Vorübergehend diente das Gebäude noch als Unterkunft für Asylanten, wurde aber Anfang der 1990er Jahre abgerissen.

Kiefernweg

Von der Fichtenstraße nach Norden abzweigende Straße. Benannt vom Hauptausschuss am 17.11.1981.

Die Kiefern bilden eine Gruppe von Nadelhölzern, von denen die gemeine Kiefer oder Föhre (s. hier **Föhrenweg**) die bekannteste Art ist. Andere einheimische Arten sind die Bergkiefer oder Latsche, die Schwarzkiefer und die Zirbelkiefer oder Arve.

Kieselweg

Der Kieselweg liegt im Stadtteil Bruch/Feldmark und ist eine der drei Erschließungsstraßen in der Wohnsiedlung zwischen Martha- und Katharinenstraße.

In der Hauptausschuss-Sitzung vom 13.11.1984 bekamen neben dem Kieselweg auch der Oleander- und Wacholderweg ihre Namen „in Anlehnung an die Straßenbezeichnungen in diesem Bereich". Vgl. dazu hier **Angerweg.**

Kirchplatz

Diese Benennung bezieht sich auf die Vincentius-Kirche. Sie gehörte bereits zu den ersten 13 im Jahre 1893 erfolgten amtlichen Straßen-/Platzbenennungen. Heute weist kein Schild mehr auf diesen Platz hin. Er wird als Platz auch kaum mehr wahrgenommen und hat keine Anwohner.

Bis zur Zerstörung des westlichen Teils der Vincentius-Kirche im Jahre 1945 war dies anders. Westlich der früheren Kirche lag ein von verschiedenen Gebäuden umgebener, etwas idyllischer Platz, der teilweise durch die beim Wiederaufbau nach Westen erweiterte Kirche überbaut wurde. Die damals noch vorhandenen Gebäude am restlichen Platz sind bis etwa 1960 abgebrochen worden. Heute befindet sich dort ein Parkplatz.

Kirchstraße

Benannt am 28.12.1905 von der Hiesfelder Baukommission. Die Straße beginnt an der Kirche im Hiesfelder Ortszentrum und reichte auf der Übersichtskarte von 1904[1907] zunächst bis zur Dickerstraße, womit sie zwei Kirchen miteinander verband: die evangelische Kirche in der Ortsmitte und die katholische Kirche in Oberlohberg, mithin ihrem Namen gleich zweifach gerecht wurde. Ihre Fortsetzung bis zur Bergerstraße hieß zunächst **Nordstraße* (benannt am 19.2.1906) und wurde erst im Zusammenhang mit der kommunalen Neugliederung des Jahres 1975 mit Blick auf einen gleichlautenden Straßennamen in Eppinghoven der Kirchstraße zugeschlagen (Beschlüsse v. 09.07.1974 und 15.05.1975). Die Kirchstraße, bereits am 27.9.1897 (Gemeindeverordnetenversammlung Hiesfeld) mit *Communalweg vom Dorf Hiesfeld nach Oberlohberg* umschrieben, ist auch heute noch die wichtigste Verbindung zwischen diesen beiden Ortsteilen.

Kirschenweg

Der Kirschenweg ist einer der Wohnwege in der Siedlung im Bereich der Krusenstraße; s. dazu hier **Am Heerenkamp**.

Die Verwaltung hatte den Namen für den Querweg vorgeschlagen, weil dieser „von

Kirschbäumen gesäumt werden soll". Am 18.2.1954 genehmigte der Hauptausschuss den Vorschlag.

Klarastraße

Die Klarastraße verbindet in weitem Bogen die Augusta- mit der Elisabethstraße.

Ursprünglich begann sie schon an der Luisenstraße. Ein Teilstück wurde aber 1979 umbenannt in Elisabethstraße, „damit der durchgehende, gradlinige Straßenzug von der Luisenstraße bis zur Augustastraße einheitlich als „Elisabethstraße" bezeichnet wird." Die Verwaltung hatte allerdings Bedenken. Denn die Umbenennung bedeutete, dass für die gesamte Elisabeth- und das Teilstück der Klarastraße neue Hausnummern festgelegt werden mussten. Die Kosten hatten die Eigentümer zu tragen. Es ist nicht bekannt, ob Proteste laut geworden sind.

Sie ist eine der alten Straßen im Stadtteil Bruch/ Feldmark. 1907 z.B. beschäftigen sich die Dinslakener Stadtverordneten mit einem „Antrag von Interessenten der Klarastraße auf Übernahme dieser Straße". Die Stadt stimmt der Übernahme zu unter der Bedingung, „ordnungsmäßige Bürgersteige" anzulegen, zu unterhalten und diese durch „auf 4 m zu setzende weiß gestrichene Pfähle gegen das Befahrenwerden zu schützen". Man will auch „gegen die Errichtung von Gebäuden an dieser Straße keinen Einspruch erheben, wenn die Interessenten für die Straße vorschriftsmäßige Pläne vorlegen und sich verpflichten, sie [...] mit einer Aschedecke zu befestigen und zu unterhalten und bei Erteilung der Bauerlaubnis anfallende Straßenbaukosten zu bezahlen."

Auf dem Übersichtsplan von 1908 erscheint sie als eine der ältesten zwanzig „Frauenstraßen"; zu diesen allgemein s. hier **Adelenweg.**

Kleinbergerhof

Der noch in den neuesten Straßenkarten verzeichnete Kleinbergerhof an der Dickerstraße, nach welchem die von der Straße Im Loosbusch nördlich abgehende kurze Stichstraße am 21.09.1971 benannt wurde, steht wahrscheinlich in einem noch abzuklärenden Zusammenhang mit dem weiter nördlich gelegenen Bergerhof. Enbers 1736 führt den „großen" Bergerhof als *Johann op den Berg,* unseren „kleinen" Bergerhof als *Dirk (Derk) op den Berg.* Auf der Gemeindekarte der Bürgermeisterei Dinslaken (1837) und der Preußischen Kartenaufnahme Dinslaken, Blatt 4406 (1843), erscheinen beide Höfe unter ihren heutigen Namen.

Kleiststraße

Die Kleiststraße verbindet im Gewerbegebiet Dinslaken Mitte die Max-Eyth-Straße mit der Straße Am Pfauenzehnt, sie stellt auch eine Verbindung her zur Otto-Lilienthal-Straße und Karl-Heinz-Klingen-Straße.

Sie ist vermutlich die älteste Straße im heutigen Gewerbegebiet, denn in dem Übersichtsplan von 1908 ist sie bereits eingetragen und benannt. Zu dieser Zeit, zumindest aber in den fünfziger Jahren, in den Anfängen des Gewerbegebiets, führte sie von der Hiesfelder (jetzt Karl-Heinz-Klingen)-Straße zur Hünxer Straße. In einem Verwaltungsbericht von 1908 wird eine Katholische Schule Kleiststraße mit drei Klassen erwähnt; auf dem Plan von 1913 ist die Katholische Elisabethschule ausgewiesen, in der Anfang 1946 das Städtische Lyzeum eingerichtet wurde. Kaum hatten die Schülerinnen und Lehrerinnen sich die Schule ein bisschen „wohnlich" gestaltet, wurde sie – Ende 1946 – Teil der Schuhfabrik Hoffmann.

Namensgeber der Straße ist Friedrich von Kleist, seit 1814 Graf Kleist von Nollendorf (1762–1823). Er stammt aus dem gleichen preußisch-pommerschen Adelsgeschlecht wie sein Verwandter, der Dichter Heinrich von Kleist. Friedrich von Kleist zeichnete sich in den Befreiungskriegen gegen Napoleon aus, und zwar zuletzt als Generalfeldmarschall.
Dass bei der Kleiststraße nicht der Dichter Heinrich von Kleist gemeint ist, lässt sich aus der Tatsache herleiten, dass auf einem Straßen-

Abb. 97
Die frühere Elisabethschule

plan von 1913 – noch nicht 1908, aber mit ähnlichem Verlauf auf einer Karte von 1921/37 – eine Bülowstraße projektiert war, die zur Hiesfelder Straße (jetzt Karl-Heinz-Klingen-Straße) führen sollte.
Friedrich Wilhelm Graf Bülow, seit 1814 von Dennewitz (1755–1815), nahm wie Kleist, als General erfolgreich an den Befreiungskriegen teil.

Klosterstraße

Abgesehen vom Namen und einer Gedenktafel, von der noch zu reden ist, erinnert an dieser Straße nichts mehr an das Kloster Marienkamp, das doch immerhin fast 400 Jahre lang bestand. Im Jahre 1434 wurde es auf Betreiben des aus einer alten Dinslakener Familie stammenden Priesters Arnd von Loesen als Augustinerinnenkloster gegründet. Das Klostergelände füllte im Laufe der Jahre die gesamte Fläche zwischen Kloster-, Friedrich-Ebert- und Wallstraße und reichte in der Tiefe ungefähr bis zur Mitte des heutigen Parkplatzes. Darüber hinaus hatte das Kloster in Dinslaken und auch außerhalb der Stadt umfangreichen Grundbesitz, wie dem Klever Kataster von 1734/36 zu entnehmen ist. Für Dinslaken war das Kloster ein Segen. Die Schwestern kümmerten sich Jahrhunderte hindurch um die Armen und Kranken der Stadt, wozu auch die Versorgung des nahe beim Kloster gelegenen Hospitals und die Betreuung der außerhalb der Stadt im Melatenhaus untergebrachten Pocken- und Leprakranken gehörte. Der allgemeinen Klosterkrise um 1800 fiel auch das Kloster Marienkamp zum Opfer. Vor allem Besitzverluste auf der damals französischen linken Rheinseite und die Versorgung großer Flüchtlingsströme aus Frankreich hatten das Kloster verarmen und die Gebäude verwahrlosen lassen. Auf eigenen Antrag wurde das Kloster 1808 aufgehoben; das Klostergelände einschließlich der Kirche und der anderen Gebäude ging 1810 an zwei Käufer aus Dinslaken.

Damit war die Geschichte des Klosters, nicht aber die des Standorts beendet, denn noch im selben Jahr 1810 erwarb die Dinslakener jüdische Gemeinde die Kirche und einen Teil des Geländes, um die Klosterkirche zur Synagoge umzugestalten und eine jüdische Schule einzurichten. Die Synagoge wurde später noch mehrmals umgebaut, bis sie am 10. November 1938 dem nationalsozialistischen Rassenwahn zum Opfer fiel. An der zur Klosterstraße blickenden Seitenfront der Dresdner Bank list man auf einer Erinnerungstafel in deutsch und hebräisch: „Hier stand von 1434 bis 1808 das Kloster Marienkamp und

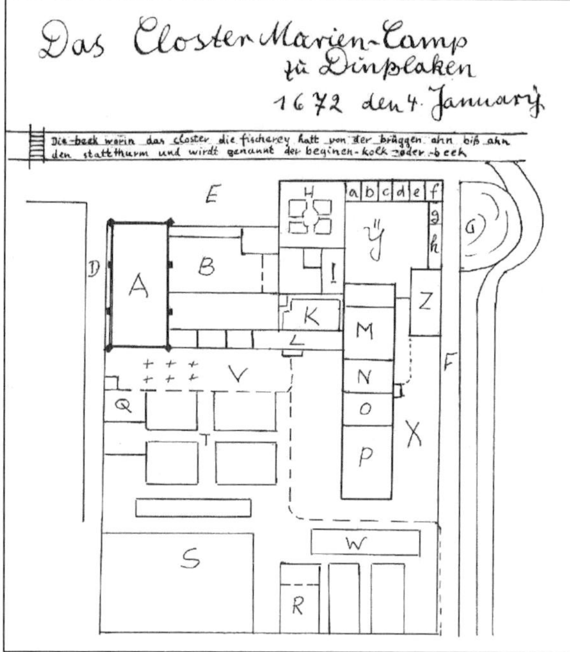

Zum Plan des Klosters Marienkamp

A. Die Kirch
B. Des Paters Hauß und gardt
C. Ein Plancken so für Zeiten eine Mauer gewesen, außer der Kirchen, längs der Straßen
D. Die gemein Straß wo aber allezeit pflegte zu fahren auß und nach den Bawhoff als das Bawhaus auf S war
E. Der Weg deß Closters erb und grundt und fanget alhie daß Closter an die Boock zu schoelen biß an den Thurm. Die Bäume so hinauf stehn seint dem Closter
F. Der Weg zwischen Closters mauern undt der Statt ist dem Closter erblich undt im grundt zugehörig, welchen die Stadt anno 1668 versucht mit Heistern zu bepoßen, so sindt aber ausgeworft, deßwegen auch mit der Statt in prozeß gerathen wobei gerechtigkeit und erbschafft manutenieret ist, wie die sententia, 1672 den 9. Dez. ergangen, ausweiset undt muß die Statt das geprecht auf dem Weg allein machen.
G. Der Daulen
H. Die erste Pfordte und Vorhof des Closters
I. Das Sprechhaus und Kornsülder
K. Gardte
L. Der Gang zur Kirche: a) paters stub, b) priorissin sprechstub, c) sprechkamer
M. Das Spinnhaus
N. Die Spinstub
O. Die Kuch
P. Weinkeller
Q. Siechenhauß
R. backhauß und waschhauß
S. Die bleich
T. Baumgardt
V. Kirchhoff
W. Gardt
X. Holtzplatz
Y. bawhoff: a) süsternkamer, b) webhauß, c) schlachthauß und gesindekuch, d) karrenschop, e) brawhauß, f) schop, g) Pferdstall, h) verkesstall
Z. Scheur und Kuhstall und holtz schop.

(Hauptstaatsarchiv Düsseldorf)

Abb. 98 Plan des Klosters von 1672 (zwischen Kloster-, Friedrich-Ebert- und Wallstraße)

von 1813 bis 1938 die jüdische Synagoge. Die Synagoge wurde am 10. November 1938 von Naziverbrechern abgebrannt".

Die Klosterstraße dürfte ebenso alt sein wie die Neustraße und bis in die Mitte des 14. Jahrhunderts zurückreichen. Die erste Erwähnung findet sich in einer Urkunde von 1412. Natürlich gehört die Klosterstraße auch zu den 13 innerstädtischen Straßen, die bereits am 10.8.1893 offiziell benannt wurden. Die Straßenführung blieb alle Jahrhunderte hindurch praktisch unverändert; ihr früherer Abzweig zur Neustraße ist heute Teil der Lessingstraße. Die Bedeutung der Klosterstraße lag immer auch darin, dass sie die Zufahrt für die Rückseite der Grundstücke auf der Nordseite der Neustraße war.

Das heutige Gesicht der Klosterstraße ist nüchtern und wird in erster Linie von dem zentralen Parkplatz bestimmt.

Knappenstraße

Der Begriff *Knappe* ist eine Nebenform von *Knabe* (Junge, Jüngling, Diener, Page, Geselle). Im Mittelhochdeutschen waren beide Bezeichnungen weitgehend gleichbedeutend. Speziell meinte *Knappe* aber auch den im Dienst eines Ritters stehenden Edelknaben und den Gesellen im Bergbau, den Bergmann. Auf *Knappe* als Synonym für *Bergmann* nahm das damalige Reichswirtschaftsministerium 1940 Zugriff, als es den Beruf des Bergmanns mit Schaffung des Berufsbildes „Knappe" als Lehrberuf anerkannte und damit den handwerklichen Lehrberufen gleichsetzte. 1976 wurde das Berufsbild „Knappe" vom Berufsbild „Bergmechaniker" abgelöst. Es ist ebenso wie die neuen Berufsbilder „Industriemechaniker", „Energieanlagenelektroniker" und „Mechatroniker" auf die Anforderungen der zunehmenden Technisierung und Automatisierung im Bergbau ausgerichtet. Heute ist die Verwendung der Bezeichnung *Knappe* als Synonym für *Bergmann* kaum noch üblich. Sie begegnet uns hauptsächlich in Zusammensetzungen, wie z.B. *Knappschaft, Knappenverein, Knappenheim.*

Die *Knappenstraße* liegt im Stadtteil Lohberg. Sie könnte ihren Namen am 30.9.1915 erhalten haben, als es in der Stadtverordnetenversammlung der Stadt Dinslaken um die „Offenlegung von Straßen in der Kolonie Lohberg“ (Protokollbuch, Blatt 538) ging. Straßennamen werden allerdings im Protokollbuch nicht genannt.

Ursprünglich war die Knappenstraße eine sehr kurze Straße und endete als Sackgasse. Sie zweigt westlich der Haldenstraße in Südrichtung von der Lohbergstraße ab und führt heute in einem weiten Bogen durch das nach 1945 entstandene Lohberger Neubaugebiet bis zur Hünxer Straße.

Ein für Lohberg besonders wichtiges Gebäude auf der Knappenstraße war über Jahrzehnte die Hauptschule „Glückauf“. Sie wurde am 10. Januar 1967 als Gemeinschaftsschule Unterlohberg eröffnet. Die Schule war bereits Anfang des Schuljahres 1966/67 als dritte Volksschule in Lohberg neben der katholischen Marien- und der evangelischen Johannesschule gegründet worden. Da das Gebäude an der Knappenstraße zu Beginn des Schuljahres nicht rechtzeitig fertig wurde, war sie zunächst Gast in der Johannesschule. Die neue Schule erhielt später den Namen Glückauf-Schule. Im Rahmen der Umstrukturierung des Schulwesens in Nordrhein-Westfalen im Jahre 1968 wurde sie zur Hauptschule umgewandelt. 2006 hat die Stadt Dinslaken beschlossen, den Unterricht an der Schule einzustellen. Die meisten Schüler wurden bereits der Hauptschule am Volkspark zugewiesen. Mit Ende des Schuljahres 2008/09 soll die Schule geschlossen werden. Über die neue Nutzung des Gebäudes ist noch nichts bekannt.

Kniestraße

Auf dem Hiesfelder Übersichtsplan von 1904[1907] zweigt die am 27.9.1906 benannte Kniestraße nördlich der Bahnlinie von der Holtener Straße ab, folgt dem Bahndamm ein Stück nach Südosten, schlägt dann den namengebenden Halbkreis nach Norden und mündet in die frühere *Rathaus-, heutige Sterkrader Straße. Heute ist ihr damaliges Endstück in der Hügelstraße aufgegangen.

Kohlenstraße

Der Primärenergieträger *Kohle* hat bei der Benennung der *Kohlenstraße* im Stadtteil Lohberg Pate gestanden. Kohle ist ein fossiler Brennstoff, der sich in Jahrmillionen aus abgestorbenen Pflanzen unter Luftabschluss und dem Druck darüber liegender Gesteinsschichten gebildet hat, und zwar in der Reihenfolge Holz, Torf, Braun-, Steinkohle, Anthrazit. Auf der Zeche Lohberg sind, seit der erste Kübel am 1. Februar 1909 aus Schacht 2 gezogen wurde, viele Millionen Tonnen Steinkohle gefördert worden. Am 31. Dezember 2005 wurde die Förderung eingestellt. 100 Jahre Bergbautätigkeit in Dinslaken gingen damit zu Ende. Wenn sich jetzt die Räder in den Lohberger Fördertürmen nicht mehr drehen, werden die Straßen im Stadtteil Lohberg mit Namen wie *Kohlen-, Zechen-, Bergmannstraße* usw. an die Bergbaugeschichte Dinslakens erinnern.

Die Kohlenstraße ist im Bebauungsplan der Kolonie Lohberg von 1917 ausgewiesen. Die Benennung könnte am 30.9.1915 erfolgt sein, als es in der Stadtverordnetenversammlung der Stadt Dinslaken um die „Offenlegung von Straßen in der Kolonie Lohberg“ (Protokollbuch, Blatt 538) ging. Straßennamen werden allerdings im Protokollbuch nicht genannt.

Bis zum Ende des Zweiten Weltkriegs und dem danach einsetzenden Ausbau der Dorotheenstraße bildete die Kohlenstraße den westlichen Abschluss der Bergarbeiterkolonie Lohberg. Sie führt von der Grabenstraße zur Steinstraße und etwa auf halber Länge an der hier endenden Koksstraße vorbei. Der an dieser Einmündung liegende gartenstadttypische Bogendurchgang auf der Westseite der Kohlenstraße eröffnete ursprünglich den Blick auf Hausgärten, Wiesen und ein lichtes Kiefernwäldchen, den Fischerbusch. Heute gerät hier die Bebauung der Dorotheenstraße ins Blickfeld. (Bogendurchgang auf der Kohlenstraße, **s. Farbbildseite 15**)

Koksstraße

Der Name *Koksstraße* verweist auf eines der bedeutendsten Steinkohleprodukte, den hochwertigen Brennstoff *Koks,* dessen Bezeichnung aus dem Plural des englischen *coke* ‚Mark, Kern einer Sache, Asche, Kernhaus' entlehnt ist (Kluge[24] 2002, 510). Koks wird in Kokereien durch Entgasen der Kohle bei Temperaturen zwischen 600° und 1000° C hergestellt. Als großstückiger und druckfester Hüttenkoks wird er in der Erzverhüttung eingesetzt. Als kleinstückiger, weniger fester Gaskoks entsteht er als Nebenprodukt in Gasanstalten und dient als Brennstoff vor allem für Heizkessel.

Die heutige *Koksstraße* lag schon vor der Eingemeindung Hiesfelds nach Dinslaken (s. hier **Lohbergstraße**) im gesamten Verlauf auf dem Dinslakener Gebiet der Bergarbeiterkolonie Lohberg. Der nordöstliche Teil hieß zunächst **Pastoratstraße.* Die Benennung könnte am 30.9.1915 erfolgt sein, als es in der Stadtverordnetenversammlung der Stadt Dinslaken um die „Offenlegung von Straßen in der Kolonie Lohberg" (Protokollbuch, Blatt 538) ging. Straßennamen werden allerdings im Protokollbuch nicht genannt.

Der westliche Teil der heutigen Koksstraße wurde als Fortsetzung der damals auf Hiesfelder Gebiet liegenden **Blücherstraße,* der jetzigen *Schlepperstraße* gesehen und ist im Bebauungsplan der Kolonie Lohberg von 1917 auch als **Blücherstraße* ausgewiesen (s. hier **Schlepperstraße**). Am 11. März 1918 erhielt die Straße im gesamten Verlauf den Namen *Koksstraße.* Auf der nördlichen Seite befand sich im Eckhaus der Einmündung der Koksstraße in den Johannesplatz bis zur Fertigstellung ihres Gemeindezentrums am Martin-Luther-Platz im Jahre 1955 die mit zwei Diakonissen besetzte Schwesternstation der Evangelischen Kirchengemeinde Lohberg. Neben diesem Eckhaus führte von der Koksstraße aus ein kurzer Fußweg zum evangelischen Kindergarten. Dieser befand sich bis zur Zerstörung der Gemeindeeinrichtungen bei den Bombenangriffen am 23. März 1945 auf der Rückseite des damals an der Teerstraße gelegenen Gemeindeheims (s. hier **Teerstraße**).

Die Koksstraße ist eine geschwungen verlaufende Straße zwischen Johannesplatz und Kohlenstraße. Sie endet vor dem gartenstadttypischen großen Bogendurchgang in der Mitte der Kohlenstraße (zu „Gartenstadt" s. hier **Lohbergstraße**). Im Bereich der Einmündungen der Zechen- und der Bergmannstraße erweitert sich die Koksstraße zu einer kleinen Platzanlage. Geschwungene (krumme) Straßenführung, Bogendurchgang und Platzerweiterung lassen ebenso wie die Typenvielfalt der Gebäude und Gebäudeteile erkennen, dass bei Planung und Ausführung der Bergarbeiterkolonie Lohberg gartenstadtarchitektonische Ideen umgesetzt wurden. Aus der Gesamtkonzeption fallen allerdings die in monotoner Nachkriegsarchitektur konstruierten Häuser heraus, die an Stelle der bei den Bombenangriffen auf Lohberg vom 22.1. und 23.3.1945 zerstörten Gebäude errichtet wurden.

Kolpingstraße

Die *Kolpingstraße,* benannt durch Ratsbeschluss am 19.6.1957 auf Vorschlag der katholischen Pfarrgemeinde St. Vincentius, verbindet die Friedrich-Ebert-Straße mit der Duisburger Straße. In unmittelbarer Nachbarschaft liegt die Pfarrkirche St. Vincentius, in der neben etlichen anderen Gemeindegruppen und Verbänden die örtliche Kolpingfamilie ihr Zuhause hat.

Die 2.800 Kolpingfamilien in Deutschland wirken im Sinne *Adolph Kolpings* (1813–1865). Er war ein katholischer Priester und Begründer des Kolpingwerkes. In Kerpen bei Köln als viertes von fünf Kindern eines Schäfers geboren, wuchs er in bescheidenen Verhältnissen auf, besuchte die Volksschule und erlernte das Schuhmacherhandwerk. Kolping war entsetzt von den oft menschenunwürdigen Lebensbedingungen der meisten Handwerksgesellen, die er während seiner Wanderschaft kennenlernte. Eine Krankheit zwang ihn als 22-Jährigen, das Handwerk aufzugeben.

Mit 24 Jahren besuchte er das Marzellengymnasium in Köln, um Priester zu werden. 1845 wurde er in der Kölner Minoritenkirche zum Priester geweiht. Um sich der Not der Handwerker und Arbeiter anzunehmen, gründete er nach einer Kaplanszeit in Wuppertal-Elberfeld als Domvikar in Köln 1849 den Gesellenverein, der Ausgangspunkt des Internationalen Kolpingwerkes wurde. Kolping starb 1865 in Köln und wurde in der Minoritenkirche beigesetzt. 1991 sprach Papst Johannes Paul II. ihn in Rom selig.

Königsberger Straße

Die *Königsberger Straße* liegt im so genannten **Thyssendreieck** (s. dort) und verbindet die Berliner Straße mit der Tilsiter Straße; benannt wurde sie am 19.6.1956.

Königsberg, russ. Kaliningrad, liegt beiderseits der Mündung des Flusses Pregel in das Frische Haff, das durch den schmalen Landstreifen der Frischen Nehrung von der Ostsee abgetrennt wird; die Stadt ist heute der Verwaltungssitz der gleichnamigen russischen Exklave zwischen Polen und Litauen und hat auf einer Fläche von 215,7 km^2 rund 423.600 Einwohner.

Königsberg war von 1457 bis 1945 nacheinander Hauptort des Deutschordenslandes, des Herzogtums Preußen und der Provinz Ostpreußen, die nach dem ersten Weltkrieg im Versailler Vertrag von 1919 vom Gebiet des Deutschen Reiches abgetrennt wurde und nur durch den sogenannten polnischen Korridor bzw. auf dem Seewege erreichbar war. Im zweiten Weltkrieg wurde Königsberg nahezu vollständig zerstört und von der Sowjetunion eingenommen; die letzten 20.000 überlebenden deutschen Bewohner wurden bis 1948 vertrieben und die Exklave mit Russen, Weißrussen und Angehörigen anderer Volksgruppen der Sowjetunion besiedelt.

Konrad-Adenauer-Straße

Benannt nach Konrad Adenauer, geb. 1876 in Köln, lange Kölner Oberbürgermeister, von 1949 bis 1663 erster Kanzler der Bundesrepublik Deutschland, gest. 1967.

Die Straße ist sehr alt und hat sicher schon bei der Stadterhebung Dinslakens bestanden. Eine alte Beschreibung des Postweges von Wesel nach Duisburg, um 1650 verfasst, setzt voraus, dass die Stadt Dinslaken über diese Verbindung erreicht werden kann. Im Klevischen Kataster von 1733 ist die Straße als Verbindung zur *Heerstaße* (Straße von Duisburg nach Wesel) und zu den Häusern am Stapp eingetragen.

Bis 1975 trug die Straße auf Dinslakener Gebiet (bis zur Heerstraße) den Namen *„Walsumer Straße",* auf Walsumer Gebiet (Heerstraße bis Rheinaue) den Namen *„Mühlenweg"* (so 1826), später auch *„Mühlenstraße".* Hier stand Jahrhunderte auf dem Grundstück an der Einmündung der *Mühlenstraße* auf die Straße *„Rheinaue"* eine Bockwindmühle. So zeigt es das Klevische Kataster von 1733. In einer Flurkarte von Eppinghoven aus dem Jahre 1830 ist das Grundstück der Mühle noch besonders ausgewiesen. Sie wurde kurz nach 1830 abgebrochen und an ihrer Stelle ein Haus gebaut, das im Jahre 1839 von dem Ehepaar Lohmann gekauft wurde (vgl. auch die Ausführen zu *„Am Müllerstück"*).

An der Einmündung der heutigen Mühlenstraße auf die Konrad-Adenauer-Straße stand bis kurz nach 1930 ebenfalls eine Windmühle. Sie wurde 1436 von dem klevischen Landesherrn auf hochwasserfreiem Gelände errichtet. Es war zunächst eine Bockwindmühle, die im Rechnungsbuch des Rentmeisters Jacob van der Capellen als *„Windtmolen dair buiten in Eppinckhavener velde"* bezeichnet wird. 1835 wurde die schlecht beschaffene Bockmündmühle durch eine gemauerte Holländermühle ersetzt. Sie wird auf einer Karte von 1837 und auch später *„neue Mühle"* genannt. Sie erhielt später noch einen Antrieb durch Dampfkraft, wurde aber kurz nach 1930 abgerissen.

An der Einmündung auf die Duisburger Straße, vor dem Walsumer Tor, befinden sich die drei Kreuze. Sie wurden um 1500 für einen Kalvarienberg in Wesel gefertigt, der im spanisch-niederländischen Krieg abgetragen wurde. Sie gelangten um 1587 auf nicht bekannte Weise nach Dinslaken und bekamen ihren besonderen Platz vor dem Walsumer Tor. Vor den drei Kreuzen befand sich früher eine Kapelle, die erst nach 1945 abgerissen wurde.

Abb. 99
Ehemaliges evangelisches Krankenhaus, erbaut 1911

1980 wurden die Originale wegen der drohenden Verwitterung unter einem Dach an der Nordseite der St.-Vincentius-Kirche aufgestellt. An dem historischen Ort fanden drei Kopien ihren Platz.

In den Jahren 1911/12 wurde hier etwa an der Stelle des heutigen Schwesternheims, das alte Evangelische Krankenhaus gebaut. Es überstand den Krieg und wurde nach Fertigstellung des in den Jahren 1965–1968 errichteten Neubaus abgerissen.

Die Walsumer Straße wurde 1926 beim Bau der Umgehungsstraße (B 8) durchschnitten. Den jetzigen Namen erhielt die Straße nach der kommunalen Neuordnung durch Beschluss des Hauptausschusses der Stadt Dinslaken vom 09.11.1976.

Kranichweg

Am 24.07.1964 durch Ratsbeschluss benannte Straße im Hiesfelder „Vogelviertel", s. hier unter **Taubenstraße.**

Der Kranich, das Wappentier der Deutschen Lufthansa, ist sehr selten geworden, macht aber auf seinem Zug nach Afrika bzw. zurück in die nordosteuropäischen Mooren- und Seengebiete gelegentlich am Niederrhein Station. Sein Ruf ist unverwechselbar, sein Paarungstanz beeindruckend.

Krengelstraße

Die Krengelstraße, benannt am 6.2.1906, gehört zu den Straßen, die ein Ziel angeben; beginnend am Hiesfelder Markt, führt sie bergab nach Westen und hatte ursprünglich mit dem Überschreiten des Rotbachs und der Einmündung in die *Hiesfelder Straße (heute: Karl-Heinz-Klingen-Straße) ihr Ziel erreicht; heute ist sie bis zur Kleiststraße verlängert worden und verbindet somit Hiesfeld mit dem Gewerbegebiet Dinslaken-Mitte.

In der Statistisch-Topographischen Beschreibung des Kreises Dinslaken vom 15. Juli 1818 nennt Bürgermeister Peter Friedrich Noot als eine der sechs Dinslakener Brücken „eine Brücke am sogenannten Krengel, nach Hiesfeld führend". Wir haben es mit einem Flurstück zu tun, das in der Urkarte von 1837 als am Krengel erscheint und dem wahrscheinlich eine Rotbachschleife den Namen gab. Implizit bezeugt Bürgermeister Noot durch die Formulierung „nach Hiesfeld führend" bereits für 1818 die Existenz unserer Straße; am 19.7.1898 legt die Hiesfelder Gemeindeverordnetenversammlung einen Baufluchtlinienplan für den *Weg vom Krengel zum Dorf Hiesfeld* fest.

Krengel existiert in unserer Region auch vereinzelt als Familienname, so heute noch in Dinslaken und in Moers. K. Süsselbeck führt *Krengelstroot* als mundartliche Benennung des Rotbachlaufs an, „heute wegen der Regulierung nur noch für den oberen Lauf zutreffend." (HKD 1952,61).

Kreuzstraße

Die Kreuzstraße beginnt vor dem früheren Eppinghover Tor, wo Voerder und Eppinghovener Straße aufeinander treffen, entsendet einen kurzen Einhang nach Nordwesten, läuft nach Süden und endet an einem Kreisverkehr, an dem Konrad-Adenauer-, Duisburger- und Heinrich-Nottebaum-Straße zusammenkommen.

Im Übersichtsplan von 1908 ist die Kreuzstraße zwar schon benannt, aber erst vom Eppinghovener Tor bis zur heutigen Dr.-Otto-Seidel-Straße fertiggestellt. Der weitere Verlauf ist auf dem Plan – wie auch auf dem von 1913 – lediglich skizziert; er erscheint real erst auf der 1937 gefertigten Bearbeitung des Übersichtplans von 1921.

Die Straße ist benannt nach der Figurengruppe der „Drei Kreuze", die 1587 von Wesel, wo sie die letzte Station eines Kreuzwegs darstellte, nach Dinslaken geholt und in dem von der Duisburger und der heutigen Konrad-Adenauer-Straße gebildeten Winkel am jetzigen Kreisverkehr ihren Platz fand. Heute sind die drei Kreuze an dieser Stelle durch Kopien ersetzt, während die Originale zum besseren Schutz im Jahre 1980 unter ein Dach an der Nordseite der St. Vincentius-Kirche (s. hier **Altmarkt**) verbracht wurden.

Am Ende der Kreuzstraße erhebt sich das Evangelische Krankenhaus, seit Ende des letzten Jahrhunderts mit dem Ev. Krankenhaus Duisburg-Nord, dem Johanniter Krankenhaus Oberhausen und dem Herzzentrum Duisburg zum Evangelischen und Johanniter Klinikum Niederrhein zusammengeschlossen. Mit dem Vordringen der Industrie in den Dinslakener Raum, insbesondere mit der Inbetriebnahme des Thyssenschen Walzwerks im Jahr 1897 wuchs die Bevölkerungszahl und damit der Bedarf an klinischen Behandlungsmöglichkeiten. So kam es 1912 in Dinslaken fast zeitgleich zur Eröffnung des St.-Vinzenz-Hospitals und des Evangelischen Krankenhauses; dieses wurde 1925, 1929 und 1956 erweitert und schließlich 1968 durch einen 400-Betten-Neubau abgelöst.

Kriemhildenweg

Der Kriemhildenweg, benannt am 18.10.1962, verbindet die Helenen- mit der Nibelungenstraße. Er ist eine der vielen Straßen mit Frauennamen im Stadtteil Bruch/Feldmark.

Abb. 100
Das Evangelische Krankenhaus

Allerdings bildet der Weg mit dem Brunhildenweg und der Nibelungenstraße eine Sondergruppe (s. hier **Brunhildenweg**). Zu den „Frauenstraßen“ allgemein s. hier **Adelenweg.**

Krusenstraße

Die Krusenstraße verbindet die Hünxer Straße mit der Ziegelstraße. Sie verläuft durch die Siedlung „Bergmannsglück“, ein Neubaugebiet der 50er Jahre (s. dazu hier Am **Heerenkamp**).

Die Straße selbst existiert aber schon wesentlich länger. Sie lag teils auf Dinslakener, teils auf Hiesfelder Gebiet. Der Dinslakener Straßenteil hieß **Berg-,* der Hiesfelder Teil *Krusenstraße.* Entsprechend taucht im Dinslakener Übersichtsplan von 1908 nur die *Bergstraße auf, im Hiesfelder Übersichtsplan von 1904 [1907] nur die Krusenstraße. Am 19.3.1918 wurde auch die Dinslakener *Bergstraße der Krusenstraße zugeschlagen.

Die Hiesfelder Krusenstraße wurde offiziell im Jahr 1906 benannt, nachdem in der Bürgermeisterei Hiesfeld beschlossen worden war, „Straßenbezeichnungen einzuführen und eine neue Häusernummerierung vorzunehmen“. Vorher hatte es von der Verwaltung festgelegte Straßennamen nicht gegeben, die Häuser hatten Nummern. 1905 war die „Häusernummerierung … derart durcheinander, dass sich die Beamten in derselben kaum noch zurecht finden können“, so das Protokollbuch des Gemeinderates. Daher wurde 1905 die Neuregelung beschlossen und schon im Jahre 1906 beendet.

Wo die heutige Krusenstraße von der Hünxer Straße abzweigt, stand früher einmal der „Kruse Stommel“, wohl die „Ruine“ eines Grenzbaums im Heegerbruch, wie der Flurname dieser Gegend hieß. Der Dinslakener Heimatforscher Willi Dittgen erklärt den Namen in einem unveröffentlichten Text folgendermaßen: „Hier in der Gegend standen zahlreiche ‚kruse Bäume‘, eigentlich ‚cruce Bäume‘, da man in ihren Stamm hinein Kreuze als Grenzzeichen eingeschlagen hatte.“ Der „Kruse Stommel“ an der Hünxer Straße wird in einem Bericht über den Besuch des Kurfürsten Friedrich Wilhelm von Brandenburg in Dinslaken erwähnt. Der Kurfürst wurde am 13. September 1667 an der Stadtgrenze „ahn den Hegschen Baum“ empfangen und dann zur Huldigung zum Kastell geleitet. An diesen Grenzbaum erinnert der heutige Straßenname.

Zum Krusen Stommel war später auch der Name einer Gaststätte an dieser Stelle, die von Heinrich und Wilhelmine Inkamp bewirtschaftet wurde, und „Inkamp“ hieß lange Zeit die entsprechende Straßenbahn- und später die Bushaltestelle.

Abb. 101
Blick auf die frühere Gaststätte „Zum krusen Stommel“

Abb. 102
Der Kookshof an der Kurt-Schumacher-Straße

Küpperstraße

Die Küpperstraße findet sich mit diesem Namen erstmals im Protokoll der Hiesfelder Baukommission vom 22.11.1907. Im Ende 1907 fertiggestellten Nachtrag zum Hiesfelder Übersichtsplan von 1904 [1907] beginnt sie an der Marschallstraße, verläuft westlich, quert die Holtener und die Sterkrader Straße und reichte vor dem Bau der Oberhausener Straße bis zur Hügelstraße. Heute endet sie an der Albrecht-Dürer-Straße. Das untergegangene Endstück zwischen Sterkrader- und Hügelstraße (bis zur Eingemeindung Hiesfelds *Rathaus- und *Feldstraße) hieß bis zum 11.3.1918 *Mühlenstraße nach der hier stehenden Hiesfelder Windmühle; dieser Name findet sich schon am 10.11.1887 im Protokollbuch der Gemeindeverordnetenversammlung Hiesfeld und scheint bei seiner amtlichen Vergabe zunächst für die gesamte Länge der Straße (Baukommission Hiesfeld am 6.2.1906: „von der Rathausstraße bis zur Bruchstraße"; am 19.2.1906 ergänzt: „von der Rathausstraße bis zur Feldstraße") gegolten zu haben.

Die Berufsbezeichnung *küper* „Küfer" begegnet in Dinslaken als Personenname in den Schreibungen Küper, Küpper, Küpers, Küppers noch heute; ein bestimmter Namenspate für unsere Straße konnte bisher nicht aufgefunden werden.

Küstermannsweg

Die Straße wurde in den 1990er Jahren angelegt und bebaut. Vorher lag in diesem Bereich der Sportplatz des MTV-Rheinwacht. Benannt wurde die Straße am 15.12.1987 durch den Hauptausschuss der Stadt Dinslaken nach dem *Küstermannshof* (Köstermanns Hof), einem der großen Höfe Eppinghovens. Nach dem Klevischen Kataster von 1733 lag er zwischen der Heerstraße und der Brey. Zu ihm gehörten große Flächen neben dem Graben vom Rotbach zum Haus Endt. Um 1790 wird ein Derk Rühl als Besitzer des Köstermann- Hofes erwähnt. (Neuse: „Siedlungsgeschichte der Bauernschaft Möllen" (Neustadt/Aisch 1964), S. 162)

Kurt-Schumacher-Straße

Kurt Schumacher (1895–1952) gehörte 1924–1933 dem württembergischen Landtag und dem Reichstag an; 1933–1944 Haft in verschiedenen Konzentrationslagern. 1946 wurde er Vorsitzender der wiedergegründeten SPD. 1949-1952 war er Führer der sozialdemokratischen Opposition im Deutschen Bundestag. Sein oberstes politisches Ziel sah er in der Wiedervereinigung des geteilten Deutschlands.

Zu seinen Ehren wurde am 11.12.1979 der Hauptteil der **Mittelfeldstraße** (s. dort) – von der Oberhausener bis zur Brinkstraße – umbenannt.

Kurze Fohr

Die Straße liegt südlich der Kurt-Schumacher-Straße und ist am 28.06.2005 nach einem historischen Flurnamen benannt worden.

Sie erscheint erstmals im ADAC-Stadtplan von 2006 und im Dinslakener Stadtplan 2007. Die im Dinslakener Internet-Straßenverzeichnis auftauchende Schreibung **Hohe Fohr* beruht vermutlich auf einem Übermittlungsfehler, obwohl es diese Form andernorts durchaus als einen von Flurnamen abgeleiteten Straßennamen gibt; so in Meschede und Schmallenberg.

In dem Wort *Fohr* sehen wir eine mundartliche Variante zu *Fuhr(e)* in deren eigentlicher, heute nur noch in Komposita erhaltener Bedeutung ‚Fahrt', vgl. *Abfuhr, Zufuhr.* Somit könnte sich der namengebende Flurname auf eine Zufahrt zu anderen Grundstücken bezogen haben.

Landwehrstraße

Die am 19.2.1906 benannte Landwehrstraße zweigt am Westrand von Hiesfeld von der Krengelstraße ab, unterfährt die Bahnlinie, die sie bis nach der Kreuzung mit der Lohberger Zechenbahn begleitet, um dann nach Südosten abzubiegen, wo sie kurz vor der Emscher in die Holtener Straße einmündet. Ursprünglich, d.h. auf dem Hiesfelder Übersichtsplan von 1904 [1907], reichte sie bis zur Leitstraße, wo sie sich mit der Wehofer Straße traf. Sie führt weitgehend durch landwirtschaftlich genutztes Gelände mit einigen Höfen wie Schürmannshof, Klump, Eickhof, Scheelenhof, Tackenhof, Brücker. Namengebend war die unmittelbar benachbarte, nord-südlich verlaufende Landwehr, die sich von Buchholtwelmen durch das Kuhbruch und das Hiesfelder Bruch bis nach Wehofen hinzog (abgebildet bei B. Schön, HKD 1958, 19)."Teile der Landwehr wurden um 1797 von der Dinslakener Kämmerei an die Anlieger zur Einebnung verkauft" (HKD 1941,65).

Die Landwehren, mundartlich *lanter* genannt (s. hier **Lanterstraße**), bildeten ein „Sperrsystem von Wällen, Gräben und Hecken. Sie waren nicht nur Wehrhecken für das landesherrliche Gebiet, dienten vielmehr auch zum Schutze gegen aus dem Wald austretende Wildrudel [...] Sie dienten also auch als Weide-, Wild- und Grenzhecken [...] Kleine Reste der Wehren sind heute noch links- und rechtsrheinisch zu finden." (K. Süsselbeck, HKD 1952,61).

Lanterstraße

Die Lanterstraße war ursprünglich, d.h. ab dem 24.4.1906 unter dem Namen *Elisenstraße, ab dem 11.3 1918 unter ihrem jetzigen Namen, nur eine kurze Verbindung zwischen der Erlenstraße und der später durch den Ausbau der Kurt-Schumacher-Straße untergegangenen, 1972 noch vorhandenen *Jagdstraße (benannt 11.3.1918; davor ab 25.11.1907 *Marienstraße); heute reicht sie von der Kurt-Schumacher-Straße bis zur Ruschstraße und zurück bis zur Dieselstraße, ist also die östliche Begrenzung des Gewerbegebiets Dinslaken-Süd.

Benannt nach der nord-südlich verlaufenden Landwehr, die Enbers 1736 von der Egerheide im Norden bis Bollwerk im Süden als nahezu erhalten – oder doch erkennbar – einzeichnet; an der uns interessierenden Stelle trägt er östlich der Landwehr *Lantermanns Kate* ein. *Lantermann* war ursprünglich eine Berufsbezeichnung: derjenige, der mit Pflege und Unterhalt der Landwehr beauftragt ist (vgl. noch hier **Landwehrstraße**).

Lehmbruckstraße

Am 28.04.1961 benannte Straße im Hiesfelder „Malerviertel" zwischen Sterkrader und Oberhausener Straße; s. hier **Albrecht-Dürer-Straße.**

Der 1881 in Meiderich geborene Bergmannssohn Wilhelm Lehmbruck studierte Bildhauerei an der Kunstakademie in Düsseldorf und fand 1910-1914 in Paris im Umfeld von Aristide Maillol zu seinem eigenen expressionistischen Stil. Er starb 1919 in Berlin durch Selbstmord. Ein Großteil seiner Arbeiten ist im Duisburger Wilhelm-Lehmbruck-Museum zugänglich.

Leitstraße

Die Leitstraße verlängert die Schloßstraße in südöstlicher Richtung und endet an der Wehofer Straße nahe der Stadtgrenze zu Duisburg. Sie setzt seit 2005 an dem neuen Südabschnitt der Brinkstraße an; vorher begann sie bereits an der Südstraße.

Ihr Name findet sich erstmals im Straßenverzeichnis von 1929, dürfte aber schon viel früher gebraucht worden sein, denn wie die Schloßstraße in ihrem längsten Teil folgt auch die Leitstraße in ihrem Verlauf genau dem damaligen zentralen Entwässerungsgraben des Averbruchs. Dieser erscheint in einem Plan von 1659 **(s. Abb. 007),** jedenfalls im Bereich des Hauses Bärenkamp, als *Churfürst Möhlenbach der Leygrabe genannt;* in der Dinslakener Flurgliederung von 1825 heißt er in seinem ganzen Verlauf *Der Leitgraben.* Im Norden hatte er Anschluss an den Rotbach, im Süden an den einst für Walsum wichtigen, heute aber nicht mehr vorhandenen Brusbach. Bei der Anlage der Erschließungsstraßen für das Averbruch um 1900 hatte der Leitgraben seine eigentliche Bedeutung wohl schon verloren, wurde zugeschüttet und als Straße ausgebaut.

Die völlig unbebaute Leitstraße wurde in den letzten Jahrzehnten zur zentralen Achse einer großen Haldenlandschaft, die in Gestalt der nach Stilllegung der Zeche Lohberg demontierten Zechenbahn eine zweite Achse hat und damit aus der Luft einem vierblättrigen Kleeblatt gleicht. Der älteste Haldenteil südlich der Leitstraße, der schon eine gewisse Bewaldung zeigt, geht auf die 1928 stillgelegte Schachtanlage Wehofen zurück. Später haben auch andere Schachtanlagen ihre Waschberge dort abgelagert. Während des zweiten Weltkrieges wurden Stollen in diese Halden getrieben. Sie galten als sicherer Schutz bei Bombenangriffen. Auch viele Dinslakener hatten diesen Stollen gerade in der Schlussphase des Krieges ihr Leben zu verdanken.

Seit Jahren wird der Haldenteil nördlich der Leitstraße vor allem zur Ablagerung von Stahlwerksschlacken, Bodenaushub und anderen in der benachbarten Stahlindustrie anfallenden Stoffen genutzt. Gefahren gehen von diesen behördlich kontrollierten Lagerungen nach Meinung der Fachleute nicht aus. Die unabhängig davon in Teilen der Bevölkerung bestehenden Bedenken beziehen sich vor allem auf Gefährdungen durch Sickerwasser, Schwermetalle und Schwelbrände. Vielleicht wird das gesamte Haldengelände einmal zu einer bewaldeten Berglandschaft zusammenwachsen und dann zu Wanderungen einladen.

Lerchenplatz

Die *Lerchen* bilden eine Familie der Singvögel, sind als Bodenbrüter der Feldflur unauffällig gefärbt und lassen ihren charakteristischen Gesang meist im Steigflug hören. Die bei uns bekanntesten Arten sind die Hauben-, die Feld- und die Heidelerche.

Der Name *Lerchenplatz* wurde am 8.6.1917 durch die Baukommission der Stadt Dinslaken vergeben. Der Platz liegt südlich der Industriestraße zwischen Wachtel- und Augustastraße im Wohngebiet südwestlich der Bergarbeiterkolonie Lohberg, das heute allgemein als „Vogelkolonie" bezeichnet wird (s. hier **Amselstraße**).

Lessingstraße

Der Dichter, Philosoph und Kritiker *Gotthold Ephraim Lessing* (Kamenz 22.2.1729 – Braunschweig 15.2.1781) gilt als bedeutendster Vertreter der Aufklärung in Deutschland. Seine Bühnenwerke „Minna von Barnhelm", „Emilia Galotti" und vor allem „Nathan der Weise" läuteten eine neue Ära des deutschen Theaters ein, wie auch seine theoretischen Schriften die Entwicklung der deutschen Literatur maßgeblich beeinflussten.

Die *Lessingstraße* als Verbindung zwischen Neu- und Wilhelm-Lantermann-Straße entstand ähnlich wie die Roonstraße, mit der sie sich kreuzt, bald nach 1900 und erscheint schon auf dem Übersichtsplan von 1908. Das ihr inzwischen zugeschlagene kurze Verbindungsstück zwischen Neu- und Klosterstraße gab es jedoch schon im Mittelalter.

Die heutige Bebauung der Straße datiert aus den Jahren nach 1950 und weist keine architektonischen Besonderheiten auf.

Liebigstraße

Straße im Gewerbegebiet Dinslaken-Süd, gewidmet am 18.04.1978.

Justus (seit 1845: Baron von) Liebig (Darmstadt 1803 – München 1873) war zunächst Apothekerlehrling, studierte dann in Bonn, Erlangen, Paris und wurde mit Förderung durch Alexander von Humboldt mit 21 Jahren Professor der Chemie in Gießen, das er durch mustergültigen Ausbau seines Laboratoriums zu einem Zentrum des Chemiestudiums machte. 1852 folgte er einem Ruf nach München. Liebig gilt als Schöpfer der Agrikulturchemie, führte die Mineraldüngung ein und entwickelte einen Fleischextrakt; er leistete wesentliche Beiträge zur theoretischen Chemie, schuf neue Analyseverfahren und entdeckte das Chloroform und das Chloral.

Ligusterweg

Der Ligusterweg ist eine kleine am 12.6.1974 benannte Wohnstraße im Stadtteil Bruch/Feldmark, die die Emmastraße mit dem Jasminweg verbindet. S. noch hier **Angerweg** und **Fliederweg.**

Lindenstraße

Straße im „Bäumeviertel" südlich der Gärtnerstraße und in der Kleinsiedlung Oberlohberg. Der Name begegnet erstmals im Dinslakener Übersichtsplan von 1921.

In Deutschland kommen zwei Arten der Lindengewächse vor, die großblättrige Sommerlinde und die kleinblättrige Winterlinde. Die Linde ist ein beliebter Alleebaum, im Frühjahr eine wertvolle Bienenweide, ihr Holz begehrt für Schnitzarbeiten und zur Herstellung von Zeichenkohle.

Lingelmannstraße

Die Straße erscheint namentlich erstmals am 23.5.1882 im Protokollbuch der Hiesfelder Gemeindeverordnetenversammlung 1881–1898 als Lingelmanns Straße, dann in der heutigen Namensform ebendort am 3.1.1891 und auf der 1893 gedruckten Karte 2501 (Dinslaken) der Königlich Preußischen Landesaufnahme von 1892. Sie geht wie die Scholtenstraße vom Nordbogen der Kurt-Schumacher-Straße (vormals: Mittelfeldstraße) aus, läuft in nordöstlicher Richtung, lässt den namengebenden *Lingelmannshof* rechts liegen, unterquert zwischen Hesselmannshof und Stemmerkath die A 3, kreuzt die Straße Hinter den Kämpen und die Franzosenstraße und endet ein Stück vor dem Borbruchgraben bei zwei freistehenden Gebäuden.

1627–28 ist Johan *zu Lingeln* neben Johan auf dem Kamp und Heinrich uff gen Rade Hiesfelder Kirchmeister; 1636 werden Johan und Herman *Lingelman* als Mitglieder der lutherischen Gemeinde geführt. Ein Joh. *tho Lingelen* wird am 3.12.1678 in die Hiesfelder Musterungsrolle eingetragen.

Lohbergstraße

Für den Namen *Lohberg* gibt es zwei unterschiedliche Deutungen. Zum einen lässt er sich zurückführen auf das mndt. loe, loo, bzw. das lateinische *lucus* ‚Hain, Wald, niedriges Gehölz oder Gebüsch' und bezeichnet eine Siedlungsstelle in einem Waldgebiet. Zum anderen soll der Name mit der auf dem Lohberg betriebenen Lohschälerei im Zusammenhang stehen. Der Lohberg war ursprünglich mit jungen Eichen bewachsen. Die geschälte Eichenrinde wurde nachweislich in den Hiesfelder Mühlen gemahlen und an Lohgerbereien geliefert. In der Hiesfelder Bevölkerung ist nur die letztgenannte Erklärung bekannt und verbreitet.

Abb. 103
Der steil abfallende westliche Rand des Lohbergs Anfang des vorigen Jahrhunderts

Die erste bisher entdeckte Erwähnung des Lohbergs befindet sich in einer Urkunde aus dem Jahr 1399, mit der die Schenkung des nördlich an die Stadt Dinslaken grenzenden Heegebruchs an die Stadt durch Graf Dietrich von der Mark bestätigt wird. Darin ist u. a. vom *„wech die dair geyt toe den loeberge"* die Rede (Aretz 1941, 63; s. auch hier **Hünxer Straße** und **Heegerbruchstraße**).

Eine geschlossene *Siedlung Lohberg* gab es vor dem Abteufen der Schächte des Bergwerks Lohberg nicht (vgl. dazu Litschke 1993, 32 ff.). Auf dem Lohberg bzw. Oberlohberg – die Bezeichnungen wechseln – bildeten einige Anwesen die Hiesfelder Bauernschaft Oberlohberg. Der Lohberg selbst erreichte eine Höhe von 68 m über NN. Der steil abfallende westliche Rand des Lohbergs wurde durch die von drei Ziegeleien betriebene Entnahme gewaltiger Mengen Ton für Zechenbauten und Siedlungshäuser so stark angeschnitten, dass leuchtend gelbe Steilhänge entstanden.

Heute ist seine Höhe durch Überlagerung mit einer Bergehalde auf 72 m angewachsen. Seine gelben Steilhänge sind allerdings nicht mehr sichtbar, ein gutes Beispiel für die mehrfache Veränderung der Natur durch die Industrie. Die Halde ist inzwischen begrünt, teilweise als Freizeitgelände gestaltet und zur Nutzung durch die Bevölkerung freigegeben. Im Plan der Stadt Dinslaken von 1984 ist sie erstmals als „Kleiner Lohberg" ausgewiesen, in der Bevölkerung jedoch wegen der angrenzenden Gärtnerstraße eher als „Gärtnerhalde" bekannt.

Die Landschaft am Fuße des Lohbergs, „Unter Lohbergs Bruch", bot vor dem Niederbringen der Schächte ein Bild ländlicher Beschaulichkeit, das der Dinslakener Heimatforscher Willi Dittgen (s. hier **Willi-Dittgen-Steige**) in einem bisher unveröffentlichten Aufsatz wie folgt beschreibt:

„Dort, wo heute im Schatten der Fördertürme der Schachtanlage sich eine weitläufige Siedlung dehnt, [...] gab es noch vor weniger als fünf Jahrzehnten nur Felder und Wiesen. Wallhecken säumten die Feldwege. Von Dinslaken her schlängelte sich ein mit tiefen Rinnen ausgefahrener Weg durch das Hegebruch nach Hünxe und traf sich in der Nähe der heutigen Wirtschaft Scheelen mit dem Hiesfelder Weg. Die nächste Fuhrmannskneipe lag in Bruckhausen. Auf sauren Wiesen graste einiges Vieh, und hinter Hecken versteckt duckten sich niedere Katen unter windzerzausten Eichen. Nach Westen hin dehnte sich die weite Rheinniederung. Die Sonne aber stieg jeden Morgen über der niederen Hügelkette auf, deren südlichste Erhebung der Lohberg ist. In dieser Gegend war es früher nie ganz geheuer. Die Räuberbande der ‚Schwarzen Kathrin' flößte den

Abb. 104
Blick von Osten auf die Rückseite des Werksgeländes Anfang der 1950er Jahre

Bauern Angst und Schrecken ein. Bis 1720 stand auf dem Lohberg [...] der Galgen, ein hohes Holzgerüst, um das jeder gern einen weiten Bogen machte."

Am Fuße des Lohbergs wurden ab 1909 in der ebenfalls dünn besiedelten Hiesfelder Bauernschaft Unterlohberg, die um die Wende zum 20. Jahrhundert aus nur 36 Haushalten bestand, die Schächte Lohberg 1 und 2 nach dem Gefrierverfahren abgeteuft. Mit den Gefrierarbeiten hatte man bereits 1907 begonnen. Die Förderung für den Absatz wurde 1913 aufgenommen. Seit dem 31.12.2005 wird auf Lohberg keine Kohle mehr gefördert (s. hier **Hünxer Straße**).

Um die aus allen Teilen Deutschlands und vielen Ländern Europas zuströmende Belegschaft des neu entstehenden Bergwerks unterzubringen, wurde von der Gewerkschaft Deutscher Kaiser, in der August Thyssen die Mehrheit der Kuxe (Anteile an einer bergrechtlichen Gewerkschaft) besaß, im freien Gelände nach Westen ab 1907 eine Siedlung angelegt, die Bergarbeiterkolonie Lohberg.

Die Planung hatte bereits in den Jahren 1900/1902 begonnen. Entwürfe wurden vom Baubüro der Gewerkschaft Deutscher Kaiser angefertigt, das ebenfalls die Bauarbeiten ausführte. Verantwortlicher Baumeister war Heinrich Neuls. Zwischen 1907 und 1920 entstanden 918 Häuser bzw. 1.334 Wohnungen. Von diesen Wohnungen entfielen 110 auf die „Vogelkolonie" (s. hier **Amselstraße**).

Wie ein erst im Jahr 2002 im ThyssenKrupp-Archiv in Duisburg wiederentdecktes Foto eines Plans aus dem Jahr 1917 zeigt, war ursprünglich eine Siedlung vorgesehen, die mehr als doppelt so groß wie die letztlich verwirklichte geworden wäre. Sie hätte bis in die Fläche der heutigen „Vogelkolonie" gereicht und wäre im Süden von der Augustastraße begrenzt worden.

Warum der Plan nicht umgesetzt wurde, kann nur vermutet werden. Es mag damit zusammenhängen, dass weitere von Thyssen geplante Zechen im Großraum Hiesfeld–Dinslaken–Hünxe, und zwar die Schachtanlagen 3/4 auf dem Lohberg, 5/6 in Hiesfeld im Scholtenbusch und 7/8 in Hünxe in den Testerbergen, nicht abgeteuft wurden. Wären diese Zechen entstanden, dann hätte man zusätzliche Arbeitskräfte heranziehen müssen, die wiederum Wohnraum gebraucht hätten. Unruhen und die Inflation nach dem Ersten Weltkrieg sowie die Weltwirtschaftskrise Ende der 1920er Jahre mögen der Grund dafür gewesen sein, dass man die Pläne nicht umgesetzt hat.

Bei Planung und Bau der Kolonie Lohberg wurden bewusst Fehler vermieden, die in den Anfängen des Bergarbeiterwohnungsbaus häu-

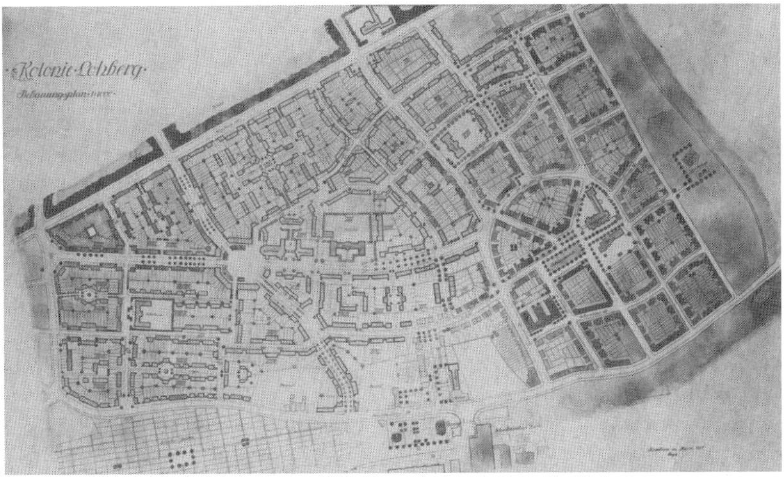

Abb. 105
Ursprünglicher, nur zum Teil ausgeführter Plan für die Bergarbeiterkolonie Lohberg, 1917

fig gemacht wurden: zu kleine Wohnungen, zu enge Zimmer, Anlage von monotonen Hausreihen, fehlende Unterbringungsmöglichkeiten für Ledige und Alleinstehende. Der wohldurchdachte Plan lässt deutlich starke Einflüsse der Gartenstadtbewegung erkennen. Diese Bewegung ging von England als Reaktion auf das Wohnungselend in englischen Großstädten zur Zeit der Industrialisierung aus. Sie wurde von E. Howard und seinem 1898 erschienenen Buch „Garden Cities of Tomorrow" ausgelöst. Der Gartenstadtgedanke wirkte seit Anfang des 20. Jahrhunderts in Deutschland zunehmend auf den Bau von Arbeitersiedlungen ein, wie auch an Lohberg deutlich wird. Sowohl auf die aufgelockerte und durchgrünte Gesamtanlage der Siedlung als auch auf die äußere Form der Hausansichten wurde bei Planung und Bau der Kolonie besonderer Wert gelegt. Der Bauherr strebte in Lohberg, dem Gartenstadtgedanken folgend, einen malerischen Charakter der Kolonie an. Gartenstadttypische Elemente sind die gewundene – „krumme" – Führung einiger

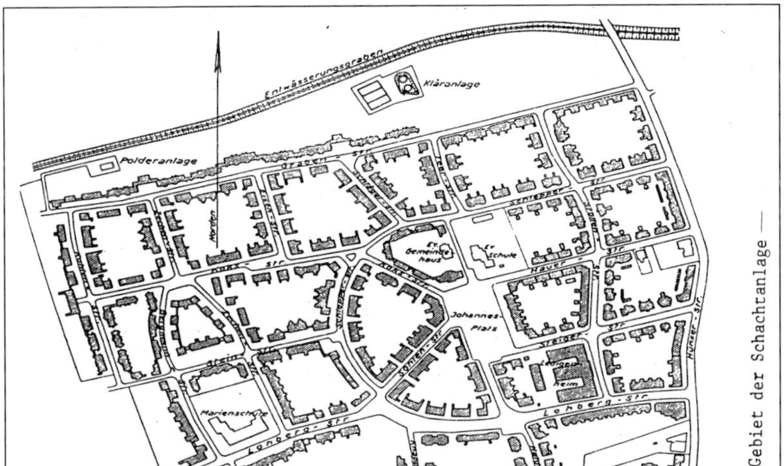

Abb. 106
Der letztlich umgesetzte Plan

Straßen, die Erweiterung von Kreuzungen zu kleinen Platzanlagen, ein Bogendurchgang und einige übermauerte Durchgänge, viele Vorgärten, Innenhöfe mit Ställen und Nutzgärten, unterschiedliche Hausformen, landhausartige Elemente, wie hellverputzte Fassaden, Balkone, Veranden, grüne Fensterläden, rote Falzziegel, Fenstersprossen, gestaltete Giebel und Eingangsbereiche.

Besonders charakteristisch für Lohberg ist die enge Verbindung der Bereiche Wohnen und Arbeiten. Die Kolonie, der Bereich *Wohnen,* ist nur durch die von Dinslaken nach Hünxe führende Hünxer Straße vom Bereich Arbeiten getrennt. Die Zusammengehörigkeit von Wohnen und Arbeiten wird durch die Gestaltung des Siedlungsgrundrisses betont, der sich halbkreisförmig zur Zeche hin öffnet.

Im Zentrum der Gesamtanlage liegt der als Marktplatz für den Wochenmarkt dienende Johannesplatz, auf dem die Straßen radial zusammenlaufen. Die Häuser selbst sind in einem weiten Geviert oder Dreieck mit den Rückseiten nach innen angeordnet.

Sie umschlossen früher die Gärten, die heute weitgehend zu Rasenflächen und Garagengrundstücken geworden sind. Die meisten Koloniehäuser sind zweigeschossig; nur sehr wenige Häuser an der Hünxer Straße und zwei an der Grabenstraße sind bzw. waren dreigeschossig.

Zu jeder Wohnung gehörten ursprünglich Keller, Trockenboden und ein Stall, in dem Schweine, Ziegen, Hühner und Kaninchen gehalten werden konnten. Für den anfallenden Dung gab es eine Mistkuhle hinter dem Stall, die mit dicken, geteerten Brettern abgedeckt war. Die Jauche lief in eine mit einem Zementdeckel geschützte Jauchenkuhle, in die auch die Plumpsklosetts der Wohnungen mündeten. Mist und Jauche verwendeten die Bewohner zur Düngung des zu jeder Wohnung gehörenden Stückchens Garten oder der zugepachteten Feldgärten. Tierhaltung und -zucht sowie der Anbau von Garten- und Feldfrüchten ermöglichten den Haushalten, das schmale Einkommen durch Subsistenzproduktion aufzubessern.

Bis heute gibt es Häuserreihen mit und ohne Vorgärten. An der Rückseite der Häuser und zwi-schen den Häusern befanden sich Ställe, Höfe und Wohnwege. Aus Beton gegossene, durchbrochene Zäune grenzten die Höfe gegen die Wohnwege ab. So entstanden auf den Höfen halboffene Bereiche der Privatheit. Auf ihren Höfen errichteten viele Bewohner Lauben, Sitzbänke, Schuppen, Kaninchenställe und Ausläufe für die Hühner.

Die Lage der Kolonie in einem bis zur Jahrhundertwende von der Industrie völlig unberührten Landstrich machte es notwendig, gleichzeitig mit den Siedlungsbauten eigene Sozial-, Kultur- und Versorgungseinrichtungen zu schaffen, da die neue Siedlung vollkommen abgesetzt von der in Hiesfeld oder Dinslaken vorhandenen Infrastruktur gebaut wurde. Es entstand nach und nach eine funktionierende eigene infrastrukturelle Ausstattung der Kolonie. Schulen, Kindergärten, Kirchen, ein Kasino (1909) und eine Konsumanstalt (1914), die eine Lebensmittelabteilung, eine Metzgerei und eine Manufakturwarenabteilung in sich vereinte, wurden gebaut. An der Hünxer Straße siedelten sich Kaufleute an. Aber auch im Zentrum der Siedlung wurden Läden im Stil der Koloniehäuser gleich mitgeplant und -errichtet: eine Barbierstube mit Zigarrengeschäft, unweit der Schule eine Buchhandlung mit Schreibwarenangebot, eine Schnellsohlerei mit Schuhverkauf und ein Gemüseladen. Poststelle, Polizeistation mit Gefängniszelle (1916), die Praxis eines Knappschaftsarztes (1918), Mütterberatung (1912), eine Apotheke, verschiedene Handwerksbetriebe, Gastwirtschaften und die Straßenbahnverbindung nach Dinslaken (1914) kamen hinzu. Ab 1916 wurde wöchentlich mindestens zweimal Wochenmarkt abgehalten. Außerdem standen der Bevölkerung Sportplätze und ab 1924 für einige Jahre eine eigene Badeanstalt zur Verfügung. Bereits 1913 wurde mit dem Bau eines umfangreichen Ledigenheims, auch Menage genannt, begonnen (s. hier **Stollenstraße**).

Bis Januar 1945 änderte sich nicht viel am äußeren Erscheinungsbild der Kolonie. Es wechselte allerdings die kommunale Zugehörigkeit. Am 1. Juli 1917 wurde die Gemeinde

Hiesfeld nach Dinslaken eingemeindet. Damit wurde auch die frühere Hiesfelder Bauernschaft und spätere Bergarbeiterkolonie Unterlohberg als Dinslaken-Lohberg Stadtteil von Dinslaken. Teile der Kolonie lagen vor der Eingemeindung bereits auf Dinslakener Gebiet, weil die Siedlung während der Anlage neuer Straßenzüge über die Gemeindegrenze zwischen Dinslaken und Hiesfeld hinausgewachsen war. Die Eingemeindung wirkte sich auf die Benennung der Lohberger Straßen aus. Etliche der vorher zur Gemeinde Hiesfeld gehörenden Straßen führten nämlich dieselben Namen wie Dinslakener Straßen, so dass Straßen umbenannt werden mussten. Der Rat der Stadt Dinslaken wählte nun fast ausschließlich Straßennamen, die einen Bezug zum Bergbau haben, und zwar für die gesamte Kolonie, auch für solche bereits von Dinslakener Seite benannten Straßen, deren Namen es auf Hiesfelder Gebiet nicht gegeben hatte.

Umbenannt wurden mit Ratsbeschluss vom 11. März 1918 die

Blücherstraße	in	Schlepperstraße (östl. Teil), Koksstraße (westl. Teil)
Bruckhausener Straße	in	Hünxer Straße
Brunnenstraße	in	Schlägelstraße
Gneisenaustraße	in	Lohbergstraße
Johannismarkt	in	Johannesplatz
Lützowstraße	in	Teerstraße
Marktstraße	in	Sohlenstraße
Nettelbeckstraße	in	Steigerstraße
Pastoratstraße	in	Koksstraße
Scharnhorststraße	in	Stollenstraße
Schillstraße	in	Hauerstraße
Seydlitzstraße	in	Grabenstraße
Vor der Steinstraße	in	Schlepperstraße (einbezogen)
Wasserstraße	in	Eisenstraße
Yorckstraße	in	Haldenstraße.

Durch Bombenangriffe am 22. Januar 1945 und am 23. März 1945 und Artilleriebeschuss wurden etwa 10 % der Lohberger Häuser vollkommen zerstört, viele andere schwerstens beschädigt. Die zerstörten Häuser wurden nicht im Stil der alten Bergarbeiterkolonie wieder aufgebaut. Die Werksleitung stand vor der Aufgabe, für ausgebombte Familien, Flüchtlinge und Neubergleute, die seit Ende der vierziger Jahre des vorigen Jahrhunderts mit ihren Familien aus anderen Teilen Deutschlands und Europas, vor allem aus Spanien, Italien, Griechenland, zuwanderten, schnell viel Wohnraum zu schaffen. So wurden keine Reihenhäuser gebaut, sondern die Mietshäuser der ersten Nachkriegsarchitektur. Am südlichen Ortsrand entstand ein Neubaugebiet, dessen Wohnungen mit Spülklosett, Badezimmer, großem Wohnzimmer und kleiner Kochnische viel Attraktivität besaßen. Andere Lohberger bauten Eigenheime in Selbsthilfesiedlungen. Bei vielen „alten" Lohbergern resultierte das Verlassen der Kolonie – häufig uneingestanden – aus dem Wunsch, das Kolonie-Image abzustreifen.

Mit allmählich einsetzendem bescheidenem Wohlstand sank in der nachwachsenden Generation in manchen in Lohberg verbliebenen Familien das Interesse an der Bestellung der Gärten in den der Straße abgekehrten Innenräumen zwischen den Häusern. Die Flächen wurden teilweise eingeebnet, viele Ställe abgerissen. Gleichzeitig verschwanden etliche Wohnwege und die oft individuell gestalteten Höfe. In einigen Innenhöfen entstanden Grünanlagen und Spielflächen, in anderen kahle, zum Verweilen und Wohnen wenig einladende Plätze, die zum Teil mit Garagen bebaut wurden.

In die frei gewordenen Wohnungen, deren frühere Mieter in Neubaugebiete und Selbsthilfesiedlungen abgewandert waren, zogen seit Mitte der sechziger Jahre in zunehmendem Maße türkische Familien. Der Einzug der aus einem vollkommen anderen Kulturkreis stammenden Menschen mit ihren den Deutschen fremden Lebensgewohnheiten führte dazu, dass weitere Lohberger Familien, die noch an der Erhaltung und Pflege „ihrer" Häuser, Höfe und Gärten gearbeitet hatten, Lohberg verließen und die alte Kolonie trotz der noch verbleibenden deutschen Familien sich zu einer türkischen Enklave zu entwickeln begann. Slumbildung setzte ein, die Mieten fielen, weitere türkische Familien zogen nach. Die Ghettobildung brachte massive soziale Probleme mit sich: Das ehemalige soziale Umfeld war zerstört. Die türkischen Familien hegten kein besonderes Interesse an Eigenleistungen zum Erhalt der Häuser. Bei den gesunkenen Mieteinnahmen schwand die Neigung der Wohnbaugesellschaft zu Instandsetzungen immer mehr. Jüngere nichttürkische Bewohner zogen wegen des geringen Wohnstandards aus. Alt-Lohberg geriet in einen schlechten Ruf. Die Häuser begannen zu verkommen. Es drohte der Abriss der Kolonie.

Erst das Entstehen einer Bürgerinitiative, der Interessengemeinschaft Lohberg, führte dazu, dass Maßnahmen zur Rettung der Kolonie eingeleitet wurden. Nur wenige, besonders stark heruntergekommene Häuser an der Hünxer Straße wurden abgerissen und durch neue ersetzt. Am 29.8.1988 wurde der Kernbereich der alten Bergarbeiterkolonie wegen seiner Bedeutung für die geschichtliche und städtebauliche Entwicklung der Stadt Dinslaken nach dem Denkmalrecht des Landes Nordrhein-Westfalen als Denkmalbereich unter Denkmalschutz gestellt. Die Gebäude Steigerstraße 4, 6 und 8 sowie Stollenstraße 14, das ehemalige Ledigenheim, die Gebäude der Marienschule und des früheren Konsums, die katholische Pfarrkirche St. Marien und einige Gebäude und Anlagen auf dem Werksgelände wurden als Baudenkmäler in die Denkmalliste des Landes Nordrhein-Westfalen aufgenommen und einzeln unter Schutz gestellt. Die Unterschutzstellung des Denkmalbereiches und der einzelnen Baudenkmäler stützt sich auf das Gutachten des Rheinischen Amtes für Denkmalpflege, in dem die Bergarbeiterkolonie Lohberg als Mustersiedlung ihrer Zeit bezeichnet wird, die noch mit allen Versorgungseinrichtungen die letzte Phase des Thyssenschen Werkswohnungsbaus dokumentiert.

Die Unterschutzstellung sichert zum einen den Erhalt der Kolonie. Zum anderen ergeben sich aus ihr sowohl für die Trägergesellschaft der Siedlung als auch für die inzwischen ca. 150 privaten Besitzer von Koloniehäusern im Hinblick auf Renovierungsmaßnahmen strenge Auflagen, die am 20. Juli 2004 vom Rat der Stadt Dinslaken in einer neuen „Satzung der Stadt Dinslaken zur Gestaltung der Zechensiedlung Lohberg“ festgelegt wurden.

Seit 2001 wird Lohberg über das Förderprogramm des Landes Nordrhein Westfalen für Stadtteile mit besonderem Erneuerungsbedarf gefördert.

Die *Lohbergstraße* hieß ursprünglich **Gneisenaustraße.* Der Name wurde ihr am 9.12.1907 von der Baukommission der Gemeinde Hiesfeld verliehen. Er bezieht sich auf den preußischen Generalfeldmarschall August Wilhelm Anton Graf Neidhardt von Gneisenau, 1760–1831 (s. hier **Gneisenaustraße**). Am 11. März 1918 erfolgte die Umbenennung in *Lohbergstraße.* Die Frage, ob der Name auf den Höhenzug Lohberg oder auf den Stadtteil Lohberg zurückgeht, lässt sich nicht eindeutig

Abb. 107
Blick in die Lohbergstraße in den 1920er Jahren, hinten re. der südliche Seitenflügel des Ledigenheims

beantworten. Gegen die Benennung nach dem Stadtteil spricht das Fehlen folgender Kriterien, die bei der Bezeichnung von Straßen mit Namen von Städten oder Wohnorten üblich sind: Getrenntschreibung von Name und Straße, Anhängen des Suffixes „-er“ an den Ortsnamen, bei Richtungsstraßen Benennung nach dem Zielort. Dies trifft für die Lohbergstraße nicht zu. Diese Überlegung lässt den Schluss zu, dass die Lohbergstraße den Namen des Lohbergs trägt.

Die Lohbergstraße ist die breiteste Straße der Siedlung. Sie trennte ursprünglich den Wohnbereich der Arbeiter vom Wohnbereich der Beamten (s. hier **Haldenstraße**), so dass von einer Arbeiter- und einer Beamtenkolonie gesprochen werden kann. Die frühere Beamtenkolonie liegt dem Zecheneingang am nächsten und lässt noch heute das Prinzip August Thyssens, Beamte nicht mehr als zehn Gehminuten vom Werk entfernt wohnen zu lassen, erkennen.

Das Gebäude Lohbergstraße 1 (heute Hünxer Straße 405) an der Ecke Hünxer Straße wurde 1914 als Konsumanstalt der zum Thyssen-Konzern gehörenden Wehag (Westdeutsche Haushaltversorgung AG) gebaut (Näheres unter Hünxe/Hünxer Straße). Heute befindet es sich im Besitz des Türkisch-Islamischen Kulturvereins und beherbergt außer den Vereinsräumen die Selimiye-Moschee.

Die Lohbergstraße verläuft zunächst in Ost-West-Richtung und kreuzt die Haldenstraße westlich der Einmündung der Stollenstraße. Zwischen Stollen- und Haldenstraße erstreckt sich der südliche Seitenflügel des Ledigenheims. Der hier vorhandene Seiteneingang führte früher zur Werksbücherei, zur Bergmännischen Berufsschule und zu den Büros der Bergmännischen Kulturarbeit.

An der Einmündung der Knappenstraße auf der südlichen und der Sohlen- und Schlepperstraße gegenüber auf der nördlichen Seite erweitert sich die Lohbergstraße zu einer der gartenstadttypischen kleinen Platzanlagen und wendet sich in einem weiten Bogen nach Südwesten. Dieser Platz war zu der Zeit, als es noch kaum Autoverkehr auf den Lohberger Straßen gab, ein beliebter Spielplatz der Lohberger Kinder. Hier fanden Ballspiele statt, es wurde gehinkelt und Seilchen gesprungen. Zwei große steinerne Bänke auf der nördlichen Seite der Lohbergstraße luden zum Sitzen und Verweilen ein.

Auf der südlichen Seite dieses Platzes befindet sich ein Gebäude mit einer wechselvollen Geschichte. Dieses Haus wurde 1939 als NSV-Kindergarten und –hort gebaut. Ab April 1945 diente es der Evangelischen Kirchengemeinde Lohberg als Gemeindezentrum und Kirche. Es erhielt den Namen Melanchthon-Haus. Nach Einweihung des Neubaus der Martin-Luther-Kirche an der Haldenstraße (s. dort) am 12. Dezember 1954 wurde das Gebäude noch bis zur Fertigstellung der Gemeindeeinrichtungen am Martin-Luther-Platz (s. dort) als Gemein-

Abb. 108
Das Melanchthon-Haus

Abb. 109
Die Marienschule Anfang der 1920er Jahre

dehaus genutzt. Nach Umbau und Erweiterung durch einen Anbau wurde es das GOT-Jugendhaus der Kirchengemeinde. Von 1959 bis zum Bezug des Neubaus am Martin-Luther-Platz im Jahre 1973 war auch der evangelische Kindergarten in dem Gebäude untergebracht. Nach einem im Jahre 2005 erfolgten Beschluss der Stadt Dinslaken, in Lohberg nur noch ein GOT-Jugendhaus zu fördern, wurde unter der Leitung der Caritas aus zwei GOT-Jugendhäusern, also dem evangelischen Jugendhaus an der Lohbergstraße und dem katholischen am Marienplatz, eins gemacht. Das Melanchthon-Haus wurde der Diakonie des Kirchenkreises Dinslaken übergeben. Das Jugendcafé verblieb jedoch im Melanchthon-Haus. Unter dem Dach der Caritas arbeiten daher beide Lohberger GOT-Jugendhäuser weiter.

Zwischen den Einmündungen der Zechen- und der Bergmannstraße erstreckt sich die Vorderfront der am 15. Januar 1921 eingeweihten früheren katholischen Marienschule. Mit Turnhalle, Zeichen- und Musikraum sowie Schulküche für den hauswirtschaftlichen Unterricht war die Marienschule zu diesem Zeitpunkt die größte und modernste Schule des damaligen Kreises Dinslaken. In der Schulküche wurden auch Schülerinnen der Johannesschule im Fach Hauswirtschaft unterrichtet.

Zeitweise waren im Gebäude der Marienschule zwei weitere Schulen untergebracht, und zwar für Kinder aus allen Dinslakener Stadtteilen. Das waren vom 13. April 1921 bis zum 1. August 1933 die Weltliche Schule und vom 1. Juni 1921 bis zum 17. Mai 1963 eine paritätische Hilfsschule. Vom 9. April 1921 bis zum 15. November 1923 wurden auch die ersten Klassen einer bergmännischen Fortbildungsschule nachmittags im Gebäude der Marienschule unterrichtet (vgl. Litschke 1993, 70 f., 139 f.). Im Rahmen der Umstrukturierung des Schulwesens in Nordrhein-Westfalen im Jahre 1968 wurde die Marienschule zur katholischen Bekenntnisgrundschule, die Johannesschule (s. hier **Teerstraße**) zur Gemeinschaftsgrundschule. 1982 wurden beide Schulen zur Gemeinschaftsgrundschule vereinigt. Der Unterricht findet in beiden Schulgebäuden statt. Das Gebäude der Marienschule steht als Einzelobjekt unter Denkmalschutz.

Gegenüber der Einmündung der Bergmannstraße führt ein breiter übermauerter Durchgang auf den Marienplatz, zur katholischen Kirche St. Marien und zu Gemeindeeinrichtungen der Katholischen Kirchengemeinde St. Marien Dinslaken-Lohberg (s. hier **Marienplatz**). Die Lohbergstraße endet an der Dorotheenstraße vor der Kleingartenanlage „Zum Fischerbusch".

Luchsstraße

In dem Maße, wie die Nachfrage nach Bauplätzen im Averbruch stieg, wuchs auch der Bedarf an weiteren Stichstraßen, ausgehend von den alten Erschließungsstraßen der Bruchlandschaft aus der Zeit um 1900. So entstand Mitte der 1980er Jahre, zeitgleich mit dem benachbarten Marderweg, die *Luchsstraße* als Stichstraße von der Weststraße bis an den Leitgraben. Benannt wurde sie am 10.6.1985 nach dem Vorbild der Fuchs-, Hasen- und Dachsstraße, wie ja überhaupt Straßenbenennungen nach Tieren und Pflanzen im Averbruch üblich waren.

Die Bebauung wird bestimmt von anderthalbgeschossigen Backsteinhäusern in unterschiedlichen Gruppierungen. Verzweigungen geben der Straße einen etwas intimen Charakter; es besteht auch eine Verbindung zum benachbarten Marderweg.

Ludwig-Richter-Straße

Am 28.04.1961 benannte Straße im Hiesfelder „Malerviertel" zwischen Sterkrader und Oberhausener Straße; s. hier **Albrecht-Dürer-Straße.**

Ludwig Richter (1893–1884) bildete sich 1823–26 in Italien im Umgang mit den deutsch-römischen Malern, war seit 1828 Zeichenlehrer an der Meißener Porzellanmanufaktur und wurde 1835 Akademieprofessor in seiner Geburtsstadt Dresden. Vertrauter als seine Gemälde sind uns heute seine Holzschnitte und Illustrationen zu Volksbüchern, Märchen und Liedern, die auf gemütvolle Weise die kleine Welt der Familie beschreiben.

Luisenstraße

Die Luisenstraße verbindet die Weseler mit der Hünxer Straße, sie gabelt sich in Höhe der Elisabethstraße, hat also zwei Zugänge zur Hünxer Straße.

Ein exaktes Datum der Benennung ist nicht bekannt; sie ist eine von den alten „Mädchenstraßen". Namensgeberin ist vermutlich die preußische Königin Luise (1776–1810), Gattin Friedrich Wilhelms III. und Mutter von Wilhelm I. (ab 1871 deutscher Kaiser).

Im Jahre 1913 wurde der Luisenstraße der zur Weseler Straße führende Ast der **Victoriastraße* zugeschlagen, während der deren nördlicher, zur Augustastraße führende Ast zur Katharinenstraße kam: „[der] Teil der Victoriastraße, der die genaue Verlängerung der „Louisenstraße" bildet, sollte auch „Louisenstraße" heißen."

Der südliche Ast der gegabelten Einmündung der Luisen- in die Hünxer Straße, direkt gegenüber der heutigen Hanielstraße, hieß von 1914 bis 1990 **Alsenstraße* (zu dieser Namensgruppe s. hier **Sedanstraße**). Als durch den Ausbau der Kreuzung Hanielstraße/Hünxer Straße die direkte Verbindung der Luisenstraße zur Hünxer Straße unterbrochen wurde, war man der Meinung, „daß die bisherige Straßenbezeichnung Alsenstraße entfallen [könne]. An der Alsenstraße sind keine Wohnhäuser vorhanden, so dass eine eventuelle Umnummerierung entfällt".

Abb. 110
Siedlungshäuser an der Luisenstraße

Magdalenenstraße

Die Magdalenenstraße liegt im Stadtteil Bruch/Feldmark und wurde am 7.7.1959 benannt. Sie beginnt an der Hedwigstraße und führt im Bogen wieder zu dieser zurück. Zu den „Frauenstraßen" allgemein s. hier **Adelenweg.**

Magnusstraße

Mit der Fertigstellung der Otto-Brenner-Straße war die bis dahin zwischen Schloß- und Thyssenstraße auf der Südseite des Rotbaches verlaufende Julius-Kalle-Straße in ihrem Verlauf durchschnitten worden. Ihr abgetrennter Ostteil zwischen Otto-Brenner- und Thyssenstraße wurde deshalb am 8.9.1987 in *Magnusstraße* umbenannt. Die Beweggründe des zuständigen Ausschusses für die Wahl eines nach hiesigen Verhältnissen eher ungewöhnlichen Straßennamens lassen sich heute nicht mehr ermitteln; es muss eine „Sternstunde" des zuständigen Gremiums gewesen sein. Der heilige *Magnus* lebte um 750 n. Chr. als Mönch und Missionar im Allgäu.

Die Magnusstraße dient vor allem als Werkszufahrt des Unternehmens *Signode.*

Marderweg

Wie schon bei der *Luchsstraße* (s. dort) gesagt, führte die anhaltende Bebauung des Averbruches Mitte der 1980er Jahre zur Anlage weiterer Stichstraßen; so kam es auch zum *Marderweg.* Er beginnt an der Weststraße, verläuft südöstlich und endet am Leitgraben; mit der südlich parallel zu ihm verlaufenden Luchsstraße ist er durch einen Querweg verbunden. Benannt wurde er am 10.6.1985 nach dem im Averbruch üblichen Muster der Tier- und Pflanzennamen, diesmal freilich in enger Anlehnung an die Dachsstraße.

Bebaut wurde der Marderweg mit den für das Averbruch üblichen Backsteinhäusern, hier freilich in unterschiedlichen Formen, was dem Weg einen beschaulichen Wohncharakter gibt.

Margarethenweg

Der Margarethenweg liegt im Stadtteil Bruch/Feldmark und bekam seinen Namen am 14.9.1956. Er zweigt vom Wohnungsbusch nach NW ab. Zu den „Frauenstraßen" allgemein s. hier **Adelenweg.**

Marienplatz

Im Sommer 1955 konnte Pfarrer Albert Nienhaus in Lohberg den Neubau seines Pfarrhauses beziehen. Es liegt auf dem Gelände, auf dem auch die Marienkirche und das Jugendhaus stehen. Dem Platz und den Gebäuden fehlten noch Straßenname und Hausnummern; daher schlug Pfarrer Nienhaus am 1.8.1955 der Stadtverwaltung den Namen *Marienplatz* vor. Der entsprechende Beschluss wurde vom Hauptausschuss am 9.9.1955 gefasst.

Die Namensgeberin des Platzes, die Marienkirche, hat eine interessante Vor- und Entstehungsgeshichte (s. dazu unter *www.dinslaken-lohberg.de* den Artikel „75 Jahre St. Marienkirche" in *Mittendrin* 15, 12/2007, 15). Der erste katholische Gottesdienst in Lohberg wurde am 23.4.1916 gefeiert, und zwar in der Lohnhalle des Bergwerks. Jeden Sonntag musste die Halle wieder zur Kirche umgestaltet werden. 1918 entstand eine Holzbaracke als Notkirche mit Orgelbühne und Jugendheim, die bis 1932 als Gotteshaus diente. Sie bot Platz für 800 Gläubige.

1930 begann man mit dem Bau einer festen Kirche. Wirtschaftskrise und kriegerische Auseinandersetzungen hatten das bisher unmöglich gemacht. Pfarrer der Gemeinde war damals Albert Nienhaus. Um Gelder für den Kirchenbau „der ärmsten Gemeinde des Bistums Münster" zu sammeln, predigte Pfarrer Nienhaus in weit über 100 Gemeinden und bat um Spenden. Doch ohne die Unterstützung durch die Schachtanlage, damals Thyssen, wäre das mutige Unternehmen der Gemeinde trotzdem gescheitert.

Am 11.12.1932 wurde die Marienkirche eingeweiht. Sie überstand den Krieg und sieht

Abb. 111
Die Marienkirche

noch heute genauso aus wie bei ihrer Erbauung. Wie die Marienschule steht sie inzwischen unter Denkmalschutz.

Marienstraße

Die *Marienstraße* liegt im Stadtteil Bruch bzw. Feldmark. Sie ist bereits ausgewiesen auf der alten Flurkarte vom 29.11.1907, Gemeinde Dinslaken, Flur 2, Blatt 2. Wann und mit welchem Hintergrund die Benennung erfolgte, ist nicht bekannt. Ein Zusammenhang mit der Benennung des Marienplatzes vor der katholischen Kirche St. Marien in Lohberg besteht nicht, da es 1907 noch keine katholische Kirche und Kirchengemeinde in Lohberg gab und der Marienplatz erst am 9.9.1955 benannt wurde. Außerdem besteht kein räumlicher Zusammenhang.

Die Marienstraße führt in einem Rechten Winkel von der Augustastraße zur Industriestraße und bildet so den westlichen und nördlichen Abschluss der „Vogelkolonie" (s. hier **Amselstraße**), ist jedoch mindestens zehn Jahre älter als diese.

Marktstraße

Die *Marktstraße* schließt in Höhe der Gartenstraße unmittelbar an die Straße *Altmarkt* als Verlängerung an, überquert den Rotbach und die Kreuzstraße und mündet in die Dr.-Otto-Seidel-Straße kurz vor dem katholischen Krankenhaus. Sie gehört zu den 13 Straßen, die bereits am 10.8.1893 amtlich benannt worden sind.

Marschallstraße

Die Straße beginnt an der Kreuzung der Lohberger Zechenbahn mit der Bahnlinie Oberhausen-Emmerich und endet an der Südseite des Hiesfelder Marktplatzes; auf dem Übersichtsplan der Bürgermeisterei Hiesfeld von 1904[1907] hat sie bereits den denselben Verlauf, nur ändert sich inzwischen der Straßenname.

Der ursprüngliche Name *Bruchstraße (benannt am 6.2.1906; davor am 28.12.1905 *Bruchweg) verwies auf das sich südwestlich der Landwehrstraße hinziehende, zu Anfang des 20. Jhs. noch weitgehend unbebaute Hiesfelder Bruch; vgl. noch einen Beschluss der Hiesfelder Gemeindeverordnetenversammlung vom 10.1.1894: „... dem Interessenten des *Weges vom Dorf nach dem Bruch* eine Beihilfe von 100 Mark zu bewilligen." Als im Folgejahr der Eingemeindung Hiesfelds, am 11.3.1918, zahlreiche Hiesfelder Straßen umbenannt wurden, betraf das auch die *Bruchstraße und – ihr benachbart – die *Bismarckstraße, *Roonstraße und *Moltkestraße. Aus der *Roonstraße wurde die ähnlich anlautende

Rolandstraße, aus der *Moltkestraße die gleichfalls auf eine Epengestalt bezogene Siegfriedstraße. Bei der *Bismarckstraße wurde der Name durch die Funktion ersetzt; sie heißt heute Kanzlerstraße. Die *Bruchstraße hatte zwar im Namen keine direkte Beziehung zur preußischen Geschichte; indessen befand sich in unmittelbarer Nachbarschaft, präzise an der Südwestecke der Kreuzung *Moltke- (neu: Siegfried-) x Krengelstraße eine Gastwirtschaft, die im Volksmund *Blüchereck,* amtlich *Marschall Vorwärts* hieß (= heute *Dorfbrunnen;* das alte Frontispiz in Stuckarbeit über dem Eckeingang ist nach wie vor erhalten). Mit Blick auf dieses Gasthaus und auf die benachbarte Kanzlerstraße wurde aus der *Bruchstraße unter Anlehnung an Blüchers Übernamen die heutige Marschallstraße. S. auch hier **Blücherstraße.**

Marthastraße

Die Marthastraße ist eine der alten Straßen im Stadtteil Bruch/Feldmark; sie führt von der Augusta- zur Claudiastraße. In einer Karte von 1907 und im Übersichtsplan von 1908 ist sie schon ausgewiesen. Am 03.04.1914 legten die Stadtverordneten die entsprechende Fluchtlinie fest.

Im Jahre 1903 war *Martha* auf Platz 1 der häufigsten weiblichen Vornamen. Ob das bei der Vergabe des Straßennamen eine Rolle gespielt hat, können wir heute nicht mehr aufklären. Zu den „Frauenstraßen" allgemein s. hier **Adelenweg.**

Im Herbst 1963 wurde die Siedlung an der Marthastraße fertiggestellt. In der Broschüre *Bei uns im Bruch* von 1984 heißt es: „Initiator für ihren Bau war die damalige Hamborner Bergbau AG. Sie wollte bei Schließung ihrer Schachtanlage Beeckerwerth für möglichst viele Belegschaftsmitarbeiter den Anreiz schaffen, zu der Schachtanlage Lohberg überzuwechseln. Dazu sollte u.a. der problemlose Erwerb von Wohneigentum beitragen. Da die Bewerber während der Bauzeit noch in Beeckerwerth wohnten, wurde die Siedlung nicht wie sonst üblich als Selbsthilfesiedlung erstellt. Nachdem sich nicht in genügender Zahl Beeckerwerther für das Projekt gemeldet hatten, bekamen auch Lohberger Gelegenheit, Häuser zu erwerben."

Martin-Luther-Platz

Der Vorplatz der Martin-Luther-Kirche in Lohberg (an der Haldenstraße) bekam diesen Namen auf Wunsch der Evangelischen Kirchengemeinde durch Ratsbeschluss am 19.6.1957 und erscheint so auf dem Stadtplan von 1958. Die Martin-Luther-Kirche wurde am 12.12.1954 eingeweiht, sie ist im Stil einer preußischen Hallenkirche gebaut und steht unter Denkmalschutz.

Abb. 112
Martin-Luther-Kirche, 1957

Martin Luther (Eisleben 10.11.1483 – ebenda 18.2.1546) war ursprünglich Augustinermönch und Theologieprofessor; der Kampf um sein persönliches Verhältnis zu Gott und die Sorge um die Verweltlichung der Kirche brachten ihn zunehmend in kritische Distanz zu Rom. Seine 1517 verfassten Thesen gegen die Bußpraxis der Kirche, insbesondere den Ablasshandel, verbreiteten sich schnell in ganz Deutschland und lösten – von Luther nicht beabsichtigt – die Reformation und Spaltung der Christenheit aus. Als „Junker Jörg" versteckte Luther sich vor der Reichsacht auf der Wartburg, wo er das Neue Testament in eine volksnahe ostmitteldeutsche Hochsprache übersetzte. Diese Bibelübersetzung verbreitete sich durch den 1468 von Gutenberg erfundenen Buchdruck mit beweglichen Lettern sehr schnell und wirkt bis in die Gegenwart.

Martin-Luther-Straße

Die Martin-Luther-Straße in Lohberg zweigt als Stichstraße von der Haldenstraße ab. Sie liegt westlich der evangelischen Kirche und bekam ihren Namen am 18.12.1959; s. noch hier **Martin-Luther-Platz.**

Mathildenweg

Der Mathildenweg, benannt am 28.6.1963, ist eine der vielen Straßen mit Frauennamen im Stadtteil Bruch/Feldmark. Sie zweigt von der Kreuzung der Emma- mit der Elisenstraße nach Westen ab. Zu den „Frauenstraßen" allgemein s. hier **Adelenweg.**

Matthias-Claudius-Straße

Die Straße wurde Anfang der 1960er Jahre im Zuge der starken Bautätigkeit in diesem Bereich *(Hagenviertel)* angelegt und wurde wie die Nachbarstraßen am 25.03.1966 durch den Rat der Stadt nach einem Dichter benannt.

Matthias Claudius wurde am 15.8.1740 als Sohn eines Pfarrers in Reinfeld (Holstein) geboren. Er studierte Theologie und Jura, war 1764/65 Sekretär des Grafen Holstein, 1768/70 Mitarbeiter zweier Zeitungen in Hamburg und 1771/75 Herausgeber des „Wandsbecker Bothen". Seit 1777 lebte er als freier Schriftsteller in Wandsbeck. Am 21.1.1815 starb er in Hamburg.

Max-Eyth-Straße

Die Max-Eyth-Straße liegt im Gewerbegebiet Mitte und verbindet die Hünxer Straße mit der Karl-Heinz-Klingen-Straße; benannt wurde sie durch Ratsbeschluss am 28.4.1961.

Max (ab 1896 von) *Eyth* (Kirchheim unter Teck 6.5.1836 – Ulm 25.8.1906) war Ingenieur und Schriftsteller, wurde 1861 Mitarbeiter des englischen Dampfseilpflugentwicklers John Fowler in Leeds und übernahm ab 1862 die Auslandsvertretung für dessen von ihm technisch weiterentwickelte Pflüge. Seinen dreijährigen Aufenthalt in Ägypten als Berater des Prinzen Halim Pascha beschreibt er in seinem Buch *Hinter Pflug und Schraubstock.*

Von seinen vielen Reisen zurück in Deutschland gründete er 1885 nach dem Vorbild der englischen *Royal Agricultural Society* die *Deutsche Landwirtschaftsgesellschaft* (DLG) und war bis 1896 deren geschäftsführender Direktor.

Neben technischen Untersuchungen verfasste er autobiographische Berichte, volkstümliche Romane und Erzählungen aus der Welt der Technik (*Der Schneider von Ulm,* 1906).

Menzelstraße

Straße im Hiesfelder „Malerviertel" zwischen Sterkrader und Oberhausener Straße, benannt vom Haupttausschuss am 10.06.1985; s. hier **Albrecht-Dürer-Straße.**

Adolph (seit 1898: von) Menzel wurde 1815 in Breslau als Sohn eines Lithographen geboren, bildete sich selbständig und schuf 1840 als erstes großes Werk die rund 400 Illustrationen zu Kuglers *Geschichte Friedrichs des Großen.*

Auch in seinen späteren Zeichnungen und Gemälden blieb er Friedrich II. und der Hohenzollerndynastie verbunden. Er starb 1905.

Metastraße

Die Metastraße, benannt am 27.1.1961, liegt im Stadtteil Bruch/Feldmark und verbindet die Selma- mit der Claudiastraße. Zu den „Frauenstraßen" allgemein s. hier **Adelenweg.**

Mittelfeldstraße

Die am 21.5.1884 (Gemeindeverordnetenversammlung Hiesfeld) als *Mittelfeldweg, am 18.1.1906 (Baukommission) mit dem heutigen Namen bezeichnete Straße beginnt im Hiesfelder Ortszentrum bei der Kirche und ging ursprünglich zwischen den beiden Friedhöfen nahezu geradlinig nach Osten in das urkundlich häufiger erwähnte *Mittelfeld;* sie passierte nördlich den Kookshof und mündete nördlich des van-Laaks-Hofs in die zur Jägerstraße (heute: Brinkstraße) führende Erlenstraße. Ihr Verlauf ist im Zusammenhang mit Anlage und Ausbau des Gewerbegebiets Dinslaken-Süd mehrfach verändert worden; zudem heißt ihr Hauptteil (Oberhausener bis Brinkstraße) seit dem 11.12.1979 zu Ehren des ersten Vorsitzenden der Nachkriegs-SPD heute **Kurt-Schumacher-Straße** (s. dort).

Mittelweg

Der Mittelweg ist einer der Wohnwege im Bereich der Siedlung Krusenstraße (s. dazu hier **Am Heerenkamp**).

Für den „inmitten der gesamten Siedlung gelegenen Wohnweg" wurde 1954 von der Verwaltung der Name „Mittelweg" vorgeschlagen und vom Hauptausschuss am 18.2.1954 genehmigt.

Moltkestraße

Helmut von Moltke (1800–1891), preußischer Generalfeldmarschall und Chef des Großen Generalstabes, galt als der große Militärstratege seiner Zeit; sein Prinzip lautete *erst wägen, dann wagen.* Die strategischen Konzepte der Kriege gegen Dänemark (1864), Österreich (1866) und Frankreich (1870/71) tragen seine Handschrift. Seine Ideen von dezentralen Befehlsstrukturen wurden Vorbild für die Führung moderner Massenheere.

Die relativ kurze *Moltkestraße* – sie verbindet die Schiller- mit der Friedrich-Ebert-Straße – erscheint zwar schon im Stadtplan von 1913, die Bebauung blieb aber bis 1945 gering. Heute zeichnet sich gerade diese Straße durch eine geschlossene, ansprechende Bebauung aus, wobei das Verwaltungsgebäude der *Wohnbau Dinslaken GmbH* einen besonderen Akzent setzt.

Monikaweg

Der Monikaweg liegt im Stadtteil Bruch/Feldmark. Er geht als Stichstraße von der Wilhelminenstraße ab in Richtung Veronikaweg.

Benannt wurde er am 16.12.1986, einmal mehr mit der Begründung, dass „die Straßen in diesem Bereich ausschließlich mit Frauennamen benannt sind". Zu den „Frauenstraßen" allgemein s. hier **Adelenweg.**

Morgenzeile

Für den Wohnweg im Bereich der Krusenstraße (s. hier **Am Heerenkamp**) wird von der Verwaltung der Name *Morgenzeile* für einen „in Zeilenbauweise angelegten Weg, der (des Morgens) zum geplanten Kindergarten hinführt" vorgeschlagen; der Name wurde im Hauptausschuss am 28.2.1954 gebilligt.

Die Dinslakener Stadtarchivarin Gisela Marzin vermutet, dass sich *Morgen* hier eher auf das Flächenmaß bezieht. Wir halten indessen dafür, dass mit *Morgen* hier die Himmelsrichtung, also der vormittägliche Sonnenstand gemeint ist. *Zeile* ‚Reihe, Linie' erscheint ab dem späten Mittelhochdeutschen auch in der Bedeutung ‚Gasse' (Kluge [21]1975,878a). Mithin wäre eine Morgenzeile eine einseitig bebaute Straße mit den Häuserfronten nach Osten.

Als Straßennamen scheint es *Morgenzeile* derzeit nur noch ein weiteres Mal zu geben: in Frankfurt am Main; bis 1945 allerdings auch in Breslau und in den böhmischen Städten Weipert, Asch, Marienbad und Franzensbad, dort schon seit 1853: „Eine ganz neue Straße, die Morgenzeile, welche durchaus nur große, im schönsten Style erbaute Häuser in sich schließt, entstand, und verleiht dem so schön angelegten Kurorte einen neuen Reiz..." (*Deutsche Klinik* 5,1854, 47). Das lässt uns vermuten, dass unsere Straße – wie wohl auch ihre Namensschwester in Frankfurt – auf Anregung schlesischer bzw. sudetendeutscher Neusiedler benannt worden ist.

Mörikestraße

Diese kurze Straße zwischen Lessing- und Friedrich-Ebert-Straße soll an den bedeutenden Dichter der deutschen Romantik Eduard Mörike (1804–1875) erinnern: Sein bekanntestes Werk ist die Novelle *Mozart auf der Reise nach Prag.* Von Kennern geschätzt werden auch der Schelmenroman *Das Stuttgarter Hutzelmännlein (darin die Historie von der schönen Lau)* und das melancholische Gedicht *Der alte Turmhahn,* worin Mörike an seine Zeit als Pfarrer „in Cleversulzbach im Unterland" erinnert. Zahlreiche seiner Gedichte, besonders aus seinem *Diotima*-Zyklus, wurden zu bekannten Volksliedern.

Diese Straße zur Erschließung des Geländes nördlich des zentralen Sparkassengebäudes an der Friedrich-Ebert-Straße entstand 1960 und wurde am 27.1.1961 benannt. Sie wird baulich beherrscht von dem 1990 errichteten Erweiterungsbau der Sparkasse und ist auch die Zufahrt zu deren Tiefgarage.

Mozartstraße

Spätestens Ende April und Anfang Mai zieht es viele Dinslakener zur *Mozartstraße,* um einen Blick auf die herrliche japanische Zierkirschenallee zu werfen. Die Straße zweigt von der Voerder Straße als schöne kurze Wohnstraße nach Süden ab und verbindet sich durch eine kleine Holzbrücke, die über den Rotbach führt, mit der Beethovenstraße. Benannt wurde sie vom Bauausschuss am 17.5.1951.

Wolfgang Amadeus Mozart, mit vollständigem Namen Johannes Chrysostomus Wolfgangus Theophilus Mozart (Salzburg 27.1.1756 – Wien 5.12.1791), gilt als der wohl bedeutendste Komponist der Wiener Klassik. Bereits im Alter von vier Jahren wurden er und seine fünf Jahre ältere Schwester „Nannerl" vom Vater, dem fürsterzbischöflichen Kammermusikus und Hofkomponisten Leopold Mozart, in Klavier- und Violinespiel sowie in Komposition unterrichtet. Ab 1762 gingen die Eltern mit Sohn und Tochter auf Konzertreisen; 1772–1780 stand der junge Mozart als besoldeter Konzertmeister im Dienst des Fürsterzbischofs.

1781 zog Mozart als freischaffender Komponist nach Wien, wo seine berühmtesten Bühnenwerke, Sinfonien, Konzerte und Streichquartette, darunter *Eine kleine Nachtmusik,* entstanden. Der öffentliche Misserfolg seines *Figaro* verschlechterte Mozarts wirtschaftliche Situation dramatisch, zumal er seinen aufwendigen Lebensstil nicht einschränkte. Kurz nach der Uraufführung der *Zauberflöte* am 30.9.1791 erkrankte Mozart und starb am 5. Dezember; tags darauf wurde er in einem Armengrab beigesetzt. Er wurde nur 36 Jahre alt.

Mühlenstraße

Bei diesem kleinen nicht befestigten Weg handelt es sich um eine Verbindung vom „Rubbert" an der Heerstr. zur heutigen Konrad-Adenauer-Straße. Links von ihrer Einmündung auf die Konrad-Adenauer-Str. stand bis zum Jahre 1830 mehrere Jahrhunderte eine Mühle. Sie wurde 1436 vom klevischen Landesherrn auf hochwasserfreiem Gelände als Bockwindmühle errichtet. Im Rechnungsbuch des Rentmeisters Jocob van der Capellen 1496 wird sie

Abb. 113 Die Mühle auf dem Eppinghovener Feld, Kartenausschnitt 1713

„Windtmollen dair buithen in Eppinckhavener velde“ genannt.

Auf der Rheinkarte von Johann Bucker aus dem Jahre 1713 ist sie eingezeichnet. Da die hölzerne Bockwindmühle in schlechtem Zustand war, wurde sie 1835 durch eine massive Holländer Mühle ersetzt. Später konnte sie bei wenig Wind durch eine Dampfmaschine angetrieben werden. In den 1930er Jahren wurde sie abgerissen.

Der Zufahrtsweg zur Mühle lag auf dem kleineren Dinslakener Teil Eppinghovens und hieß sicher schon immer *„Mühlenweg“*, bzw. *„Mühlenstraße“*.

Neustraße

Die *Neustraße* ist für Einheimische wie Besucher die sicherlich bekannteste Straße der Stadt. Sie ist die Hauptgeschäftsstraße. Nur sie ist in Dinslaken mit einer Länge von nicht mehr als 330 Metern im geschäftlichen Sinne die so genannte 1a-Lage, was sich vor allem in entsprechenden Mieten für Ladenlokale, aber natürlich auch in den Grundstückspreisen niederschlägt.

Der Straßenname ist eigentlich irreführend. Die Straße ist nämlich gar nicht neu. Als Straßenzug wird sie urkundlich bereits 1349, also schon vor 659 Jahren bezeugt. Älter sind nur einige Straßen in der Altstadt, die bereits auf die Zeit der Stadtgründung im Jahre 1273 zurückgehen, wie etwa die heutige Duisburger-, die Eppinghovener- und die Brückstraße. Verständlich wird der Name *Neustraße* erst vor folgendem Hintergrund:
Das vom Landesherrn, dem Klever Grafen Dietrich VII., 1273 zur Stadt erhobene Gemeinwesen Dinslaken hatte einen guten Start. Die Arbeitsmöglichkeiten und damit auch die Bevölkerung wuchsen schnell. Dinslaken übte offenbar eine richtige Sogwirkung aus, was wohl auch an den Privilegien lag, die jeder Stadtbürger genießen konnte nach der Devise „Stadtluft macht frei“. Schon einige Jahrzehnte nach der Stadterhebung war die Stadt überfüllt und bot keinen Platz mehr für Neubürger. In der Tat war sie mit einer Grundfläche von rund 82.000 qm innerhalb des Mauerrings etwas klein geraten. Ähnliches gab es auch in vielen anderen Städten, die dieses Problem auf unterschiedliche Art lösten. So wurde oft vor den Mauern der Stadt eine neue Vorstadt gebaut oder man errichtete eine neue Stadtmauer, die eine dem gestiegenen Platzbedarf angepasste größere Grundfläche umschloss. Die Dinslakener wählten eine andere Lösung.

Sie hatten ja bereits einen Weg vom Ostausgang der Stadt nach Hiesfeld. Es war der Kirchweg der Dinslakener, denn ihre Pfarrkirche war die heutige evangelische Dorfkirche (St. Cyriakus) in Hiesfeld. In der Stadt gab es, wohl genau an der Stelle der heutigen St. Vincentiuskirche, nur eine kleine Kapelle, wahrscheinlich mit einem Kaplan; der Pfarrer für die Stadtbürger aber residierte auf der sicheren Höhe in Hiesfeld. Dieser Zustand änderte sich erst 1436, also 163 Jahre nach der Stadtgründung, als das Dinslakener Stadtgebiet zur selbstständigen Pfarrei erhoben wurde.

Diesen Kirchweg nach Hiesfeld, die östliche Verlängerung der heutigen Duisburger Straße, wählten die Dinslakener, um ihn beidseitig mit neuen Häusern zu bebauen, wobei diese Bebauung sich recht genau auf die 330 m der heutigen Neustraße beschränkte. Man kann auch davon ausgehen, dass dieser erstmals 1349 als **Neugasse* erwähnte Straßenzug sich in all den Jahrhunderten bis heute in Verlauf und Breite praktisch nicht verändert hat. Die offenbar zügig bebaute Straße war im Wesentlichen bereits die gesamte Neustadt, deren Grundfläche bei rd. 60.000 qm lag.. Zwar war zusammen mit der Neustraße auch schon die heutige Klosterstraße entstanden, aber die blieb – abgesehen von dem Gelände des Klosters *Marienkamp* auf der Nordwestseite – bis ins 19. Jahrhundert hinein fast unbebaut.

Die heutige Neustraße bot also etwa ab 1350 Ansiedlungsmöglichkeiten für neu Zugezogene, aber auch für Altbürger, die bessere Wohnmöglichkeiten suchten oder sich mit ihrem bisherigen Umfeld zerstritten hatten.

Eine Dinslakener Besonderheit war, dass die Neustadtbürger sich eine eigene Verwaltung mit einem eigenen Bürgermeister leisteten und an dieser Praxis bis zur Mitte des 18. Jahrhunderts festhielten; Neustadtbürgermeister sind für die Zeit von 1445 bis 1767 nachgewiesen. Die kirchliche Zusammengehörigkeit blieb allerdings von der kommunalpolitischen Zweiteilung unberührt. Als der preußische König Friedrich I. diesen absonderlichen Zustand im Jahre 1701 durch eine Kabinettsorder aufheben wollte, wussten die Dinslakener den königlichen Befehl geschickt zu umgehen.

Während die Altstadt seit jeher durch eine Stadtmauer geschützt war, begnügten sich die Neustädter mit einem Erdwall und einem teilweise doppelten Graben, der mit Wasser aus dem Rotbach versorgt wurde. Das gesamte vom Rotbach gespeiste Grabensystem von Alt- und Neustadt ist auf einem Plan von 1825 noch gut zu erkennen (s. **Farbbildseite 3**).

An der Nahtstelle von Alt- und Neustadt, dem heutigen Fußgängerübergang über die Friedrich-Ebert-Straße, gab es die Mittelpforte, so dass Alt- und Neustadt gegeneinander abgeschlossen werden konnten. Die Neustädter bauten sich nur ein einziges Stadttor am anderen Ende der Neustraße, eben das Neutor; es wird urkundlich erstmals 1420 erwähnt und gelegentlich auch als *Hiesfelder Pforte* bezeichnet.

Bei allen Spannungen zwischen Alt- und Neustadt wussten sich die Bürger bei wichtigen Fragen doch immer wieder zu verständigen; so etwa 1443 über die Aufteilung von Einnahmen und Ausgaben und 1523 über die Neufassung der Beteiligung an den Kosten der Stadtbefestigung.

Die Neustraße selbst begegnet im Laufe ihrer Geschichte unter verschiedenen Namen. Im Mittelalter, das noch keine amtlichen Straßennamen kannte, begegnet sie als **Neugasse,* auch die Bezeichnung **Gemein Strass* taucht auf. Auf Plänen von 1750 und 1839 erscheint sie als **Holländische Straße;* das machte damals Sinn, denn sie war ja Teilstück der Fernstraße nach Holland. 1893 gehört sie schließlich als *Neustraße* zu den ersten 13 in Dinslaken amtlich benannten Straßen. Der Name blieb, bis er 1933 in der NS-Zeit durch **Schlageterstraße* abgelöst wurde. Albert Leo *Schlageter,* geboren 1894, nach dem 1. Weltkrieg als Freikorpskämpfer auch im Ruhrgebiet aktiv, wurde von einem französischen Militärgericht wegen Sabotageakten zum Tode verurteilt und am 26.5.1923 auf der Golzheimer Heide bei Düsseldorf erschossen; er wurde vom NS-Staat zum Nationalhelden hochstilisiert. Seit Ende der NS-Zeit hat Dinslaken wieder seine *Neustraße.*

Die Straße war auf ihrem Weg durch die Jahrhunderte in die allgemeine, bis zum Beginn der Industrialisierung um 1900 wenig sensationelle Entwicklung der Stadt eingebettet.

Die **Abbildung 114** zeigt, was bis 1880 aus der Neustraße geworden war. Es handelt sich um das älteste bekannte Bild von ihr. Zwar liegen keine Misthaufen vor den Häusern, sicherlich aber dahinter, denn jeder Bürger – arm oder reich – hielt sein Vieh und ließ es etwa im Averbruch weiden. Die Straße hat einen eher dörflichen als städtischen Habitus.

Etwa 40 Jahre später (**Abb. 115**) hat sich der Charakter des gleichen Straßenabschnittes

Abb. 114
Älteste bekannte Darstellung der Neustraße um 1880

ganz erheblich gewandelt: Bürgersteige, ebenes Pflaster, 1914 gelegte Straßenbahnschienen, Geschäftsbauten aus der spätwilhelminischen Zeit mit bereits großflächigen Schaufenstern bestimmen das Bild. In den folgenden Jahren bis 1945 wurde noch manches alte Haus in ein modernes Geschäftshaus nach der Architektur der Zeit umgewandelt. Trotzdem blieb die Neustraße ein Spiegel ihrer durchlebten Jahrhunderte. Ohne eine Bauordnung heutiger Art hatte sich eine ganz bunte Mischung von Haustypen ergeben. Vom mittelalterlichen, teilweise sichtbar baufälligen Fachwerk bis zum ausgesprochen städtischen Geschäftshaus war alles vertreten.

Abb. 115 Die Neustraße um 1920

Zwei Gebäude ragten heraus: Der spätbarocke von der Familie Voswinckel erbaute Bürgerpalast (Hausnummer 43), der 1884 von der jüdischen Gemeinde erworben wurde, um darin „unbemittelte israelitische Waisenkinder aus der Rheinprovinz und den angrenzenden Provinzen aufzunehmen". Das Waisenhaus stieß auf eine große Nachfrage und musste zweimal erweitert werden. Zu seinem 50-jährigen Bestehen erschien 1935 eine Jubiläumsschrift, die das überaus erfolgreiche Wirken dieser Einrichtung herausstellt. Die baulichen Erweiterungen lehnten sich an den ursprünglichen Baustil an, so dass das Haus seinen harmonischen Gesamteindruck behielt (**Abb. 116**). Nach Größe und Stil ragte es ähnlich aus der benachbarten Bebauung heraus wie heute noch das *Johannahaus* in der Duisburger Straße, das frühere Hotel Rosendahl, aus dem das Begegnungszentrum der St.-Vincentius-Gemeinde geworden ist. In der berüchtigten „Pogromnacht" des Jahres 1938 wurde auch das jüdische Waisenhaus ein Opfer des Rassenwahns. Es wurde zwar nicht wie die Synagoge niedergebrannt, aber vollständig demoliert. Die Bewohner wurden vertrieben. Sofort nach der Pogromnacht wurde das Waisenhaus umfunktioniert zur Kreisleitung der NSDAP und damit zum Zentrum des NS-Systems im Kreis Dinslaken. Der Umbau wurde aus der „erbeuteten" Kasse des Waisenhauses finanziert. Beim

Abb. 116
Das jüdische Waisenhaus in der Neustraße um 1920

Bombenangriff auf Dinslaken am 23. März 1945 versank auch das Waisenhaus in Schutt und Asche. Nach dem Krieg wurde auf dem Grundstück ein großes Geschäftshaus errichtet. An das Waisenhaus erinnert ein vor dem Haus aufgestellter Gedenkstein mit der Aufschrift: „Hier errichteten 1885 die Juden unserer Stadt ein Waisenhaus. Bis zur Zerstörung durch die Naziverbrecher wurden hier jüdische Vollwaisen betreut".

Noch ein weiteres Haus fiel sofort ins Auge, ein Bürgerpalast aus der Biedermeierzeit mit der Hausnummer 33. Es war das Wohnhaus des Arztes Dr. Gaede, der lange Jahre in Dinslaken tätig war und 1941 verstarb. Wenngleich in Größe und Ausstattung bescheidener, erinnerte das Haus doch an Goethes Haus am Weimarer Frauenplan; in Dinslaken gab es kein vergleichbares Anwesen. Auch dieses Haus wurde bei der Bombardierung am 23. März 1945 vollständig zerstört; auf dem Grundstück entstand nach 1945 ein Lederwarengeschäft.

Zu Beginn der NS-Zeit (1934) stellte sich die Neustraße dar, wie es die **Abbildung 117** zeigt. Die alte Neustraße war in Jahrhunderten gewachsen und wurde am 23. März 1945 innerhalb weniger Stunden fast vollständig zerstört; verschont blieben nur einige Häuser am westlichen Ende (**Abb. 118**). Die neue Neustraße entstand in knapp zwei Jahrzehnten, wodurch sich – hier wie auch andernorts – eine gewisse Gleichförmigkeit des Gesamtbildes ergab (**Abb. 119**). Insgesamt kann sich Dinslaken mit seiner Geschäftsstraße unter vergleichbaren Städten durchaus sehen lassen. Schon 1966 wurde sie als eine der ersten in der Region zu einer reinen Fußgängerzone, zudem wurde sie 1997 auf ihren jetzigen, der Zeit angepassten Stand gebracht.

Natürlich gibt es auch hinsichtlich der Neustraße die von anderen Städten her bekannten Diskussionen über den beschleunigten Wechsel der Geschäfte, über das Hinschwinden der familiengeführten Traditionshäuser, über die Zunahme von Filialisten, Ein-Euro-Läden und Telefonanbietern und über andere Auffälligkeiten. Es wäre ein Wunder, wäre diese sicherlich beklagenswerte Entwicklung an unserer Dinslakener Neustraße vorbeigegangen. Von den allgemeinen Trends im Geschäftsleben kann sich aber auch die Neustraße nicht ausnehmen; wir meinen jedoch, sie sei bisher noch gut weggekommen.

Nicht unerwähnt bleiben soll eine Gedenktafel, die am Haus Nr. 57 angebracht ist. Sie trägt in deutsch und hebräisch die Aufschrift „Zum Gedenken an den Förderer des öffentlichen Wohles Hermann Lifmann 10.6.1870–18.9.1933". Sie erinnert an den Spross einer jüdischen Familie, die von 1361 bis zu ihrer

Abb. 117
Die Neustraße im Jahre 1934

Abb. 118
Die Neustraße im Jahre 1946

Abb. 119
Die Neustraße ab 1966

Emigration 1933 in Dinslaken nachweisbar ist und viel geleistet hat.

Dem Haus Nr. 57 gegenüber, am Haus Nr. 64 (Haus Stammen, jetzt ein Restaurant; das einzige in der Neustraße erhalten gebliebene Geschäftshaus aus wilhelminischer Zeit) erklingt von morgens bis abends in festem Rhythmus ein klangschönes Glockenspiel, das einzige in Dinslaken. Es belebt die Straßenszene und schafft einen kleinen Ausgleich zum viel geschäftigeren anderen Ende der Neustraße um das Neutor.

Neutorplatz

Der Platz unmittelbar vor dem Neutor hat eine lange Geschichte (s. hier **Hans-Böckler-Platz**). Seine größte Bedeutung hatte er ab 1831 als Großviehmarkt, durch den Dinslaken seit Mitte des 19. Jahrhunderts sehr bekannt wurde. Die Platzfläche ist heute noch weitgehend deckungsgleich mit der Situation von 1892. In seinen großen Zeiten um 1900 dehnte sich der Viehmarkt über die jetzige südliche Begrenzung des Neutorplatzes hinaus auf das Gelände des jetzigen Kaufhauses Hertie und Teile des heutigen Hans-Böckler-Platzes aus. Seinen Höhepunkt erreichte der Viehmarkt auf dem jetzigen Neutorplatz 1909. In jenem Jahr wurden an 26 Markttagen 33.500 Stück (!) Rindvieh aufgetrieben. Die Zeit des Viehmarktes an dieser Stelle endete 1914 mit der Fertigstellung der städtischen Viehhalle an der Hünxer Straße **(s. Hünxer Straße)**.

Die **Abbildung 16** macht die Situation auf dem heutigen Neutorplatz an Viehmarkttagen um 1910 besonders deutlich: links vom aufgestellten Vieh die amtliche Waage, dahinter das Restaurant Schild. Im Hintergrund links vom Baumstamm zwei helle Pfeiler, die den Eingang zum damals dort noch vorhandenen Friedhof markieren. Die Hausecke am linken Bildrand gehört zum unverändert bis heute erhalten gebliebenen Restaurant Wilhelm Maaß **(s. hier Am Neutor)**.

Die Umbauung des Neutorplatzes hatte sich seit 1914 bis zum Bombardement Dinslakens 1945 kaum verändert. Gaststätten bestimmten das Bild, deren Umsätze seit dem Ende des dortigen Viehmarktes aber sicherlich gesunken waren. Ein besonders schönes Restaurant war *Schild* mit einem nach bayerischer Art von Kastanien beschatteten Biergarten. Es stand auf dem Eckgrundstück, auf dem sich ein Drogeriemarkt niedergelassen hat und lange Woolworth war.

Die jetzige Umbauung des Platzes, der seinen Namen am 25.10.1983 erhielt, ist recht gut gelungen. An Stelle des Parkplatzes wäre ein Brunnen in der Platzmitte sicherlich schöner, lässt sich aber bei der Knappheit der Parkplätze gerade in diesem Bereich wohl nicht realisieren.

Nibelungenstraße

Die Nibelungenstraße, benannt am 18.10.1962, verbindet die Helenen- mit der Annastraße. Sie liegt in der Nähe des Brunhilden- und Kriemhildenweges und bildet mit diesen eine kleine Namensgruppe.

Das *Nibelungenlied,* nach Meinung Friedrichs des Großen „keinen Schuss Pulver wert“, ist die großartigste epische Dichtung der Stauferzeit. Entstanden um 1200 n. Chr. erzählt sie in 2379 vierzeiligen Strophen vom Xantener Königssohn Siegfried, von den Wormser Burgunderkönigen Gunter, Gernot, Giselher und deren Schwester Kriemhild, von der streitbaren Brunhild, von Siegfrieds Ermordung, von Kriemhilds Wiederverheiratung mit dem Hunnenkönig Etzel und vom Untergang der inzwischen Nibelunge genannten Burgunder auf ihrem Zug zum Schwager Etzel nach Ofen an der Donau. – *Nibelungenstraße* heißt heute die Touristenroute von Xanten über Mainz, Worms, Regensburg, Wien nach Budapest, dem alten Ofen.

Niederfeldstraße

Die am 17.9.1991 nach einer alten Flurbezeichnung benannte Niederfeldstraße ist Ausdruck dafür, dass zu jener Zeit im Averbruch eine

Abb. 120
Der Niesmannshof heute

unverändert starke Baunachfrage mit entsprechendem Grundstücksbedarf bestand. Eigentlich handelt es sich nicht um eine von der Weststraße her erschlossene Straße, sondern um ein Geviert, eingefasst vom Leitgraben, dem Siedlerweg, der West- und der vielbefahrenen Otto-Brenner-Straße, gegen diese aber durch einen massiven Lärmwall geschützt. Viel Planungsgeschick drückt sich in der Parzellierung der verfügbaren Fläche aus.

Die offenbar innerhalb eines relativ kurzen Zeitraumes errichtete Bebauung wirkt trotz variabler Haustypen sehr geschlossen. Zwar dominieren anderthalbgeschossige Doppelhäuser, doch finden sich auch Dreiergruppen und Einfamilienhäuser, alles in Ziegelbauweise gehalten. Zusammen mit gepflegten Vorgärten bietet diese Geviert-Straße ein schönes geschlossenes Bild und mag an manchen Stellen das Wohngefühl eines Dorfangers vermitteln.

Niesmannshof

Die Straße wurde in den 1990er Jahren angelegt und erhielt am 27.10.1992 durch den Hauptausschuss der Stadt Dinslaken ihren Namen.

Sie wurde benannt nach dem Niesmanns Hof, *„in gen Nist“*, später *„Niesmanns Hof“*, einem der ältesten Höfe Eppinghovens.

1909 legte die Stadt Walsum hier auf einem von der Katholischen Pfarrgemeinde erworbenen Grundstück einen Friedhof an, weil der Friedhof um die Kirche nicht mehr ausreichte. Das damals aufgerichtete Hochkreuz steht wie auch das identische Kreuz auf dem Friedhof in Aldenrade unter Denkmalschutz. Bei der Kommunalen Neuordnung 1975 übernahm die Stadt Dinslaken den Friedhof (s. auch die Ausführungen zur Straße *„Im Nist“*).

Nikolaus-Groß-Straße

Die Straße wurde in den 1970er Jahren angelegt und bebaut. Durch Beschluss des Hauptausschusses vom 11.12.1979 wurde sie nach Nikolaus Groß benannt. Er war ein christlich motivierter Journalist und Widerstandskämp-

Abb. 121 Nikolaus Groß

fer in der NS-Zeit. Er arbeitete in der KAB. Im Januar 1945 wurde er durch den Volksgerichtshof zum Tode verurteilt und am 23.1.1945 in Berlin-Plötzensee hingerichtet. Im Oktober 2001 wurde er durch Papst Johannes Paul II selig gesprochen.

An der Straße befinden sich die großen Werkstätten für Behinderte des Vereins für Lebenshilfe und der Albert-Schweitzer-Einrichtungen.

Nordstraße

Bei dieser Straße handelt es sich um eine Verbindung zwischen der Hagelstraße und der Auestraße. Sie lag früher in der nördlichen Ecke der Stadt Walsum und hat daher ihren Namen. Auf dem Plan von 1897 ist sie erstmalig eingetragen. Auf offiziellen Plänen trägt sie von den 1920er Jahren an den Namen Nordstraße. Die Stadt Dinslaken hat nach der kommunalen Neuordnung am 1.1.1975 den Namen beibehalten.

Oberhausener Straße

Anfangs der sechziger Jahre des 20. Jhs. auf völlig neuer Trasse errichtet und am 28.06.1963 namentlich benannt, beginnt sie an der Ziegelstraße als Fortsetzung der heutigen Karl-Heinz-Klingen-Straße, umgeht den Hiesfelder Ortskern, erreicht – ab der Hügelstraße als kreuzungsfreie Durchgangsstraße – die zur Autobahn führende Brinkstraße und endet ein Stück weiter südöstlich an der Jägerstraße/Tackenstraße, ohne Oberhausener Gebiet zu erreichen.

Unsere östliche Nachbarstadt Oberhausen ist kreisfrei und hat bei einer Fläche von 77,04 km², drei Stadtbezirken (Alt-Oberhausen, Osterfeld und Sterkrade) und 23 Stadtteilen heute rund 220.000 Einwohner. Im Stadtbezirk Sterkrade finden wir die Stadtteile Barmingholten, Schmachtendorf und Walsumermark, die bis 1917 als Bauernschaften zur preußischen Großgemeinde Hiesfeld gehörten.

Die Bürgermeisterei Oberhausen wurde am 1. Februar 1862 aus der Gemeinde Borbeck und Teilen von fünf weiteren Gemeinden gebildet. Den Namen verdankt die am 10. September 1874 zur Stadt erhobene Gemeinde dem Anfang des 19. Jhs. erbauten, nördlich des heutigen Zentrums an der Emscher gelegenen, Schloss Oberhausen.

Durch den Abbau von Eisenerz und später hauptsächlich Kohle wuchs Oberhausen vom ländlichen Raum zum Industriestandort mit Zechen, Stahlwerken und chemischer Industrie heran. Nach dem Niedergang der dortigen Schwerindustrie hat Oberhausen ab 1990 mit der „Neuen Mitte" ein viertes Zentrum zu den drei Stadtbezirken hinzugewonnen und neue überregionale Attraktivität erlangt.

Oleanderweg

Der Oleanderweg, benannt am 13.11.1984, liegt im Stadtteil Bruch/Feldmark und ist eine der drei Erschließungsstraßen westlich der Katharinenstraße. S. noch hier **Kieselweg.**

Oststraße

Beginnt im Averbruch an der Südstraße und führt über die Otto-Brenner- und Landwehrstraße hinweg zur Holtener Straße. Der frühere, am 19.2.1906 vergebene Name *Talstraße wurde am 11.3.1918 nach Hiesfelds Eingemeindung mit Rücksicht auf Dinslakener Verhältnisse aufgegeben.

Die Straße weist zwar von ihrem Ansatzpunkt an der Südstraße aus nach Ost-Nord-Ost, ebenso wie diese nach Süd-Süd-West zeigt und die Weststraße westlich parallel zur Südstraße verläuft, doch folgen die Dinslakener Himmelsrichtungsstraßen offensichtlich keiner bestimmten Systematik: Die Nordstraße liegt im äußersten Westen der Stadt und verbindet in Eppinghoven die Hagel- mit der Auestraße.

Otterstraße

Die *Otterstraße* führt heute als Stichstraße von der Alleestraße auf die Emscher und eine

Kleingartenanlage zu. Bis zum Ende der 40er Jahre war sie der nördliche Teil der Fuchsstraße, bevor diese durch den Bau der Neuen Emscher und später der Hans-Böckler-Straße unterbrochen wurde. Ihren jetzigen Namen erhielt sie am 18.10.1957, wohl in Anlehnung an die im Averbruch nicht seltenen nach Wildtieren benannten Straßen; freilich kann eine gedankliche Verbindung zum *Otterswerth,* einer früher in unmittelbarer Nachbarschaft liegenden Insel im feuchten Bruchland, nicht ganz ausgeschlossen werden, zumal durch deren Namen ein früheres Vorkommen des Fischotters im Bereich der Gewässer des Averbruchs wahrscheinlich gemacht wird.

Otto-Brenner-Straße

Diese Mitte der 1980er Jahre entstandene und am 15.4.1986 benannte Straße dient der Entlastung des innerstädtischen Verkehrs und der noch besseren Anbindung der Innenstadt an die Autobahnen A 3 und A 59. Sie beginnt an der Hans-Böckler-Straße, führt über den Rotbach, durch ein Gewerbegebiet und endet an der Brinkstraße, der Spange zwischen den genannten Autobahnen. Vor allem die Karl-Heinz-Klingen-Straße wird durch sie als Autobahnzubringer entlastet.

Die Straße wurde benannt nach *Otto Brenner* (Hannover 8.11.1907 – Frankfurt a. M. 15.4.1972), einem der bedeutendsten deutschen Gewerkschaftsführer nach 1945. Gelernter Betriebselektriker, war er 1956–1972 Vorsitzender der IG Metall und viele Jahre Präsident des internationalen Metallarbeiterverbandes. Um die Interessen der Arbeitnehmer und den sozialen Frieden in Deutschland hat er sich bleibende Verdienste erworben.

Otto-Lilienthal-Straße

Die Otto-Lilienthal-Straße liegt im Gewerbegebiet Dinslaken-Mitte. Ursprünglich wurde eine westlich der Max-Eyth-Straße geplante Erschließungsstraße am 21.04.1961 nach Otto Lilienthal benannt – gleichzeitig mit der **Max-Eyth-Straße** und der **Friedrich-List-Straße** (s. jeweils dort). Sie sollte im Bereich des Heizwerks von der Kleiststraße nach Norden zur Hünxer Straße und entlang des Bahndamms verlaufen, fiel aber durch Umplanung fort.

Am 30.10.1968 beschloss der Bauausschuss, den Namen *Otto-Lilienthal-Straße* für den „Einhang von der Kleiststraße nach Süden, dann nach Norden schwenkend entlang der Werksbahn zur Straße *Am Pfauenzehnt* führend“ zu übernehmen.

Karl Wilhelm Otto *Lilienthal* (Anklam 23.5.1848 – Berlin 10.8.1896) gilt als Pionier der Entwicklung von Flugapparaten nach dem Prinzip „schwerer als Luft“. Nach gründlichen Studien zur Aerodynamik des Vogelflugs und jahrelangen technischen Experimenten in seiner Werkstatt unternahm Lilienthal eigene Flugversuche. Seit 1891 führte er Gleitflüge über mehrere 100 m Länge mit selbst gebauten „Hängegleitern“ durch. Bei einem dieser Flüge stürzte er ab und erlitt tödliche Verletzungen. Seine Pionierarbeit regte die Brüder Wilbur (1867–1912) und Orville Wright (1871–1948) unmittelbar zu ihrer erfolgreichen Entwicklung von Motorflugzeugen an.

Parkstraße

Die Straße führt von der Voerder Straße als kurze Stichstraße direkt auf das Dinslakener Rathaus zu. Rechter Hand befindet sich der Nebeneingang zum Burgtheater, durch den zum Martinsfest St. Martin auf seinem Schimmel nach der Mantelteilung das Burgtheater verlässt. Traditionell gibt es auf der Straße nur eine Wohnung, die des Hausmeisters des Theodor-Heuss-Gymnasiums, das linker Hand liegt.

Ihr heutiger Name ist ihr alter Name; sie heißt *Parkstraße* auf den Stadtplänen von 1908 bis 1937 und wurde in der späteren NS-Zeit in **Tannenbergstraße* umbenannt, bis durch einen Ratsbeschluss am 9.6.1949 der alte Name wiederbelebt wurde. Der Name **Tannenbergstraße* sollte wie auch der bis zum 22.12.1946 gültige Name **Hindenburgpark* für den *Stadtpark* an Hindenburgs Sieg über die 1. und 2. russische Armee vom 26. bis 30. August 1914 bei der ostpreußischen Stadt Tannenberg erinnern.

Paulastraße

Die Paulastraße im Stadtteil Bruch/Feldmark gehört zu den ersten 20 nach Frauennamen benannten Straßen, die bereits auf der Übersichtskarte von 1908 eingezeichnet und benannt sind; sie erscheint allerdings schon auf einer Flurkarte von 1907. Zu den „Frauenstraßen" allgemein s. hier **Adelenweg.**

Sie zweigt von der Augustastraße nach NO ab. Ursprünglich endete sie als Sackgasse vor dem Fischerbusch und setzte sich nur als unbenannter, gewundener Trampelweg durch das dortige Wäldchen fort; heute führt sie zwischen den Gärten der Häuser an der Westseite der Dorotheenstraße und der Kleingartenanlage „Zum Fischerbusch" weiter bis zur Dorotheen- und Lohbergstraße. Der letzte Teil ist allerdings nur für Fußgänger und Radfahrer zugelassen.

Eine gesicherte Namenspatronin gibt es nicht; eine Benennung nach der heiligen Paula ist wenig wahrscheinlich.

Pestalozzidorf

Ringförmige Straße, benannt am 18.12.1959, umschließt das heutige Pestalozzidorf südlich der Gärtnerstraße. Die südliche Basis hieß anfänglich **Rotdornweg* (9.6.1949), der nördliche Bogen **Am Eichenwäldchen* (5.10.1951).

Die Erziehungsmethode des schweizerischen Pädagogen und Philosophen Johann Heinrich *Pestalozzi* (1746–1827) beruhte auf „Anschauung". Er wollte die Kräfte des Zöglings bilden und betonte den erzieherischen Wert der Arbeit und des Gemeinschaftslebens. Nach schweizerischem Vorbild entstanden nach Kriegsende 1945 weltweit zahlreiche Pestalozzidörfer, in denen heimatlose, verwaiste und arbeitslose Jungen untergebracht und erzogen werden konnten.

Die Gelsenkirchener Bergwerks A.G. griff diesen Gedanken auf und erreichte damit drei Ziele: heimat- und arbeitslosen Flüchtlingsjungen ein Zuhause zu geben, die Jugendarbeitslosigkeit zu bekämpfen und dem Bergbau guten Nachwuchs zuzuführen. Anfang Mai 1950 konnten die ersten elf Pestalozzi-Eltern mit je sechs Jungen sowie das Dorfleiter-Ehepaar Klitsch in das südlich der Siedlung Gärtnerstraße errichtete neue Dorf einziehen. In

Abb. 122
Lage des Pestalozzidorfes

den folgenden Jahren wurde es beständig erweitert. Vgl. auch Bergassessor Dr. W. Hoffmann, *Das Lohberger Pestalozzidorf. Eine zweite Heimat für jugendliche Bergleute,* DHK 1954, 88-90.

Petraweg

Der Petraweg verbindet die Angelika- mit der Annettenstraße im Stadtteil Bruch/Feldmark und wurde am 15.12.1987 benannt. Zu den „Frauenstraßen" allgemein s. hier **Adelenweg.**

Philipinenkath

Kleine Wohnstraße im Winkel zwischen Oberhausener Straße und Holzweg, benannt am 16.08.1994.

Die Philipinenkate findet sich an dieser Stelle in Enbers Urkataster von 1736. – Ein Johan Herman Rappert (*1727, Bühl) und seine Frau Anne Gerdruth Bleckmann (*4.5.1714, Hünxe) beziehen ca. 1750 die Kate und nennen ihre Kinder Johan Heinrich (*1750) und Elisabeth (*1755) „Rappert an gen *Philipin*".

Platanenweg

Straße in der Siedlung Berggeist (vgl. Am Heerenkamp). Name vergeben vom Bauausschuss am 23.01.1954.

Platanen sind beliebte Alleebäume, die aber auch gutes Nutzholz liefern. Charakteristisch sind ihre kugeligen Stachelfrüchte und die sich in langen Platten ablösende Borke.

Platz d'Agen

Zur Vorbereitung der Feierlichkeiten zum zehnjährigen Bestehen der am 23.3. 1975, dem dreißigsten Jahrestag des alliierten Bombardements auf Dinslaken, begründeten Städtepartnerschaft Agen–Dinslaken beriet die Partnerschaftskommission im Rat der Stadt über einen Namen für den Bereich über der Tiefgarage vor dem Rathaus; zur Wahl standen **Burgplatz* und **Agen-Platz.* Mit sechs Ja-Stimmen bei drei Enthaltungen entschied sich die Kommission für die dann am 22.1.1985 vom Hauptausschuss ratifizierte Namensform *Platz d'Agen.* Einwände aus berufenem Munde, man möge doch statt bei diesem sprachlichen Zwitter besser beim deutschen **Agen-Platz* oder bei der korrekten französischen **Place d'Agen* bleiben, fanden kein Gehör.

Agen, Hauptstadt und Sitz der Präfektur des Départements Lot-et-Garonne in der Région Aquitaine, ist Bischofssitz und zählt auf einer Fläche von 11,49 km² 33.700 Einwohner. Die Stadt mit einer mehr als 2.400-jährigen Geschichte (kelt. *aginnum* ‚Flussübergang') liegt halben Weges zwischen Toulouse und Bordeaux an der Stelle, wo der Garonne-Seitenkanal auf einer 1839–1843 erbauten Steinbrücke die Garonne überquert. Die Umgebung ist durch Gemüse- und Obstanbau gekennzeichnet; allein 35.000 t der berühmten Dörrpflaumen *pruneaux d'Agen* verlassen jährlich die Stadt. Agen ist zudem das Zentrum des französischen Rugby-Sports; die SUA 1908 war bisher achtmal französischer Meister.

In Agen geboren sind der Universalgelehrte Joseph Justus *Scaliger* (1540–1609), der Naturforscher Bernard Germain Étienne Médard de La Ville-sur-Illon, comte de *La Cépède* (1756–1825) und der Wiedererwecker der gascognischen Dichtersprache Jacques Boé genannt *Jasmin* (1798–1864).

Poststraße

Die kurze Verbindung zwischen Bismarck- und Friedrich-Ebert-Straße verweist mit ihrem Namen selbstverständlich auf das an ihr liegende prächtige Postgebäude, mit dem sie praktisch gleichzeitig 1927 entstand; mit ihrem Namen erscheint sie allerdings erst auf dem Stadtplan von 1958. Das neue Postgebäude löste die alte, 1899 errichtete Post (Friedrich-Ebert-Straße 70) ab.

Der Entwurf für das heutige Postamt entstand in der Bauabteilung der Oberpostdirektion

Abb. 123
Das 1927 errichtete Gebäude der Post

Düsseldorf. Der Bau gehört mit zwei fast zeitgleich errichteten Gebäuden, dem ältesten Teil der Sparkasse und dem Bergrevieramt, zu den drei herausragenden Dinslakener Architekturbeispielen für den „Rheinischen Expressionismus" aus der Weimarer Zeit. Das Postgebäude, nach nur geringen Kriegsschäden frühzeitig wieder restauriert, steht seit 1999 unter Denkmalschutz.

Die in jüngerer Zeit errichteten Häuser an dieser Straße sind ansprechende Beispiele innerstädtischen Mietwohnungsbaus.

Püttmannstraße

Kleine abgeknickte Seitenstraße der Bergerstraße, im 1908 gefertigten Nachtrag zur Hiesfelder Übersichtskarte1904[1907] schon vorhanden und benannt, nördlich der heutigen Einmündung der Kirchstraße; führt zum namengebenden, 1736 von Enbers in seinen Urkataster eingetragenen *Püttmannshof,* „der 1823 dem Unterförster Benninghoff wegen seiner Lage mitten im Schutzgebiet als „Dienstetablissement" zugewiesen wurde" (HKD 1967, 86). 1914 ist er als Försterei Eigentum des Königlichen Forstfiskus; ob etwa der damalige königliche Förster Josef Keil indirekt etwas mit der Keilerstraße zu tun hat, muss hier offen bleiben.

1573 erscheint Jan *uppen Pütt* in der Liste derer, die zur „Königsberger Hochzeitsfahrt" Hand- und Spanndienste zu leisten hatten: Marie-Eleonore (*1550), älteste Tochter des klevischen Herzogs Wilhelm V.„der Reiche", heiratet Albrecht Friedrich, Herzog in Preußen (Schön, Nachlese S. 43). 1606 gehört Witwe *Pütmans* zu den durch marodierende spanische und holländische Söldner Geschädigten; ein Johann *Pütman* ist 1623 gemeinsam mit Heinrich zur Hart und Johann uff dem Berg, 1624 gemeinsam mit Heinrich zur Hart und Jörgen Loseman Kirchmeister der Hiesfelder Dorfkirche. Ein Albert *op gen Pütt* (eventuell identisch mit dem *Alb. Püttmann* der Hiesfelder Musterungsrolle vom 3.12.1678) ist am 13.1.1688 Zeuge in einer Mündelsache.

Das niederrheinische Maskulinum *pütt,* verwandt mit ndl. *püt,* frz. *puits* und zurückgehend auf lat. *puteus,* erscheint hier in seiner ursprünglichen Bedeutung „(Zieh-)Brunnen". Die sekundäre Bedeutung „Bergwerk" war ursprünglich auf Ruhrgebiet und Niederrhein beschränkt, wird aber inzwischen auch überregional verstanden.

Quellenweg

Kurze am 21.09.1971 benannte Seitenstraße der Straße *Im Loosbusch,* schickt eine Stichstraße nach Süden und zwei nach Norden, knickt ab zur Büngelerstraße; bildet die nordwestliche Begrenzung des Areals der evangelischen Kirche und des am 1. April 1972 eröffneten Kindergartens. „Die Bezeichnung Quellenweg wurde gewählt, weil in diesem Gebiet ein Rückhaltebecken für Quellwasser angelegt wird“ (Ratsvorlage v. 27.08.1971). Auf diese Weise wurden zwei in Höhe der Dickerstraße beim Kleinbergerhof bzw. des weiter westlich gelegenen Wäldchens entspringende, namentlich nicht benannte Rinnsale aufgefangen und reguliert dem Rotbach zugeführt. Die heute weitgehend verrohrte Wasserführung ist streckenweise noch erkennbar.

Rabenkamp

Benannt am 08.09.1987 nach einem gleichnamigen Flurstück des Raymannshofs, das auf einer Flurkarte von 1824 erscheint; Wohnstraße, die nördlich von der Karl-Heinz-Klingen-Straße abgeht, den Hof passiert und in die Straße **Am Raymannshof** (s. dort) einmündet.

Raiffeisenstraße

Die Straße wurde in den 1970er Jahren angelegt und bebaut. Sie lag bis zur kommunalen Neuordnung auf Walsumer Gebiet und hat durch Beschluss des Rates der Stadt Dinslaken ihren Namen behalten.

Benannt wurde sie nach Friedrich Wilhelm Raiffeisen (1818-1888). Er war ein tiefreligiöser Sozialreformer, der die Grundsätze der genossenschaftlichen Raiffeisenbanken entwickelte.

1866 schrieb er sein Standardwerk über die Gründung ländlicher Kreditgenossenschaften *„Die Darlehenskassen-Vereine als Mittel zur Abhilfe der Not der ländlichen Bevölkerung sowie auch der städtischen Handwerker und Arbeiter.“*

Ihm ging es darum, durch Genossenschaften der Verelendung der Bevölkerung entgegenzuwirken. Sein Grundsatz: „Einer für alle – alle für einen.“

Raymannsgrund

Die am 30.11.1961 wohl nach einem Flurstück des Raymannshofs benannte Straße bildet die nördliche und östliche Umrahmung eines Wohnkarrees, dessen Süd- und Westseite an der Karl-Heinz-Klingen-Straße bzw. am Rabenkamp liegen; s. auch hier **Am Raymannshof.**

Rehweg

Die am 24.4.1906 zunächst *Rehstraße benannte Verbindung zwischen Dorstener Straße und dem Birkenweg findet sich im nordöstlichsten Zipfel Hiesfelds, dem Aschenbruch, und gehört zu den Straßen, die nach jagdbarem Wild benannt wurden, wie der **Elchweg,** die **Keilerstraße** und die im Zuge der Errichtung des Friedhofs Oberlohberg untergegangene *Bockstraße. Der Rehweg (so seit 1984) wurde offenbar ebenso wie der Elchweg und der Birkenweg am 10.7.1969 eingezogen, erscheint aber bis heute auf den Stadtplänen und Wanderkarten.

Das Reh ist die häufigste Hirschart in den Wäldern Europas und Vorderasiens. Der Bock trägt ein aufrecht stehendes kurzes Geweih mit nicht mehr als drei Enden pro Stange.

Reiherstraße

Kurze Sackgasse, die westlich von der Wolfstraße abgeht; von der Hiesfelder Baukommission am 19.2.1906 als *Adlerstraße registriert, wurde sie am 11.3.1918 umbenannt und reichte noch 1972 bis zur Holtener Straße. Sie gehört zusammen mit der benachbarten Wolfstraße zur Gruppe der Straßen, deren Namen aus dem Jagd- und Forstbereich mit dem Forsthaus Ravenhorst zusammenhängen; s. hier **Jägerstraße.**

Der Graureiher ist in unserer gewässerreichen Region recht häufig anzutreffen. Bei Besitzern von Gartenteichen ist er wegen seiner Vorliebe für Goldfische nicht allzu beliebt.

Rembrandtweg

Am 29.05.1973 benannte Straße im Hiesfelder „Malerviertel" zwischen Sterkrader und Oberhausener Straße; s. hier **Albrecht-Dürer-Straße.**

Rembrandt Harmensz van Rijn (1606–1669) besuchte Lateinschule und Universität in seiner Heimatstadt Leiden, bildete sich ab 1623 in Amsterdam zum Maler aus und übersiedelte 1631 definitiv dorthin. Seine Sammelleidenschaft und schlechte Geschäftsführung endeten 1658 mit der Versteigerung seines Hauses und der gesamten Habe; er starb völlig verarmt. Rembrandt hat etwa 700 Gemälde, 300 Radierungen und 1800 Zeichnungen hinterlassen.

Rheinaue

Die Straße, die parallel zum Deich durch die Rheinaue führt, bildet eine Stufe zur Rheinaue, den sogen. *„Stapp"*. Hier gab es bis 1918 eine Bootsfähre über den Rhein, die von der Gastwirtsfamilie Brinkmann bedient wurde. Auf der Karte von 1892 und auch noch von 1929 ist die Fähre eingetragen. Der Betrieb wurde 1918 eingestellt, weil er unrentabel war.

Die Straße verlief vor dem Bau der Emscher noch über das Feld zwischen Eisenbahn und Rhein und mündete mit der heutigen Straße *„Im Kirchfeld"* auf die Heerstraße. Sie trug damals den Namen *„Rheinstraße"* (so im Voerder Straßenverzeichnis von 1910).

Auch nach dem Neubau der Emscher führte die Straße zunächst weiter über eine Brücke in Richtung Voerde. Erst nach Erstellung des Stauwerks wurde sie unterbrochen.

Der Abschnitt zwischen der neu gebauten Emscher und der Hagelstraße (Grenze Voerde/ Walsum) erhielt 1954 durch den Rat der Gemeinde Voerde die Bezeichnung *„Am Stapp"*.

Die Verbindung parallel zur Emscher von der *Hagelstraße* bis zur Emschermündung trug vor der kommunalen Neuordnung den Namen *„Holzstraße"*. (so schon im Voerder Straßenverzeichnis von 1910).

Der südlich der Hagelstraße gelegene Abschnitt der Straße auf Walsumer Gebiet trug bis 1975 die Bezeichnung *Wiesenstraße* (Die Hagelstraße war bis 1975 die Grenze zwischen Voerde und Walsum). Durch Beschluss des Rates der Stadt Dinslaken vom 15.05.1975 erhielt die Straße dann als ganze von der Hagelstraße an im Bogen über den Stapp bis an die heutige Stadtgrenze Dinslaken/Duisburg die Bezeichnung *„Rheinaue"*. Der Abschnitt von der Emscherbrücke bis zur Heerstraße behielt den schon 1961 vom Rat der Gemeinde Voerde beigelegten Namen *„Im Kirchfeld"*.

Riemenschneiderstraße

Am 28.04.1961 benannte Straße im Hiesfelder „Malerviertel" zwischen Sterkrader und Oberhausener Straße; s. hier **Albrecht-Dürer-Straße.**

Tilman *Riemenschneider,* um 1460 in Heiligenstadt im Eichsfeld geboren, war seit 1479

Abb. 124 Katholische Pfarrkirche Heilig-Geist an der Riemenschneiderstraße

in Würzburg ansässig und dort 1520–21 Bürgermeister; er starb 1531. Aus seiner Werkstatt gingen zahlreiche in Holz geschnitzte und in Stein gemeißelte Bildwerke hervor, mit denen er die Kirchen in ganz Mainfranken versorgte. Vor allem seine Holzarbeiten beziehen Licht und Schatten in die Bildwirkung ein und machen eine Bemalung entbehrlich.

Rilkeweg

Diese Straße wurde erst nach dem Krieg, Anfang der 1950er Jahre, angelegt. Am 19.06.1956 wurde sie wie vorher die Goethe- und Schillerstraße durch den Hauptausschuss der Stadt nach einem Dichter benannt und erscheint erstmals im Stadtplan von 1960.

Rainer Maria Rilke wurde am 4.12.1875 als Sohn eines Eisenbahnbeamten in Prag geboren. Er besuchte die Militärschule St. Pölten. Er bereitete sich privat auf das Abitur vor, studierte Kunst- und Literaturgeschichte. Eine Reise führte ihn nach Russland. Das Land und die Menschen beeindruckten ihn. 1900 ließ er sich in der Malerkolonie Worpswede nieder. Nach Ende des ersten Weltkriegs lebte er in der Schweiz im Kanton Wallis. Am 29.12.1926 starb er in Val-Mont bei Montreux an Leukämie.

Rittergasse

Wie die meisten älteren, heute untergegangenen Straßennamen im Stadtkern kommt auch der **Hundspoot* ‚Hunde-Pfad' heute mit einem anderen Namen, nämlich als *Rittergasse* daher. Die kurze Straße beginnt an der Ritterstraße, läuft an der Rückseite der Duisburger Straße entlang und mündet in den kleinen Kreisverkehr an der Althoffstraße; der heutige Name wurde am 10.8.1893 amtlich vergeben. Ursprünglich lag dort der Hundestall der Burgverwalter; später befand sich hier die Krankenstation der evangelischen Kirchengemeinde. 1896 richtete der Pfarrer der Stadtkirche, Dr. Wilhelm Reindell, in der Rittergasse eine Kleinkinderschule für die evangelische Gemeinde ein. Dieser erste Dinslakener Kindergarten wurde 1912 von der Stadt übernommen und bildete den Vorläufer des heutigen evangelischen Alette-Meyer-Kindergartens im evangelischen Gemeindehaus an der Duisburger Straße.

Ritterstraße

Der schöne Name **Posternkes Straße,* der beim heutigen *Rittertor,* der ehemaligen **Posternkes Pforte,* an den tunnelartigen Durchgang von der Stadtmauer zur Burg erinnerte, ist der Bezeichnung *Ritterstraße* – so schon auf dem Übersichtsplan von 1908 – gewichen.

Eine *Posterne* war ein verschließbarer eingedeckter Postengang, der es den Wachen und Posten ermöglichte, eine unbemerkte Verbindung zwischen Burg und Stadt zu unterhalten; entlehnt aus gleichbedeutendem altfranz. *posterne,* neufranz. *poterne. Posternken* mit der niederdeutschen verkleinernden Endung *-ken* bedeutet demgemäß ‚kleiner Postengang'. Das Rittertor wird diesen Gang zur Stadtseite hin abgeschlossen haben.

Rolandstraße

Auf der 1908 gefertigten Ergänzung des Hiesfelder Übersichtsplans von 1904[1907] heißt unsere Straße *Roonstraße (benannt am 1.5.1908) und verbindet die *Moltkestraße mit der *Rathausstraße. Im Zuge der Abänderung Hiesfelder Straßennamen nach der Eingemeindung 1917 mit Rücksicht auf schon bestehende Dinslakener Straßen erhielt unsere Straße am 11.3.1918 unter Beibehaltung der Anlautsilbe den Namen *Rolandstraße;* dieser Straßenname war nach Eingemeindung des Großteils von Barmingholten nach Sterkrade sozusagen „frei" geworden.

In der altfranzösischen Dichtung ist Roland ein *pair* Karls des Großen und fällt mit seinem Gefährten Olivier bei der Verteidigung des Pyrenäenpasses von Ronceval gegen die Mauren.

Roonstraße

Albrecht Theodor Emil Graf von Roon (Pleushagen 30.4.1803 – Berlin 23.2.1879) war preußischer General, Minister, kurzzeitig Ministerpräsident und wurde anlässlich seiner Verabschiedung vom Kaiser zum Generalfeldmarschall ernannt; er gilt als der bedeutendste Organisator des preußischen Heeres. Eine Straße in preußischen Städten nach einer solchen Persönlichkeit zu benennen, war in wilhelminischer Zeit üblich.

Während auf einer Karte von 1837 der Bereich zwischen heutiger Wall- und Wilhelm-Lantermann-Straße, als „Hottenkot" bezeichnet, noch völlig unbebaut nur aus Gärten, Wiesen und Äckern besteht, wurde er um 1900 durch Straßen erschlossen. Auf dem Übersichtsplan von 1908 erscheint die *Roonstraße* bereits mit Namen und in ihrem heutigen Verlauf als Verbindung von Bahn- und Friedrich-Ebert-Straße, etwa in ihrer Mitte die Lessingstraße kreuzend.

Die Bebauung dieser Straße erfolgte ganz überwiegend in der Zeit nach 1950. Das Haus mit der Nummer 37 stammt dagegen aus dem Jahr 1910: ein Prachtbau der damaligen Zeit, besonders auffällig durch die Verwendung von viel rotem Sandstein und das Türmchen auf dem Dach.

Abb. 125 Das Wohnhaus Roonstraße Nr. 37 aus dem Jahre 1910

Zur Geschichte dieser Straße gehört auch, dass nahezu ihre ganze Südseite zwischen Lessingstraße und Bahnstraße von den Ställen und Remisen des Pferdehändlers Cohen eingenommen wurde. Die Familie Cohen dürfte die wohlhabendste jüdische Kaufmannsfamilie in Dinslaken gewesen sein. Anders als das niedergebrannte Wohnhaus Cohen an der Bahnstraße hatten die Gebäude an der Roonstraße die „Pogromnacht" von 1938 nahezu unbeschädigt überstanden; sie wurden ab 1939 von der Schuhfabrik Hoffmann genutzt und wichen später der heutigen Bebauung, u.a. einem Supermarkt.

Rosenstraße

Die Rosenstraße ist eine der Erschließungsstraßen des Averbruchs, die sich seit erster Einzeichnung in eine Karte von 1892 in ihrem Nord-Süd-Verlauf zwischen Eichen- und Weststraße nie geändert hat. Sie erscheint mit Namen und Verlauf auf dem Übersichtsplan von 1908, zeigt aber auch 1913 nur erste Ansätze einer Bebauung. Diese macht sich erst in den 1920er Jahren im Nordteil der Straße stärker bemerkbar; 1931/32 folgt eine Reihe kleiner Eigenheime.

Durch ihre uneinheitliche Bebauung ist die Rosenstraße eine weniger typische Straße des Averbruchs, wobei Partien mit Siedlungscharakter aus unterschiedlichen Bauzeiten überwiegen.

Mit Front zur Rosenstraße liegt mit der Averbruch-Grundschule das wichtigste öffentliche Gebäude des Wohngebiets.

Gewiss findet man in den Vorgärten Rosen, aber doch nicht mehr als an anderen Straßen.

Rotbachstraße

Die Straße hieß schon in Walsumer Zeit, wohl seit ihrer Erstellung in der zweiten Hälfte des

Abb. 126 Der Scholtenhof an der Rotbachstraße

19. Jahrhunderts, *Rotbachstraße*. Diese Bezeichnung wurde nach der kommunalen Neuordnung von der Stadt Dinslaken übernommen.

Ihren Namen hat die Straße vom Rotbach, den sie überquert und der in der Geschichte der Stadt eine große Bedeutung hat. So wurden alle Gräben der mittelalterlichen Stadtbefestigung Dinslakens durch das Wasser des Rotbachs gespeist, der durch die Stadt floss. Am Altmarkt, in der Mitte der Stadt, wurde der Rotbach angestaut und betrieb eine wichtige Wassermühle.

Ursprünglich gab es in dem Bereich der Straße nur eine Verbindung am Scholtenhof und Vossenhof vorbei bis zum Thomashof (heute Kleingartenanlage „Im Heimchen") und weiter zum Bremerhof. Dieser Weg trägt heute von der Flurstraße beginnend bis zur B 8 den Namen *„Am Heimchen" (s. dort)* und wird von Radfahrern und Spaziergängern gern genutzt.

Auf dem Plan von 1892 taucht die Straße dann erstmals als Verbindung zwischen *Heerstraße* und der *Straße nach Voerde* (Voerder Straße) mit einer Brücke über den Rotbach auf.

Am Anfang der Straße liegt der *Scholtenhof*. An seiner Stelle lag in fränkischer Zeit möglicherweise der *„Eppink-Hof"* („Eppinghove" – Plural: „Eppinghoven"), der älteste Hof, der der Streusiedlung ihren Namen gab. Lange Zeit, bis in die 1920er Jahre, war der Hof im Besitz einer Familie Scholten, daher der Name. Damals wurde der Hof verkauft. Heute ist er im Besitz der Evonik Steag GmbH.

In den 1920er Jahren wurde an dieser Straße die Spar- und Darlehenskasse als Genossenschaftsbank errichtet. Das Gebäude in der Rotbachstraße, in dem die Geschichte der Bank ihren Anfang nahm, ist erhalten. Hieraus entwickelte sich die heutige Volksbank Dinslaken eG. Die Zentrale befindet sich heute in der Innenstadt *Am Neutor*. In der Rotbachstraße befindet sich aber weiter eine Zweigstelle für die Bürger des ländlichen Eppinghovens.

1961 errichtete die Evangelische Kirchengemeinde am Ende der Straße die Friedenskirche. Wenige Jahre später, 1966, den Kindergarten, und 1969 das Gemeindehaus.

Abb. 127
Die Rotbachstraße in den 1920er Jahren mit dem Gebäude der Spar- und Darlehenskasse

Abb. 128 Die Friedenskirche, bis 1975 gleich hinter der Walsumer Stadtgrenze

Bis zur kommunalen Neuordnung gehörte diese Straße ganz zur Stadt Walsum. Auf einem Bild der Friedenskirche aus den 1960er Jahren ist das Ortsschild *„Stadt Walsum“* neben der Kirche zu erkennen. Die Friedenskirche lag also schon auf Walsumer Gebiet. Aus der Walsumer Zeit stammt auch die Richtung der Hausnummern, die von Walsum aus an der Heerstraße beginnt und an der Voerder Straße (Friedenskirche) endet.

Rouleerstraße

Westliche Verlängerung der Winkelstraße von der Holtener bis zur Landwehrstraße, hieß ab dem 19.2.1906 zunächst **Hasenstraße* und wurde nach der Hiesfelder Eingemeindung des Jahres 1917 am 11.3.1918 mit Blick auf das umgebende Gelände umgetauft.

Enbers 1736 trägt „Das Rouleer“ westlich der Landwehr in Höhe des Eickhoffshofs ein; dieser erscheint erstmals im August 1378 als *Hof to den Roler* (= Hof am Roler), den Arnold von Götterswick dem Erzbischof Friedrich von Köln mit allen Rechten und Zubehörungen überträgt (B. Schön, *Nachlese* 42). Das heute mit *Rouleer* bezeichnete, früher in den Schreibungen *Roeler* (1481), *Roiller* (1482, 1529), *Roylller* (1530), *Rodeleer* (1633), *Rouler* (1805) geführte Grundstück „liegt in seine Posten zimblicher groeß, ist aber ein sauer, moorischer grundt und wird geweidet“ (1633) und hat bei Enbers 206 Morgen. In diesem unzugänglichen Gelände lag seit dem 13. Jh. eine möglicherweise als Gemeinschaftswerk des Eickhoffs-, Tacken- und Schlagregenshofs errichtete Fliehburg in Form eines Ringwalls, die nach dem 2. Weltkrieg unter Missachtung des Denkmalschutzes zerstört worden ist.

Rubbertskath

Ringförmige Wohnstraße südlich des Rundbogens der Kurt-Schumacher-Straße, benannt am 04.07.1995.

Roubberts Kate findet sich in Enbers Urkataster von 1736 ein Stück östlich der Deller Heide. Magarethe *Rubbert* (1646-1727), über deren Eltern nichts bekannt ist, heiratet ca. 1679 Dietrich Planckert (geb. 1647), der seinem Namen fortan ein *genannt Rubbert* hin-

Abb. 129
Das Rouleer heute

zufügt. Die Familie Rubbert wohnt noch heute im Hiesfelder Mittelfeld.

Rubensweg

Die am 29.05.1973 benannte Straße findet sich im Hiesfelder „Malerviertel" zwischen Sterkrader und Oberhausener Straße; s. hier **Albrecht-Dürer-Straße.** Früher war sie der südlichste Abschnitt der schon im Hiesfelder Übersichtsplan 1904[1907] verzeichneten **Holzstraße* (s. hier **Holzweg**).

Peter Paul *Rubens,* 1577 in Siegen als Sohn eines dorthin strafversetzten reformierten Antwerpener Juristen geboren, wurde nach Rückkehr seiner Mutter nach Antwerpen ab 1589 humanistisch und katholisch erzogen und zum Maler ausgebildet. Er arbeitete ab 1600 in Italien, ab 1608 wieder in Antwerpen, wo er 1609 seine eigene Werkstatt begründete; er starb 1640. Rubens war auch am französischen, englischen und spanischen Hof sowie als reisender Diplomat tätig. Aus seiner Werkstatt sollen 2000 bis 3000 Gemälde hervorgegangen sein, von denen er rund 600 selbst gemalt oder überarbeitet hat. Sprichwörtlich sind seine üppigen Frauengestalten.

Ruschstraße

Geht von der Lingelmannstraße unter der Autobahn A 3 hindurch bis zur Straße *Hinter den Kämpen* und findet sich erstmals am 11.1.1887 als **Rusch Straße* im Protokollbuch der Gemeindeverordnetenversammlung Hiesfeld. Benannt nach dem durch eine nach Norden abgehende Stichstraße erreichbaren *Ruschhof,* den Enbers 1736 als „Ruschenhof" an dieser Stelle einzeichnet. Dazu passend erwähnt die Hiesfelder Baukommission am 17.5.1905 noch einen Gert *Ruscher* als Anwohner der **Ruscherstraße,* beschließt aber am 6.2.1906 den Namen in der heutigen Schreibung.

Göddert und Wilhelm *in gen Russ* erscheinen 1636 im *Catalogus* der Angehörigen der Hiesfelder lutherischen Kirchengemeinde; ein Derick *Rusch* ist 1653–54 Hiesfelder Kirchmeister, Joh. *Rusch* – vielleicht identisch mit Johan *in gen Rusch* (1635–1695) – wird am 3.12.1678 in die Hiesfelder Musterungsrolle eingetragen. Träger des Namens wohnen noch heute in der Ruschstraße und deren unmittelbarer Umgebung.

Niederdeutsches *Rusch* m. in der Bedeutung ‚Binse' findet sich noch im aktuellen Duden; die Redensart *über Rusch und Busch* wird heute meist nicht mehr verstanden.

Rutenwallweg vgl. dazu **Am Rutenwall**

Saarstraße

Die *Saarstraße* verbindet den Neutorplatz mit der Wiesenstraße und bildet die westliche Begrenzung des Hans-Böckler-Platzes. Die frühere Verbindung der Wiesenstraße zum Neutorbereich verlief weiter östlich. In der heutigen Trassierung erscheint sie im Stadtplan von 1929 als **Wilhelmstraße.* Die Umbe-

Abb. 130 Die Christuskirche an der Ecke Saarstraße/Am Rutenwall, 1967–2007

nennung erfolgte wahrscheinlich 1935 anlässlich der Wiedereingliederung des *Saargebiets* in das Deutsche Reich nach einer Volksabstimmung, welche der NS-Staat zu einer großen Propagandakampagne gestaltete; der Name *Saarstraße* erscheint erstmals auf der 1937 gefertigten Bearbeitung des Übersichtsplans von 1921.

Prägendes Gebäude an der Saarstraße war für vierzig Jahre die evangelische Christuskirche (**Abb. 130**). Nach Plänen der Architekten Hermann und Krista Zeiger 1966/67 in Sichtbeton-Bauweise errichtet, war sie mit dem freistehenden Glockenturm ein recht anschauliches Beispiel für die Architektur der Zeit. Vor allem die Verbindung von Glas und Beton wurde viel beachtet. Die Unterhaltung des Kirchenbaus erwies sich aber als sehr aufwendig. Nach einem schmerzlichen Entscheidungsprozess entschloss sich die evangelische Gemeinde im Jahre 2006, die Kirche aufzugeben; sie wurde 2007 abgebrochen, das Grundstück verkauft und darauf ein größerer Wohn-Geschäftshauskomplex errichtet.

Sandrastraße

Die Sandrastraße ist eine Nebenstraße der Paulastraße im Wohnbezirk Bruch/Feldmark.

Benannt wurde sie am 27.10.1992, in „Anlehnung an die im Umfeld vorhandenen Namen". Zu den „Frauenstraßen" allgemein s. hier **Adelenweg.**

Sandweg

Der Sandweg ist eine der Stichstraßen nördlich des Anshövels, die von der Katharinenstraße (Stadtteil Bruch) in östlicher Richtung abzweigen. Er wurde benannt am 14.12.1962; s. noch hier **Angerweg.**

Schachtstraße

Die Schachtstraße liegt im Stadtteil Lohberg. Der Name verweist auf die Lohberger Schächte. *Schacht* ist eine alte bergmännische Bezeichnung für einen senkrecht in ein Grubengebäude führenden Zugang im Gegensatz zum waagerecht verlaufenden *Stollen.* Mit dem Blick auf das englische *shaft* erklärt sich *Schacht* als niederdeutsche Lautform von *Schaft,* der Messstange, mit der die Teufe einer Grube gemessen wurde. Je nach Funktion unterscheidet man zwischen Seilfahrts-, Förder-, Wetter- und Blindschächten.

Die Lohberger Schächte wurden zwischen 1909 und 1913 mit dem Gefrierverfahren abgeteuft. Mit den Gefrierarbeiten hatte man bereits 1907 begonnen. Schacht 1 hatte 1913 eine Endteufe von 771 m, Schacht 2 von 633,2 m. Bereits 1926 wurde es erforderlich, beide Schächte tiefer zu teufen. Schacht 1 wurde im selben Jahr auf eine Endteufe von 885,70 m gebracht. Er war Seilfahrts-, Materialbeförderungs- und einziehender Wetterschacht. Die tiefer liegenden Betriebspunkte wurden über Blindschächte erreicht. Schacht 2 wurde zwischen 1929 und 1956 bis auf 931,10 m abgeteuft und zwischen 1984 und 1987 bis auf seine Endteufe von 1307,50 m. 1956 wurde in Schacht 2 eine Gefäßförderanlage eingebaut. Außerdem erhielt er ein von dem berühmten Industriearchitekten Fritz Schupp konstruiertes neues Fördergerüst, das mit 73 m das damals höchste im Ruhrgebiet war und zum Kennzeichen Lohbergs wurde. Schacht 2 war nicht nur Förder-, sondern gleichzeitig ausziehender Wetterschacht.

(Farbbildseite 15)

Die Fördertürme beider Schächte stehen unter Denkmalschutz. Zu erwähnen sind noch die auf Hünxer Gebiet liegenden Lohberger Schächte 3 und 4. Sie wurden ebenfalls mit dem Gefrierverfahren niedergebracht: Schacht 3 als einziehender Wetterschacht von 1963 bis 1966 auf eine Endteufe von 881 m, Schacht 4 von November 1982 bis Juli 1987 auf eine Endteufe von 1364 m. Schacht 3 wurde im Juli 2000 stillgelegt. Schacht 4 fungierte als Seilfahrts-, Materialbeförderungs- und ausziehender Wetterschacht. Seit dem Durchstich vom Lohberger Grubengebäude zu dem des Bergwerks Prosper in Bottrop am 5.6.2003 diente er

Abb. 131
Platzbildung auf der Schachtstraße zwischen Halden- und Knappenstraße, 1922, heute ohne Umzäunung

auch Prosper als Wetterschacht. Als solcher ist er nach der Einstellung der Förderung auf Lohberg weiterhin in Funktion.

Die Schachtstraße könnte ihren Namen am 30.9.1915 erhalten haben, als es in der Stadtverordnetenversammlung der Stadt Dinslaken um die „Offenlegung von Straßen in der Kolonie Lohberg“ (Protokollbuch, Blatt 538) ging. Straßennamen werden allerdings im Protokollbuch nicht genannt. Die Straße verläuft von der Haldenstraße zunächst bis zur Knappenstraße und dann versetzt weiter bis zum Marienplatz. Der zwischen Halden- und Knappenstraße liegende Teil gehörte ursprünglich zur Beamtenkolonie (s. hier **Haldenstraße**). In der Mitte dieses Teils erweitert sich die Schachtstraße zu einem der gartenstadttypischen kleinen Plätze. Das zwischen Knappenstraße und Marienplatz liegende Straßenstück war Teil der früheren Arbeiterkolonie.

Schanzenstraße

Die Straße erscheint erstmals auf dem Plan von 1926, wurde also um 1920 als Verbindung zwischen Rotbach- und Eppinkstraße angelegt. Bis 1975 lag sie zu drei Vierteln auf Walsumer und zu einem Viertel auf Voerder Gebiet. Die Grenze verlief hinter dem Haus 65 über die Straße. Sie trug aber schon als ganze den Namen *Schanzenstraße,* den sie nach der kommunalen Neuordnung behalten hat.

Benannt wurde sie nach der *Schanze,* die als Außenposten des Lagers Moritz von Oraniens im Spanisch-niederländischen Krieg gegen die Spanier 1597 im sogen. Schanzenwald errichtet wurde. Nach Aussagen von Anwohnern waren die Wälle der Schanze bis vor wenigen Jahrzehnten noch zu erkennen. Aus dem Preußischen Kataster von 1843 geht hervor, dass der Schanzenwald früher wesentlich größer war und zu jener Zeit bis zum Rotbach reichte.

Scharnhorststraße

Die Straße ist benannt nach dem preußischen General, großen Heerführer und Heeresreformer *Gerhard Johann David von Scharnhorst* (Bordenau 12.11.1755 – Prag 28.6.1813). Als Reformer trat er für die Beseitigung von Privilegien in der Armee und die Einführung der allgemeinen Wehrpflicht ein. Besondere Verdienste erwarb er in den Befreiungskriegen gegen Napoleon als Generalstabschef Blüchers. Er starb an den Folgen einer in der Schlacht bei Großgörschen erlittenen Verwundung.

Die *Scharnhorststraße* findet sich bereits auf dem Übersichtsplan von 1908; sie entstand als Verbindung von Wilhelm-Lantermann-Straße und Feldstraße im Rahmen der Planung des ganzen „Quartiers“ in den Jahren nach 1905, wobei zunächst der mittlere Abschnitt der Straße bebaut wurde. Der Abschnitt zwischen

Schiller- und Wilhelm-Lantermann-Straße wurde sogar erst ab 1935 und zunächst nur auf der Südseite bebaut, bei Wahrung des Charakters als Wohnstraße.

Heute ist das beherrschende Gebäude dieses Straßenabschnitts die jetzige Ernst-Barlach-Gesamtschule. Das Gebäude entstand ab 1964 in mehreren Bauabschnitten zunächst als Mädchengymnasium, wurde später koedukativ, um schließlich in eine Gesamtschule umgewandelt zu werden. Der Schulkomplex füllt inzwischen das ganze von Scharnhorst-, Schiller- und Wilhelm-Lantermann-Straße gebildete Dreieck aus.

Scheepermannsweg

Der Scheepermansweg wurde in den 1990er Jahren angelegt und bebaut. Die Benennung erfolgte am 07.06.1988 durch den Hauptausschuss der Stadt Dinslaken.

Benannt wurde die Straße nach dem *Scheepermannshof,* der, wie aus dem Klevischen Kataster von 1733 hervorgeht, hier östlich der Kirche lag. Seine Besitzer gehörten zu den sogen. Halbbauern (Hinweis auf frühere Spanndienste) und wurden bei der Aufteilung der Möllener Allmende entsprechend berücksichtigt. Im 19. Jahrhundert gehörte der Hof einer Familie Rothvoß.

Schillerstraße

Die Schillerstraße gehört zusammen mit der Friedrich-Ebert- und einem Teil der Wiesenstraße zu dem großen Straßenbaukonzept aus den ersten Jahren des 20. Jahrhunderts, mit dem Heinrich Nottebaum, der als Leiter des Bauwesens am 1.4.1899 in die Dienste der Stadt Dinslaken getreten war, Dinslaken städtischen Charakter geben wollte. Die ihr zugedachte Bedeutung kam schon in der für sie vorgesehenen Breite von 21 Metern zum Ausdruck. Die alten Dinslakener Straßen hatten dagegen nur eine Breite von 6 bis 8 Metern.

Im Verwaltungsbericht der Stadt von 1907 wird vermerkt, dass die Schillerstraße bis zur Scharnhorststraße neu angelegt wurde. Entsprechend erscheint sie erstmals im Übersichtsplan und Straßenverzeichnis von 1908. Beginnend am heutigen Verteilerkreis der Friedrich-Ebert-Straße führte sie vorbei am damaligen Judenfriedhof in nordwestlicher Richtung gleichsam ins Leere, nur zu Feldern und Wiesen. Es sollte eine Straße für die Zukunft sein, welche allerdings lange auf sich warten ließ.

Abb. 132
Das Amtsgericht in preußischem Barock aus dem Jahre 1913, Bild von 1922

Die Bebauung der Schillerstraße begann 1912 mit einem Paukenschlag. Die Stadt stellte der Justiz eine große Wiese zur Verfügung, auf der das noch heute weitgehend unveränderte Amtsgerichtsgebäude errichtet und am 1.4.1913 eingeweiht wurde; ein Gebäude im Stil der Bauzeit, in preußischem Barock, ausgelegt auf sechs Richterstellen sowie mit Gefängnis und Wohnungen für Gerichtsdiener. Das Gebäude wurde im 2. Weltkrieg nicht sonderlich beschädigt und repräsentiert eine in Dinslaken sonst nicht mehr vorhandene Architektur; es steht unter Denkmalschutz. Nach kürzlicher Restaurierung wirkt die Fassade fast wieder so frisch wie zur Bauzeit (**Abb. 132**).

Das fertiggestellte Amtsgericht zog dann weitere Bauvorhaben nach sich. Gegenüber entstand ein Rechtsanwaltshaus und am Eingang zur Moltkestraße das Restaurant *Zum Amtsgericht.* Das benachbarte Gericht bescherte dem Wirt aber wohl nicht genügend Kundschaft, so dass das Gebäude 1920 von der Finanzverwaltung übernommen und darin das erste Dinslakener Finanzamt eingerichtet wurde. Im Krieg wurde es zerstört und in den 1950er Jahren in zwei Bauabschnitten – erheblich vergrößert und im gutem Stil der Zeit – neu errichtet.

Neben dem Amtsgericht in Richtung Kreisverkehr lag zweihundert Jahre lang der Friedhof der jüdischen Gemeinde. 1927 wurde dieser Friedhof aufgehoben und die Fläche in den Stadtpark integriert. An der Stelle steht seit 1993 das von dem Künstler Alfred Grimm geschaffene Denkmal für die Dinslakener Opfer des Pogroms vom 10. November 1938, insbesondere für die Kinder des jüdischen Waisenhauses.

Noch im Stadtplan von 1929 zeigt die Schillerstraße westlich der Bismarckstraße nur geringe Bebauung, obgleich sie 1927 bis zur damals fertiggestellten heutigen Willy-Brandt-Straße durchgezogen worden war. Inzwischen kann die Bebauung der Schillerstraße als abgeschlossen betrachtet werden. Den letzten Abschnitt vor Einmündung in die Willy-Brandt-Straße beherrscht auf der Ostseite der Gebäudekomplex der Ernst-Barlach-Gesamtschule (s. hier **Scharnhorststraße**). Auf der Westseite ist um 1975, auf der letzten Kuhweide in diesem Bereich, das gut gelungene Wohnviertel um den *Barlachweg* entstanden.

Benannt ist die Straße nach dem großen deutschen Dichter, Dramatiker, Philosophen und Historiker *Johann Christoph Friedrich* (ab 1802 *von*) *Schiller* (Marbach am Neckar 10.11.1759 – Weimar 9.5.1805), Goethes Zeitgenossen und Freund. Viele Gedichte und Dramen Schillers, in die auch sein historisches Wissen einfloss, sind Volksgut geworden, so die Gedichte *Der Taucher* und *Das Lied von der Glocke* oder die Dramen *Wilhelm Tell, Wallenstein* und *Don Carlos.*

Abb. 133
Das von Alfred Grimm geschaffene Denkmal für die Dinslakener Opfer der Pogromnacht 1938

Schiller und Goethe verkörpern zusammen mit Herder und Wieland die im Grunde bis heute für die deutsche Literatur Maßstäbe setzende *Weimarer Klassik.* Dinslaken ehrte das Dichterpaar auch dadurch, dass die nach ihnen benannten Straßen benachbart sind und parallel zueinander laufen.

Schlägelstraße

Schlägelstraße und *Eisenstraße* sind zwei kurze einander benachbarte Straßen im Stadtteil Lohberg. Sie sind benannt nach dem bis zur Mechanisierung und Technisierung des Bergbaus wichtigsten *Gezähe* (= Werkzeug) des Bergmanns, nämlich dem *Schlägel* (= Hammer) und dem *Eisen,* einem mit Stiel versehenen Keil, mit denen Kohle und Gestein vor Ort herausgebrochen wurden. Schlägel und Eisen, zum Andreaskreuz übereinandergelegt, sind seit Jahrhunderten das Emblem des Bergbaus und der Bergleute.

Die *Schlägelstraße* hieß zunächst **Brunnenstraße.* Diesen Namen könnte sie am 30.9.1915 erhalten haben, als es in der Stadtverordnetenversammlung der Stadt Dinslaken um die „Offenlegung von Straßen in der Kolonie Lohberg" (Protokollbuch, Blatt 538) ging. Straßennamen werden allerdings im Protokollbuch nicht genannt. Als *Brunnenstraße ist sie im Bebauungsplan der Kolonie Lohberg von 1917 ausgewiesen. Am 11. März 1918 erfolgte die Umbenennung in Schlägelstraße. Sie verläuft von der Schlepper- zur Grabenstraße.

Schlägerheide

Die Straße geht kurz vor dem Ende der Dickerstraße südlich ab, überschreitet den Rotbach und die Ortsgrenze zu Oberhausen, knickt nach Westen ab, ändert dabei ihren Namen in Borbruchstraße und mündet in die Franzosenstraße. Auf dem Hiesfelder Übersichtsplan 1904[1907] hat sie schon denselben Verlauf, heißt aber dort noch *Herderstraße (ab 4.12.1906; davor ab 24.4.1906 kurzzeitig *Höllestraße). Nach Hiesfelds Eingemeindung wird die *Herderstraße am 11.3.1918 mit Blick auf Dinslakener Verhältnisse umbenannt.

In Enbers Urkataster von 1736 erstreckt sich die nunmehr namengebende *Schlägerheide,* damals noch unkultiviert, vom Zusammenfluß des Schwarz- und Rotbachs bis zur Hühnerheide und zur Walsumer Mark; d.h. ein Areal, das heute im Norden und Osten vom Rotbach, im Westen von der Straße *Hinter den Kämpen* und im Süden von Brink- und Hünenbergstraße umschlossen wird. Benannt ist sie nach den verschiedenen oft mit Besitzernamen bezeugten Schlägen (= zur Abholzung bestimmten Arealen) dieses Gebiets: *Buggenhagens Schlag, Thyssen,- Tenters-, Lingelmanns-* und *Kostenschlag.* Vermutlich ist auch der von Enbers 1736 an der Nordecke des Areals eingezeichnete Kotten *Eycke Schlag* in diesen Zusammenhang zu stellen.

Schlehenhag

Der Schlehenhag liegt am Ortsrand von Dinslaken am Wohnungswald. Im Zusammenhang mit dem Bau der dort entstehenden Wohnsiedlung schlug der Bauausschuss am 17. 4.1963 „für die ringförmige Umschließung westlich der Helenenstraße" den Namen Schlehenhag vor. Dem Vernehmen nach war das Baugebiet früher ein Obsthof, auf dem auch Schlehen wuchsen.

Schlepperstraße

Die *Schlepperstraße* verläuft in einem weiten Bogen in der Bergarbeiterkolonie Lohberg von der Hünxer Straße zur Lohbergstraße. Ihr Name bezieht sich auf den Beruf *Schlepper* im Bergbau.

Das Verb *schleppen* leitet sich vom mittelhochdeutschen *slepen* ‚schleifen, am Boden hinziehen, schwer tragen' her. Vor der Mechanisierung und Technisierung, insbesondere der Elektrifizierung der Transportwege im Bergbau war es der Schlepper, der die mit Kohle, Bergen, Holz und anderen Materialien gefüllten Förderwagen unter Tage zog oder schob.

Abb. 134
Blick in die Schlepperstraße vor dem Zweiten Weltkrieg. Die Staketenzäune sind zum großen Teil bereits vor Jahrzehnten verschwunden.

Zwar kamen auch Grubenpferde zum Einsatz. Aber sie waren nicht immer in ausreichender Menge vorhanden oder aufgrund der jeweiligen Bedingungen unter Tage nicht überall einsetzbar. Das galt auch für die ersten Schüttelrutschen, Transportbänder und Grubenlokomotiven. Bei kürzeren Wegen und in schärferen Kurven erwiesen sich mechanische Transportmittel anfangs häufig als unpraktisch und unwirtschaftlich, und die Muskelkraft blieb das einzige Mittel, um die Förderwagen zu bewegen. Erst die ständig fortschreitende technische Verbesserung der Transportmöglichkeiten unter Tage und die Kombination von Abbau- und Transportmitteln machten ab der zweiten Hälfte des vorigen Jahrhunderts den Schlepper nach und nach entbehrlich. Er gehört heute der Vergangenheit an.

Bis zur Eingemeindung Hiesfelds nach Dinslaken am 1. Juli 1917 wurde die *Schlepperstraße* durch die Gemeindegrenze zwischen Hiesfeld und Dinslaken zweigeteilt. Der in Ost-West-Richtung auf Hiesfelder Gebiet gelegene Teil hieß **Blücherstraße*. Der Name wurde am 9.12.1907 von der Baukommission der Gemeinde Hiesfeld vergeben und findet sich auch auf dem *Übersichtsplan der Bürgermeisterei Hiesfeld* 1904[1907]; er bezieht sich auf den preußischen Generalfeldmarschall Leberecht von *Blücher,* Fürst zu Wahlstatt (1742 Rostock – 1819 Krieblowitz/Schlesien; s. auch hier **Blücherstraße**).

Auf der Kopie eines Plans der Bergarbeiterkolonie Lohberg aus dem Jahr 1917 wird auch der weiter in Ost-West-Richtung auf

Abb. 135
Die Schlepperstraße heute; renoviertes Koloniehaus

Dinslakener Gebiet verlaufende Straßenteil zwischen der Einmündung der damaligen Pastoratstraße und der Kohlenstraße als **Blücherstraße* ausgewiesen. Dieser Straßenteil wurde jedoch bei der Umbenennung der Lohberger Straßen am 11. März 1918 der *Koksstraße* zugeordnet (s. dort).

Der in Nord-Süd-Richtung auf Dinslakener Gebiet verlaufende Teil der heutigen Schlepperstraße hieß ursprünglich **Vor der Steinstraße.* Dieser Name wurde am 9.10.1914 von der Baukommission der Stadt Dinslaken vergeben, als auch die *Steinstraße* (s. dort) benannt wurde. Die Namenswahl erfolgte wohl wegen der Lage vor der Steinstraße. Beide Straßen sind namentlich auf dem Plan der Kolonie Lohberg von 1917 ausgewiesen. Bei der Umbenennung der Lohberger Straßen wurde der Name **Vor der Steinstraße* aufgegeben; die Straße wurde Teil der Schlepperstraße.

Schlossstraße

Die *Schlossstraße* gehört heute zu den bedeutenden Straßen der Stadt. Sie beginnt als südliche Verlängerung der Friedrich-Ebert-Straße an der Ampelkreuzung mit der Wiesenstraße beim früheren Bergrevieramt und endet an der Brinkstraße, jenseits derer sie den Namen *Leitstraße* annimmt. Durch diesen Verlauf ist sie die wichtigste Verbindung zwischen der Stadtmitte und dem heute dicht besiedelten Averbruch. Durch ihre Anbindung an die Brinkstraße sind über sie aber auch die Autobahnen A 3 und A 59 bequem zu erreichen. Die Schlossstraße könnte auch „Brückenstraße“ heißen, da sie mit stattlichen Brückenbauwerken zunächst den Rotbach und später die Emscher überquert. An beiden Brücken befinden sich Einstiege in das Fuß- und Radwandernetz der *Rotbachroute.* Die Schlossstraße erscheint bereits mit Namen und – im Nordteil etwas abweichendem – Verlauf auf dem Übersichtsplan von 1908. Der Name verweist auf den bis ins Mittelalter zurückgehenden früheren Herrensitz Bärenkamp (s. hier **Bärenkampallee**). Dieses Anwesen, das mit seiner Rückseite nahe der Schlossstraße lag, als Schloss zu bezeichnen, war eigentlich etwas hoch gegriffen, jedoch fand sich diese Bezeichnung auch in den Landkarten der Region.

Die Schlossstraße hat eine ähnliche Vorgeschichte wie die Leitstraße. In einer Zeichnung von 1659 (**Abb. 07**) befindet sich auf der Trasse der jetzigen Schlossstraße die Beschriftung *Churfürst Möhlenbach der Leygrabe* genannt. In der Dinslakener Flurgliederung von 1825 ist daraus *Der Leitgraben* geworden. Auch in der Preußischen Uraufnahme von 1843 findet sich, jedoch ohne Beschriftung, mitten durch das Averbruch gehend eben dieser Leitgraben, der im Sinne der Zeichenerklärung für die Uraufnahme damals noch wasserführend war. Er war offenbar der wichtigste Entwässerungsgraben für das Averbruch. In der fortgeschriebenen Uraufnahme von 1892 findet sich dann anstelle des Entwässerungsgrabens eine Straßentrasse. An die Stelle des wichtigsten Entwässerungsgrabens war nach entsprechend fortgeschrittener Bruchentwässerung und Verfüllung des Grabens die wichtigste und erste Erschließungsstraße für das frühere Bruchgelände getreten.

Das auffälligste Gebäude an der Schlossstraße, die im Übrigen bis heute eine reine Wohnstraße geblieben ist, ist der ihr zugewandte Trakt des 1927 erstellten früheren Bergrevieramtes, dessen Hauptfront zur Wiesenstraße (s. dort) hin ausgerichtet ist.

Scholtenstraße

Die schon am 14.1.1884 (Gemeindeverordnetenversammlung Hiesfeld) als „Weg von Kook nach Scholten“ bezeugte, am 19.2.1906 mit heutigem Namen benannte Straße beginnt wie die Lingelmannstraße am Nordbogen der Kurt-Schumacher-Straße (vormals: Mittelfeldstraße), durchquert in nordwestlicher Richtung den *Scholtenbusch* und stößt beim Zusammentreffen mit der Dorfstraße geraden Wegs auf den *Scholtenhof.*

„Die Katasteraufnahme des Ingenieur-Majors J. W. Enbers aus dem Jahre 1736 [...] verzeichnet an dieser Stelle den Hof ‚Scholt ten Haeff‘, in einem Kartenwerk von 1824 heißt er ‚Scholtenhof', 1828 ‚Scholt in gen Haf', 1834 ‚Schulzehaef'. Nach Lage und Name darf vermutet werden, daß er den älteren Rodungssiedlungen in der Walsum-Sterkrader Großmark zuzuordnen ist." (B. Schön, HKD 1967, 82). Im Mastregister von 1454 wird *die scholte van den Buysschelshove eyn isern verke 31* eingeräumt: „isern verken ist der feststehende Terminus für das Recht, 30 „scharaftige" Schweine und einen Beer (Eber) zur Mast in die Markenwälder einzutreiben" (B. Schön, *Nachlese,* 40). In einem Urteilsspruch des Hiesfelder Hochgerichts vom 5.10.1496 gegen den Drosten Yorck von Unna unterzeichnet als Schöffe ein Johann *Scholte ten Have* (HKD 1967, 90 n 1). „Mindestens seit der zweiten Hälfte des 15. Jahrhunderts scheinen die Bezeichnungen „Scholt zum Buschelshave" und die Vereinfachung „Scholt ten Haeve" gleichzeitig im Gebrauch gewesen zu sein." (B. Schön, *Nachlese,* 46-48: *Der Scholtenhof,* hier S. 47).

Der Scholtenhof kam vermutlich schon zur Zeit des Großen Kurfürsten in Besitz der Krone und war von 1829 bis in die siebziger Jahre des 20. Jhs. Sitz der staatlichen Försterei.

Schöttmannshof

Am 04.07.1995 benannte Abzweigung der Kurt-Schumacherstraße, zielt auf den Bremenkampshof.

Der namengebende *Schöttmannshof* ist durch die Baumaßnahmen des Gewerbegebiets Dinslaken-Süd untergegangen. Der Hofname beruht übrigens auf einem Lesefehler, der im 20. Jahrhundert durch alle Stadt- und Lagepläne tradiert wurde. Eine Familie **Schöttmann* hat nie existiert. Der Hof hieß ursprünglich *Schöllmannshof* und findet sich so in Enbers Urkataster von 1736, in der Gemeindekarte Dinslaken von 1837/1838, in der Preußischen Kartenaufnahme Dinslaken, Blatt 4406 von 1843 an dieser Stelle eingetragen. Die Familie – die Schreibung schwankt zwischen *Schollman(n)* und *Schöllman(n)* – ist in Hiesfeld seit dem 17. Jh. nachgewiesen. Eine Christina *Schöllman* (*1628) heiratet einen Heinrich *Schollmann* und nach dessen Tod 1679 in zweiter Ehe einen Johan an gen Weinbeck, der seinem Namen ein *genannt Schollmann* hinzufügt. Herman Stallmannn *genannt Schollman* (1669–1725) hat mit seiner Frau Eva Katharina Tacke von 1700 bis 1717 sieben Kinder, von denen drei im Kindesalter sterben. Der älteste überlebende Sohn schreibt sich Gördt *Schöllman* (1702–1746). Auf der *Charte des allgemeinen Begräbnis Platzes zu Hiesfeld* (1825) besitzt die Familie *Schöllmann* die Grabstelle Nr. 120. Im zweiten Drittel des 19. Jhs. ist die Familie offenbar im Mannesstamm erloschen.

Schulstraße

Diese kurze Straße im Bruch verbindet die Weseler Straße mit der Hedwigstraße, sie verläuft parallel zur Dianastraße.

Die Bewohner des Bruchs hatten schon seit 1870 immer wieder den Bau einer ausreichend großen Schule gefordert. Zunächst entstand aber an der Ecke der Weseler und der heutigen Schulstraße erst einmal eine einklassige Volksschule, so dass die evangelischen Kinder nicht mehr die weit entfernte Schule an der Gartenstraße besuchen mussten. Erst am 9.10.1882 wurde die Evangelische Volksschule eingeweiht, die später immer wieder erweitert wurde und für die dann auch der Name *Bruchschule* aufkam. Die Schule gibt es noch immer; sie hat vor kurzem ihr 125jähriges Bestehen gefeiert.

Ein exaktes Benennungsdatum für die angrenzende Straße haben wir nicht; auf jeden Fall aber nennt ein Verwaltungsbericht über die Dinslakener Schulverhältnisse von 1908 eine *evangelische Schule an der Schulstraße* mit 4 Klassen. Im Übersichtsplan von 1908 ist die Straße mit Lage und Namen verzeichnet.

Schützenstraße

Im Laufe des letzten Jahrhunderts ist die Straße mehrmals umgestaltet worden. Sie erscheint namentlich erstamls auf Effmanns Übersichtsplan von 1913 und verläuft dort – wie noch auf der 1937 gefertigten Bearbeitung des Übersichtsplans von 1921 – von der damaligen Hasen-, heutigen Emscherstraße schnurgerade zur Alleestraße. Auf dem Plan von 1952 ist von ihr nach dem Bau der Neuen Emscher nur ein kurzer, bogenförmig nach Süden weisender Einhang an der Straße *Am Pollenkamp* übrig geblieben; die später angebaute nördliche Verlängerung zur Schloßstraße erhielt am 7.7.1959 denselben Namen.

Überquert man die westlich angrenzende Hans-Böckler-Straße, trifft man auf die Schießanlage der Schützen mit dem dazu gehörenden Restaurant *Haus Hubertus*. Der Straßenname lag recht nahe, denn der Bürgerschützenverein Dinslaken von 1461 hat hier seit 1888 seine Schützenwiese und somit auch einen Ort für die traditionellen Schützenfeste.

Schwarzbachweg

Hier handelt es sich um einen kurzen Waldweg, der vom Birkenweg nach Südosten abzweigt und zum Schwarzbach führt. Er endet dort an der Stadtgrenze zu Bottrop. Der Weg selbst führt über eine idyllisch in die Landschaft eingefügte Holzbrücke auf Bottroper Gebiet bis zur dortigen Hiesfelder Straße. Die Benennung erfolgte erst in jüngerer Zeit. Das genaue Datum war nicht zu ermitteln.

Schwester-Euthymia-Straße

Die Straße verläuft als Stichstraße ausgehend von der Marktstraße auf dem Gelände des St.-Vinzenz-Hospitals.

Benannt ist sie nach Schwester Maria Euthymia, geb. Emma Üffing. Sie wurde am 8. April 1914 in Hopsten-Halverde geboren, trat in den Orden der Clemensschwestern ein. Sie arbeitete seit 1936 im St.-Vinzenz Krankenhaus und war während des Krieges für die pflegerische Betreuung der Kriegsgefangenen zuständig, von denen sie den Beinamen „Engel der Liebe“ erhielt. Nach Ende des Krieges wurde

Abb. 136 Schwester-Euthymia-Gedenkstätte

sie zur Leitung der Krankenhauswäscherei berufen. Am 9. September 1955 starb sie an einer Krebserkrankung. Am 7. Oktober 2001 wurde sie in Rom von Papst Johannes Paul II. seliggesprochen. An ihrer Wirkungsstätte erinnert seit dem 10. November 2001 ein Denkmal des heimischen Künstlers Alfred Grimm an ihre seelsorgerische und krankenpflegerische Tätigkeit.

Sebastianstraße

Der Überlieferung zufolge war Sebastian ein römischer Offizier, der sich öffentlich zum Christentum bekannte, deshalb von Kaiser Diokletian zum Tode verurteilt und von Bogenschützen erschossen wurde; er soll diese Hinrichtung überlebt haben und daraufhin im Zirkus mit Keulen erschlagen worden sein. Sebastian ist der Schutzheilige zahlreicher Berufe, besonders aber der Schützenbruderschaften; Gedenktag ist der 20. Januar.

Wegen der Nachbarschaft zu Schützenstraße und Hubertusweg wurde am 11.10.1988 für die neu angelegte kurze Wohnstraße westlich der Schlossstraße ebenfalls ein Name mit Beziehung zum Schützenwesen vergeben.

Sedanstraße

Der patriotischen Stimmung am Vorabend des 1. Weltkriegs verdanken einige Straßen im Dinslakener Bruch ihre Namen, die an Ereignisse des deutsch-dänischen Krieges von 1864 und des deutsch-französischen Kriegs von 1870-1871 anknüpfen; das gilt für die *Alsen-, **Düppel-, Sedan-, Weißenburg-, Wörth-** und **Wrangelstraße.**

Am 14.10.1913 beschließt die Baukommission der Stadt Dinslaken, „dem Verbindungsweg zwischen der Augustastraße und der Louisenstraße (heute *Luisenstraße*) die Bezeichnung Sedanstraße, der Parallelstraße die Bezeichnung Wörthstraße, dem Verbindungsweg zwischen der Viktoria- und Klarastraße die Bezeichnung Weißenburgstraße und dem freien Platz an der Sedanstraße die Bezeichnung Sedanplatz zu geben." (Die **Victoriastraße* ist noch 1913 in der *Louisen- bzw. Katharinenstraße aufgegangen; der **Sedanplatz* erscheint letztmals im Stadtplan von 1958).

Die französische Stadt *Sedan,* Département Ardennes, liegt an der Maas im Grenzgebiet zu Belgien und Luxemburg. Die für den Ausgang des deutsch-französischen Kriegs entscheidende zweitägige Schlacht von Sedan endete am 2.9.1870 mit der Kapitulation der französischen Truppen unter General Wimpffen und der Gefangennahme des französischen Kaisers Napoléon III. Der Kaiser wurde auf das Schloss Wilhelmshöhe bei Kassel verbracht. Der 2. September wurde in Deutschland bis 1918 jährlich als Sedanstag gefeiert.

Selmastraße

Die Selmastraße liegt im Wohnbezirk Bruch/ Feldmark. Sie beginnt an der Wilhelminenstraße und führt im Bogen wieder zu dieser zurück. Benannt wurde sie am 11. 7.1958. Zu den „Frauenstraßen" allgemein s. hier **Adelenweg.**

Sibyllenweg

Der Sibyllenweg liegt im Wohnbereich Bruch/ Feldmark und führt nach Norden zur Charlottenstraße. Benannt wurde er am 16.12.1960. Zu den „Frauenstraßen" allgemein s. hier **Adelenweg.**

Siedlerweg

Der *Siedlerweg,* benannt am 15.10.1957, stand zusammen mit dem Heimstättenweg und der Dachsstraße am Anfang der damals intensiv einsetzenden Bebauung des Averbruches. Er ist ein von der Weststraße ausgehender Stichweg, der an den Leitgraben (s. hier **Buchenstraße**) stößt, und entstand bei der Anlage einer Kleinsiedlung der Wohnbau Dinslaken. Die verputzten kleinen Siedlungshäuser mit zum Teil prächtigen Vorgärten sind inzwischen in die Jahre gekommen und haben manche Restaurierung erfahren. An der Seite zur Buchenstraße ändert sich derzeit der Charakter der Bebauung durch die Errichtung moderner Einfamilienhäuser in Backsteinbauweise. Der Name der Straße sollte die *Siedler* ehren, die vor einem halben Jahrhundert so viel Mühe für ein besseres Wohnen auf sich genommen hatten.

Siegfriedstraße

Auf dem 1908 ergänzten Hiesfelder Übersichtsplan von 1904[1907] heißt unsere Straße *Moltkestraße (benannt am 1.5.1908) und verbindet die Küpperstraße mit der *Bruchstraße, der heutigen Marschallstraße; die Verlängerung bis zur Krengelstraße heißt damals *Kurze Straße, so benannt am 30.11.1905.

Mit Rücksicht auf schon bestehende Dinslakener Straßen erhielt unsere Straße im Zuge der Abänderung Hiesfelder Straßennamen nach der Eingemeindung 1917 im Folgejahr, am

11.3.1918, vermutlich unter inhaltlichen Bezug auf die benachbarte **Rolandstraße** (s. dort) den Namen des Helden aus dem Nibelungenlied.

Silviastraße

Die Silviastraße im Stadtteil Bruch/Feldmark verläuft im Wohngebiet zwischen Wilhelminenstraße und Weseler Straße. Sie bekam ihren Namen am 4.3.1980. Zu den „Frauenstraßen" allgemein s. hier **Adelenweg.**

Sofienstraße

Die Sofienstraße verbindet die Katharinen- mit der Paulastraße.

Auf dem Gelände zwischen den beiden Straßen werden 1937 „von dem Unternehmer Kahmann, hier, Hünxerstraße", Wohnhäuser errichtet, und eine neue Straße wurde angelegt. Für diese Straße schlug das Stadtbauamt (neben anderen) den Namen Sofienstraße vor, den der Bürgermeister akzeptierte.

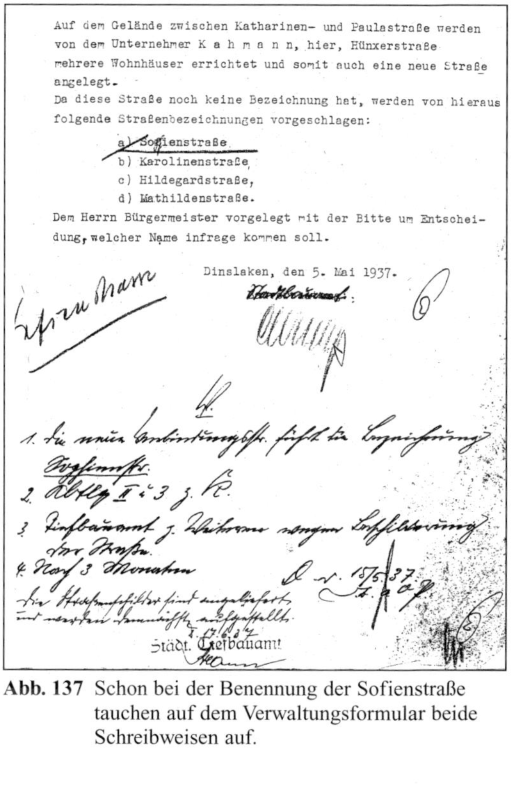

Auf dem Gelände zwischen Katharinen- und Paulastraße werden von dem Unternehmer K a h m a n n, hier, Hünxerstraße mehrere Wohnhäuser errichtet und somit auch eine neue Straße angelegt.
Da diese Straße noch keine Bezeichnung hat, werden von hieraus folgende Straßenbezeichnungen vorgeschlagen:

a) Sofienstraße
b) Karolinenstraße,
c) Hildegardstraße,
d) Mathildenstraße.

Dem Herrn Bürgermeister vorgelegt mit der Bitte um Entscheidung, welcher Name infrage kommen soll.

Dinslaken, den 5. Mai 1937.

Städt. Tiefbauamt

Abb. 137 Schon bei der Benennung der Sofienstraße tauchen auf dem Verwaltungsformular beide Schreibweisen auf.

Das war soweit ein hübscher Name, nur bei der Schreibung ergaben sich Probleme : f oder ph? Schon auf dem Original des Stadtbauamtes tauchen beide Schreibweisen auf.

Und 1995 schrieb ein Bewohner der „Sophien"straße an die Stadt und bat „höflich", ihm die richtige Schreibweise mitzuteilen. Er befürchtete, dass Postsendungen evtl. nicht zugestellt werden. Herr Hinzke, der Leiter des Vermessungsamtes, teilte ihm mit, dass seit 1937 das „f" richtig sei. „Tatsächlich ist aber", erläuterte er, „ in der Flurkarte des Liegenschaftskatasters (Kreis Wesel) die Lagebezeichnung „Sophienstraße" eingetragen, während das Liegenschaftsbuch des Katasters die Bezeichnung „Sofienstraße" enthält."

Herr Hinzke veranlasste die Korrektur der Flurkarte und bedankte sich bei dem aufmerksamen Bürger mit einem Exemplar des gerade neu erschienenen Stadtplans. Zu den „Frauenstraßen" allgemein s. hier **Adelenweg.**

Sohlenstraße

Die *Sohlenstraße* liegt im Stadtteil Lohberg. Unter *Sohlen* (Sohle von lat. solum ‚Boden, Grundfläche', Kluge[24] 2002, 855) versteht man im Bergbau die vom Schacht in unterschiedlicher Teufe waagerecht ausgehenden einzelnen Stockwerke eines Grubengebäudes.

Die Sohlenstraße hieß ursprünglich **Marktstraße.* Unter diesem Namen ist sie im Bebauungsplan der Kolonie Lohberg von 1917 ausgewiesen. Die Benennung könnte am 30.9.1915 erfolgt sein, als es in der Stadtverordnetenversammlung der Stadt Dinslaken um die „Offenlegung von Straßen in der Kolonie Lohberg" (Protokollbuch, Blatt 538) ging. Straßennamen werden allerdings im Protokollbuch nicht genannt. Sie wurde nach der am 1. Juli 1917 erfolgten Eingemeindung von Hiesfeld nach Dinslaken am 11. März 1918 umbenannt, weil es in Dinslaken bereits eine Marktstraße gab.

Abb. 138
Rückseite eines Koloniehauses mit Balkonen und angebauten Ställen, Sohlenstraße,1990

Die Sohlenstraße ist eine sehr kurze Straße, die – eher untypisch für eine Gartenstadt (s. dazu hier **Lohbergstraße**) – wie die Hauerstraße im gesamten Verlauf beidseitig keine Vorgärten aufweist. Die Sohlenstraße führt vom Johannesplatz, dem Lohberger Marktplatz, bis zur Lohbergstraße, die hier einen Bogen Richtung Dorotheenstraße macht. Unmittelbar neben der Sohlenstraße trifft auch die Schlepperstraße auf die Lohbergstraße.

Sperberweg

Am 21.09.1971 benannte Straße im Hiesfelder „Vogelviertel“, s. hier unter **Taubenstraße.**

Der Sperber ist der „kleinere Bruder“ des ihm in Habitus und Federkleid sehr ähnlichen Hühnerhabichts. Er jagt wie dieser am Boden und greift Säuger und Vögel bis zur Taubengröße.

Spitzwegstraße

Am 28.04.1961 benannte Straße im Hiesfelder „Malerviertel“ zwischen Sterkrader und Oberhausener Straße; s. hier **Albrecht-Dürer-Straße.**

Carl *Spitzweg* (1808–1885) war zunächst Apotheker in seiner Heimatstadt München, bildete sich selbst zum Maler und Zeichner aus und schilderte in stimmungsvollen Bildern das Leben von Kleinbürgern und Sonderlingen der Biedermeierzeit. Seit 1846 war er auch als Zeichner für die „Fliegenden Blätter“ tätig.

Staudenweg

Der Staudenweg verläuft zwischen Krusenstraße und Blumenanger. Er wurde 1957 angelegt, später als die Wohnsiedlung „Bergmannsglück“.

Seinen Namen erhielt der Staudenweg vom Rat der Stadt Dinslaken am 19. 7.1957, wörtlich heißt es: „in Anbetracht der vorhandenen Bezeichnung „Blumenanger“ wäre die Wahl einer hieran anklingenden Bezeichnung zu empfehlen.“

Steigerstraße

Die *Steigerstraße* liegt in der Bergarbeiterkolonie Lohberg. Ursprünglich hieß sie **Nettelbeckstraße.* Der Name wurde ihr am 9.12.1907 von der Baukommission der Gemeinde Hiesfeld verliehen; sie findet sich unter ihm im Straßenverzeichnis des Verwaltungsberichts der Gemeinde Hiesfeld für das Jahr 1907 (S. 31) und auf dem *Übersichtsplan der Bürgermeisterei Hiesfeld* 1904[1907].

Der preußische Volksheld Joachim *Nettelbeck* (Kolberg 20.9.1738 – daselbst 29.1.1824) war

Abb. 139
Als Einzelobjekt unter Denkmalschutz gestelltes Haus Steigerstraße 4, 1990

erst Seemann, dann Brauer. 1807 stand er während der französichen Belagerung Kolbergs dem Kommandanten Gneisenau als Bürgeradjutant zur Seite.

Am 11. März 1918 wurde die **Nettelbeckstraße* umbenannt in *Steigerstraße*. Der *Steiger* ist eine Aufsichtsperson im Bergbau. Die Bezeichnung ist abgeleitet aus dem mittelhochdeutschen Verb „stigen“ mit den Bedeutungen „schreiten“, „steigen“, „klettern“; daraus wiederum leitet sich das spätmittelhochdeutsche „steigern“ im Sinne von „erhöhen“, „an Menge, Geld oder Wert zunehmen lassen“ ab. Für den *Steiger* sind somit zwei Interpretationen möglich; zum einen ist er jemand, der im Bergwerk auf- und absteigt, zum anderen ein Bergmann, der in eine erhöhte Position aufgestiegen ist, die sein Ansehen und seinen Wert steigert. Die berufliche Qualifikation wurde über Jahrzehnte durch den Besuch der Bergvor- und der Bergschule erworben. Seit Mitte der 1960er Jahre absolviert der Steiger eine Ingenieurausbildung an einer Fachhoch- oder Hochschule. In der Berufshierarchie des Bergbaus gibt es den Aufstieg vom Grubensteiger über den Reviersteiger, der die Verantwortung für ein Revier,

Abb. 140
Lohberger Junggesellen vor dem Seiteneingang des Ledigenheims an der Steigerstraße, 1934

eine Abteilung des Grubengebäudes, trägt, und den Fahrsteiger, dem mehrere Reviere unterstellt sind, bis zum Obersteiger. Je nach Arbeits- und Ausbildungsschwerpunkt unterscheidet man zwischen Gruben-, Maschinen-, Elektro- und Wettersteigern.

Die Steigerstraße verläuft in Ost-Westrichtung von der Hünxer Straße zum Johannesplatz und kreuzt die Stollenstraße. Auf der nördlichen Seite befinden sich zwischen Hünxer Straße und Stollenstraße die als Einzelobjekte unter Denkmalschutz gestellten Gebäude Steigerstraße 4, 6 und 8, die eher den Eindruck von Villen als von Arbeiterhäusern erwecken (s. hier **Lohbergstraße**).

Westlich der Kreuzung mit der Stollenstraße führt die Steigerstraße am Nordflügel des Ledigenheims entlang.

Steinbrinkstraße

Geht nördlich von der Bergerstraße ab, überschreitet unter Beibehaltung ihres Namens die Ortsgrenze zu Hünxe-Bruckhausen, biegt ein Stück weiter mit starkem Gefälle nach Westen ab und mündet in die Dinslakener Straße. Noch 1990 führte sie geradlinig von der Bergerstraße zu der Bruckhausener Straße *Brömmenkamp,* wurde aber mit Rücksicht auf die Vergrößerung der Abraumhalden umtrassiert. Erscheint im Hiesfelder Übersichtsplan 1904[1907] unter dem am 24.4.1906 vergebenen Namen *Amselstraße und wurde am 11.3.1918 auf Grund der Eingemeindung Hiesfelds nach der in Enbers Urkataster 1736 verzeichneten *Steinbrinks Kate* umbenannt.

Henrich *Steinbrink* gehört 1606 zu den durch marodierende Truppen Geschädigten; ein anderer Henrich *Steinbrink* wird am 3.12.1678 in die Hiesfelder Musterungsrolle eingetragen. Rütger *op dem Steinbrinck* findet sich 1636 im Katalog der Nachbarn der Hiesfelder lutherischen Gemeinde.

Zum Namensteil *-brink* ‚Hügel' s. hier **Heidebrinkstraße.**

Steinstraße

Die *Steinstraße* liegt in der Bergarbeiterkolonie Lohberg. Ihr Name wurde der Steinstraße am 9.10.1914 von der Baukommission der Stadt Dinslaken verliehen, da sie auf Dinslakener, nicht auf Hiesfelder Gebiet lag. Ursprünglich verlief sie von der Schlepperstraße nur bis zur Kohlenstraße. Im Zuge der Bebauung der Dorotheenstraße nach dem Zweiten Weltkrieg wurde sie bis dorthin verlängert. Interessant ist, dass diese Fortsetzung bereits auf der Kopie eines Plans der Bergarbeiterkolonie Lohberg aus dem Jahr 1917 verzeichnet ist, aber seinerzeit nicht ausgeführt wurde.

In der Geologie wird unter einem *Stein* jedes natürlich entstandene feste, harte, anorganische Mineralaggregat verstanden. Der Name *Stein*straße weckt in Verbindung mit dem Bergbau viele Assoziationen: Um zu den in *Stein* eingebetteten Kohle führenden Flözen zu gelangen, sind horizontal durch Abteufen von Schächten und vertikal durch Streckenvortrieb Ge*steins*schichten zu durchdringen; bei seiner Arbeit ist der Bergmann von *(Ge)stein* umgeben, dem Hangenden über ihm und dem Liegen-den unter ihm; vor Ort arbeitet er entweder vor Kohle, d. h. bei der Kohlengewinnung im Flöz, oder vor *Stein* beim Streckenvortrieb; ihm drohen Gefahren durch *Steinschlag* und *Steinstaublunge;* mit der Kohle werden auch *Steine* (Berge) zu Tage gefördert und dort von der Kohle getrennt und danach entsorgt (s. hier **Haldenstraße**). Nicht zuletzt verweist der Name *Steinstraße* auch darauf, dass auf dem Bergwerk Lohberg die im Vergleich zur Braunkohle sehr viel härtere *Steinkohle* gefördert wurde.

Sterkrader Straße

Die Sterkrader Straße spiegelt wie kaum eine andere das politische Schicksal der Gemeinde Hiesfeld zwischen 1905 und 1917 wieder. Bis zum 1. April 1905, dem Datum der Erhebung zur Landbürgermeisterei mit Emil Hausmann als Bürgermeister, bestand in der Verwaltung eine Personalunion mit Dinslaken. Nun aber,

Abb. 141
Das alte Hiesfelder Rathaus

da man einen eigenen Bürgermeister hatte, wurde ein Rathaus errichtet und 1911 bezogen; das Grundstück westlich des Bahnübergangs an der Jägerstraße hatte die Witwe Friedrich de Fries der Gemeinde geschenkt. Zum Bau gab, wie wir bei Berthold Schön lesen, „die Gute-Hoffnungs-Hütte einige 100 000 Ziegelsteine" (*Die Teilung Hiesfelds,* HKD 1971).

Schon vorher, am 6.2.1906, war der vom künftigen Rathaus westlich abgehende Teil der Verbindungsstraße zwischen Hiesfeld und Barmingholten *Rathausstraße, der östliche, nach dem Bahnübergang auf der Südseite der Geleise durch Barmingholten verlaufende Teil *Hiesfelder Straße und ab dem Holtener Bahnhof Sterkrader Straße benannt worden; davor ist schon am 21.5.1884 bzw. 28.5.1885 in Protokollen der Hiesfelder Gemeindeverordnetenversammlung vom *Hiesfeld-Sterkrader Weg bzw. vom *Sterkrader Weg die Rede.

Mit der Eingemeindung Hiesfelds nach Dinslaken am 1. Juli 1917 war der Name *Rathausstraße obsolet geworden; so benannte man am 11.3.1918 die gesamte Straßenlänge von der Rotbachbrücke bis zu der neuen Stadtgrenze mit Sterkrader Straße; auf Oberhausener Gebiet heißt die Straße heute Emmericher Straße.

Das klevische Sterkrade (*starkinroda* ‚stark gerodet') gehörte ursprünglich zur Bürgermeisterei Holten im Landkreis Dinslaken, kam 1823 zum Landkreis Duisburg, 1873 zum Landkreis Mülheim an der Ruhr, 1887 zum Landkreis Ruhrort, 1909 wiederum zum Landkreis Dinslaken, erhielt 1913 Stadtrechte und wurde 1917 nach der Eingliederung von

Abb. 142 Blick auf die Dorfkirche

Abb. 143
Die historische Gastwirtschaft Eickhoff

Abb. 144
An der Rotbachbrücke

Barmingholten, Holten, Schmachtendorf und Walsumermark zum Stadtkreis. Am 1. August 1929 erfolgte im Rahmen der kommunalen Neugliederung des Ruhrgebiets der Zusammenschluß mit Osterfeld und (Alt-) Oberhausen zur neuen Großstadt Oberhausen. Heute ist Sterkrade einer der drei Oberhausener Stadtbezirke mit den Stadtteilen Barmingholten, Biefang, Buschhausen, Holten, Königshardt, Schmachtendorf, Schwarze Heide und Walsumermark.

Stettiner Straße

Die *Stettiner Straße,* benannt am 19.6.1957, liegt im Inneren des sogenannten **Thyssendreiecks** (s. dort) und verbindet als kleine Wohnstraße mit sehr schmalen Bürgersteigen die Tilsiter mit der Gleiwitzer Straße.

Stettin, heute Szczezin, liegt in Pommern an der Mündung der Oder in das Stettiner Haff, ist einer der größten Seehäfen der Ostsee und mit ca. 411.500 Einwohnern auf 301,3 km^2 Fläche die siebtgrößte Stadt Polens. Stettin entstand gegen Ende des 12. Jhs. aus einer wendischen und zwei deutschen Siedlungen, erhielt 1243 Stadtrechte und wurde 1278 Mitglied der Hanse.

Stöfkensweg

Dieser bislang unbebaute Ökonomieweg beginnt an der Franzosenstraße, quert die Buschstraße in Höhe des heute namengebenden Hofs und endet am Eigemannshof; er erscheint unter dem am 24.4.1906 vergebenen Namen *Wiesenstraße auf dem Hiesfelder Übersichtsplan 1904[1907] wie noch im Dinslakener Straßenverzeichnis von 1918 und wird erst nach 1921 nach dem benachbarten *Stöfkenshof* benannt, als der bisherige Name für die Umbenennung der *Markgrafenstraße gebraucht werden sollte.

Der Hof hat augenscheinlich schon im 16./17. Jh. bestanden. Herman *Stöffgens* gehört 1636 der Hiesfelder lutherischen Kirchengemeinde an; Heinrich *Stöffgen* (1635–1682; als *Henr. Stöfgen* gemeinsam mit *Albert Stoffgens* in der Musterungsrolle von 1678 verzeichnet) heiratet eine Verwandte, Mechtild *Stöffgen* (1647–1687), und hat mit ihr von 1661 bis 1681 acht Kinder; nach seinem Tod heiratet die Witwe den Johan Dickman (op gen Dick), der seinem Namen ein *genannt Stöffgen* hinzusetzt, und hat mit diesem 1686 ihr neuntes Kind Heinrich Dickman *genannt Stöffgen.* Die Schreibung des Hof- und Familiennamens variiert (Stöfgen, Stöffken, Stöfken, vereinzelt Stüffken).

Stollenstraße

Bis 1918 trug die im Stadtteil Lohberg verlaufende heutige *Stollenstraße* den Namen **Scharnhorststraße.* Sie war benannt nach dem preußischen General Gerhard von Scharnhorst (s. hier **Scharnhorststraße**).

Am 9.12.1907 schlug die Baukommission der Gemeinde Hiesfeld dem Gemeinderat vor, „den projektierten Straßen der Gewerkschaft Deutscher Kaiser am Unter-Lohberg hierselbst die Bezeichnungen: Blücher-, Schill-, Nettelbeck-, Gneisenau-, Lützow- und Scharnhorststraße zu geben." Als **Scharnhorststraße* ist die heutige Stollenstraße bereits ausgewiesen im *Übersichtsplan der Bürgermeisterei Hiesfeld* 1904 [1907] Der Verwaltungsbericht der Gemeinde Hiesfeld für das Jahr 1907 führt sie dann im Straßenverzeichnis auf (S. 31). Nach der am 1. Juli 1917 erfolgten Eingemeindung von Hiesfeld nach Dinslaken beschlossen die Stadtverordneten der Stadt Dinslaken am 11. März 1918 die Umbenennung in *Stollenstraße,* weil es in Dinslaken bereits eine *Scharnhorststraße* gab.

Die Bezeichnung Stollenstraße verweist auf den *Stollen* im Bergbau. Dabei handelt es sich um einen fast waagerecht in das Gebirge getriebenen Bau. Streng definitorisch hat ein Stollen immer ein Mundloch, d. h. einen Ausgang zur Erdoberfläche. In diesem Sinne gibt es im Grubengebäude des Bergwerks Lohberg keine „Stollen". Die Bergleute selbst bezeichnen jedoch häufig auch Strebe (Abbaubereiche in Steinkohlenbergwerken) und Strecken (horizontal oder mäßig geneigt verlaufende Grubenbaue ohne direkten Zugang zur Tagesoberfläche) als Stollen.

Abb. 145
Die Scharnhorststraße, heute Stollenstraße, 1913/14

Abb. 146
Müllabfuhr in Lohberg (Stollenstraße) um 1930

Abb. 147
Das Ledigenheim, auch Menage genannt, nach Fertigstellung der gesamten Anlage nach 1913

Abb. 148
Als Einzelobjekt unter Denkmalschutz gestelltes Eckhaus Stollenstraße 14 / Steigerstraße 8, 2008

Die Stollenstraße verläuft in Nord-Süd-Richtung parallel zur Hünxer Straße von der Lohbergstraße bis zur Grabenstraße.

Das größte Gebäude der Straße ist das unter Denkmalschutz stehende frühere Ledigenheim, das sich über den gesamten Teil der Stollenstraße zwischen Lohberg- und Steigerstraße erstreckt.

Bereits 1913 wurde mit dem Bau begonnen, um, wie die Werksleitung es ausdrückte, auch den unverheirateten Arbeitern eine gesunde und zweckmäßige Unterkunft zu bieten. Gleichzeitig wollte die Werksleitung damit dem „Kostgängerunwesen", wie sie es nannte, entgegenwirken. Arbeitgeber und Behörden standen dem weit verbreiteten Schlafgängerwesen ablehnend gegenüber, weil sie ungünstige Auswirkungen auf Sitte und Moral unterstellten. Es entstand ein dreigeschossiger massiver Ziegelbau, in dem bis zu 542 Belegschafts-mitglieder in Zwei- oder Vierbettzimmern untergebracht werden konnten. Für die Einnahme der Mahlzeiten gab es einen weiträumigen Speisesaal, der über eineinhalb Stockwerke reichte und später eine Bühne für kulturelle Veranstaltungen erhielt. Die Küche war nach dem damals neuesten Stand der Großküchentechnik eingerichtet. Im Erdgeschoss befanden sich außer Speisesaal und Küche ein Gesellschaftsraum, Baderäume mit Wannen und Brausen sowie eine Kegelbahn. Im Keller war eine Waschküche eingerichtet, in der jeder Bewohner seine Wäsche selbst reinigen und in großen Trockenapparaten mit verschließbaren Fächern in kürzester Zeit trocknen konnte.

Im Gebäude des Ledigenheims wurden ab Mitte der zwanziger Jahre des vorigen Jahrhunderts auch die Bergmännische Berufsschule, ab 1927 die Werksfürsorge mit zugehörigen Einrichtungen, wie Werksbücherei, Nähstube, Höhensonnenraum, und nach dem Zweiten Weltkrieg ein Berglehrlingsheim und die Büroräume der Bergmännischen Kulturarbeit untergebracht. Das Ledigenheim wurde zum sozialen und kulturellen Mittelpunkt der Siedlung. Die Sozialeinrichtungen des Bergbaus wurden 1969, als das Bergwerk Lohberg in die Ruhrkohle AG eingegliedert wurde, aufgegeben. Auch der eigentliche Zweck des Ledigenheims, die Versorgung lediger und lediggehender Belegschaftsmitglieder mit Unterkunft und Verspflegung, verlor immer mehr an Bedeutung und wurde schließlich ganz eingestellt.

1973 erwarb die Sparkasse Dinslaken das Gebäude und eröffnete darin eine Filiale. In den folgenden Jahren wurden die Räume des Ledigenheims vornehmlich von türkischen Vereinen und Einzelhändlern genutzt. Im Veranstaltungsraum fanden vor allem türkische Familienfeste statt. Weite Teile der ca. 6450 m² Nutzfläche des Gebäudes blieben ungenutzt und gerieten in einen desolaten Zustand. Anfang des Jahres 2004 wurde das Ledigenheim in eine selbstständige rechtsfähige Stiftung eingebracht. Sie betrieb die Totalrenovierung, Modernisierung und Umnutzung des Hauses. Die Umbauarbeiten zu einem Zentrum für Wirtschaft, Gewerbe, Dienstleistung, Kultur und Soziales wurden 2007 abgeschlossen. Räumlichkeiten für Handel, Gewerbe, Dienstleistung, Vereinsarbeit und Kultur wurden inzwischen bezogen; im großen Saal mit Bühne finden wieder diverse Veranstaltungen statt.

Auf der Stollenstraße befindet sich ein weiteres besonders bemerkenswertes Haus, das Eckhaus Stollenstraße 14/Steigerstraße 8, das als Baudenkmal einzeln in die Denkmalliste des Landes Nordrhein-Westfalen aufgenommen wurde, als die alte Bergarbeiterkolonie am 29.8.1988 als Denkmalbereich unter Denkmalschutz gestellt wurde. Es handelt sich um ein zweigeschossiges Gebäude mit Kegeldach und anschließendem Schweifgiebel. Zusammen mit den angrenzenden villenartigen Häusern bildet es einen Kontrast zu der gegenüber liegenden Zeilenbebauung.

Stolze-Schrey-Straße

Kurze Verbindung zwischen Berger- und Dickerstraße; nordöstlich von ihr geht die gleichzeitig mit ihr am 30.6.1913 eingeweihte **Gabelsbergerstraße** (s. dort) ab. Beide Namen sind vermutlich mit Blick auf die damals genau gegenüberliegende Bergschule vergeben worden. Es ist denkbar, dass der dort amtierende und wohnende Lehrer Johannes Otto dem Deutschen Gabelsberger Stenographenbund von 1868, dem Vorgänger des heutigen Deutschen Stenografenbunds e.V., nahestand.

August Heinrich Wilhelm *Stolze* (1798–1867) entwickelte, angeregt von Gabelsbergers *Anleitung zur Redezeichenkunst* (1834), eine eigene Kurzschrift, die er 1841 in dem *Theoretisch-praktischen Lehrbuch der deutschen Stenographie* veröffentlichte. Ferdinand *Schrey* (1850–1938) förderte die Kurzschrift durch Entwicklung eines eigenen Systems (*Vereinfachte deutsche Stenographie,* 1887), welches 1897 mit der stolzeschen Richtung zum Ergänzungssystem Stolze-Schrey vereinigt wurde.

Südstraße

Die Südstraße erscheint bereits auf einer Karte von 1892 als Brucherschließungsstraße. Streng genommen ist sie aber nicht mehr dem Averbruch, sondern dem Hiesfelder Bruch zuzuordnen, lag sie doch auch bis 1917 auf Hiesfelder Gebiet und wurde 1908 als **Fasanenstraße,* 1913 als **Walsumer Straße* geführt. Wie es zum heutigen Namen – wie auch zum ebenfalls bei der Revision der Dinslakener Straßennamen vom 11.3.1918 vergebenen Namen *Oststraße* (bis dahin: **Talstraße*) und dem erst am 6.5.1959 analog dazu gebildeten Namen *Weststraße* – kam, lässt sich nicht eindeutig klären. Allerdings liegt die Südstraße sowohl vom Dinslakener als auch vom Hiesfelder Zentrum aus gesehen zweifellos weit im Süden; in ihrem ursprünglichen Verlauf reichte sie von der Bruchstraße bis zur Landwehrstraße. Heute ist sie nur noch halb so lang und geht von der Bruchstraße bis zur Otto-Brenner-Straße. In dieser ursprünglich ereignisarmen Grenzzone zwischen Dinslaken, Hiesfeld und Walsum ist es erst seit den 1960er Jahren zu einer nennenswerten Bebauung gekommen, vor allem auf der Westseite des nördlichen Abschnitts mit Stichstraßen zum Leitgraben. Der umlaufende Stichweg zwischen Buchenstraße und Emscher – er heißt auch Südstraße – erscheint besonders gelungen und bildet eine gediegene Dörflichkeit. Passiert man die Emscherbrücke nach Süden, gelangt man in eine derzeit noch völlig unbebaute Partie, die ungefähr an den früheren Bruchcharakter des Umfelds erinnert.

Tackenstraße

Die Tackenstraße hieß ursprünglich *Schulstraße, benannt am 6.2.1906 nach der hier gelegenen Evangelischen Schule, und erhielt ihren heutigen Namen am 11.3.1918 im Zuge

Abb. 149
Der Tackenhof von der Landwehrstraße

der Umbenennungen nach der Eingemeindung Hiesfelds 1917. Sie beginnt an der Holtener Straße – dem namengebenden *Tackenhof* gegenüber – und leitet zur Bahnunterführung an der Sterkrader Straße.

Nachrichten von den Aufsitzern des Hofs haben wir ab dem 15. Jh. „In den Mastregistern der Walsumer Mark erscheint bereits 1438 „Rutger tack ken hove to barminckholt", 1454 finden wir darin 2 „hove", einen von Philip und einen von Johan tack, und 1496 werden „godert Tacken hoeve und gobbelt Tacken hoeve" erwähnt." (Lange 1980,66). Eberhard(t) *Tack* ist von 1615 bis 1619 einer der jeweils drei Hiesfelder Kirchmeister.

Neben der Namensform *Tack* erscheint auch die Variante *Tacke,* wogegen die Form *Tacken* ein Genitiv nach der n-Deklination und an das Bezugswort *Hof* gebunden ist.

Talstraße

Die *Talstraße* liegt am östlichen Rand des Stadtteils Bruch (Feldmark). Sie wird bereits auf dem „Übersichtsplan der Stadt Dinslaken nebst näherer Umgebung" von Januar 1913 und im zugehörigen Straßenverzeichnis ausgewiesen.

Die Wahl des Namens erklärt sich in Verbindung mit dem früheren Namen eines Teils der Krusenstraße. Bis zur Eingemeindung Hiesfelds nach Dinslaken am 1.7.1917 verlief die Gemeindegrenze zwischen Hiesfeld und Dinslaken quer über die heutige Krusenstraße. Der auf Hiesfelder Gebiet liegende Teil erhielt auf Vorschlag der Bau- und Wegebaukommission der Gemeinde Hiesfeld vom 19.2.1906 den Namen *Krusenstraße.* Der zu Dinslaken gehörende Teil ist auf dem obengenannten Übersichtsplan als **Bergstraße* ausgewiesen. Diese Straße lässt sich als Richtungsstraße bezeichnen, da sie von der Hünxer Straße bergwärts, nämlich in Richtung des Lohbergs verlief. Es bot sich daher an, der auf der gegenüber liegenden Seite der Hünxer Straße einmündenden und ins Tal des Bruches führenden Straße den Namen *Talstraße* zu geben.

Die Talstraße endete ursprünglich als Sackgasse vor unbebautem Gebiet. Erst nach dem Zweiten Weltkrieg wurde sie rechtwinklig nach Westen bis zur Elisabethstraße verlängert. Auf Vorschlag des Bauausschusses der Stadt Dinslaken vom 11.6.1969 wurde sie dann auch rechtwinklig nach Osten bis zur Dorotheenstraße fortgeführt. Mit Beschluss des Hauptausschusses vom 19.4.1977 wurde der zwischen Hünxer Straße und Industriestraße liegende Teil der Dorotheenstraße, auf dem die Talstraße endete, umbenannt in *Zum Fischerbusch.* Das hatte zur Folge, dass der östliche Teil der Talstraße heute in die Straße Zum Fischerbusch einmündet.

Tannengrund

Die Straße ist die Fortsetzung der Fichtenstraße nach Nordosten. Sie führt am südlichen Ende der Straße Büngelerfeld vorbei, überquert die Büngeler- und die Kirchstraße und setzt sich bis zur Waldgrenze fort.

Der am 21.09.1976 vom Hauptausschuss beschlossene Name ist eher eine Fantasiebezeichnung als ein Hinweis auf ein konkretes Flurstück.

Taubenstraße

Die Straße beginnt am Kreisverkehr an der Kirchstraße, verläuft südöstlich und mündet in die heutige Kurt-Schumacher-Straße; ihren jetzigen Namen erhält sie am 4.12.1906 auf Vorschlag der Hiesfelder Baukommission, nachdem sie vorher am 19.2.1906 mit *Krähenbrinkstraße benannt worden war. Der frei gewordene Name wurde gleichzeitig auf eine neu geschaffene Verbindung zwischen Kirch- und *Feldstraße (heute: Hügelstraße) übertragen, die jetzige Straße Auf dem Krähenbrink.

Unsere Taubenstraße war zusammen mit den benachbarten, ähnlich früh benannten Straßen Auf dem Krähenbrink und Hühnerheide der Ausgangspunkt für die Vergabe einiger weiterer Vogelnamen für Straßen desselben

Abb. 150
Die Johannesschule an der Teerstraße nach Fertigstellung 1915

Wohnviertels wie Bussardstraße (1937), Fasanenstraße (1956), Häherstraße (1957), Habichtstraße (1966), Kranichweg (1964), Dohlenweg (1966), Elsterweg und Sperberweg (beide 1971).

Teerstraße

Die in der Bergarbeiterkolonie Lohberg verlaufende *Teerstraße* hieß ursprünglich *Lützowstraße*. Der Name wurde ihr am 9.12.1907 von der Baukommission der Gemeinde Hiesfeld verliehen.

Als *Lützowstraße* ist sie bereits ausgewiesen auf dem *Übersichtsplan der Bürgermeisterei Hiesfeld* 1904 [1907]. Der Name Lützow geht zurück auf den preußischen Reiteroffizier Adolf Freiherr von Lützow (Berlin 18.5.1782 – daselbst 6.12.1834). Lützow war Freischarführer in den Freiheitskriegen. Im Frühjahr 1813 gründete er das Lützowsche Freikorps (Schwarze Schar), das am 17.6. desselben Jahres von französischen Truppen bei Kitzen in der Nähe von Leipzig fast völlig aufgerieben wurde.

Am 11. März 1918 erfolgte die Umbenennung der Lützowstraße in *Teerstraße*. Der Name verweist auf das Produkt Steinkohlenteer, das aus der auf der Zeche Lohberg geförderten Steinkohle gewonnen werden kann. *Teer* ist ein dunkelbraunes bis schwarzes, flüssiges bis halbfestes Gemisch organischer Verbindungen, das bei der trockenen Destillation von organischen Stoffen, z. B. Holz, Torf, Braunkohle, Steinkohle, entsteht. Steinkohlenteer bildet sich bei der Verkokung von Steinkohle unter Luftabschluss bei 1100° C.

Die *Teerstraße* verläuft vom Johannesplatz bis zur Grabenstraße und kreuzt die Schlepperstraße. Der Straßenteil zwischen Johannesplatz und Schlepperstraße war ursprünglich das Zentrum der Evangelischen Kirchengemeinde Lohberg. Davon ist nur noch das Gebäude der früheren evangelischen Johannesschule erhalten, das heute als Teil der Gemeinschaftsgrundschule Lohberg und als Kindergarten genutzt wird.

Alle anderen Gemeindeeinrichtungen (Kirchenraum, Gemeindesaal, Kindergarten), die im Gemeindeheim gegenüber der Johannesschule untergebracht waren, wurden beim zweiten Bombenangriff auf Lohberg am 23. März 1945 vollständig zerstört und an der alten Stelle nicht wieder aufgebaut (s. hier **Martin-Luther-Platz/Martin-Luther-Straße**).

Ende der 1940er Jahre entstand in der Baulücke eine eingeschossige Verkaufshalle, in der wechselnde Läden unterschiedlicher Branchen ihre Waren anboten. Heute befindet sich darin ein Drogeriemarkt.

Abb. 151
Das beim Luftangriff auf Lohberg am 23.3.1945 vollkommen zerstörte Gemeindeheim der Evangelischen Kirchengemeinde Lohberg, 1921. Im vorderen Gebäudeteil befanden sich li. der Kirchen-, re. der Gemeinderaum, im hinteren Teil der Kindergarten

An der westlichen Ecke Teerstraße/Schlepperstraße befindet sich ein interessantes Doppelhaus. Es gehörte seit Bau der Kolonie zur infrastrukturellen Grundausstattung und beherbergte in der linken Hälfte eine Schusterwerkstatt samt Laden, in dem die zur Reparatur von Schuhen benötigten Artikel verkauft wurden. Das war ein für die Lohberger Bevölkerung sehr wichtiges Angebot; denn viele Bergleute besohlten die Schuhe, besonders die für ihre oft große Kinderschar, eigenhändig. In der rechten Hälfte des Doppelhauses befand sich über Jahrzehnte das Lebensmittel-, Obst-, Gemüse- und Fischgeschäft Becher. Dieser Laden war bei den Lohberger Kindern besonders beliebt, weil der Inhaber im Sommer an Sonntagen auch Speiseeis herstellte und verkaufte. Heute befindet sich in dem Gebäude ein türkisches Geschäft.

Terhardthof

Wie schon beim **Bolandshof** (s. dort) gesagt, sollen einige Straßennamen in den neuen Wohngebieten westlich des Gewerbegebiets Dinslaken-Süd an die früher hier gelegenen Bauernhöfe erinnern. Das gilt auch für die am 15.08.1994 benannte bogenförmige Wohnstraße *Terhardthof*. Der namengebende Hof liegt im Winkel zwischen der Försterstraße und der Hühnerheide und hatte nach der Karte der ersten klevischen Landesaufnahme von 1734 46 holländische Morgen und 496 Ruten Land; der Besitz bestand aus 10 Landstücken, Äckern, Weiden, Hütung und Busch. Anzufügen bleibt, dass Enbers in seiner Karte von 1736 westlich des Bremenkampshofs zwei Anwesen mit dem Namen *ter Hardt* einzeichnet: Geurdt ter Hardt und weiter südlich Hendrich ter Hardt; bei dem südlicheren dürfte es sich um den ursprünglichen Terhardhof handeln, der am 4.3.1894 an den Bruckhausener Ackerer Heinrich Boland verkauft wurde und seitdem *Bolandshof* hieß.

Bei den Namen der ersten Aufsitzer des Terhardthofs, der im 14. und 15. Jh. den Rittern von Stecke, später dem Domstift Köln, schließlich dem Kloster Hamborn gehörte, wechselt die Schreibweise zwischen der hochdeutschen und der niederdeutschen Form: Goedert *ter Hardt* (1459), Beirndt *thoir Hardt* (1555), Henrich und Jost *ter Hart* (1606), Heinrich *zur Hardt* (*um 1614; 1636 als Henrich *ter haert* zusammen mit Hermann *ter hort* im Katalog der lutherischen Gemeindemitglieder aufgeführt), dessen Bruder Bernhard *zur Hardt* (* um 1625), Ennecken (Anna) *ter Hardt* (*1642), Lüthgen *ter Hardt* und Henr. *ther Hardt* (1678). Die Zusammenschreibung *TerHardt, Terhard(t)* kommt erst gegen Ende des 18. Jhs. auf. Vgl. auch F. Gehne, *Geschichte des Hofes ter Hardt in Hiesfeld,* HKD 1950, 100-107. – Das mndt. Femininum *hard(t)* ‚bewaldete Anhöhe, Bergrücken', seltener ,Heide', hat sich in Orts- und geographischen Namen erhalten.

Theodor-Fontane-Straße

Die Straße wurde Anfang der 1960er Jahre im Rahmen der starken Bautätigkeit in diesem Stadtgebiet *(Hagenbezirk)* angelegt. Sie wurde wie die Nachbarstraßen am 25.03.1966 durch den Rat der Stadt nach einem Dichter benannt.

Theodor Fontane wurde am 30.12.1819 in Neuruppin als Sohn eines Apothekers geboren, Nachkomme einer in Preußen heimisch gewordenen Hugenottenfamilie. Er besuchte das Gymnasium Neuruppin.

Er wurde zunächst Apotheker, gab aber 1849 den Beruf auf und arbeitete als freier Mitarbeiter in einem Ministerium. Von 1860 bis 1889 arbeitete er als Redakteur der Berliner „Kreuz-Zeitung" und als Theaterkritiker bei der „Vossischen Zeitung". Er starb am 20.9.1898 in Berlin.

Theodor-Körner-Straße

Die Straße wurde am 10.5.1962 benannt nach dem deutschen Dichter *Carl Theodor Körner* (Dresden 23.9.1791 – bei Gadebusch 26.8.1813), der vor allem als Dichter der Freiheitskämpfe gegen Napoleon bekannt wurde und auf dem Schlachtfeld starb; sie ist ein nur gut 100 m langer, dicht am Bahndamm entlang gehender Einhang zur heutigen Wilhelm-Lantermann-Straße, von der sie ein Teil war, bis die Wilhelm-Lantermann-Straße 1962 ab der Scharnhorststraße geradlinig bis zur heutigen Willy-Brandt-Straße durchgezogen wurde. Der alte Baumbestand der Theodor-Körner-Straße macht deutlich, dass sie – als Teilstück der früheren durch die Dinslakener Innenstadt geführten Durchgangsstraße von Duisburg nach Wesel – eine lange Geschichte hat.

An diesem gleichsam stillgelegten kleinen Teilstück der Vorläuferin der heutigen B 8 gab es auch das, was traditionell zu einer Straße gehörte, auf der Güter mit Pferdefuhrwerken transportiert wurden, nämlich eine Fuhrmannskneipe; hier mit dem Namen *Feldkamp,* angeschlossen an einen ansehnlichen Bauernhof, der noch etwa ein Jahrzehnt nach 1945 praktisch im engeren Stadtbereich betrieben wurde. Auf Teilen des alten Hofgeländes befinden sich heute u.a. die Ernst-Barlach-Gesamtschule und eine Automobilfirma.

Theodor-Storm-Straße

Die Straße wurde Anfang der 1960er Jahre im Rahmen der starken Bautätigkeit im *Hagenbezirk* angelegt. Sie wurde wie die Nachbarstraßen am 25.03.1966 durch den Rat der Stadt nach einem Dichter benannt.

Theodor Storm wurde am 14.9.1817 in Husum geboren. Er stammte aus einer holsteinischen Patrizierfamilie, besuchte die Schule in Husum und das Gymnasium in Lübeck. Anschließend studierte er Jura in Kiel und Berlin. 1843 ließ er sich als Rechtsanwalt in Husum nieder. Während der dänischen Besetzung musste er die Heimat verlassen und kehrte nach Aufenthalten in Potsdam und Heiligenstadt 1864 nach Holstein zurück. Er wurde Amtsrichter und 1879 Amtsgerichtsrat. Er starb am 04.07.1888 in Hademarschen/Holstein.

Theresienstraße

Die Theresienstraße ist keine von den vielen Straßen mit Mädchenvornamen, hier geht es vielmehr um die Hl. Theresia, die zweite Schutzpatronin der katholischen Pfarrgemeinde St. Vincentius in Dinslaken. Die Gemeinde plante 1952 in der Nähe der Luisenstraße eine neue Kirche mit Pfarrhaus, Kinder- und Schwesternheim. Dadurch wurde ein Verbindungsweg zwischen Luisen- und Klarastraße erforderlich, für den die Gemeinde sich den Namen *Theresienstraße* wünschte, weil die Kirche nach Angaben des damaligen Kaplans Wethmar **Theresienkirche* heißen sollte.

Die Stadt entsprach diesem Wunsch am 5.8.1952. Die Kirche wurde aber, als sie zwei Jahre später fertig war, *Jakobuskirche* genannt.

Namensgeber war, nach Auskunft der Gemeinde St. Vincentius, Pfarrer *Jakob* Baers, von 1932 bis 1959 Pfarrer von St. Vincentius. Man wollte mit dieser Namensgebung seine verdienstvolle Arbeit für die Pfarre würdigen.

Thomashof

Ab 2002 wurde die große Wiese am Rotbach vor dem Kindergarten der Friedenskirche durch eine neue Straße erschlossen und bebaut. Die Benennung erfolgte am 18.09.2001 durch den Hauptausschuss der Stadt Dinslaken.

Benannt ist die Straße nach dem *Thomashof,* der südlich des Rotbachs, etwa im Bereich der Kleingartenanlage *„Im Heimchen"* lag. Im Bereich der Straße lag bis in die 1990er Jahre der kleine Hof der Familie Cirener/Weißmüller.

Thyssen-Dreieck

Der Name taucht auf keinem Straßenschild, keinem Stadtplan und keinem Verzeichnis auf und ist dennoch für die Dinslakener Bürger ein fester Begriff. Das *Thyssen-Dreieck* wird räumlich gebildet durch die Willy-Brandt-Straße (B 8), die Duisburger Straße und die Konrad-Adenauer-Straße (ehemals **Walsumer Straße*). In diesem Dreieck finden sich die Danziger, die Gleiwitzer, die Tilsiter, die Berliner, die Königsberger und die Breslauer Straße.

Die Häuser in diesem Dreieck bauten ab 1950 überwiegend Mitarbeiter von Unternehmen der Thyssen-Gruppe. Nach Tradition des Hauses Thyssen (s. hier **Thyssenstraße**) sollte den Mitarbeitern die Möglichkeit eröffnet werden, einen Lebensraum für die Familie zu finden. Gleichzeitig wollte das Unternehmen sie durch den Grundstücksverkauf oder auch durch Erbpacht an die Firma binden.

Thyssenplatz

Der Platz ist wie auch die benachbarte Straße nach der bekannten Industriellenfamilie benannt. Sein Name findet sich erstmals im Straßenverzeichnis der 1937 erschienenen Bearbeitung des Übersichtsplans von 1921. Der Platz wird östlich und südlich von der Karl-, westlich von der Heinrichstraße begrenzt. Versteckt in einem toten Winkel liegend und in seinem derzeitigen Zustand wird er der Bedeutung, die der Name *Thyssen* im zwanzigsten Jahrhundert für die wirtschaftliche und demographische Entwicklung Dinslakens hatte, nicht gerecht.

Thyssenstraße

Die nach der Industriellenfamilie benannte Straße findet sich bereits auf dem Übersichtsplan von 1908; der Straßenname bezieht sich vor allem auf den Familienpatriarchen und genialen Industriegründer *August Thyssen* (Eschweiler 17.5.1842 – Schloss Landsberg bei Kettwig 4.4.1926). Das von ihm ab 1897 hier errichtete Bandeisenwalzwerk bedeutete für Dinslaken eine Zeitenwende und den – wenn auch verspäteten – Eintritt ins Industriezeitalter. August Thyssen hat wie kein anderer durch dieses Walzwerk, das später hinzugefügte Röhrenwerk und schließlich durch die Schachtanlage Lohberg der Entwicklung von

Abb. 152 August Thyssen

Dinslaken seinen Stempel aufgedrückt. 1917 wurde er Ehrenbürger der Stadt Dinslaken.

Nach dem Studium von Ingenieur- und Wirtschaftswissenschaften in Karlsruhe und Antwerpen und kurzzeitiger Mitarbeit im Bankhaus seines Vaters Friedrich Thyssen beteiligte er sich 1867 in Duisburg an einem Walzwerk. 1871 gründete er in Mülheim-Styrum das *Walzwerk Thyssen & Co.*, an dem sein Vater bis zum Tod 1877 und danach sein Bruder Josef (1844–1915) beteiligt waren und das zur Keimzelle eines der größten europäischen Montankonzerne werden sollte. Das Mülheimer Unternehmen, das ursprünglich auf die Produktion von Bandeisen konzentriert war, expandierte gewaltig hinsichtlich Produktionsmenge und Produktionsbreite (u.a. Röhren u. Maschinen). 1883 setzte August Thyssen seinen Fuß auch nach Hamborn. Nach und nach erwarb er die dort bereits im Bergbau tätige *Gewerkschaft Deutscher Kaiser*, die Bahnanschluss und einen eigenen Rheinhafen besaß, sowie praktisch den ganzen Grundbesitz der Bauernschaft Bruckhausen. 1890 begann auf diesem Gelände der Bau eines großen und modernen integrierten Hüttenwerkes, das 1891 den ersten Stahl erzeugte. Es firmierte bis 1918 als Gewerkschaft Deutscher Kaiser, Tochtergesellschaft von Thyssen u. Co.

1897 begann August Thyssen in Dinslaken nach umfangreichen Grundstücksankäufen zwischen der Bahnlinie Oberhausen-Wesel und der jetzigen Otto-Brenner-Straße mit der Errichtung des erwähnten Bandeisenwalzwerkes, später ergänzt durch ein Röhrenwerk. Teile des Geländes erscheinen auf einer Karte von 1837 noch als Exerzierkamp. Das Dinslakener Werk diente in erster Linie der Weiterverarbeitung des in Hamborn-Bruckhausen erzeugten Stahls. Beide Werke waren von Anfang an per Eisenbahn miteinander verbunden, die 1906 dann bis zur Schachtanlage Lohberg verlängert wurde. Das Dinslakener Thyssenwerk entwickelte sich unter der jahrzehntelangen Leitung von Julius Kalle (s. hier **Julius-Kalle-Straße**), der gleichsam Thyssens Dinslakener Statthalter war, glänzend; es hatte bereits 1914 etwa 2.400 Mitarbeiter. Die **Abbildung 153** zeigt die Werksanlagen nach dem Stand von 1920. Das für Dinslaken so bedeutende Unternehmen hatte zwar den Zweiten Weltkrieg mit nur relativ geringen Zerstörungen überstanden, wurde jedoch nach Kriegsende nahezu vollständig demontiert; die Anlagen gingen als Reparationsleistungen in die Sowjetunion. Zu einem Wiederaufbau oder Nachfolgebetrieb im entsprechend großen Rahmen ist es nicht mehr gekommen. Das alte Walzwerksgelände ist heute teils Industriebrache, teils Standort einiger mittelständischer Betriebe, so etwa des *Metallwerks Dinslaken.*

Die *Thyssenstraße* gleicht in ihrem heutigen Verlauf einer halben Ellipse, beginnend und wieder endend an der Otto-Brenner-Straße. Sie begrenzt weiterhin das alte Walzwerksgelände nach Westen. An der Nahtstelle von Karl- und Thyssenstraße steht noch heute fast unverändert das erste Verwaltungsgebäude des Werkes mit der Jahreszahl 1901. Gegenüber lag die Direktorenvilla, früher als *Villa Kalle* weit über Dinslaken hinaus bekannt, in der nach Kriegs-

Abb. 153 Das Thyssen-Walzwerk in Dinslaken im Jahre 1920

ende der britische Stadtkommandant residierte. Heute steht dort der Supermarkt *Real.* Unmittelbar vor dem Rotbach befand sich die Hauptverwaltung; der 1908 errichtete Bau war bis 1945 das prächtigste Verwaltungsgebäude in Dinslaken. Über dem Haupteingang las man in großen Lettern den Thyssenschen Wahlspruch *Rast ich, so rost ich.* Der Bau wurde beim Bombardement am 23. März 1945 zwar stark beschädigt, aber nicht völlig zerstört. Da ein entsprechender Verwendungszweck fehlte, konnte er seinen ursprünglichen Glanz auch nicht wieder erlangen. Auf der Südseite des Rotbaches lag an der Thyssenstraße das Werkskasino *Zum Taunus,* bis zu seiner vollständigen Zerstörung durch Bomben für viele Dinslakener der gesellschaftliche Mittelpunkt der Stadt.

Tilsiter Straße

Sie führt als zentrale Ost-West-Achse durch das so genannte **Thyssendreieick** (s. dort), verbindet die Danziger mit der Berliner Straße, entsendet die Stettiner und die Breslauer Straße nach Norden zur Gleiwitzer und die Königsberger zum Südbogen der Berliner Straße. Benannt wurde sie am 19.6.1957.

Tilsit, russ. Sowjetsk, ist heute eine Stadt in der russischen Exklave Kaliningrad (früher Königsberg), dem ehemaligen Ostpreußen. Die Stadt liegt an der Memel (russ. Njemen), somit an der Grenze zu Litauen, und hat derzeit ca. 43.000 Einwohner.

Die Geschichte der Stadt ist eng mit dem Deutschen Orden verbunden, der hier zu Beginn des 15. Jhs. eine feste Burg errichtete. Rund 400 Jahre später, am 7. und 8. Juli 1807, wurde hier der Tilsiter Friede zwischen Frankreich, Russland und Preußen geschlossen.

Turmstraße

Vor der Teilung Hiesfelds und der Eingemeindung nach Dinslaken bzw. Sterkrade war die erstmals am 28.6.1906 erwähnte Straße bedeutend länger; sie reichte auf dem Hiesfelder Übersichtsplan vom 1904[1907] von der Holtener bis zur damaligen *Hiesfelder Straße (heute Emmericher Straße). Ihr inzwischen auf Oberhausener Gebiet liegender östlicher Teil heißt heute Holtstegstraße; westlich mündet sie in die Straße **Im Hardtfeld.**

Namengebend war augenscheinlich der damals in der westlichen Blickrichtung stehende Bohrturm für den nachmaligen Schacht Rhein IV in Wehofen: „Der Bohrturm zwischen Dinslaken und Holten steht noch daselbst und wird wohl in nächster Zeit hier ein Schacht angelegt werden," (*Verwaltungsbericht Stadt Dinslaken 1894-1897;* s. HKD 1961,40).

Ufermannshof

Ein kurzes Stück vor der Einmündung in die Gärtnerstraße wurde ausgangs der siebziger Jahre an der Ostseite der Büngelerstraße ein neues Wohngeviert angelegt, dessen östlicher Teil mit Blick auf den an der Dickerstraße liegenden Hof (s. Enbers 1736) am 23.10.1979 mit Ufermannshof benannt wurde.

Der Hof ist alt. Ein Heinrich *Uferman,* geboren 1611, als Henr. Oeferman in der Hiesfelder Musterungsliste vom 3.12.1678 geführt, wurde am 23.4.1681 in Hiesfeld beerdigt. Hermann *Ufermann* ist Kirchmeister und legt am 26.10.1690 seine Kirchenrechnung zur Prüfung vor.

Uhlandstraße

Die Straße wurde Anfang der 1950er Jahre im Rahmen der beginnenden Bautätigkeit in diesem Stadtgebiet angelegt. Sie wurde wie schon zuvor die *Goethe-* und *Schillerstraße,* und 1956 der *Rilkeweg* am 19.06.1957 durch Ratsbeschluss nach einem Dichter benannt.

Ludwig Uhland wurde am 26.4.1787 in Tübingen geboren. Er studierte 1802-1808 Jura und Sprachen in Tübingen. Während eines Studienaufenthalts in Paris (1810/1811) beschäftigte er sich mit alten französischen und deutschen Handschriften, war dann Sekretär im Justizministerium, danach Anwalt in Stuttgart. 1829 wurde er Professor für deutsche Sprache und Literatur in Tübingen. Ab 1838 arbeitete als Privatgelehrter. Am 13.11.1862 starb er in Tübingen.

Ulmenstraße

Straße im „Bäumeviertel" der Siedlung Gärtnerstraße und der Kleinsiedlung Oberkohberg. Der Name begegnet erstmals im Dinslakener Übersichtsplan von 1921.

Von den Ulmen, auch Rüstern genannt, kommen bei uns die Feldulme, die Bergulme und die Flatterulme vor; sie liefern wertvolles Holz zum Möbelbau. Der Bestand in Deutschland ist äußerst gefährdet durch einen Pilz, den der Große Ulmensplintkäfer überträgt.

Ursulastraße

Die Ursulastraße im Dinslakener Bruch zweigt von der Hedwigstraße nach Osten ab und stellt eine Verbindung zur Dianastraße her. Im rechten Winkel abzweigend verläuft sie dann parallel der Bahnstrecke nach Süden. Sie endet in Höhe der Christinenstraße als Sackgasse.

Benannt wurde sie am 7. 7.1959. Zu den „Frauenstraßen" allgemein s. hier **Adelenweg.**

Verastraße

Die Verastraße liegt im Stadtteil Bruch/Feldmark, sie verbindet die Gertruden- mit der Elisenstraße. Ihren Namen bekam sie am 8.9.1987. Zu den „Frauenstraßen" allgemein s. hier **Adelenweg.**

Veronikaweg

Der Veronikaweg, benannt am 26.3.1999, verläuft im Wohnbereich westlich der Gertrudenstraße im Stadtteil Bruch/ Feldmark. Zu den „Frauenstraßen" allgemein s. hier **Adelenweg.**

Voerder Straße

Die Straße ist seit Jahrhunderten, ausgehend vom Eppinghovener Tor, die direkte Verbindung zwischen Dinslaken und Voerde.

Auf alten Plänen wird sie als *„Straße von Dinslaken nach Voerde"* bezeichnet. Sie wird deswegen schon früh die Bezeichnung *Voerder Straße* erhalten haben.

Bis zur kommunalen Neuordnung 1975 bildete sie von der Einmündung Hagenstraße an die Grenze zwischen Dinslaken und Walsum bzw. Voerde.

Die Anfänge Voerdes gehen ins frühe Mittelalter zurück. Archäologen und Historiker haben festgestellt, dass Voerde schon zur Römer- und Frankenzeit ein Ort an der Furt über einen Rheinarm war. Aus den ältesten urkundlich überlieferten Formen *Uurde, Vurde* entwickelte sich der heutige Ortsname *Voerde.*

1981 wurde Voerde mit den umliegenden Ortschaften Stadt. Heute wohnen in der Stadt Voerde ca. 40.000 Einwohner.

Drei wichtige Gebäude bzw. Einrichtungen liegen an dieser Straße.

Abb. 154 Die Voerder Straße in den 1950er Jahren mit dem Neubau der Kläranlage

Zunächst das *Theodor-Heuss-Gymnasium.* Das ursprüngliche Gebäude wurde 1912 für die Städt. Realschule, später Realgymnasium, errichtet und in den 1920er Jahren erweitert. Im Krieg wurde das Gebäude fast vollständig zerstört. Erst 1948 bzw. 1953 konnte im wiedererrichteten Altbau der Unterricht wieder aufgenommen werden. 1966 wurde der naturwissenschaftliche Teil des Gymnasiums, das 1953 den Namen des ersten Bundespräsidenten Theodor Heuss erhalten hatte, in das neu errichtete Otto-Hahn-Gymnasium ausgegliedert. Es war bis zur Gymnasialreform das neusprachliche Gymnasium.

Eine weitere wichtige an der Voerder Straße gelegene Einrichtung ist das *Seniorenzentrum Wilhelm-Lantermann-Haus.* Es wurde 1982 auf dem Gelände des ältesten Sportplatzes der Stadt, dem Jahn-Platz, erbaut und wird von der Arbeiterwohlfahrt betrieben. Es trägt den Namen Wilhelm Lantermanns, der von 1946 bis 1973 Bürgermeister der Stadt Dinslaken war. Das Haus hat 115 Wohnplätze. Angegliedert sind 38 Seniorenwohnungen in den Nachbargebäuden.

Am Ende der Straße, kurz vor der Stadtgrenze Dinslakens, wurde in den 1950er Jahren das zentrale *Klärwerk der Stadt Dinslaken* errichtet. (Aus dem Jahr 1951 stammte der erste Entwässerungsplan der Stadt Dinslaken.) Wegen der Zunahme der Bevölkerung in Dinslaken wurde es mehrfach erweitert und wird heute vom Lippeverband betrieben.

Wacholderweg

Der Wacholderweg ist eine der drei Erschließungsstraßen westlich der Katharinenstraße. Er liegt im Stadtteil Bruch/Feldmark und wurde am 13.11.1984 benannt. S. noch hier **Kieselweg.**

Wachtelstraße

Die *Wachtel* hat ungefähr Starengröße und ist der einzige Zugvogel unter den heimischen Hühnervögeln; sie überwintert in Palästina und Nordafrika. Frei lebende Wachteln sind heute in ihrem Bestand stark gefährdet und aus vielen Gegenden völlig verschwunden. Inzwischen werden sie zunehmend als Haustiere gehalten, weil Fleisch und Eier als Delikatesse gelten.

Die *Wachtelstraße* liegt in der „Vogelkolonie" (s. hier **Amselstraße**); sie beginnt an der Industriestraße, führt an der westlichen Längsseite der „Dorotheenkampfbahn", des Sportplatzes des VfB Lohberg e.V., entlang in Richtung der Au-gustastraße, endet aber vorher als Sackgasse (s. hier **Amselstraße**).

Bei der am 8.6.1917 durch die Baukommission der Stadt Dinslaken vorgenommenen Vergabe der Straßennamen für die „Vogelkolonie" wird die *Wachtelstraße* noch nicht erwähnt. Sie wird dann aber 1921 auf dem „Übersichtsplan der Stadt Dinslaken und der näheren Umgebung" ausgewiesen.

Waldmannsweg

Der Name dieses kurzen Verbindungswegs zwischen Tacken- und Barmingholtener Straße wurde vom Dinslakener Hauptausschuss am 29.05.1973 vergeben.

Man ist versucht, den Namen mit der Gruppe der Straßennamen aus dem Jagd- und Forstwesen in Verbindung zu bringen, s. dazu hier **Jägerstraße.** Tatsächlich ist der Weg aber nach dem vormals hier gelegenen *Waldmannshof* benannt, den Enbers 1736 in den heute von der Tacken- und der Barmingholtener Straße gebildeten Winkel einzeichnet. Am 12.5.1696 verlobt sich ein Dietrich Müller mit Mechthild Vogelsang *auf dem Waldmanns Hoff;* sie heiraten am 29.6.1696. Ein Herman *Waldman* hatte am 17. Juni 1678 Katharina Vogelsang vom benachbarten Vogelsangshof geheiratet; mithin dürfte Mechthild deren Schwester gewesen sein und bis zu ihrer Heirat auf dem Waldmannshof gewohnt haben.

Wallstraße

Die *Wallstraße* gehört zu den ersten dreizehn amtlich festgelegten Straßennamen in Dinslaken; sie wurden am 10.8.1893 vergeben. Die Wallstraße war bis 1945 in ihrem Verlauf dekkungsgleich mit der Befestigung aus Wall und Graben, die die Neustadt – beginnend am heutigen Verteilerkreis Friedrich-Ebert-Straße und einmündend in das Neutor – auf ihrer Nordseite umgab. Somit handelte es sich um einen ganz plausiblen Straßennamen, was aber um 1910 die auf dem Höhepunkt der wilhelminischen Herrschaft Zuständigen nicht daran hinderte, sich für den Abschnitt zwischen Lessing- und Friedrich-Ebert-Straße die Bezeichnung **Prinzenstraße* einfallen zu lassen; seit Ende der Monarchie im Jahre 1918 gilt aber wieder durchgehend der alte Name.

Beim Wiederaufbau der Innenstadt nach 1945 wurde der Verlauf der Wallstraße etwas verändert; sie biegt seitdem nicht mehr unmittelbar vor dem Neutor in die Neustraße ab, sondern verläuft geradeaus in die Bahnstraße hinein.

Die Wallstraße hat sich in den vergangenen Jahrzehnten zu einer Mischung aus Wohn- und Geschäftsstraße gewandelt. Die bauliche Entwicklung ist vermutlich nicht abgeschlossen; noch wird viel Straßenfront von Garageneinfahrten eingenommen.

Abb. 155 Das frühere „Moderne Theater" aus dem Jahre 1923

Aus der typischen Nachkriegsarchitektur der Wallstraße fällt das Gebäude mit der Hausnummer 31 heraus; es verkörpert Stadtgeschichte (Abb. 155). Es ist heute Bestandteil des *EDEKA*-Supermarktes, der das frühere *Wallkaufhaus* abgelöst hat. Der Baukomplex zieht sich vom Verteilerkreis der Friedrich-Ebert-Straße in die Wallstraße hinein, so dass die Hausnummer 31 erst bei genauerem Hinsehen auffällt. Das Gebäude wurde 1923 als *Modernes Theater* errichtet; seit 1953 hieß es *Parktheater.* Es war vor allem ein Lichtspieltheater. Da es den Krieg einigermaßen unbeschädigt überstanden hatte, wurde es nach 1945 zum eigentlichen Zentrum des Dinslakener Kulturlebens. Es war nicht nur Lichtspielhaus, sondern auch Konzertsaal, Opernhaus und Theater. Selbst die ersten Sitzungen des Stadtrates fanden nach 1945 auf der Bühne dieses Hauses vor großem Publikum statt.

An der Fassade des früheren Theaterbaus hat sich ein interessantes Beispiel von „Kunst am Bau" aus dem Jahr 1923 erhalten. Über den Fenstern der 1. Etage sieht man fünf Reliefs mit Symbolen aus der griechischen Antike. Hahn und Delphin symbolisieren das *Licht,* die Leier das *Spiel* und die beiden Masken – eine ernst, die andere heiter – das *Theater,* woraus sich für Liebhaber von Scharaden und Wortspielen unschwer die frühere Bestimmung des Hauses als Licht-Spiel-Theater ergibt.

Waltraudweg

Der Waltraudweg wurde am 29.5.1973 benannt und verläuft zwischen der Wilhelminenstraße und der Weseler Straße. Zu den „Frauenstraßen" allgemein s. hier **Adelenweg.**

Wasserstraße

Die kurze Wohnstraße zweigt gegenüber der Turnhalle des Theodor-Heuss-Gymnasiums von der Voerder Straße in südwestlicher Richtung ab und endet als Sackgasse am Rotbach. Von dort aus überbrückt ein Fußweg den Bach und vereinigt sich jenseits mit dem aus der Innenstadt kommenden Rotbach-Wanderweg der seinerseits weiter durch Eppinghoven und den Wohnungswald zur Mündung des Rotbaches in den Rhein führt. Die über die B 8 führende Brücke ist wegen Bauschäden z.Z. leider gesperrt.

Ein genaues Benennungsdatum ist nicht bekannt; die Wasserstraße findet sich aber bereits auf dem Übersichtsplan von 1908. Ihr Verlauf entspricht übrigens genau einem früheren Rotbacharm, an dessen Stelle seit langem eine Rohrleitung getreten ist; deren Auslauf in den eigentlichen Rotbach ist noch deutlich zu sehen.

Wehofer Straße

Befährt man heute die Holtener Straße in südlicher Richtung, so sieht man, dass sie kurz vor der neuen Emscher von rechts die Landwehrstraße aufnimmt und wenig später auf der Höhe der linksseitigen Einmündung der Straße Am Brüchsken ihren Namen in Wehofer Straße verändert.

Vor hundert Jahren, zu Zeiten der selbstständigen Gemeinde Hiesfeld, war das noch nicht so. Auf dem Übersichtsplan der Bürgermeisterei Hiesfeld von 1904[1907] ging die Landwehrstraße bis zur Leitstraße und nahm an dieser Stelle von Osten her die am 19.2.1906 benannte Wehoferstraße auf, welche ihrerseits ein Stück weiter nordöstlich als Abzweigung von der Holtener Straße begonnen hatte; mit diesem neuen Namen gelangte sie exakt südlich bis an die Bauernschaft Wehofen. Die Holtener Straße hingegen bog nach Südosten aus und erreichte tatsächlich das Zentrum der namengebenden Ortschaft.

Die heutige Situation mit den örtlichen und namentlichen Veränderungen wurde am 17.05.1951 vom Bauausschuss beschlossen.

Weidengrund

Im Rahmen der Erschließung des Geländes hinter dem früheren Bergrevieramt als reines Wohngebiet wurde diese kurze Straße als Verbindung von der Douvermann- zur Bachstraße angelegt. Der Name wurde am 22.2.1955 vergeben, mit der Empfehlung des Bauausschusses: *An den Einmündungen der Straße und in einzelnen Vorgärten sollten Weidenbäume gepflanzt werden.* In der Tat finden sich heute nicht wenige Weiden an der Straße.

Weidenstraße

Straße im „Bäumeviertel" südlich der Gärtnerstraße. Der Name begegnet erstmals im Dinslakener Übersichtsplan von 1921.

Weiden, von denen es bei uns einige Arten gibt, bevorzugen feuchte Standorte. Für die Menschen am Niederrhein waren sie immer besonders wichtig, weil sie nicht nur zur Herstellung von Korbwaren, sondern auch – lebend oder als Flechtwerke – zur Befestigung des Rheinufers dienten.

Weißdornweg

Am 23.07.1953 benannte Straße in der Siedlung Berggeist (vgl. Am Heerenkamp); ein Ortsunkundiger würde den Weg allerdings eher im „Buschwerkviertel" östlich der Katharinenstraße suchen.

Der Weißdorn und seine rotblühende Variante Rotdorn sind dornige Rosengewächse mit roten mehligen Scheinfrüchten, den sogenannten Mehlbeeren. Der Busch dient zur Anlage von Hecken, das zähe Holz wird für Drechslerarbeiten verwendet.

Weißenburgstraße

Die Weißenburgstraße verbindet heute die Katharinen- mit der Elisabethstraße. Von ihr gehen die Wörth- und die Sedanstraße ab. Alle drei Straßen wurden am 14.10.1913 benannt und erinnern an preußische Siege im Krieg 1870/71; s. dazu hier **Sedanstraße.**

Weißenburg, fr. Wissembourg, Département Bas-Rhin, liegt im nördlichen Elsass an dem deutsch-französischen Grenzflüsschen Lauter.

Am 4.8. 1870 besiegte hier die 3. deutsche Armee unter Kronprinz Friedrich Wilhelm von Preußen die französische Elsassarmee unter General Mac-Mahon.

Weseler Straße

Es wird vermutet, dass ein fränkischer Gutshof Ausgangspunkt für die Entstehung der Stadt *Wesel* war. Der Name *Wesel* geht auf das altniederdeutsche *Uuisilli* zurück und deutet auf ein von Wieseln besiedeltes Gebiet hin. Daran erinnern die Wiesel im Weseler Stadtwappen. Anfang des 12. Jahrhunderts fiel Wesel durch Heirat an das klevische Grafenhaus und erhielt 1241 die Stadtrechte. Die verkehrsgünstige Lage an der Mündung der Lippe in den Rhein förderte die Entwicklung der Stadt. Wesel, seit 1407 einflussreiches Mitglied der Hanse, wurde zur wirtschaftlich bedeutendsten und bevölkerungsreichsten Stadt des Herzogtums Kleve. Die florierende Wirtschaft ermöglichte im Spätmittelalter eine rege Bautätigkeit (z. B. Rathaus, Willibrordidom) und machte Wesel zu einem Zentrum künstlerischer Tätigkeit am Niederrhein. Schon Mitte des 16. Jahrhunderts galt Wesel als Stadt der Reformation und gab calvinistischen Glaubensflüchtlingen aus den von Spaniern besetzten Niederlanden Schutz. Das führte zum Beinamen *Vesalia hospitalis* ‚gastfreundliches Wesel'. Der Reichtum Wesels weckte Begierden. Ab Ende des 16. Jahrhunderts besetzten nacheinander Spanier, Niederländer und Franzosen die Stadt. 1666 fiel sie an Brandenburg, das spätere Preußen. Es begann der Ausbau zur Festung. 1805 musste Preußen die Festung Wesel an Napoleon abtreten. Während der anschließenden französischen Besatzungszeit wurden in den Lippewiesen vor Wesel die elf Schill'schen Offiziere erschossen (s. hier **Hauerstraße**). 1815 fiel Wesel wieder an Preußen zurück und wurde zur Garnisonsstadt ausgebaut. 1890 setzte die Entfestung der Stadt ein. Es entstanden neue Siedlungen, Grüngürtel und die Ringstraßen um die Altstadt. Am Ende des Zweiten Weltkriegs wurde Wesel durch Luftangriffe der Alliierten fast vollständig zerstört. 1949 begann der planmäßige Wiederaufbau und gab Wesel ein neues Gesicht. Bedeutende Gebäude erinnern noch heute – oder nach Rekonstruktion heute wieder – an die reiche Geschichte der Stadt (Willibrordi-Dom, Berliner Tor, Zitadelle, Preußenmuseum, Altes Wasserwerk, Schilldenkmal). Wesel hatte Ende 2007 rund 64.000 Einwohner auf 122 km^2 und ist ein wichtiger Wirtschaftsstandort (Verwaltung, Dienstleistungen, Handel sowie Industrieunternehmen u.a. aus den Sparten Kies- und Sandgewinnung, Chemie, Glasproduktion, Energiewirtschaft und Hoch- und Tiefbau). Seit 1975 ist Wesel Verwaltungssitz des gleichnamigen Kreises.

Die *Weseler Straße* ist eine der ältesten benannten Dinslakener Richtungsstraßen. Sie ist Teil der am Westrand der Stadt Dinslaken in Nord-Süd-Richtung verlaufenden Bundesstraße 8. Allerdings heißt nur der durch das Dinslakener Bruch führende Straßenteil von der Stadtgrenze mit Voerde bis zur Bahnunterführung Weseler Straße. Im weiteren Verlauf trägt die Bundesstraße 8 auf Dinslakener Gebiet bis zur Stadtgrenze mit Duisburg den Namen Willi-Brandt-Straße (s. dort). Abgesehen von der Bundesautobahn, ist die Bundesstraße 8 die kürzeste und wichtigste Verbindung Dinslakens mit der Nachbarstadt Duisburg und über Stadtteile von Voerde mit der Kreisstadt Wesel. Auf Voerder Gebiet setzt sich die Weseler Straße als Hindenburgstraße fort. Etwa auf halber Strecke zwischen der Einmündung der heutigen Claudiastraße und der Brücke über den Lohberger Leitgraben befand sich einer der sechs großen Grenzsteine (Findlinge), die in Dinslaken zu „juristisch verbindlichen Markierungspunkten" gemacht wurden. Diese „Friedpfähle" legten im Mittelalter die Grenzen der Stadtfreiheit fest (Schön 1983, 150). Der Verbleib des Steins ist ungeklärt.

Auf der Gemeindekarte der Bürgermeisterei Dinslaken von 1837 ist die Weseler Straße bereits als *Chaußee von Wesel* ausgewiesen. Sie ist jedoch wesentlich älter und lässt sich schon vor 1400 nachweisen. Graf Dietrich von der Mark übertrug bereits 1397 den halben Landzoll zwischen Lippe und Ruhr an die Stadt Dinslaken. Er ordnete an, dass die „gemeyne strate yn unsen[...]Lande van Dinslaken tuschen der Lippe ind der Rure“ durch Dinslaken führen sollte. Seitdem verlief die Straße, die von Köln aus rheinabwärts auf der rechten Flussseite über Duisburg nach Wesel und schließlich nach Arnheim führte, mitten durch die Stadt Dinslaken (*Rheinischer Städteatlas,* Dinslaken; Schmitz/Schneider 1998, 47 f.).

Wegen des Verlaufs durch ein Bruchgebiet wurde die Straße von Dinslaken bis Voerde-Holthausen über einen Damm geführt. Das trug ihr auch den Namen **Dinslakener Damm* ein. Dieser Damm ist als beidseitig von Bäumen gesäumte Allee auf einer preußischen Militärkarte aus dem Jahre 1758 deutlich zu erkennen (Dittgen 1974, 84 f.). An den Damm erinnert noch heute auf Voerder Gebiet der Name der Gaststätte *Henn op den Damm* an der Hindenburgstraße.

Als **Chaußee von Wesel* erscheint die Weseler Straße nach 1837 noch auf der alten Flurkarte der Gemeinde Dinslaken von 1895 und auf der Karte der *Kommunalwege in den Gemeinden Dinslaken, Walsum und Hiesfeld* von 1910. Auf dem *Übersichtsplan der Stadt Dinslaken nebst näherer Umgebung* von 1913 ist sie dann wie heute als *Weseler Straße* ausgewiesen. Im Gedächtnis und Sprachgebrauch der Dinslakener Bevölkerung war sie jedoch über Jahrzehnte noch bis nach dem Zweiten Weltkrieg die **Weseler Chaußee.*

Parallel zur Bezeichnung **Chaußee von Wesel* taucht im Protokollbuch der Stadtverordnetenversammlung der Stadt Dinslaken (1880–1888) auch die Bezeichnung **Provinzialstraße* auf. Unter Provinzialstraßen verstand man Straßen, die aus einem Provinzialfonds unterhalten wurden. So ist im genannten Protokollbuch z. B. unter dem 23.10.1882 von der Anlage einer Wasserleitung im Dinslakener Bruche westlich der Provinzialstraße die Rede, und unter dem 18.7.1885 wird im Hinblick auf den Neubau der Brücke über den Bruckhausener Leitgraben in der Provinzialstraße berichtet, dass die Königliche Regierung aus dem Provinzialfonds für Kosten aufkommt, die den Betrag von 1500 M übersteigen. 1907 wurden laut Verwaltungsbericht der Stadt Dinslaken in der Provinzialstraße, der späteren Weseler Straße, Gasrohre verlegt und zwischen 1900 und 1909 Laternen aufgestellt. Am 12. März 1935 erhob der Generalinspektor für das Straßenwesen die Provinzialstraßen zu Reichsstraßen, also auch die Provinzialstraße von Dinslaken nach Wesel (Schmitz/Schneider 1998, 47). Von diesem Zeitpunkt an war das Reich für den Unterhalt zuständig. Nach Gründung der Bundesrepublik Deutschland wurden aus den Reichsstraßen dann Bundesstraßen. Die Weseler Straße wurde Teil der Bundesstraße 8, die von Emmerich über Köln, Frankfurt, Würzburg, Nürnberg, Regensburg bis nach Passau führt.

Bis zur Kreuzung mit der Bahnlinie (damals Arnheim-Oberhausener-Eisenbahn), die zunächst nur durch Bahnschranken gesichert war, entsprach der Verlauf der *Chaußee von Wesel* auch nach den alten Karten dem der heutigen Bundesstraße 8. Die Höherlegung und Unterführung der Bahnlinie erfolgten erst 1916 in Verbindung mit dem Neubau des Bahnhofsgebäudes. Eine Fortsetzung der Weseler Straße ähnlich der Führung der heutigen *Willi-Brandt-Straße* gab es allerdings bis Mitte der zwanziger Jahre des vorigen Jahrhunderts noch nicht, war jedoch projektiert und erscheint skizziert bereits im Stadtplan von 1913. Die Weseler Straße mündete in die damalige **Kaiser-Friedrich-Straße,* die heutige *Wilhelm-Lantermann-Straße.* Der weitere Weg nach Süden verlief anschließend über die Bahnstraße, die Neustraße und die Duisburger Straße, also durch Neu- und Altstadt, Richtung Duisburg. Das war auch der alte Postweg: von Emmerich über Wesel und Dinslaken nach Duisburg.

Nach dem Ende des Ersten Weltkriegs fehlten der Stadt Dinslaken die Mittel für Straßenneubauten. „Zur Förderung geordneter Verkehrsverhältnisse“ wurde, wie es im Verwaltungsbericht vom 27.7.1923 heißt, nur der unbedingt notwendige Teil „der durch den Krieg, Demobilmachung und den Landabsatz der Kohle beschädigten Straßen instand gesetzt bzw. ausgebaut“.

Die Anbindung der Weseler Straße nach Süden an die **Wasserturmstraße* und die Fortsetzung

der *Wasserturmstraße bis zur Duisburger Straße als westliche Umgehungsstraße erfolgten erst ab Ende 1925 (s. hier **Willy-Brandt-Straße**) jeweils als Verbandsstraße NS IV auf Antrag der Städte Dinslaken, Duisburg und Hamborn vom 6.1.1925 unter Hinweis auf das Vordringen des Bergbaus nach Norden, und zwar aus Mitteln des Siedlungsverbandes Ruhrkohlenbezirk. Dazu heißt es:
„Durch Verhandlungen mit dem Siedlungsverband in Essen wurde erreicht, dass die Verbandsstrasse N.Z.IV, die unseren Stadtkern westlich umgrenzt, als Notstandsarbeit vom Siedlungsverband in Angriff genommen wurde, obwohl der Ausbau dieser Strasse an sich erst auf dem 2. Ausbauprogramm des Siedlungsverbandes stand. Auch die Befestigung dieser Strasse, die in den nächsten Monaten erfolgen soll, ist nunmehr sichergestellt" (Verwaltungsbericht vom 2.6.1926).

Bei diesen Straßenbauarbeiten handelte es sich um Notstandsarbeiten der „produktiven Erwerbslosenfürsorge" (Antragsformular des Siedlungsverbandes Ruhrkohlenbezirk von 1925, StA DIN Lfd. Nr. 13, Best. IV Abg. 4.). Damit sollte einer großen Zahl von Arbeitslosen Arbeit verschafft werden. In einem Schreiben der Stadt Dinslaken vom 9.10.1924 an den Siedlungsverband Ruhrkohlenbezirk wird dazu ausgeführt, dass die Zahl der Erwerbslosen so erschreckend hoch sei, „dass es aus wirtschaftlichen Gründen geboten erscheint, für dieselben nach Möglichkeit Beschäftigung zu suchen" (StA DIN Lfd. Nr. 13, Best. IV Abg. 4).

Mit den neuen Straßenstücken wurde die westliche Umgehung der Stadt Dinslaken hergestellt. Die veränderte Verkehrsführung entlastete Alt- und Neustadt. Wegen der Finanzierung durch den Siedlungsverband trugen die neuen Straßenstücke über Jahrzehnte beide den Namen Verbandsstraße, während das dazwischen liegende Straßenstück von der Voerder bis zur damaligen Walsumer Straße, der heutigen Konrad-Adenauer-Straße, weiterhin Wasserturmstraße hieß. Unter diesen Bezeichnungen erscheinen die Straßenteile noch im Stadtplan von 1958. Diesem Kuriosum bereitete der Hauptausschuss der Stadt Dinslaken in seiner Sitzung vom 3. Juli 1958 ein Ende und erteilte der Fortsetzung der Weseler Straße von der Bahnunterführung bis zur Einmündung der Duisburger Straße den Namen Wasserturmstraße. Die Weseler Straße endete also weiterhin an der Bahnunterführung und ging dann in die Wasserturmstraße über. Mit Beschluss des Rates der Stadt Dinslaken vom 16. August 1994 erhielten die Wasser-

Abb. 156
Die inzwischen abgerissene Gaststätte Ettwig (vorher Platt)

Abb. 157
Die Weseler Straße als Allee zur Zeit des Ersten Weltkrieges; li. Gaststätte Ortmann

turmstraße und der daran anschließende Teil der Duisburger Straße bis zur Stadtgrenze den Namen **Willy-Brandt-Straße** (s. dort).

Anfang des vorigen Jahrhunderts entstanden auf der Weseler Straße zwischen der Eisenbahnunterführung und der Einmündung der Augustastraße drei Gaststätten jeweils mit Saalanbau und Kegelbahn. Das waren auf der westlichen Straßenseite Oeckinghaus und Ortmann, auf der östlichen an der Einmündung der Augustastraße die inzwischen abgerissene Gaststätte Ettwig. Die Gaststätte Ortmann gegenüber der Einmündung der Augustastraße ist auch heute noch ein beliebtes Speiselokal. Im Gebäudekomplex der früheren Gaststätte Oekinghaus (später Tenter, dann Schloss-Café Dölken) in der Nähe der Bahnunterführung befinden sich nach Brand und Wiederaufbau weiterhin Gastronomiebetriebe.

Der Saal der Gaststätte Ettwig (vorher Platt), der sogenannte Kaisersaal, galt als der zweitgrößte im Bereich der Stadt Dinslaken. Hier wurde vor dem Ersten Weltkrieg der Geburtstag des Kaisers mit großen Festen begangen, hier fanden Parteiversammlungen statt, hier feierten Sänger, Schützen, Kriegervereine und die Evangelische Kirchengemeinde ihre Feste (vgl. Evangelische Kirchengemeinde 1984, 17). Nach dem Zweiten Weltkrieg wurde der Saal mit Sperrholzwänden in Kabinen unterteilt, die noch bis in die zweite Hälfte der 1950er Jahre zur Unterbringung von Flüchtlingen genutzt wurden. Es handelte sich um etwa 25 Kabinen, einen Aufenthaltsraum und eine Gemeinschaftsküche, die mit mehreren Zwei-Platten-Kochern ausgestattet war. Außerdem gab es einen Sanitärraum mit Toiletten und einer Reihe von Waschbecken. Duschen oder Wannenbäder waren nicht vorhanden. Die Kabinen waren noch oben offen und hatten an Stelle einer Tür nur einen Vorhang. Eine frühere Bewohnerin berichtet, dass sie zusammen mit ihrer Mutter und ihrem drei Jahre älteren Bruder als 13-Jährige solch eine Kabine bezog, die außerdem noch von einer fremden älteren Frau bewohnt wurde. Zwei Jahre lang lebte die Familie in dieser Kabine. Das Inventar bestand aus zwei doppelstöckigen Betten, einem Schränkchen, einem kleinen Tisch und zwei Stühlen. Ähnlich waren die anderen Kabinen ausgestattet.

Ursprünglich war die Weseler Straße ebenso wie ihre ersten Anfänge auf dem Damm (s. o.) als Allee angelegt. Um 1910 galt diese Allee „als gut befestigt – auch wenn sie nach heutigen Maßstäben nicht viel mehr war als ein Feldweg. Die Bäume rechts und links sollten verhindern, dass Kutschen auf die Felder auswichen, wenn sich die Straße nach heftigen Regenfällen in eine Schlammpiste verwandelte“ (Stadtwerke Dinslaken, 2006). Den

Charakter einer Allee hat die Weseler Straße allerdings durch Zunahme der beidseitigen Bebauung und Verbreiterung für den Verkehrsfluss weitgehend verloren.

Weststraße

Die Weststraße gehört zu den Straßen, die im Rahmen der Aufteilung und Trockenlegung des Averbruches um 1900 als Erschließungsstraßen angelegt wurden, in der Regel in einem System mit Entwässerungsgräben. Im Übersichtsplan von 1908 erscheint sie als **Ackerstraße*. Es ist nicht bekannt, warum es zu dieser Benennung kam. Vielleicht nahm man an, dass diese schnurgerade in süd-westlicher Richtung verlaufende, von der Stadtmitte weit abgelegene Straße, die bis 1917 fast die Grenze zu Hiesfeld bildete, auch langfristig nur durch landwirtschaftlich genutztes Gebiet führen werde.

Im Laufe der Zeit war die **Ackerstraße* in Dinslaken zum Inbegriff eines sozialen Brennpunkts geworden. Das könnte ein Grund gewesen sein, sie am 6.5.1959 in *Weststraße* umzutaufen. Eine Süd- und eine *Oststraße* gab es in der Nachbarschaft ja schon, und bezogen auf diese liegt die Weststraße tatsächlich westlich.

Im Rahmen der allgemeinen Entwicklung des Averbruches in den 1960er Jahren erlebte auch die Weststraße eine weitgehend neue Bebauung. Sie ist heute mit eingestreuter Altbebauung eine ebenso angenehme Wohnstraße wie fast alle Straßen des Averbruchs. Interessant sind auch die zahlreichen von ihr ausgehenden Stichstraßen, mit denen die früher sehr tiefen Grundstücke zum alten Leitgraben hin erschlossen werden. Die Weststraße endet im Süden zusammen mit der Rosenstraße vor der Emscher, im Norden an der Otto-Brenner-Straße.

Weyerskamp

Geht von der Holtener Straße ab und führt zur Turnhalle der Grundschule am Weyer. Der am 24.07.1964 beschlossene Straßenname verweist auf ein Flurstück, das zu einem entsprechenden Anwesen gehört hat; Näheres s. hier unter **Am Weyer.**

Wielandstraße

Die Straße trägt den Namen des Dichters, Übersetzers und Herausgebers *Christoph Martin Wieland* (Oberholzheim bei Biberach 5.9.1733 – Weimar 20.1.1813), neben Lessing, Lichtenberg und Kant der bedeutendste Schriftsteller der Aufklärung. Er war der Älteste des klassischen Weimarer Viergestirns, dem mit ihm Goethe, Schiller und Herder angehörten.

Die *Wielandstraße* verläuft eng parallel zum Bahndamm von der Hünxer Straße bis zur Kreuzung von Bahn- und Wilhelm-Lantermann-Straße. Sie entstand Anfang der 1920er Jahre und erscheint mit Verlauf und Namen im Stadtplan von 1929, auf ihrer Südseite bereits durchgehend bebaut. Die Hausnummern 9–39 bezeichneten damals ein für Dinslakener Verhältnisse sehr großes dreistöckiges Mietwohnungsprojekt städtischen Charakters, errichtet nach Plänen des Architekten W. Krämer von der *Gemeinnützigen Baugesellschaft Dinslaken* im Jahre 1927. Der Luftangriff des 23. März 1945 ließ von dieser ansehnlichen Gebäudegruppe nur ausgebrannte Ruinen übrig. Der Wiederaufbau in den 1950er Jahren blieb unter dem Niveau von 1927.

Die Nordseite der Straße wurde erst ab den 1950er Jahren bebaut.

Am Haus Nr. 11 befindet sich eine Gedenktafel, die an *Jeanette Wolff* (1888–1976) erinnert. Siehe hierzu unter **Wiesenstraße** *(Jeanette-Wolff-Realschule).*

Wiesenstraße

Die *Wiesenstraße* gehört zu den alten Straßen der Stadt. Ihr Mittelstück erscheint bereits im Klevischen Kataster von 1734 als Erschließungsweg für die vor den Stadttoren liegenden Wiesen und Gärten der Bürger. Sie war eben die Straße, die zu den Wiesen führte. In dem vielfach abgebildeten Plan „Burg und Stadt Dinslaken im 18. Jahrhundert“ (s. Farbbildseite 2, S. 128) wird sie bereits als *Wiesenstraße* bezeichnet. Auf dem Stadtgrundriss von 1837 erkennt man auch schon den jetzigen Straßenverlauf, beginnend am Walsumer Tor und endend im Neutorbereich. Auf den Plänen und Straßenverzeichnissen von 1908 und 1913 finden wir bereits eine durchaus beachtliche Bebauung, nicht aber den Namen *Wiesenstraße,* obgleich dieser zusammen mit zwölf weiteren bereits im Ortsstatut vom 10.8.1893 amtlich festgelegt worden war; statt dessen erscheint die Bezeichnung **Markgrafenstraße.* In der Blütezeit des hohenzollernschen Herrscherhauses sollte durch diese Namensgebung wohl daran erinnert werden, dass die Hohenzollern ihre Herrschaft einst als Markgrafen von Brandenburg begonnen hatten. Als es in Deutschland nach 1918 keinen Hohenzollernkaiser mehr gab, erhielt die Wiesenstraße ihren alten Namen zurück. Gleichzeitig wurde ihr nördlicher Abzweig ein Stück nach Westen verschoben; er endete damit unmittelbar vor dem Neutor und erhielt den Namen **Wilhelmstraße,* woraus später die *Saarstraße* wurde.

Heute unterteilt sich die Wiesenstraße in drei recht verschiedenartige Abschnitte. Der halbkreisförmige Abschnitt vom Walsumer Tor bis zur Ampelkreuzung am früheren Bergrevieramt hat seine jetzige Form – einschließlich der Straßenbahngeleise – im Rahmen des von Heinrich Nottebaum entworfenen großen Straßenbauprojektes erhalten, dessen Realisierung im Jahrzehnt vor dem Ersten Weltkrieg den großen Straßenzug Wiesenstraße/Friedrich-Ebert-Straße vom Walsumer Tor bis zum Bahnhof entstehen ließ (s. dazu hier **Friedrich-Ebert-Straße**).

Der mittlere Abschnitt der Wiesenstraße – vom früheren Bergrevieramt bis zur Abzweigung der Saarstraße an der Südwestecke des Hans-Böckler-Platzes – ist der älteste Teil, auf den sich auch die amtliche Benennung von 1893 bezog. Hier bilden die Hausnummern 46 bis 52 ein interessantes und in Dinslaken seltenes Ensemble von Etagenwohnhäusern aus der Zeit um 1910.

Abb. 158 Jeanette Wolff (1888-1976), um 1955, nach der die Dinslakener Realschule benannt wurde

Der letzte Abschnitt, von der Saarstraße bis zur Einmündung in die Hans-Böckler-Straße, entstand erst 1959 mit der Fertigstellung der letzteren. An diesem jüngsten Abschnitt der Wiesenstraße, der zugleich die südliche Begrenzung des Hans-Böckler-Platzes bildet, ist seit 1952 in mehreren Bauabschnitten ein Schulzentrum entstanden.

In dem von Hans-Böckler- und Wiesenstraße gebildeten Winkel liegt die *Jeanette-Wolff-Realschule* mit einem künstlerisch interessant gestalteten Eingang. *Jeanette Wolff* (1888–1976), eine aus Bocholt stammende und vor allem sozialpolitisch engagierte Sozialdemokratin jüdischen Glaubens, wohnte in den Jahren 1931–33 in der Dinslakener Wielandstraße; eine Gedenktafel am Haus Nr. 11 erinnert an sie (**Abb. 158**). Sie überlebte alle Auswüchse des NS-Terrors einschließlich KZ-Haft und begann 1946 als Berliner Stadtverordnete wieder politisch tätig zu werden. Von 1951 bis 1961 war sie Mitglied des Deutschen Bundestages. Versöhnung nach 1945 und die Gleichberechtigung der Frauen waren ihre besonderen Anliegen. Ihr schriftlicher Nachlass liegt im Dinslakener Stadtarchiv.

Nach Westen schließt sich an die Jeanette-Wolff-Realschule das *Berufskolleg Dinslaken des Kreises Wesel* an. Es wurde auf dem früheren Sportplatz des MTV Dinslaken errichtet und ist nach mehrmaligen Erweiterungen heute ein das Stadtbild prägendes Ensemble. Der viel bescheidenere Vorgängerbau lag auf der gegenüberliegenden, heute von der Parkpalette eingenommenen Seite der Wiesenstraße.

Das frühere Bergrevieramt (**Abb. 159**) an der Ampelkreuzung der Schloß- mit der Friedrich-Ebert-Straße wurde 1927 errichtet nach Plänen, die im Dinslakener Bauamt unter Leitung von Heinrich Nottebaum entwickelt wurden. Der ursprüngliche Ziegelbau mit Steinputzgliederungen war für Dinslaken eine Sensation und von vornherein als Mehrzweckbau angelegt. Der Haupttrakt mit repräsentativem Haupteingang an der Wiesenstraße und Wohnungen in den oberen Etagen nahm das Bergrevieramt auf. Leider ist die große Steinplastik über dem Haupteingang mit der kraftvollen Darstellung arbeitender Bergleute verloren gegangen. In dem zur Schlossstraße liegenden Trakt mit den Hausnummern 1, 3 und 5 wurden das Katasteramt, das Gewerbeaufsichtsamt und das Stadtbauamt untergebracht. Der Namensgeber für den Gesamtkomplex aber war das Bergrevieramt. So nennt der Volksmund den Bau noch heute, obgleich es diese Aufsichtsbehörde für den Bergbau in Dinslaken schon lange nicht mehr gibt. Im 2. Weltkrieg wurde der Trakt an der Wiesenstraße nur beschädigt, der Trakt an der Schloßstraße in größerem Umfang zerstört. Beim Wiederaufbau wurden die schönen Klinkerfassaden, ähnlich denen am Gebäude der Post, nicht wieder hergestellt. Der ganze Bau wurde verputzt und verlor damit viel von seinem ursprünglichen Charme. Heute dient das Gebäude, abgesehen von Wohnungen, nicht mehr den Zwecken, für die es gebaut wurde. Therapeutische und Beratungseinrichtungen sind in beide Trakte eingezogen. In der Schloßstraße Nr. 3 residiert die Musikschule, in der Schloßstraße Nr. 5 die Arbeiterwohlfahrt; Unter dem Schild mit der Hausnummer erinnert eine Gedenktafel an die sozialdemokratische Ratsherrin *Meta Dümmen* (1914–2003), die als Ortsvorsitzende der AWO Jahrzehnte hindurch in diesem Haus segensreich gewirkt hat.

Der erste halbkreisförmige Abschnitt der Wiesenstraße ist auf seiner nördlichen Seite zum Glück weitgehend unverbaut geblieben und bietet deshalb einen freien Blick auf das Museum Voswinckelshof, die dazu gehörenden Parkanlagen und den in seiner ursprünglichen Höhe erhalten gebliebenen und sorgfältig restaurierten Rest der mittelalterlichen Stadt-

Abb. 159
Das frühere Bergrevieramt aus dem Jahre 1927; Foto 1935

mauer. Der Rotbach verläuft hier auf gut 100 m Straßenlänge unterirdisch. Das letzte Haus der Wiesenstraße mit der Nummer 92 – an der Ecke zur Duisburger Straße – war das erste Hochhaus in Dinslaken; der Grundstein an etwas versteckter Stelle zeigt die Jahreszahl 1953 und mit *F.M.* die Initialen des Erbauers.

Wilhelm-Lantermann-Straße

Die heute nach dem ersten gewählten Nachkriegsbürgermeister Dinslakens benannte Straße beginnt an der Ampelkreuzung mit der Hünxer Straße und mündet in die Bundesstraße 8, die heutige Willy-Brandt-Straße. Sie ist somit die westliche Verlängerung der Karl-Heinz-Klingen-Straße. Ihr Abschnitt zwischen Hünxer und Bahnstraße stammt erst aus der Zeit nach 1918. Zwischen der Bahnstraße und der B8 hat sie jedoch eine lange Geschichte. Sie hatte als Verlängerung des Straßenzuges Duisburger-/Neu-/Bahnstraße bis 1927 die Funktion der heutigen B 8 als Durchgangsstraße, war also Bestandteil der Fernverbindung vom südlichen Rheinland bis in die Niederlande.

Der Straßenname hat sich oft geändert. Im Klevischen Kataster von 1734 erscheint sie als **Dinxlackerscher Damm,* in den Plänen von 1908 bis 1921 als **Kaiser-Friedrich-Straße,* 1929-1937 als **Breite Straße,* nach 1937 nochmals als **Kaiser-Friedrich-Straße,* um nach 1945 bis 1973 wieder zum Namen **Breite Straße* zurückzufinden.

Den jetzigen Namen trägt die Straße seit 1973 zu Ehren des Dinslakener Bürgermeisters in der Zeit von 1946–1973, der während einer Ratssitzung verstarb (**Abb. 160**). *Wilhelm Lantermann* (5.9.1899 – 11.5.1973) war unabhängig von der jeweiligen Parteizugehörigkeit ein Bürgermeister für alle Bürger. Der Wiederaufbau der Stadt in den Jahren nach 1945 ist eng mit seinem Namen verbunden.

Die Bebauung der Straße ist vielgestaltig. Zwischen Hünxer und Bahnstraße ist sie geprägt von Mietwohnungsbau in zum Teil großen Einheiten. Zwischen Bahn- und Friedrich-Ebert-Straße wechseln sich Wohn- und Geschäftshäuser ab. In diesem Abschnitt fällt mit den Nummern 49 bis 53 eine 1905 errichtete Gruppe von Jugendstilhäusern auf, wie sie sonst in Dinslaken nicht erhalten ist; sie ist Ausdruck des Optimismus und der Hoffnungen, die damals in die bauliche Entwicklung von Dinslaken gesetzt wurden.

Abb. 160 Wilhelm Lantermann (1899–1973), Bürgermeister der Stadt Dinslaken von 1946 bis 1973

Westlich des Bahnhofs dominieren Einfamilienhäuser, und die Einmündung in die Bundesstraße ist geprägt vom Baukomplex der Ernst-Barlach-Gesamtschule und der Daimler-Benz-Vertretung mit der benachbarten Tankstelle.

Wilhelminenstraße

Die Wilhelminenstraße liegt im Stadtteil Bruch/Feldmark. Sie zweigt von der Augustastraße ab und führt parallel zur Weseler Straße bis zum Ende des Wohngebiets.

An dieser Straße liegt der *Betsaal Bruch,* der seit 1920 als gottesdienstliche Stätte und Raum

Abb. 161
Der Betsaal Bruch an der Wilhelminenstraße

für Versammlungen der Evang. Kirchengemeinde dient. Um die Genehmigung zum Bau dieses Gemeindehauses war seit mindestens 1910 gekämpft" worden; sie erging schließlich 1914. Wegen des Ersten Weltkriegs konnte der Bau erst 1920 vollendet werden.

Ein genaues Benennungsdatum unserer Straße lässt sich nicht ermitteln, aber sie gehört zu den 20 nach Frauennamen benannten Straßen, die bereits auf dem *Übersichtsplan* von 1908 verzeichnet sind. Zu den „Frauenstraßen" allgemein s. hier **Adelenweg.**

Friederike Sophie *Wilhelmine von Preußen* (Potsdam 3.7.1709 in Potsdam – Bayreuth 14.10. 1758) war die älteste überlebende Tochter des Soldatenkönigs Friedrich Wilhelm I. und dessen Gattin Sophie Dorothea sowie durch Heirat spätere Markgräfin von Brandenburg-Bayreuth. Zu ihrem jüngeren Bruder Friedrich, mit dem sie ihr Interesse für die Musik und die Wissenschaft teilte, hatte sie eine außergewöhnlich enge Beziehung, die bis zu ihrem Tod anhalten sollte.

Willi-Dittgen-Steige

Vom Burginnenhof führt die Willi-Dittgen-Steige hinab zum Rittertor mit dem Torwärterhäuschen und bildet den direkten Zugang zur Altstadt. Wer diesen historischen Weg zur Burg hinauf oder zur Altstadt hinab geht, schmunzelt im Herbst über die Äste, die auf dem Weg liegen. Sie dienen den Kindern als Wurfgeschosse, um die Esskastanien von den mächtigen Bäumen zu ernten, die den Weg säumen. Mit der am 30.9.2003 beschlossenen Benennung dieses als Aufgang zur Burg zweifellos ältesten Weges in Dinslaken hat der Hauptausschuss einen Mann geehrt, der wie kein anderer sich große Verdienste um das kulturelle Leben und das historische Bewusstsein in der Stadt und deren Umfeld, dem alten Land Dinslaken, erworben hat.

Willi Dittgen (Düsseldorf 18.11.1912 – Dinslaken 21.3.1997) machte am Dinslakener Jungengymnasium Abitur und erlernte auf Anraten seines Deutschlehrers Dr. Zorn (s. dort) bei einer Duisburger Zeitung das Handwerk des Journalisten. Nach fünf Kriegsjahren in Russland und an der Westfront betraute ihn sein nach Kriegsende zum Landrat des Kreises Dinslaken ernannter Lehrer Dr. Zorn mit dem Kreiskulturamt und dem Wiederaufbau eines Kulturlebens. Bald gab es wieder Theater und Konzerte; 1946 wurden auch mit viel Enthusiasmus und Improvisation die Freilichtspiele im Burgtheater wiederbelebt. Im selben Jahr übertrug Dr. Zorn Willi Dittgen die Leitung der neu gegründeten Volkshochschule, die er in 31 Jahren zu einem angesehenen Institut der Erwachsenenbildung in der Region formte. Noch immer im gleichen Jahr 1946 kam es zur

Wiedergründung des seit 1911 bestehenden Vereins für Heimatkunde und Verkehr (heute *Verein für Heimatpflege Land Dinslaken)* mit Dr. Zorn als Vorsitzendem und Willi Dittgen als Schriftführer.

Willi Dittgen hat wie kein anderer die Geschichte der Stadt Dinslaken und des Gebietes des früheren Kreises Dinslaken erforscht und beschrieben. Aus seiner Hand sind über ein Dutzend Bücher, ferner Jubiläumsschriften, Beiträge in Zeitschriften und zahllose Artikel in Tageszeitungen auf uns gekommen. Besonders hervorzuheben ist seine langjährige Redaktion der heimatkundlichen Schriftenreihe *Dinslakener Beiträge* und der 30 Jahrgänge des *Heimatkalenders für den Kreis Dinslaken.*

Willi Dittgen engagierte sich darüber hinaus auch bei den Vorbereitungen zur Gründung des Heimatmuseums, des heutigen stadtgeschichtlichen Museums Voswinckelshof; seine bleibenden Verdienste um die Stadt und die Gemeinden des alten Kreises Dinslaken wurden 1983 mit dem Rheinlandtaler, 1984 mit dem Bundesverdienstkreuz am Bande und 1996 mit der Überreichung des Dinslakener Pfennigs gewürdigt.

Abb. 162 Heimatforscher Willi Dittgen (1912 – 1997)

Abb. 163 Wasserturm an der Wasserturmstraße, 1956, heute Willy-Brandt-Straße

Willy-Brandt-Straße

Der Teil der Bundesstraße 8 von der Eisenbahnunterführung bis zur Dinslakener Stadtgrenze erhielt am 29.061993 durch Beschluss des Hauptausschusses der Stadt die Bezeichnung *Willy-Brandt-Straße.* Der Name soll an den sozialdemokratischen Politiker, den Regierenden Bürgermeister von Berlin, den Bundeskanzler und Friedensnobelpreisträger Willy Brandt (geb. 18.12.1913 ; gest. 8.10.1992) erinnern.

Die Straße wurde 1927 als Umgehungsstraße angelegt und zunächst *Verbandsstraße* genannt.

Wegen des Wasserturms der Stadt Dinslaken, der neben dieser Straße auf dem Gelände des heutigen großen Parkplatzes am St. Vinzenz Hospital stand, erhielt sie am 11.07.1958 den Namen *„Wasserturmstraße“.* Die Verlängerung der Willy-Brandt-Straße von der Einmündung Duisburger Straße bis zur Dinslakener Stadtgrenze trug bis 1993 noch den Namen Duisburger Straße. Darin wird deutlich, dass dieser Teil der Straße zur ursprünglichen Verbindung von Dinslaken nach Duisburg gehörte.

Wilmastraße

Die Wilmastraße, benannt am 29.12.1961, verbindet die Augustastraße mit der Claudia- und Johannastraße. Sie liegt im Wohngebiet Bruch/Feldmark. Ursprünglich verband ein **Sabinenweg* die Wilma- mit der Johannastraße. Am 07.07.1986 beschloss der Bauausschuss im Zusammenhang mit der Beratung über den Ausbau der Wilmastraße, den Namen Sabinenweg aufzuheben und die Wilma- direkt an der Johannastraße beginnen zu lassen. „Eine Umbenennung des unbebauten Sabinenweges ist sinnvoll und würde Ortsfremden das Auffinden der Wilmastraße erleichtern." Zu den „Frauenstraßen" allgemein s. hier **Adelenweg.**

Winkelstraße

Die Straße wurde am 19.2.1906 von der Hiesfelder Baukommission benannt. Sie führt von der Holtener Straße zur Tackenstraße, wobei sie den inzwischen erbauten Südabschnitt der Brinkstraße mit einer Brücke überquert. An dieser Stelle liegt auch der namengebende Knick.

Wolfstraße

Die Wolfstraße gehört zu der Gruppe von Straßennamen aus dem Jagd- und Forstwesen, die uns ausgehend vom Forsthaus Ravenhorst im Umfeld von Brinkstraße und Hühnerheide begegnen. Sie zweigt von der Tackenstraße ab, verläuft südsüdöstlich und mündet auf Oberhausener Gebiet in die Turm- bzw. Holtstegstraße.

Auf dem Hiesfelder Übersichtsplan 1904[1907] hieß sie zunächst *Fuchsstraße (benannt am 19.2.1906) und wurde im Zuge der Eingemeindung Hiesfelds von 1917 am 11.3.1918 umbenannt.

Der Wolf war in Deutschland vor hundert Jahren ausgerottet worden und wandert heute von Osten her wieder ein.

Wörthstraße

Die Wörthstraße im Stadtteil Bruch verbindet die Augusta- mit der Weißenburgstraße; sie hat ihren Namen wie die Sedan- und die Weißenburgstraße seit dem 14.10.1913; s. noch hier **Sedanstraße.**

Wörth, frz. Woerth, Département Bas-Rhin, ist eine unterelsässische Gemeinde am deutsch-französischen Grenzflüsschen Sauer und Schauplatz der Schlacht bei Wörth zu Beginn des deutsch-französischen Krieges am 6. August 1870, in der sich eine französische Armee unter Mac-Mahon und preußische und bayrische Armeekorps unter Kronprinz Friedrich Wilhelm gegenüberstanden. Der deutsche Sieg war mit 20.000 Toten beider Seiten teuer erkauft.

„Ein Schmerzenskind der Stadt" nennt ein Anonymus („Einer für viele") die Wörthstraße am 21.3.1921 in einem Leserbrief an den Dinslakener Generalanzeiger. Die Straße sei „verwahrlost" und gleiche „einer Schuttabladestelle", Beleuchtung und Entwässerung fehlten. Schon 1920 beklagten sich „Mehrere Anwohner der Wörthstraße" ebenfalls in einem Leserbrief darüber, dass wegen der fehlenden Entwässerungsanlagen sich große Wasserpfützen bilden, die bei heißem Wetter, zusammen „mit den aus den Häusern zuströmenden Abwässern (...) neuen pestilenzartigen Geruch verbreiten und so alle Vorbedingungen für einen Seuchenherd erfüllen."

Die Verwaltung der Zeche Lohberg war Anmieter aller Häuser der Wörthstraße und wies zeitweise offenbar zwangsweise Mieter in die Wohnungen ein, die z.T. völlig überbelegt waren. Über viele Jahre (1914 bis 1928) zog sich ein Rechtsstreit zwischen der Stadt Dinslaken und einem der Hausbesitzer hin, in dem die Parteien sich gegenseitig die Schuld an dem Zustand der Straße gaben. Sie galt inzwischen als „verrufen".

Eingesandt

(Für Auslassungen unter dieser Rubrik übernimmt die Schriftleitung nur preßgesetzliche Verantwortung.)

Ein Schmerzenskind der Stadt scheint die Wörthstraße zu sein. Bekanntlich wurden die Häuser bereits vor dem Krieg gebaut und bewohnt, ohne daß der Ausbau der Straße vorgenommen worden ist. Die Straße ist heute verwahrlost und gleicht einer Schuttabladestelle, daher nicht zu passieren. Beleuchtung und Entwässerung fehlen gänzlich. Es ist wunderlich, daß dort infolge der Dunkelheit nicht schon Unglücksfälle vorgekommen sind, da die dort wohnenden Bergarbeiter, wenn sie von der Arbeit kommen, im Dunkeln die Straße passieren müssen. Die Stadt möge für Abhilfe sorgen, evt. den Unternehmer heranholen. Die jetzigen Zustände sind unhaltbar.

Ferner weisen wir auf einen Zustand hin, d. geradezu jeder Beschreibung spottet. Die Gewerkschaft Lohberg hat über den Kopf des Hausbesitzers hinweg, zwangsweise Mieter in die Wohnungen der Wörthstraße gesetzt. Es sind uns dort Fälle bekannt, wo 3 Familien in 3 Räumen untergebracht sind. Kinderreiche Familien haben eine 3-räumige Wohnung mit anderen Familien geteilt. Hier muß dringend Abhülfe geschaffen werden. Die Wohnungskommission mag mal anderswo gut nachschauen, es sind noch genügend Räume vorhanden, wo man noch Kumpels unterbringen kann. Auch die Wohnungen der nicht produktiv beschäftigten Bewohner der Kolonie Lohberg sollte man für Arbeiterwohnungen frei machen. Sonst nützen auch die erlassenen Bestimmungen des Ruhrsiedlungsverbandes nichts.

Einer für viele.

Abb. 164 Leserbrief an den Dinslakener Generalanzeiger über den Zustand der Wörthstraße

Im Jahre 1924 berieten die Dinslakener Stadtverordneten über den Zustand der Wörthstraße und beschlossen, sie bei der Installation der Beleuchtung zu berücksichtigen. Und 1955 war sie offenbar immer noch in schlechtem Zustand: Sie sollte ins Straßenbauprogramm aufgenommen werden.

Inzwischen hat sie sich zu einer respektablen Straße entwickelt.

Wrangelstraße

Die Wrangelstraße verbindet Düppel- und Klarastraße, sie quert die Luisenstraße. Die Festlegung des Namens erfolgte 1914; s. dazu hier **Sedanstraße.**

Friedrich Heinrich Graf von Wrangel (Stettin 13.4.1784 – Berlin 1.11.1877) gilt als der volkstümlichste preußische Heerführer („Papa Wrangel“). Er wurde mit zwölf Jahren Kadett und machte in den Befreiungskriegen Karriere. In 80 Dienstjahren diente er vier preußischen Königen. 1848 löste er gewaltsam die preußische Nationalversammlung in Berlin auf und schlug die Märzrevolution unblutig nieder.

Wülbeck

Die heutige Straße wurde in den 1920er Jahren angelegt und zunächst im hinteren Teil bebaut. Die heutige Benennung erfolgte am 09.07.1974 im Zuge der kommunalen Neuordnung durch den Rat der Stadt Dinslaken.

Schon 1843 führte, wie die preußische Uraufnahme zeigt, an dieser Stelle ein Weg von der heutigen Eppinkstraße bis zum Rotbach.

Der Name *Wülbeck* war zunächst eine alte Bezeichnung für den Rotbach *„Woedelbecke“* (später *„Mühlenbach“*, dann *„Rother Bach“*), danach eine Bezeichnung für das große Waldgebiet zwischen dem Rotbach und der Straße nach Möllen, heute *Voerder Straße,* im Wohnungswald. Der Name ging dann über auf die Katstelle *„Wülbeck“ („de Woedelbecke“)* einen Pachthof von Haus Wohnung (heute Pferdehof).

Zechenstraße

Die *Zechenstraße* verläuft im Stadtteil Lohberg. Sie trägt den Namen des bis zur Einstellung der Förderung am 31.12.2005 wichtigsten Arbeitgebers der Lohberger Bevölkerung, der Zeche. Neben der ursprünglichen Bedeutung des Begriffs *Zeche* als ‚reihum gehende Verrichtung; Anordnung; Reihenfolge; Einrichtung; Gesellschaft; Genossenschaft’ ist seit dem 13. Jahrhundert auch die Bedeutung ‚Bergwerk; Grube’ belegt. Man bezeichnete damit allerdings in erster Linie die an einer Grube beteiligte bergmännische Genossenschaft (Duden, *Das Herkunftswörterbuch*). Die Bezeichnungen *Zeche, Bergwerk* und *Schachtanlage* werden heute meist synonym verwendet. Man versteht darunter eine – meist untertägige – Anlage zur Gewinnung von Kohlen oder Mineralien. Umgangssprachlich wird als Synonym für *Zeche* auch der Ausdruck *Pütt* (von lat. *puteus* ‚Brunnen, Grube’) gebraucht.

Die Zechenstraße verläuft von der Lohbergstraße bis zur Grabenstraße und kreuzt die Stein- und die Koksstraße. Sie ist im Bebauungsplan der Kolonie Lohberg von 1917 ausgewiesen. Die Benennung könnte am 30.9.1915 erfolgt sein, als es in der Stadtverordnetenversammlung der Stadt Dinslaken um die „Offenlegung von Straßen in der Kolonie Lohberg" (Protokollbuch, Blatt 538) ging. Straßennamen werden allerdings im Protokollbuch nicht genannt.

Interessant ist die Betrachtung des Verlaufs der Zechenstraße in Verbindung mit dem der Bergmannstraße. So wie Zeche und Bergmann zusammengehören, besteht auch zwischen Zechen- und Bergmannstraße eine enge Verbindung. Die Straßen beginnen östlich (Zechenstraße) und westlich (Bergmannstraße) vom Haupteingang des Gebäudes der früheren Marienschule an der Lohbergstraße, umrahmen rechtwinklig zur Lohbergstraße den Schulhof, treffen dann auf die Steinstraße und laufen von dort diagonal aufeinander zu, um rechts und links des langen, leicht gerundeten Gebäudes mit den Hausnummern Zechenstraße 20, Koksstraße 45, 47, Bergmannstraße 1 auszukommen bzw. auf der kleinen Platzanlage vor diesem Gebäude zusammenzutreffen. Nur eine Straße geht dann von der Mitte des Platzes weiter bis zur Grabenstraße. Sie trägt den Namen Zechenstraße, könnte aber ebenso gut Bergmannstraße heißen. Betrachtet man den Verlauf der Straßen auf dem Stadtplan, so hat er ab Steinstraße die Form eines Ypsilons.

Ein Gebäude, das über Jahrzehnte für die Infrastruktur der Kolonie besonders wichtig und in die Planung sofort inbegriffen war, ist das Eckhaus Zechenstraße/Lohbergstraße. Es beherbergte über Jahrzehnte den Salon eines Herrenfriseurs, später für kurze Zeit einen Bäckerladen. Heute wird es nur noch privat genutzt.

Zedernweg

Die kurze Wohnstraße im Averbruch erhielt ihren Namen am 11.8.1983. Die Benennung nach einem Baum passt in die Nachbarschaft von Eichen- und Buchenstraße. Wenn auch die Zeder nicht gerade typisch für den Niederrhein ist, vermag sie doch südländische Gefühle zu erwecken. Der Weg zweigt von der Avegunst ab und führt bis zur Buchenstraße.

Ziegeleiweg / Ziegelstraße

Die Namen beider Verkehrswege gehen auf die Ziegelproduktion zurück, die am Fuße des Lohbergs über Jahrzehnte stattfand.

Anfang des vorigen Jahrhunderts stellte die Gewerkschaft Deutscher Kaiser den aus dem damaligen Fürstentum Lippe stammenden Ziegelmeister Franz Peckelsen ein. Lippe war ein traditionelles Abwanderungsgebiet von Zieglern, die Jahr für Jahr als Saison- und Wanderarbeiter von März bis Oktober zu Ziegeleien außerhalb des Fürstentums zogen. Peckelsen erhielt die Aufgabe, zwischen Werksbahn und dem Lohberg eine Werksziegelei anzulegen.

Zu diesem Zeitpunkt produzierten hier am westlichen Rand des Lohbergs bereits zwei Ziegeleien, eine gehörte einem Hiesfelder, die zweite einem Berliner Ziegelmeister. Sie beschäftigten jeweils etwa 15 bis 20 Ziegler. Nach Peckelsens Vorgaben entstand eine Maschinenziegelei mit Maschinenraum, Kippboden für die Materialaufbereitung, Leseband, Transportband, Ziegelpresse nebst Abschneideautomat, überdachten Trocknungsanlagen, Ringofen für den Ziegelbrand, Lagerhaus und einem 70 m hohen Schornstein. Ein Novum war, dass Peckelsen auch ein Wohnheim, eine sogenannte Menage, errichten ließ.

Darin konnten 50 Ziegler in Achtbettzimmern untergebracht werden. In dem mit Zentralheizung ausgestatteten Gebäude befanden sich außerdem Toiletten, Warmwasserduschen, eine Küche für die Herstellung der Gemeinschaftsverpflegung, ein Speisezimmer und die Wohnung des Ziegelmeisters. Wegen der vorhandenen Wohnmöglichkeiten und der guten hygienischen Einrichtungen, vor allem der Warmwasserduschen, konnte die Ziegelei

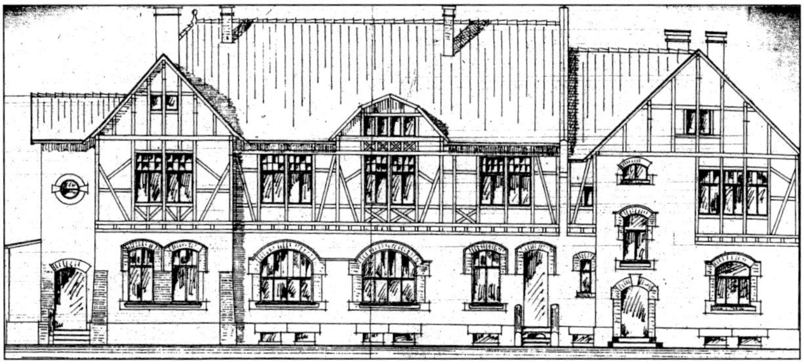

Abb. 165
Das Ziegeleiarbeiter-Wohnheim, auch Menage genannt, am späteren Ziegeleiweg, 1907

ganzjährig produzieren. 1907 wurde der Betrieb aufgenommen. Hergestellt wurden Maschinen- bzw. Industrieziegel, keine Streichziegel wie z. B. in der Ziegelei Beeckerwerth. Das Rohmaterial, Lehm und Ton, wurde mit Schaufeln und Baggern der Westflanke des Lohbergs entnommen, so dass hier gelbe Steilhänge entstanden. Die fertigen Ziegel wurden über Schienen Richtung Zeche und Kolonie transportiert und für den Bau der Werksgebäude und Koloniehäuser eingesetzt. Auch beide Lohberger Kirchen wurden aus Ziegeln der Werksziegelei gebaut.

Die beiden kleineren Ziegeleien überstanden die Weltwirtschaftskrise Ende der zwanziger Jahre des vorigen Jahrhunderts nicht. Die Werksziegelei produzierte noch jahrzehntelang weiter. Sie erlitt zwar in den letzten Monaten des Zweiten Weltkriegs durch Bomben und Artilleriebeschuss schwere Schäden, nahm aber nach den notwendigen Reparaturen 1948 den Betrieb wieder auf. Hier produzierten Ende der 1940er, Anfang der 1950er Jahre auch die Siedler der Selbsthilfesiedlungen der Zeche Lohberg selbst die Steine für ihre Siedlungshäuser, und zwar Asche-Beton-Hohlblocksteine aus der Asche des mit Lohberger Kohle beheizten Ringofens. Ende Juni 1970 wurde die Ziegelei geschlossen. Sie musste der Erweiterung der Tagesanlagen der Zeche weichen und wurde 1973 gesprengt und abgerissen. Den Platz nahm danach die Rohkohlenmisch- und Stapelhalle der Zeche ein.

Etwa gleichzeitig mit der Ziegelei ließ eine für die Holzversorgung der Bergwerke zuständige Tochterfirma der Gewerkschaft Deutscher

Abb. 166
Die 1973 abgerissene Ziegelei Lohberg nach einem Gemälde

Kaiser am heutigen Ziegeleiweg auch ein Sägewerk anlegen, das ab 1932 von der Firma Passing betrieben wurde. Heinrich Passing, der Firmenchef, war bereits vorher seit etwa 1920 Prokurist auf dem Werk. 1927 wurde er nach Essen versetzt. Zwischen 1927 und 1932 war das Sägewerk zeitweise stillgelegt. 1932 pachtete Passing es von der Gelsenkirchener Bergwerks AG, einer Nachfolgegesellschaft der Gewerkschaft Deutscher Kaiser. Mitte der 1930er Jahre gliederte er noch eine Schreinerei an. 1970 erlitt das Sägewerk dasselbe Schicksal wie die Ziegelei: Stilllegung und Abriss für die Erweiterung der Tagesanlagen der Zeche Lohberg.

Der *Ziegeleiweg* wurde zur Zeit der Planung der Ziegelei als **Interessentenweg* bezeichnet. Das geplante Zieglerheim erhielt 1905 vom Bürgermeister der Gemeinde Hiesfeld die Adresse Hiesfeld II 41. Nach Einführung von Straßennamen und Hausnummern wurde es der parallel zum *Interessentenweg verlaufenden *Bruckhausener Straße (heute Hünxer Straße) zugeordnet und hatte 1907 die Hausnummer 146. Erst am 28.3.1927 erhielt der Ziegeleiweg vom Hauptausschuss der Stadt Dinslaken seinen heutigen Namen. Aus dem Haus Bruckhausener Straße 146 wurde Ziegeleiweg 32.

Beim Ziegeleiweg handelte es sich ursprünglich um einen Ascheweg, den zwei Ziegeleiarbeiter unter Verwendung der roten Asche des Brennofens angelegt hatten. Er führte von der Unterführung an der Ziegelstraße zwischen der Rückseite des Werksgeländes und dem Lohberg bis zum Leitgraben. Heute endet er bereits vor den erweiterten, am 31.12.2005 jedoch stillgelegten Werksanlagen. Nichts zeugt am Ziegeleiweg mehr davon, dass hier einmal Ziegel produziert und Holz bearbeitet wurden. Die gelben Steilhänge des Lohbergs sind von einer Bergehalde überlagert. Zwischen der inzwischen begrünten Halde und den Gleisen der Werksbahn hinterlässt der mit Schlaglöchern übersäte Weg, den ein paar Wohnhäuser, einige Garagen, die Anlagen eines Hundesportvereins und ein ausgebranntes Reifenlager säumen, einen eher deprimierenden Eindruck.

Die *Ziegelstraße* erhielt ihren Namen 1906 von der Baukommission der Gemeinde Hiesfeld. Auf einer Karte aus dem Jahre 1904 ist sie noch als **Weg von Dinslaken* ausgewiesen". Sie führt von der Kreuzung mit der Oberhausener-, Sterkrader- und der Karl-Heinz-Klingen-Straße im Stadtteil Hiesfeld Richtung Norden durch die Unterführung der Werksbahn bis zur Kreuzung mit der Hünxer und der Augustastraße und stellt somit eine wichtige Verbindung zwischen Hiesfeld und den Stadtteilen Lohberg und Bruch her. Die Unterführung der Werksbahn geht auf eine Planung des Rates der Gemeinde Hiesfeld von April 1907 zurück, die eine weitere Unterführung für die Krusenstraße vorsah. Durch Zusammenführen von Ziegel- und Krusenstraße vor der westlichen Seite der Werksbahn wurde dann aber nur die Unterführung für die Ziegelstraße angelegt. Zwischen der Unterführung und der Einmündung der Gärtnerstraße steigt die Ziegelstraße steil an und erreicht die Höhe des Lohbergs.

Auf der gesamten Länge der Ziegelstraße gab es bis zum Beginn des vorigen Jahrhunderts kaum eine Bebauung. Erst die Industrialisierung schuf einen Wandel, aber lediglich auf dem südlichen Teil der Ziegelstraße von Hiesfeld bis zur Werksbahn. Als besonders beeindruckende Gebäude sind zu nennen: das 1904 im Jugendstil erbaute Wohnhaus (Hausnummer 10) an der Kreuzung mit der Oberhausener Straße, das langjährige Wohnhaus der Lohberger Bergwerksdirektoren (Hausnummer 87) auf einem parkartigen Grundstück auf dem höchsten Punkt der Ziegelstraße, das zwischen 1906 und 1909 durch Umbau der Raymannschen Villa entstand, sowie das 1923 als Verwaltungs- und Wohngebäude für das Sägewerk errichtete Haus (Ziegelstraße 122) an der Einmündung des Ziegeleiweges.

Ein zusammenhängendes Wohngebiet entstand 1920/21 im Karree zwischen Gärtner-, Ziegel- und Fichtenstraße für Bergarbeiter der Zeche Lohberg.

Mitte der 1930er Jahre wurde diese Bebauung entlang der östlichen Seite der Ziegelstraße fortgesetzt. Auch auf der gegenüberliegenden

Abb. 167
Wohnhäuser von 1920/21 an der Ecke Gärtner-/Ziegelstraße

Seite wurden 1939 am Raymannshof ebenfalls Miethäuser gebaut, deren Gärten der Ziegelstraße zugewandt sind.

Nach dem Zweiten Weltkrieg entstand auf dieser Seite kurz vor der Einmündung der damaligen Hiesfelder Straße ein Lichtspieltheater, das Rota (Rotbach-Kino). Es wurde später zu einem Elektrogroßhandel umfunktioniert und ist heute einer weiteren Wohnbebauung gewichen. Verschwunden sind auch zwei Trinkhallen, die jahrzehntelang zur Ziegelstraße gehörten. Eine befand sich dort, wo Ziegelstraße und Krusenstraße zusammentreffen, die andere lag ungefähr an der Einmündung der heutigen Hanielstraße. Auf dem westlichen Teil der Ziegelstraße zwischen Werksbahn und Hünxer Straße stand bis zum Abriss im Jahre 2002 lediglich ein Gebäude, das 1907 vom Ökonomen oder „Ackerer" – wie er sich selbst nannte – Wilhelm Baßfeld gebaute Wohnhaus an der Einmündung der Ziegelstraße auf die Hünxer Straße. Heute ist dieses Straßenstück vollkommen unbebaut. Die Ziegelstraße eröffnet hier einen malerischen Blick auf das Werksgelände der Zeche Lohberg und auf das Schachtgerüst von Schacht 2.

Traurige Berühmtheit erlangte die Ziegelstraße in den Märzunruhen des Jahres 1920. Der damalige Direktor der Zeche Lohberg, Sebold, wurde von Rotarmisten, die dem Dialekt nach aus dem Bergischen Land stammten, aus der Direktorenvilla (Ziegelstraße 87) verschleppt und im Oberlohberger Wald auf grässliche Weise ermordet. Nach der Niederschlagung der Unruhen durch Reichswehr und Sicherheitspolizei fand man am Rande eines Wäldchens an der Ziegelstraße in der Nähe der Unterführung 32 Leichen. Einige der Toten waren auf der Flucht gefallene Rotarmisten, andere waren standrechtlich erschossen oder mit Gewehrkolben erschlagen worden. Die genaue Zahl der standrechtlich Getöteten ist nie ermittelt worden. In der Schulchronik der Lohberger Marienschule werden namentlich fünf „standrechtlich erschossene" Männer aus Lohberg genannt. In der Niederschrift der Revisionsverhandlung gegen die Mörder des Bergwerksdirektors Sebold ist von sieben Männern die Rede, die von der Reichswehr erschossen wurden.

Zum Fischerbusch

Die Straße *Zum Fischerbusch* liegt zwischen den Stadtteilen Lohberg und Bruch (Feldmark). Ihr Name erinnert an ein Wäldchen gleichen Namens, das allerdings nicht an dieser Stelle, sondern an der Dorotheenstraße lag, dort wo sich heute die Freizeitanlage Lohberg, Häuser und Gärten der westlichen Seite der Dorotheenstraße und die Kleingartenanlage „Zum Fischerbusch" befinden. Auf die Herkunft des Namens „Fischerbusch“ gibt es keine Hinweise. Anscheinend entstand die Bezeichnung in der Bevölkerung, vielleicht wegen einiger später zugeschütteter Teiche am Ostrand des Wäldchens und eines Grabens an seinem Westrand, in dem sich auch Fische befunden haben sollen. Im Bebauungsplan der Kolonie Lohberg von 1917 sind westlich der Dorotheenstraße lediglich „Wald“ und ein projektiertes „Waldhaus“ ausgewiesen. Im Protokollbuch der Baukommission der Stadt Dinslaken werden unter dem 29.4.1922 „Kiefernbestände“ genannt.

Der Fischerbusch war ein lichtes Kiefernwäldchen und ein „beliebtes Erholungsgelände der Lohberger, insbesondere ein bevorzugter Spielplatz der Kinder und Jugendlichen. Hier konnte man ‚Fangen’ und ‚Verstecken’ spielen, ‚Räuber und Gendarm’ und ‚Bäumchen wechsle dich’; es gab einen natürlichen Sandberg zum Buddeln und einen Bolzplatz mit zwei Toren. Man konnte im Wäldchen auf einer Wolldecke, mit Butterbroten und Malzkaffee versehen, Ferientage oder freie Nachmittage verbringen, und oft lagerten hier im Sommer ganze Familien. In der Erwerbslosenzeit saßen die Kumpel im Fischerbusch und spielten Karten“ (Litschke 1993, 154 f.).

Mitten durch den Fischerbusch führte ein Trampelpfad von der Einmündung der Lohbergstraße auf die Dorotheenstraße bis zur Paulastraße. Der heute als Fuß- und Radweg auslaufende Teil der Paulastraße entspricht etwa diesem früheren Weg, der das Wäldchen teilte. Im südlichen Teil lagen Bolzplatz und Sandhügel, im nördlichen war 1922 eine alte Baracke aus Heeresbeständen aufgestellt worden. Am 29.4.1922 stimmte der Bauausschuss der Stadt Dinslaken einem Antrag des Betriebsrates der Zeche Lohberg auf „Anlegung eines Licht- und Luftbades an der Dorotheenstraße“ zu und bewilligte ein Jahr später die Niederschlagung von Baupolizeigebühren, weil es sich „um eine Wohlfahrtseinrichtung“ handelte, wie es im Protokollbuch heißt.

In der Nähe der Baracke wurde dann zwischen 1923 und 1924 von Bergleuten, die sich während der Zeit des passiven Widerstandes gegen die französische und belgische Besetzung des Rheinlandes an einem Sitzstreik beteiligt hatten und danach Notstandsarbeiten ausführten, im Fischerbusch ein Schwimmbecken ausgehoben. Zur Beschleunigung der Fertigstellung wurden doppelte Arbeitsschichten angesetzt. In der Baracke wurden Umkleidemöglichkeiten und eine Bademeisterwohnung geschaffen.

Da fast gleichzeitig in Hiesfeld ein großes und modernes Freibad eröffnet wurde, hatte die Notlösung im Fischerbusch keine große Zukunft, zumal das Becken nur ausgehoben, nicht aber ausgemauert war und das Wasser weder gereinigt noch erneuert werden konnte. Allmählich entstand ein Biotop, das zum Baden und Schwimmen nicht mehr geeignet

Abb. 168
Einweihung der Badeanstalt im Fischerbusch, 1924

war. Der Badebetrieb wurde Anfang der dreißiger Jahre aus hygienischen Gründen eingestellt (vgl. Litschke 1993, 234).

Die Straße *Zum Fischerbusch* war ursprünglich Teil der Dorotheenstraße. Mit Beschluss des Hauptausschusses vom 19.4.1977 erhielt der zwischen Hünxer Straße und Industriestraße liegende Teil der Dorotheenstraße jedoch seinen jetzigen Namen. Die Straße verläuft in Nord-Südrichtung. Den zwischen Industrie- und Augustastraße liegenden Teil säumen beidseitig die Sportstätten des VfB Lohberg e.V.

Zur Maaskat

Die Straße *Zur Maaskat* liegt im Stadtteil Lohberg; ihr Name verweist auf eine Kate im Dinslakener Bruch. Ein Grundstück von 441 Ruthen eines *Maahs Maahsen* ist hier bereits in den Preußischen Katasterkarten von 1736 ausgewiesen und als Gewanne später im *Parcellarkataster* der Gemeinde Hiesfeld von 1824 erfasst. Der Namensteil *-kat* ist eine Kurzform von *Kate,* der norddeutschen Bezeichnung für ein Kleinbauernhaus, und eine jüngere Nebenform von *Kote, Kotten* (Häuslerwohnung, Hütte).

Die Straße *Zur Maaskat* ist eigentlich ein längerer Einhang der Hünxer Straße, der nördlich der Gaststätte „Am Schacht“ beginnt und als Sackgasse am Kindergarten der Evangelischen Kirchengemeinde vor der Haldenstraße endet. Benannt wurde sie in der Sitzung des Bauausschusses der Stadt Dinslaken vom 2.5.1957 auf Druck von Ausschussmitglied Buschulte, dem damaligen Bauführer der Schachtanlage Lohberg. Er machte geltend, dass ein Teil der hier neu erbauten Häuser bereits bezogen sei und die Benennung der Straße unbedingt erfolgen müsse. Der Rat der Stadt Dinslaken folgte dem Beschluss des Bauausschusses am 19.7.1957.

Kleine Stadtgeschichte

12. Jh.	Bau des Kastells und erste urkundliche Erwähnung Dinslakens in der Urbare der Abtei Werden als „Lake iuxta Instincfeld“, Lake bei Hiesfeld
1273	Stadterhebung
1397	Die Landstraße führt nun durch Dinslaken
1399	Gründung des Schroeder- (Schneider) Amtes
1420	Ausbau des Kastells mit dem 40 m hohen Turm; Nutzung als Gefängnis u. a. für Ulanth Dammarz
1434	Gründung des Klosters Marienkamp
1436	Baubeginn der gotischen Kirche St. Vincentius; bis 1436 gehörte Dinslaken zur Pfarre Hiesfeld
1540	Dinslaken wird Hansestadt
1587	Die Kreuzigungsgruppe (heute an St. Vincentius) kommt von Wesel nach Dinslaken
1627	Das Kastell wird im 30-jährigen Krieg zerstört
1712	Eine Postlinie verkehrt auf der Strecke Düsseldorf-Dinslaken-Wesel
1753	Dinslaken wird Sitz eines Landgerichts im Hzgt. Kleve
1809	Napoleon passiert Dinslaken auf dem Weg von Wesel nach Düsseldorf
1810	Die Kirche des aufgegebenen Klosters Marienkamp wird von der jüdischen Gemeinde erworben und zur Synagoge umgestaltet
1816	Gründung des Kreises Dinslaken
1822	In Hiesfeld wird eine Windmühle errichtet
1823	Die Kreise Dinslaken und Essen werden zum Kreis Duisburg zusammengefasst
1837	Haus Bärenkamp wird baulich umgestaltet
1848	Eine Bürgerwehr wird gebildet; sie soll Ruhe und Ordnung während der Revolution aufrechterhalten
1856	Die Eisenbahn kommt
1866/67	Die Cholera grassiert in der Stadt
1873	Erstes Walz- und Hammerwerk (Hollenberg)
1883	Das St. Vinzenz-Hospital wird eröffnet
1885	Jüdisches Waisenhaus für das Rheinland in Dinslaken eingerichtet
1893	Ein Ortsstatut legt Straßennamen und eine Neunummerierung der Häuser fest
1897	Baubeginn des Walzwerks durch August Thyssen
1900	Am 23. Mai wird die Straßenbahn-Linie von Neumühl über Hamborn bis zum Walsumer Tor in Betrieb genommen
1901	Gründung des heutigen Theodor-Heuss-Gymnasiums als Knaben-Realschule
1903	Erste Gaslaternen und fließendes Leitungs-Wasser in einigen Haushalten
1907	Beginn der Gefrierarbeiten für die Zeche Lohberg
1908	Tägliche Zeitung: Dinslakener Generalanzeiger
1909	Das Kastell wird Kreishaus, ein Großfeuer vernichtet große Teile des Neubaus; Beginn des Abteufens der Zeche Lohberg
1912	Beginn der Kohleförderung auf der Zeche Lohberg
1916	Inbetriebnahme des neuen Bahnhofs
1917	Rotbachüberschwemmung; Thyssen und Hindenburg werden Ehrenbürger der Stadt; Hiesfeld wird eingemeindet
1920	Die revolutionäre „Rote Armee“ besetzt Dinslaken
1923	Belgische Truppen besetzen Dinslaken im Zuge der Besetzung des Ruhrgebiets
1924	Abzug der belgischen Truppen; Eröffnung des Freibades in Hiesfeld; Konrad Adenauer, Kölner Oberbürgermeister und Wirtschaftsfachmann der Zentrumspartei, besucht die Zeche Lohberg
1926	Gründung der Vereinigten Stahlwerke
1930	Ortsgruppe der NSDAP
1931	„Kampfbund gegen den Faschismus“
1938	10.11.: Brand der Synagoge und Vertreibung der Kinder des jüdischen Waisenhauses

1945	23. März: 80 % der Innenstadt werden durch alliierte Bombenangriffe zerstört; gleichzeitig und bereits am 22.01.1945 starke Zerstörungen in Lohberg. Am 24.03.1945 Einmarsch amerikanischer Truppen
1946	Im September wählen die Dinslakener Bürger erstmals den Rat; Wilhelm Lantermann wird im Oktober zum Bürgermeister gewählt
1950	Wohnbau Dinslaken
1951	Burghofbühne Dinslaken
1954	Trabrennbahn am Bärenkamp
1964	Das alte Rathaus an der Friedrich-Ebert-Straße wird abgerissen
1966	Neustraße wird Fußgängerzone
1973	700 Jahre Stadt Dinslaken
	Tod Wilhelm Lantermanns, Nachfolger wird Karl Heinz Klingen
1975	Kommunale Neugliederung, der Kreis Dinslaken wird aufgelöst, Dinslaken wird dem Kreis Wesel zugeordnet; Eppinghoven kommt zu Dinslaken
	Partnerschaft mit Agen
1989	Partnerschaft mit Arad
1994	Kurt Altena Bürgermeister
1995	Kommunalverfassung: als hauptamtlicher Bürgermeister wird Wilfrid Fellmeth, der bisherige Stadtdirektor, vom Rat gewählt
1999	Die Dinslakener wählen mit Sabine Weiss zum ersten Mal eine Frau zur Bürgermeisterin
2003	Die Stadtwerke feiern 100jähriges Bestehen
2005	Die Schachtanlage Lohberg schließt im Dezember

nach: Marzin, G. u.a., Agen und Dinslaken, Dinslaken 2005, und www.dinslaken.de, Kleine Stadtgeschichte

Quellenverzeichnis

1. Archivalien

a) NRW Hauptstaatsarchiv Düsseldorf

b) Stadtarchiv Dinslaken

c) Archive des Bauverwaltungsamtes, Bauordnungsamtes, des Amtes für Gebäudewirtschaft und Liegenschaften der Stadt Dinslaken

d) Archiv der Duisburger Verkehrsgesellschaft AG, Duisburg

e) ThyssenKrupp Konzernarchiv, Duisburg

f) Archiv des Heimatvereins Walsum

2. Karten

Karte des Rheins von Duisburg bis Arnheim, Johann Bucker, 1713, Teilkarte 3

Klevisches Kataster, 1733, Blatt Möllen

Preußische Katasterkarten von 1736, Fol: 7 (Carten von der Stadt Feldtmarck Dinxlakken Scala von 100. Ruhten, 1 : 2000,. W. Enbers, A., 1736)

Charte des ParcellarKatasters der Gemeinde Hiesfeld 1824, Renoviert im Jahre 1824

Handriss der Flur-Eintheilung der Gemeinde Dinslaken, 1825

Kataster der Bürgermeisterei Dinslaken, Gemeinde Walsum, Flur I, Eppinghoven, 1825

Katasterkarte Anshövel 1825 und 1828, Flur II (Gemeinde Dinslaken, Reg. Bz. Düsseldorf, Kreis Duisburg, Bürgermeisterey Dinslaken)

Gemeindekarte der Bürgermeisterei Dinslaken. Aufgenommen unter Leitung des Geometer Vaasen, 1837

Preußische Kartenaufnahme, Uraufnahme, 4406 Dinslaken, Band VI. Blatt 3. Aufgenommen und gezeichnet im Jahre 1843 vom Lieut: Gläser, Ingenieur Geograph (geobasisdaten, Landesvermessungsamt NRW, Bonn)

Alte Flurkarten von (wahrscheinlich) 1895, ergänzt 1914, Gemeinde Dinslaken, Flur 2, Blatt 1, Flur 3, Blatt 1, Flur 4, Blatt ?

Alte Flurkarte vom 29.11.1907, Gemeinde Dinslaken, Flur 2, Blatt 2

Copie der Gemarkungs- Reinkarte der Gemeinde Dinslaken. Ausgefertigt auf Ansuchen des Bürgermeister-Amtes Dinslaken, Sterkrade 1895

Übersichtsplan der Bürgermeisterei Hiesfeld. Angefertigt nach der Flurkarte durch den vereideten Landmesser Baumstimler im Jahre 1904. Vervollständigt durch den Gemeindebauführer Hebenthal im Jahre 1907

Übersichtspläne der Stadt Dinslaken im Zeitraum 1908 – 2005

Kommunalwege in den Gemeinden Dinslaken, Walsum und Hiesfeld (undatiert)

Bruchstück einer Karte von 1910, Gem. DIN, Flur 1, 2, 4

Bebauungsplan der Bergarbeiterkolonie Lohberg, Hamborn 1917

Vorentwurf für die Erweiterung der Siedlung Gärtnerstraße ‚Dinslaken-Hiesfeld, angefertigt vom Kreisbauamt Dinslaken, 1937

Rheinischer Städteatlas, Lieferung XVI Nr. 85, 2007, Dinslaken, Hrsg. Landschaftsverband Rheinland

3. Adressbücher

Adreßbuch für den Kreis Mülheim a. d. R. 1883/84

Adreß=Buch für die Bürgermeistereien Dinslaken, Hiesfeld und Walsum nach amtlichen Quellen bearbeitet und herausgegeben von Ernst Tremöhlen, Dinslaken 1909

Adreßbuch der Bürgermeistereien Dinslaken Hiesfeld und Walsum, Ausgabe Juli 1914

Adreßbuch für den Kreis Dinslaken 1934/1935, Duisburg 1935

4. Straßenverzeichnisse

Straßenverzeichnisse der Gemeinde Hiesfeld in den Berichten über die Verwaltung und den Stand der Gemeinde-Angelegenheiten der Gemeinde und Bürgermeisterei Hiesfeld für die Rechnungsjahre 1906, 1907, 1908

Straßen-Verzeichnis der Stadt Dinslaken, aufgestellt: Dinslaken, den 19. März 1918
Straßenverzeichnisse des Vermessungsamtes der Stadt Dinslaken, Stand 12.09.2001, 01.10.2002, 2004, 01.08.2005; u. 2008
Straßenverzeichnisse der Gemeinde Voerde, 1910 und 1961
Weitere Straßenverzeichnisse auf den unter „Karten" aufgeführten Stadtplänen von 1908, 1913, 1921, 1929, 1952, 1953, 1958, 1972, 1984, 1992, 2002

5. Sekundärliteratur

Aretz, Wilhelm, „Dinslakener Flurnamen", National-Zeitung vom 22. und 23.12.1934
ders., „Dinslakener Flurnamen", HKD 1941
ders., Besselmann, Eduard, Geschichte der katholischen Pfarrkirche in Dinslaken, Dinslaken 1931
Aschenbach, Sepp, Steine der Erinnerung, Der jüdische Friedhof in Dinslaken, DB 26, 2006
Benninghoff, Artur/ Bison, Hans-Hermann/ Brosch, Brigitte, Texte zu Erlebnis-Radtouren, Hrsg. Regionalverband Ruhr Essen in Zusammenarbeit mit dem Verein für Heimatpflege „Land Dinslaken" e. V., Essen 2005
Bergbau AG Niederrhein, Hrsg., 75 Jahre Steinkohlenbergwerk Lohberg 1909–1984, o. O. 1984
Bernds, Paul, Wesel. Lebendige Stadtgeschichte, Bd. 2, Wesel 1993
Brüggemeier, F.-J./ Niethammer, L., „Schlafgänger, Schnapskasinos und schwerindustrielle Kolonie", Reulecke, J./ Weber, W., Hrsg., Fabrik, Familie, Feierabend, Wuppertal 1978
Buschmann, Jürgen/ Henschke, Hartmut, Eisenbahnen im Kreis Wesel, HKW 1986
Dahlmanns, Michael, Der Aufstand, DB 16, Dinslaken 1988
Dickhoff, Erwin, Essener Straßen. Stadtgeschichte im Spiegel der Straßennamen, Essen 1979
ders., Coesfelder Straßen, Bottrop 1994
Dinslaken in der NS-Zeit, Vergessene Geschichte 1933-1945, Stadtarchiv Dinslaken, Kleve 1983
Dittgen, Willi, Vom Wiesengrund zur Bergmannssiedlung, Dinslaken,1952 (unveröffentlichtes Schreibmaschinenmanuskript)
ders., Der Anschluß an die Welt, HKLD 1956
ders., 100 Jahre Nottebaum, JKD 1973
ders., Anno Tobak, Bilder und Geschichten aus dem alten Dinslaken, DB 10, 1973
ders., Stationen, 550 Jahre Pfarrgemeinde St. Vincentius Dinslaken, DB 15, 1986
ders., Dinslaken auf alten Karten, HKD 1974
ders., Gemeinde Hünxe an der Lippe; Rheinische Kunststätten Heft 279, Neuss 1983
Duisburg-Ruhrorter Zeitung 7.2.1907, (Information über Einführung von Straßenbezeichnungen statt der Sektionseinteilung in Dinslaken)
Evangelische Kirchengemeinde Dinslaken, Hrsg., Bei uns im Bruch, Dinslaken 1984
Evers, Heinz/Axmacher, Walter (Neubearbeitung), Straßen in Emmerich am Rhein, Teil I, Emmerich 2008
Fährmann, Willi, Der Mann im Feuer, Würzburg 1991
Feldhoff, Pauline, „Nicht schießen, wir haben doch nichts getan!", Der andere Blick, DB 24, Essen 2001
General-Anzeiger vom 15.7.1934, „Dinslaken zu Urgroßvaters Zeiten. Alte Namen erzählen"
Görtz, F.K., Mail vom 10.4.2008 von FKGoertz@t-online.de und mündliche Mitteilungen
Gollnick, R./ Schill, R., Die Evangelische Stadtkirche zu Dinslaken, Kleve 1981
Gorka, Cornelius, Rechtliche Grundlagen der Straßenbenennung, www.uni-marburg.de/archivschule/stra.1002.html
Günter, Roland, Kreis Dinslaken, Die Denkmäler der Rheinlandes, DB 7, Düsseldorf 1968
Höltge, Dieter, Straßen- und Stadtbahnen in Deutschland.4: Ruhrgebiet von Dortmund bis Duisburg, Freiburg 1994
IG Altstadt, Übersicht Geschichte, Die Straßenbahn vor den Toren der Stadt Dinslaken, http//altstadt-dinslaken.de/Geschichte/1900Strassenbahn.htm
Kempelmann, Friedel, „Lohberger Pfarrfrau in schwerer Zeit", Der andere Blick, DB 24, Essen 2001
Kneip, R., Jugend der Weimarer Zeit, Frankfurt/Main 1974
Knepper,/Oberste-Brink/ Haack, Hrsg., Die

Steinkohlenbergwerke der Vereinigte Stahlwerke A.-G.; Die Schachtanlage Lohberg in Dinslaken, Essen 1935
Köhler, J./ Bendel, R., Geschichte des christlichen Lebens im Schlesischen Raum, Berlin-Hamburg-Münster 2002
Kresse, Inge, Der König griff ein, HKD 1953
Lange, Karl, vom Hiesfelder Wald zum Waldteich. Straßennamen des Oberhausener Nordens. (Selbstverlag des Vereins für Verkehr und Heimatkunde Oberhausen-Nord e. V., 1963)
Ders., Vom Hiesfelder Wald zum Mattlerbusch. Straßennamen des Oberhausener Nordens. (Jahreshefte des Vereins für Verkehr und Heimatkunde Oberhausen-Nord e.V., Heft 7, 1980)
Ders., Zwischen Sterkrader Venn und Wehofener Bruch. Straßen des Oberhausener Nordens. Ihre Namen – ihre Geschichte. Jahresheft II des Vereins für Verkehr und Heimatkunde Oberhausen-Schmachtendorf, 1992
Ders., Mitteilungen zu alten Dinslakener Straßen und Flurnamen. Unveröffentlichtes Manuskript, Stadtarchiv Dinslaken, 2008
Litschke, Inge, Im Schatten der Fördertürme, DB 18, Duisburg 1993
Marzin, Gisela, Faszinierende Geschichte(n) vom Wasser in Dinslaken, Dinslaken 2001
dies., Mechtild von Virneburg, Herrin von Dinslaken 1310 bis 1338, Der andere Blick, DB 24, Essen 2001
dies., Historische Grünanlagen im Altkreis Dinslaken, Erfurt 2007
Meißner, Wolfgang, Vom Adlerhorst bis Zwischen den Gärten. Zeitschrift des Geschichtsvereins von Mülheim an der Ruhr 71, 1999
Molter, Aloys, Die Benennung der Straßen, Plätze und Brücken in der Stadt Frankfurt am Main, Frankfurt am Main 2001
Neue Rheinzeitung, 6.5.2004 „Hünxer Straße soll attraktiver werden“
Neue Ruhrzeitung, 3.4.1982, „Wenn Straßen erzählen könnten“ (Friedrich-Ebert-Straße), 10.4.1982 (Althoffstraße), 17.4.1982 (Neustraße), 24.4.1982 (Eppinghovener Straße), 1.5.1982 (Duisburger Straße), 18.5.1982 (Klosterstraße), 22.5.1982 (Am Rutenwall und Wallstraße), 29.5.1982 (Brückstraße), 5.6.1982 (Ritterstraße), 12.6.1982 (Kreuzstraße), 19.6.1982 (Schloßstraße), 26.6.1982 (Marktstraße), 3.7.1982 (Gartenstraße), 10.7.1982 (Konrad-Adenauer-Straße), 17.7.1982 (Hünxer Straße), 24.7.1982 (Schillerstraße), 31.7.1982 (Bahnstraße); alle gezeichnet „ –en“
Neue Ruhrzeitung vom 23.10.1982, „Die Mittelfeldstraße im Wandel der Zeit“
Neuse, Walter, Die Geschichte der Rittersitze Haus Wohnung und Haus Endt, DB 1, 1956
ders., Siedlungsgeschichte der Bauernschaft Möllen, DB 4, 1964
ders., Geschichte der Gemeinde Götterswikkerhamm, DB 9, 1971
Nienhaus, Albert, 50 Jahre Katholische Kirchengemeinde St. Marien Dinslaken-Lohberg, Dinslaken 1966.
Nüß, Franz-Josef, Heinrich Douvermann, Carl Lange Verlag, Duisburg 1963
Overländer, Hermann, „Die Raymanns und ihr Hütungsrecht“, HKD 1952
Romme´, Barbara, Henrik Douvermann und die niederheinische Bildschnitzkunst an der Wende zur Neuzeit, Bielefeld 1997
Schmitz, Helmut/ Schneider, Klaus-Dieter, Wenn Straßen erzählen, Voerder Beiträge 4, Hrsg. Verein für Heimatpflege und Verkehr e. V., Friedrichsfeld 1998
Schön, Berthold, Geschichte und Geschichten um Steine, HKW 1983
ders., Nachlese, DB 14 , 1986
ders., Die wasserreiche Stadt, HKD 1964
Schulze, Wolfgang/Laubenthal, Florin, Glück zu! Glück auf! Sagen der Bergleute, Fotoimpressionen aus dem Ruhrbergbau, Bottrop-Essen 1995
Stadtwerke Dinslaken GmbH, Ausstellung historischer Postkarten vom 01.12.2006 bis 02.02.2007 im Foyer der Stadtwerke, Begleitheft und erläuternde Texte in der Ausstellung, Dinslaken 2006
Stampfuß, Rudolf/Triller, Anneliese., Geschichte der Stadt Dinslaken 1273–1973, Dinslaken 1973
Stadtbuch von Dinslaken, Dokumente zur Geschichte der Stadt von 1273 bis zum Ausgang des 17.Jhd., bearbeitet von Dr. Anneliese Triller, DB 2, Neustadt/Aisch 1959

Statistische Rundschau für den Kreis Dinslaken, Düsseldorf 1970

Süsselbeck, Karl, Vom Hirschkamp zum Ulensterz, HKD 1952

ders., Die Grafen und ihre Grafschaft, HKD 1953

Terhorst, Theodor, ABC für Bergleute, Hamborn 1954

Thyssen-Bergbau, Hrsg., Siedlungswesen und soziale Einrichtungen des Thyssen-Bergbaus am Niederrhein, Hamborn 1922

Tohermes, Kurt/Grafen, Jürgen, Leben und Untergang der Synagogengemeinde Dinslaken, DB 17, 1988

Verein der Freunde der Straßenbahn Duisburgs e.V., Brief vom 4.6.1999 an Dr. Inge Litschke

Verein für Bewegungsspiele e.V. 1919 Dinslaken-Lohberg, Hrsg., Festschrift zum 50. Jahrestag der Vereinsgründung, Dinslaken 1969

„Vergessene Dinslakener Straßennamen", Zeitungsartikel unbekannter Herkunft vom 3.12.1933

Wilmsen, Heinz, Dinslakener Schützenwesen in fünf Jahrhunderten 1461 – 1961, DB 3, 1961

Winkelmann, Helmut, Das Recht der öffentlich-rechtlichen Namen und Bezeichnungen, insbesondere der Gemeinden, Straßen und Schulen, Köln 1984

6. Wörterbücher

Duden, Bd. 7, Das Herkunftswörterbuch, Mannheim-Wien-Zürich 1963, ^{4}2007

ders., Bd. 10, Das Bedeutungswörterbuch, Mannheim-Wien-Zürich 1985

Kluge, Friedrich, Etymologisches Wörterbuch der deutschen Sprache, Berlin-New York $^{21, 24}$ 1975, 2002

Paul, Hermann, Deutsches Wörterbuch, Tübingen 6 1966

Wahrig, Deutsches Wörterbuch, Gütersloh-München, 2006

7. Internet

www.adel-genealogie.de
www.dinslaken.de
www.dinslaken-lohberg.de
www.familytree.thiel.de
www.google.de
www.huenxe.de
www.verwandt.de
www.wesel.de
www.wikipedia.de

8. Mündliche Quellen

Interviews und Gespräche mit orts- und sachkundigen Bürgern der Stadt Dinslaken der Jahrgänge ab 1914; mit Interessierten und Sachkundigen in Archiven und Bibliotheken

Abkürzungsverzeichnis

*	umbenannte Straßen
Abb.	Abbildung
Abg.	Abgabe
Abs.	Absatz
Abtlg.	Abteilung
ahd.	althochdeutsch
Best.	Bestand
bzw.	beziehungsweise
ca.	zirka
cf.	vergleiche
DB	Dinslakener Beiträge zur Geschichte und Volkskunde, Hrsg. Verein für Heimatpflege Land Dinslaken
ders./dies.	derselbe /dieselbe
DJK	Deutsche Jugendkraft, Dachorganisation katholischer Sportvereine
DVG	Duisburger Verkehrs-Gesellschaft
ebd.	ebenda
f.	folgende (Seite)
ff.	folgende (Seiten)
GBAG	Gelsenkirchener Bergwerks AG
GOT	Jugendhaus der Ganz offenen Tür
HKD	Heimatkalender für den Kreis Dinslaken
Hrsg.	Herausgeber
HKLD	Heimatkalender für den Landkreis Dinslaken
HKW	Heimatkalender des Kreises Wesel
Hzgt.	Herzogtum
Jh.	Jahrhundert
JKD	Jahrbuch für den Kreis Dinslaken
JKW	Jahrbuch Kreis Wesel
li.	links
Mi.	Mitte
mndt.	mittelniederdeutsch
Mrd.	Milliarden
Nr.	Nummer
NRW	Nordrhein-Westfalen
NRZ	Neue Rheinzeitung / Neue Ruhrzeitung
NSDAP	Nationalsozialistische Deutsche Arbeiterpartei
NSV	Nationalsozialistische Volkswohlfahrt
o. J.	Ohne Angabe des Erscheinungsjahres
o. O.	Ohne Angabe des Erscheinungsortes
o. V.	Ohne Angabe des Verfassers
qkm	Quadratkilometer
re.	rechts
s.	siehe
sic	lateinisch: so (geschrieben)
s. o.	siehe oben
StA DIN	Stadtarchiv Dinslaken
StsA DÜ	Staatsarchiv Düsseldorf
s. u.	siehe unten
u. a.	unter anderem, unter anderen
u. ä.	und ähnlich
usw.	und so weiter
vf	B
vgl.	vergleiche
z. Zt.	zur Zeit

Bildnachweis

Wir danken für die Erlaubnis zur Nutzung der Bilder aus folgenden Quellen:

Hauptstaatsarchiv Düsseldorf
Landschaftsverband Rheinland
Stadtarchiv Dinslaken
Nachlass Willi Dittgen im Stadtarchiv Dinslaken
Nachlass Heinrich Nottebaum im Stadtarchiv Dinslaken
Nachlass Jeanette Wolff im Stadtarchiv Dinslaken
Archiv der Stadtwerke Dinslaken
Archiv der Sparkasse Dinslaken
Vermessungsamt der Stadt Dinslaken
Konzernarchiv ThyssenKrupp
Archiv EvonikSteag
Archiv Heimatverein Walsum
Metallwerk Dinslaken
Evang. Kirchengemeinde Dinslaken
Sepp Aschenbach
Gebhard Bison
Erika Boruta
Heinz Brandt
Herbert Litschke
Klaus-Dieter Schneider
Ronny Schneider
Hans-Peter Schaefer, Köln

Autorenteam

Sepp Aschenbach
Hans-Hermann Bison
Hansjürgen Fernkorn
Frank Langer
Inge Litschke
Gisela Marzin
Klaus-Dieter Schneider
Ronny Schneider
Renate Seelisch-Schmitz